ASÍ CREAMOS MONSTRUOS

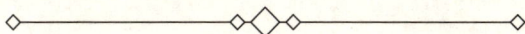

IGNACIO CABRIA

ASÍ CREAMOS MONSTRUOS

LAS LEYENDAS DEL YETI, EL
CHUPACABRAS Y OTROS SERES
DE LA CRIPTOZOOLOGÍA

Ariel

SUMARIO

VEMOS LO QUE CREEMOS

POR JAVIER SIERRA

Conocí al autor de este ensayo a finales de la década de 1980. En mis agendas —cosa rara— no consta el día exacto, así que supongo que nuestro encuentro tuvo lugar durante una singular reunión de aficionados a los ovnis en San Rafael, un pequeño pueblo de la sierra de Guadarrama, en Segovia. La cita fue en octubre de 1988 y aún la recuerdo con emoción. Yo todavía no había cumplido los diecisiete años, mis viajes eran escasos, mis intereses de lo más diverso, y la sola idea de instalarme por unos días en aquella remota residencia de montaña se me antojaba una gran aventura. La casona de San Rafael, con sus salones de reuniones vestidos de madera, sus dormitorios escuetos, sus ventanas dobles y sus paredes de gotelé, sirvió de marco para que Ignacio Cabria terminara convirtiéndose en uno de mis mejores amigos.

Desde el principio, Nacho —así me pidió que lo llamara— se reveló como alguien diferente a los demás. Él era un hombre serio, de palabra justa, amante del dato y del rigor, que quería aproximarse al enigma de los ovnis desde la perspectiva del sociólogo.

Observaba, sonreía y calibraba bien sus opiniones antes de compartirlas. Había pasado ya por tantas etapas en el escrutinio de aquel tema que, en el fondo, no le importaba tanto resolver su naturaleza como estudiar su impacto en el comportamiento humano. «Creer es crear», parecía su mantra. Para Cabria, los ovnis y sus supuestos pilotos existían en tanto tenían una repercusión visible en la cultura y la psique colectivas, aunque en muchos casos, insistía con prudencia, no fueran más que el fruto de experiencias subjetivas.

El encuentro en San Rafael fue solo el principio. Solo un año más tarde, la entonces URSS comenzó a circular noticias grandilocuentes sobre el aterrizaje de una extraña nave tripulada por gigantes, en un parque público de Voronezh, a 500 kilómetros al sur de Moscú. Los teletipos se sucedieron durante semanas, y pronto los extraterrestres dieron paso a criaturas cada vez más monstruosas. Seres sin cabeza en los Urales, cíclopes… Todo cabía en aquellas latitudes. La agencia Tass soviética lanzó aquellas historias seguramente para disimular las grietas que estaban resquebrajando su imperio. De hecho, al poco, el Muro de Berlín se desplomó arrastrando con él todo un capítulo de nuestra historia reciente. Ovnis y espantos llegaron a los telediarios como el prólogo a aquel derrumbe, e incluso se dejaron ver por las tertulias políticas. En esa época Nacho trabajaba en el servicio exterior de España como canciller en Maputo. Iba y venía de su misión en Mozambique, y siempre traía noticias exóticas de sus estancias. Un día —esto sí lo tengo anotado—, nos reunió a unos pocos jovenzuelos en su casa de Barcelona, cerca del parque Güell, para recapitular lo que estaba sucediendo alrededor de aquella oleada de rarezas. La era de los viejos «platillos volantes» de las películas de ciencia-ficción parecía estar dando paso a otra cosa. Todavía faltaban cuatro años para que se detectara el primer exoplaneta, pero la idea de que ahí fuera había otros mundos habitados empezaba a ser aceptada. Y mientras los avistamientos de luces extrañas iban extinguiéndose de la vida pública, nacía casi sin querer un fenómeno nuevo, más íntimo. Más raro, si cabe. Más… monstruoso.

En 1991, la prestigiosa organización demoscópica norteamericana Roper condujo un sondeo de opinión para detectar qué número de potenciales abducidos por alienígenas podría haber en Estados Unidos. El estudio costó un millón de dólares. Lo financiaron un empresario aeroespacial llamado Robert Bigelow y el príncipe Hans Adam II de Liechenstein, uno de los hombres más ricos del planeta. Ambos se habían quedado perplejos tras la lectura de un libro, *Intrusos*, en el que se argumentaba que extraterrestres como sombras eran capaces de colarse en los dormitorios de sus víctimas, secuestrarlas y hacer con ellas toda clase de pruebas sin dejar rastro de sus acciones. ¡Y, al parecer, venían haciéndolo desde hacía décadas!

Roper, guiada de cerca por John Mack, prestigioso profesor de Psiquiatría de la Universidad de Harvard, lanzó once preguntas a un grupo de 5.947 ciudadanos adultos escogidos al azar. De esa muestra, un 8% afirmó haber visto más de una vez esferas o luces no identificadas en sus alcobas; un porcentaje similar se encontró cicatrices de heridas que no recordaban haberse hecho; un 11% creía haber visto un fantasma; un 13% tenía la clara noción de haber perdido una hora o más de sus recuerdos, y un 18% decía haber sufrido de forma recurrente parálisis mientras estaban tumbados en sus camas, con la clara sensación de sentirse observados. La conclusión del informe —que se distribuyó gratuitamente a todos los centros de salud de Estados Unidos— fue que alrededor de 3,7 millones de personas podrían haber sido secuestradas por alienígenas y debían de ser tratadas del trauma casi como a los veteranos de Vietnam.

«Yo no lo veo así —recuerdo que nos dijo Cabria en su casa—. Todas esas experiencias están también en el folklore y en los sistemas de creencias más antiguos. Son los monstruos que crea nuestra mente.» ¿Monstruos?

El sociólogo me dejó meditabundo. Por su culpa, durante los meses siguientes me dediqué a buscar ese tipo de relatos en viejos libros alejados del submundo ufológico. Y los encontré. En efecto: esos seres que se colaban en los dormitorios de sus víctimas, usando técnicas paralizantes, presentaban parentescos indudables con los diabólicos íncubos y súcubos medievales, los llamados relatos de la «vieja bruja», o los cuentos americanos que hablaban de «subirse al muerto». Pero también recuerdo que aquellas lecturas me llevaron a la amplia literatura publicada sobre la psicología de la percepción. Según esas páginas, el ser humano ha tenido siempre la imperiosa necesidad de poner nombre a todo lo que ve. Lo que no tiene nombre, sencillamente no existe. Y lo que se nombra, paradójicamente, ya no nos parece tan hostil. O al menos nos da una oportunidad para combatirlo. Pero, al tiempo, debemos reconocer que todo lo que definimos con una palabra marca lo descrito con una «óptica cultural», un sello, del que es difícil escabullirse.

Si un marinero, por ejemplo, observa en alta mar una forma ondulante, que sube y baja con las olas, y la llama «serpiente marina», está condicionando sin querer la percepción del resto de su tripulación. Poco importa que aquello sea un tronco perdido en el océano o un amasijo de algas. Si el hipotético barco de nuestro marino no se acerca lo suficiente para reconocerlo, su relato engrosará la lista de avistamientos de una criatura temible y solitaria.

Comprendí aquello gracias a Nacho Cabria. Todos los monstruos que nuestra especie ha visto —desde los dragones a los yetis, de los duendes a los ogros, de los gigantes a los marcianos— nacen de observaciones que clasificamos en función de nuestra cultura. Un rayo puede ser visto como el arma de Zeus, una advertencia de Yahvé o un simple fenómeno eléctrico, dependiendo de la latitud y la época en la que se encuentre el observador. Nadie duda que este existe… pero su comprensión, su etiquetado, varía substancialmente.

Tenga esto presente el lector cuando se adentre en las páginas que siguen. Descubrirá un mundo de percepciones rico y complejo. Los monstruos que va a presentarle mi viejo amigo Cabria son reales… pero, ¿qué son *en realidad*?

Quizá le suceda lo que a mí, y al terminar su viaje tenga que aceptar que, en el fondo, los monstruos solo existen cuando los pensamos. Y que los nombres que les ponemos únicamente son etiquetas que hemos creado para enmascarar nuestra propia ignorancia.

Con la palabra «Dios», por cierto, sucede también algo parecido.

Qué suerte haber tropezado con un autor que nos ayude a entenderlos —y a entendernos— mejor. Un autor que, doy fe, lleva toda la vida enfrentándose a estos y otros monstruos.

LAS MATAS, DICIEMBRE DE 2022

INTRODUCCIÓN

A un antiguo filósofo chino le preguntaron una vez:
«¿Cuál es el más astuto de los animales?».
Él respondió: «El que nadie ha visto aún».[1]

ARTHUR C. CLARK

Los monstruos nos han acompañado a lo largo de la historia como una parte consustancial a nuestra cultura, o más bien a cada cultura, porque su presencia es una constante universal. Los monstruos nos producen repulsión y atracción al mismo tiempo, y por eso estimulan de tal manera la imaginación. Estas pulsiones de fascinación y rechazo explican el éxito del cine de vampiros y zombis de nuestra época, y hace un siglo y medio justificaban el éxito de las exhibiciones de «monstruos humanos». La naturaleza de los monstruos desafía el entendimiento, y por eso se les han dedicado tantos libros. Pero vamos a empezar por deslindar entre las diferentes concepciones del monstruo, porque monstruos hay muchos y con múltiples significados. Acabo de mencionar dos de sus aspectos: el terrorífico, que se encuentra en la literatura y en el cine fantástico y de terror, y el teratológico, es decir, esos seres humanos a los que se ha calificado de «monstruosos» por sus malformaciones y patologías. Pero hay otros. Naturalmente, están siempre presentes los monstruos de las mi-

---

1. *Arthur C. Clarke's Mysterious World*, Collins, Londres, 1985, p. 151.

13

tologías clásicas y los propios de las leyendas y tradiciones populares más cercanas. Además, en un sentido figurado se habla de «monstruos» en sentido moral, como símbolos de la maldad, cuyo origen es psicótico o social.

Los estudios sobre los monstruos nos hablan de unos y de otros, pero hay una categoría que casi siempre queda fuera de los análisis eruditos, que ha sido descuidada porque se la asocia a lo paranormal, al fraude, a la charlatanería o a la mercadotecnia. Y, sin embargo, son los monstruos más populares: son esos que testigos de distintas partes del mundo dicen haber visto en los mares, los lagos, las montañas o los bosques, o sea, precisamente los únicos monstruos que en teoría serían reales porque hay gente que dice que los ha visto. Me refiero a la gran serpiente marina, al monstruo del lago Ness, al bigfoot,[2] al chupacabras y a tantos otros. En este libro me centraré en esta categoría de monstruos «reales» o «factuales», es decir, que han sido observados, a los que se ha presentado como animales desconocidos, pero que no son reconocidos por la ciencia. Es decir, son criaturas hipotéticas. Este es el objeto de estudio de esa nueva disciplina llamada *criptozoología,* la pretendida ciencia de los animales «ocultos», a los cuales sus especialistas llaman *críptidos.*

Entre los monstruos mitológicos o literarios y estas criaturas anómalas de los tiempos modernos hay una línea nítida de separación: nadie cree en la existencia de los cíclopes; sin embargo, muchas personas afirman la realidad del yeti o del bigfoot (para nosotros pie grande). Hay testigos que los han observado, filmado y fotografiado, se han encontrado huellas que se atribuyen a su presencia y trazas que, para los criptozoólogos, constituyen pruebas científicas de su materialidad como animales de carne y hueso. Los escépticos han descartado tales pruebas como fraudes o confusiones con animales conocidos, y desde la ciencia se ha

2. Los autores anglosajones suelen escribir los nombres de estas criaturas con mayúsculas (*Bigfoot, Sasquatch,* Yeti), como si fueran nombres propios, a pesar de que denominan a otros seres de los mitos y las leyendas en minúsculas, como las sirenas o los cíclopes. En este libro yo prefiero escribir todos los nombres en minúscula, por consistencia gramatical, igual que los de otras criaturas legendarias.

relegado a esas y otras criaturas «ocultas» al ámbito de la leyenda o del engaño. Pero la refutación no alcanza a explicar la naturaleza del fenómeno psicológico, social y cultural que estos monstruos representan.

¿Cómo definir o delimitar a ese animal-monstruo que aquí vamos a tratar? El monstruo ha sido definido desde la Antigüedad por su desviación de la norma. El monstruo es deforme, desproporcionado, o bien sus costumbres son aberrantes. No hay definiciones positivas de la monstruosidad. Pero si hablamos de los monstruos de la moderna criptozoología, su característica definitoria es ser evasivo. Si fuera capturado en un zoo y catalogado, dejaría de ser un monstruo. Para cualificarlo, además, como tal tiene que ser grande, enorme, comparado con sus congéneres los animales conocidos. Pero también tiene que suponer una amenaza, sea real o imaginada. Con estas características, los monstruos forman parte de la psique colectiva de la humanidad. Pero el monstruo ha evolucionado con la cultura. Criaturas legendarias de territorios lejanos o fronterizos fueron aceptadas por la ciencia europea a partir del siglo XVI como animales con estatus zoológico, merecedores de ser incluidos en las clasificaciones taxonómicas. La ballena, por ejemplo, que llenó relatos como bestia terrible de los mares por su tamaño, hoy es un animal inofensivo. Otros quedaron en el reino de la leyenda, como el kraken o la gran serpiente marina. Y de alguno se quiere seguir sosteniendo su posible realidad material, como el orang-pendek de Sumatra.

El debate científico sobre la existencia de los monstruos ha estado vivo durante los últimos 200 años. El gran naturalista y padre de la paleontología George Cuvier creyó en 1812 que se había alcanzado el fin de los descubrimientos zoológicos, y hoy sabemos lo errado que estuvo, pues aún estaban por encontrarse animales que hoy nos son familiares. El okapi fue desconocido para los zoólogos hasta 1901, y el dragón de Komodo no se conoció hasta 1926. El naturalista Oskar von Beringe descubrió que el monstruo simiesco de los montes Virunga, en el centro de África, del que se contaba la leyenda de que secuestraba a mujeres nativas y en acto lascivo les daba muerte, existía realmente;

era el gorila de montaña. En 1976 un barco oceanográfico que exploraba a 500 m de profundidad en aguas de Hawái recogió un gran tiburón desconocido de 5 m de largo, al que se dio el nombre inglés de *megamouth* (tiburón boquiancho) y el nombre científico de *Megachasma pelagios,* que significa «boca grande de aguas profundas». También se dice que aún quedan selvas impenetrables y profundidades marinas que no hemos explorado, y que se siguen descubriendo cada año nuevas especies.

Además de animales desconocidos, algunos que se creían extintos resultaron seguir vivos. El celacanto, un pez acorazado supuestamente extinguido, se demostró en 1938 que seguía existiendo. El fósil de pecarí del Chaco *(Catagonus wagneri),* similar al cerdo y al jabalí, había sido encontrado en 1930 en un yacimiento del nordeste argentino y se lo consideró una especie extinguida hasta que a principios de los años setenta el zoólogo Ralph Wetzel lo encontró vivo en el Chaco paraguayo, y lo dio a conocer a la comunidad científica en 1975. Hoy el pecarí del Chaco es considerado un monumento natural de la provincia argentina de ese nombre. Algunos científicos tienen la esperanza de que grandes antropoides misteriosos como el yeti o el bigfoot existan realmente y representen la supervivencia de alguno de los ancestros humanos. La famosa primatóloga Jane Goodall ha escrito: «Como soy una romántica incorregible, creo que esos homínidos podrían haber sobrevivido en regiones remotas».[3] Da la impresión de que todos los que se han interesado por los monstruos han partido del mismo sentimiento romántico del redescubrimiento de especies que pueden haber permanecido vivas y desconocidas para la ciencia en algún lugar inaccesible del mundo.

Otro objeto de estudio de los criptozoólogos son ciertas criaturas mitológicas que podrían tener una materialidad biológica, y así proponen desmitificar esas historias para hacer aflorar al animal que hay detrás de los relatos fabulosos. Como fundamento de sus esperanzas, los creyentes esgrimen que se han descubierto animales que se creían puramente legendarios, como el

3. Jane Goodall. Prólogo a Frenz, 2018, p. 5.

calamar gigante, que, en realidad, son varias especies del género *Architeuthis*. Además, la ciencia difícilmente puede negar de forma categórica la existencia de algo, y se arguye que «la ausencia de evidencia no es evidencia de su ausencia». ¿Podría ser que la leyenda de la gran serpiente marina se convirtiera en realidad, que en las selvas asiáticas habitara un homínido superviviente de un estado evolutivo anterior de los primates? Esas son las esperanzas de los criptozoólogos.

También se habla de criaturas «etnoconocidas», es decir, que son conocidas por los pueblos indígenas, pero no por la ciencia occidental. El problema de estas interpretaciones es que la literalidad de los textos mitológicos y de las leyendas indígenas nos sustrae de la comprensión de su contenido simbólico y del carácter sobrenatural que muchas veces representan. Para interpretar los relatos de encuentros con lo extraordinario es necesario analizar la tradición en la que se insertan y conocer el significado que esas criaturas y esos encuentros con lo maravilloso tenían en la cultura del momento.

Así pues, la criptozoología oscila entre distintas perspectivas: el análisis científico de las pruebas, la interpretación literal de los textos míticos y la búsqueda activa de monstruos sobre el terreno como actividad casi deportiva (*monster hunting* en la terminología en inglés). Y en medio de esta disparidad de criterios, se critica a esta pretendida ciencia de la distorsión de prestar atención solo a bestias misteriosas de gran tamaño, como el monstruo del lago Ness y el yeti, y no a especies de insectos o de peces, donde a buen seguro se pueden encontrar numerosos ejemplares sin catalogar por la zoología.

Mientras que los monstruos de los mares representaban el asombro y un temor ante lo desconocido de las profundidades heredado de las mitologías, los monstruos homínidos como el yeti o el bigfoot tienen raíces profundas en los mitos y leyendas de las poblaciones locales de Asia y de América sobre hombres salvajes de los bosques, gigantes caníbales o espíritus malignos. No es que esas leyendas signifiquen, como pretenden los criptozoólogos, que el bigfoot ya caminara en las montañas de Norteamérica hace siglos, sino que las leyendas sobre gigantes peludos han traspasado las culturas indígenas y han inspirado relatos sobre hombres-mono u homínidos supervivientes, interpretando las narraciones fuera de su contexto original. Tendremos oportunidad de profundizar sobre ello. De la misma manera veremos cómo la creencia en seres vampíricos de Latinoamérica ha podido influir en el origen del monstruo milenial llamado chupacabras. Y así podremos analizar en otros monstruos modernos unos orígenes basados en tradiciones y temores de distintos pueblos hacia lo que han percibido como una amenaza.

A pesar de las dudas sobre la existencia de los monstruos, el interés por ellos no disminuye en nuestros días. Según una encuesta norteamericana de 2005, el 19 % de la población cree en la realidad del bigfoot y el 21 % ha leído algún libro sobre él, lo que indica un amplio interés popular.[4] Monstruos clásicos como la gran serpiente marina tuvieron su «momento de gloria» en tiempos de la expansión colonial y de las grandes expediciones geográficas, que excitaron la imaginación de la gente, pero su leyenda se resiste a morir a pesar del avance del conocimiento del mundo. El yeti fue una sensación de los años cincuenta, pero hoy día —cuando las expediciones de ascenso al Everest se masifican y el turismo invade Nepal— su estrella no acaba de desvanecerse por falta de pruebas. Los monstruos siguen vivos en la imaginación y en el interés de la gente a pesar de la ausencia de evidencias científicas sobre ellos. Aunque los escépticos hayan destapado fraudes y explicado los casos como falsas interpretaciones de objetos naturales, la presencia constante del bigfoot, de Nessie (nombre familiar del monstruo del lago Ness) o del chupacabras en los medios de comunicación de masas, el hecho de que se presuman enraizados en las tradiciones, y la popularidad que han adquirido a escala global los han convertido en iconos de nuestro tiempo, y por ello son un genuino campo de estudio histórico y antropológico.

En este libro vamos a poder comprobar la distinta naturaleza de las criaturas criptozoológicas. Pero me interesa menos llegar a una conclusión sobre su posibilidad que analizar los modos

4. Bader, Mencken y Baker, 2010.

por los que se han generado las creencias sobre la existencia de seres tan improbables para la ciencia como los que aquí vamos a visitar.

El monstruo es leyenda

Estos monstruos modernos se han constituido en leyendas de la modernidad. Decir leyendas implica que estudiamos narraciones sobre encuentros anómalos que el narrador cree que son verdad, que circulan repetidamente como creíbles, pero son historias no verificadas, transmitidas por la tradición porque representan símbolos de algo de interés universal. Un elemento característico de la leyenda es que el relato no puede ser probado. Los testigos afirman haber observado monstruos, los han descrito y sus testimonios han llenado libros y programas de televisión. Así, como un cuerpo consistente de narraciones, es como se constituyen en leyendas modernas. Así pues, quiero enfatizar la importancia del análisis histórico de las narraciones, sin que el análisis metódico nos impida disfrutar de una buena historia. El descubrimiento del rastro de algunas de estas criaturas llena páginas apasionantes. En el proceso de su conocimiento nos encontraremos con anécdotas que pueden resultar divertidas o patéticas, según cómo se mire, porque el devenir de los críptidos está surcado de ingenuidades, malentendidos y fraudes. Cómo no recordar aquí el descrédito en que cayó la Sociedad Linneana de Nueva Inglaterra por su identificación de una cría de la gran serpiente marina, o cómo una venganza contra un periódico llevó a que se elaborara la foto más conocida de la historia de los monstruos usando un juguete infantil, o cómo el robo de una supuesta mano del yeti y el descubrimiento de un supuesto bigfoot congelado hicieron que la comunidad científica abandonara la investigación de los homínidos misteriosos. Algunos de los grandes protagonistas de la historia de estos monstruos han sido charlatanes, pícaros o directamente tramposos, pero por lo general encontramos personas honestas e inteligentes con ganas de descubrir y dispuestas a creer por encima de los reveses que les ha proporcionado la investigación científica de las pruebas.

LOS PERSONAJES EN LA «CONSTRUCCIÓN» DE LOS MONSTRUOS

En sucesivos textos resaltados (como este) voy a entresacar aquellas personalidades que han desempeñado un papel fundamental en el proceso de construcción de la leyenda de cada monstruo, ya fuera como testigos, investigadores, escritores, falsificadores o científicos. En alguna ocasión citaré como personaje al «monstruo» mismo como una personalidad identificable, y se entenderá en su caso por qué lo escribo entre comillas.

En estas historias de monstruos vamos a encontrar relatos de testigos, afirmaciones de creyentes e investigadores y su respuesta en el campo de la ciencia, y esa dialéctica forma parte también de la naturaleza de la leyenda. Hablar de monstruos legendarios no significa que se niegue su existencia. Las ciencias sociales no juzgan la autenticidad de los testimonios ni de las teorías sobre ellos, sino que ponen las bases teóricas para entender los relatos en su contexto y en sus significados. Es a través de estos argumentos que se puede definir la realidad o irrealidad de las afirmaciones sobre criaturas anómalas.

Tomo en esta obra una perspectiva cultural amplia sobre los monstruos, la del estudio de su nacimiento, transmisión y transformación en la cultura popular. Algunos casos diré que no se basan en testimonios verificables, sino en narraciones propias del folklore. Pero que no se entienda mal, no me refiero solo al significado tradicional del folklore como acervo de tradiciones orales sobre música, creencias y costumbres de tiempos pasados. La palabra *folklore* significa tradición popular, no tradición muerta ni encerrada en un baúl de cosas en las que ya no se cree. El estudio del folklore ya no tiene la tradición oral como su única característica distintiva, sino que incorpora la reproducción escrita, las redes sociales y los modernos medios de comunicación, es decir, cualquier información que se comparte entre determinados grupos sociales, incluida la cultura de masas de la actualidad. Como dice Jeffrey Jerome Cohen: «Los monstruos deben ser examinados dentro de la matriz intrincada de relaciones (social, cultural y literario-histórica) que los genera».[5]

Los monstruos que conocemos son el resultado de unos procesos de transmisión de rumores y conocimientos, de ahí la importancia de observar cómo emergen y cómo son interpretados en cada momento. Todo suele empezar por un suceso significativo de observación de un monstruo o de evidencias de su presencia, se convierten en noticias difundidas por los medios de comunicación y se expanden cuando llenan determinadas expectativas de la audiencia. Por ejemplo, cuando las visiones van asociadas a pánicos colectivos, materializan una emergencia o un problema social no resuelto. Según el folklorista Bill Ellis, cuando la situación que se transmite es ambigua «produce estrés hasta que los testigos encuentran un "nombre" o una afirmación sobre ello en un lenguaje cultural aceptable».[6] Entonces, cuando se clasifica y se nombra la experiencia es cuando puede ser traducida a una narración y compartida. Lo veremos de manera muy clara con el origen del chupacabras a partir de un vampiro innominado.

Vamos a analizar las dinámicas de las narraciones como historias vivas, en continuo desarrollo, por eso desconfío del típico manual o enciclopedia de criptozoología, que es un agregado de datos descontextualizados que fosilizan a una criatura en un modelo acabado, como congelado en un presente perpetuo e inmutable. No nos suelen decir nada de cómo ha surgido una criatura ni en qué contexto. Me parece más útil desentrañar el origen de cada monstruo yendo más allá de la historia canónica que se cuenta en cada libro de criptozoología. Trazando el nacimiento de esos relatos veremos cómo se documentó el hecho extraordinario y cómo a través de testimonios, informes y rumores se ha

---

5. Jeffrey Jerome Cohen, «Monster Culture (Seven Theses).» En Jeffrey Jerome Cohen (ed.). *Monster Theory. Reading Culture.* University of Minnesota Press, Minneapolis, 1996, p. 5.
6. Ellis, 2003, p. XIV.

construido la realidad sociológica del monstruo. Para entenderlo será necesario hacer una somera arqueología de las ideas sobre lo salvaje, donde se halla el fermento de muchas de estas criaturas.

La idea de que en nuestra época —cuando hemos llegado a todos los rincones del mundo y podemos rastrear cada hectárea de su superficie con Google Earth— pueda haber monstruos desconocidos en lugares apartados o en los márgenes de nuestra propia sociedad constituye un mito que se resiste a morir. En este libro me referiré a la existencia actual de los monstruos como un mito, pero no en el sentido popular del término, que es el de falsa creencia, sino en su sentido antropológico, como narración que nos habla de aspectos trascendentales, como el lugar que ocupa la especie humana en la naturaleza y en su relación con los animales. Los motivos principales de los mitos son expresiones simbólicas que resumen el sentir de un pueblo, y en este sentido los monstruos nos dicen muchas cosas sobre la cultura que cree en ellos. Espero que este viaje por territorios fronterizos e inexplorados, allí donde habitan los monstruos, pueda atrapar al lector como a mí su exploración.

El alcance de esta obra

Se han publicado libros comerciales sobre los monstruos de la criptozoología defendiendo su naturaleza como animales misteriosos, y en las dos últimas décadas han aparecido estudios científicos y escépticos contra la realidad de los críptidos, casi todo en el mercado anglosajón. Pero, más allá de acumular casos promoviendo el misterio o de explicarlos desde una mirada escéptica, es muy poco lo que se ha escrito para intentar comprender el origen y la naturaleza de los monstruos modernos como objetos culturales, y ningún trabajo de este tipo se ha hecho en España. Quizá por un prejuicio contra el tema de los monstruos como irrelevante, se ha descuidado entre nosotros el estudio de su contenido cultural, lo que deja un campo muy amplio para la obra que aquí pretendo desarrollar.

Los monstruos que traigo aquí son aquellos que nos han acompañado a lo largo de nuestra vida como una ilusión y un misterio constante y elusivo (aparte de algún nuevo críptido de nuestros días). En una primera parte trataré de los monstruos acuáticos, empezando por aquellos que tienen su acta de nacimiento en los mitos, tanto los clásicos griegos como los nórdicos, que son los que más han calado en los monstruos de hoy. El kraken, el pulpo gigante, las sirenas y la gran serpiente marina salieron de la mitología para empezar a ser descritos en los mares como enigmas zoológicos. Son el producto de la naturalización de mitos que se materializaron en la modernidad con la indagación histórica y el nacimiento de las ciencias naturales. La evolución de la serpiente marina, unida al descubrimiento de los grandes saurios de la prehistoria, como el plesiosaurio, produjo unas nuevas criaturas híbridas: los monstruos lacustres, que surgirían como auténticos fenómenos sociales en las primeras décadas del siglo xx.

En una segunda sección doy paso a los monstruos homínidos, que vienen de una tradición diferente, la de los gigantes, las razas monstruosas, el hombre salvaje y el hombre-mono, mitos que han surcado la historia humana hasta hoy. El yeti fue el primer monstruo homínido que invadió los medios de comunicación del mundo en los años cincuenta del pasado siglo, en un cruce entre antiguas leyendas asiáticas sobre hombres salvajes y la mirada foránea del colonialismo cultural occidental, generando los diferentes «hombres de las nieves», según los modos de pensamiento científico de la zoología. En Norteamérica ese cruce de paradigmas dio como resultado al *sasquatch* como una adaptación del espíritu de los bosques de las tradiciones indígenas a la cultura moderna, cuya última transformación en Estados Unidos ha sido hacia el hombre-mono llamado bigfoot (pie grande).

En la tercera parte reúno una serie de criaturas y hechos diversos que han constituido fenómenos sociológicos de nuestra época, empezando por animales míticos que se proyectan físicamente sobre el presente y bestias relacionadas con psicosis colectivas, como los casos del diablo de Jersey, la bestia de Gévaudan, el mothman y otros. He separado esa categoría de una segunda que los criptozoólogos denominan «animales fuera de sitio», aquellos animales exóticos que irrumpen en nuestro medio cotidiano según patrones de las leyendas contemporáneas. Son visiones de panteras, serpientes o aves gigantes en nuestro tiempo y lugar. La última de las criaturas que voy a tratar es el monstruo por antonomasia de la era de la globalización: el chupacabras, un vampiro que parece traspasar «océanos de tiempo», como Drácula, para navegar en la era de internet y de las redes sociales en íntima conexión con la ufología y las teorías conspirativas.

Finalmente, haré un breve análisis de la criptozoología, su estatuto como disciplina con pretensiones científicas y su dialéctica con la ciencia, y terminaré con una reflexión sobre la creación cultural de los monstruos modernos y su contenido simbólico en nuestro tiempo. En estas páginas vamos a emprender un viaje a lo largo del tiempo buscando un continuum entre los mitos y las tradiciones populares, por una parte, y las observaciones, los reportajes de los medios de comunicación y las investigaciones de la criptozoología por otra.

Por la importancia que tiene la iconografía de los monstruos en la construcción de las leyendas, me ha parecido importante ilustrar con unos dibujos a las principales criaturas tal como han sido descritas o imaginadas. Me he basado para ello en ilustraciones históricas, fotografías o filmaciones, intentando ser siempre fiel a la forma y al espíritu del original.

De entre las obras citadas en notas a lo largo del libro, destaco al final una bibliografía seleccionada, compuesta de las obras clásicas sobre los monstruos y una serie de libros que recomiendo por su especial interés o por su tratamiento de temas específicos. Cuando haga referencia a obras ya citadas en el texto o en la bibliografía selecta, indicaré solo el apellido del autor y el año de edición (por ejemplo: Heuvelmans, 1965).

AGRADECIMIENTOS

Agradezco la colaboración de todos aquellos que me han facilitado su apoyo para la elaboración y la publicación de este libro. Doy las gracias, por orden alfabético, a: Alejandro Agostinelli por la información sobre Argentina y su constante acicate; a Jesús Callejo por sus consejos y su orientación hacia algunas leyendas aquí tratadas; a Luis Alfonso Gámez por sus sugerencias editoriales; a Moisés Garrido, que me ha proporcionado tantos materiales sobre muchísimos temas; a Mercedes Pullman por facilitarme fuentes informativas en ruso; a Javier Resines por darme a conocer casuística sobre críptidos en España; a Luis Ruiz Noguez por la información sobre el chupacabras en México y otros fenómenos; a Diego Zúñiga por la documentación de prensa sobre el chupacabras en Chile; a mis paisanos Antonio Gutiérrez Rivas y Alberto Martínez Beivide por los recortes de prensa española antigua y el asesoramiento sobre las leyendas de Cantabria; y, finalmente, y de manera muy especial, a Javier Sierra por su apoyo plasmado en el prólogo a esta obra.

A todos ellos, gracias por su generosa colaboración.

PRIMERA PARTE

Monstruos marinos y lacustres

Capítulo 1

DEL KRAKEN Y EL PULPO GIGANTE AL *ARCHITEUTHIS*

NATURALIZACIÓN DE LOS MITOS

Bajo los truenos de la alta profundidad,
Muy abajo en el mar abismal,
Su dormir antiguo, sin sueños, inalterado
El kraken duerme...[1]

ALFRED TENNYSON. *El kraken*

Los monstruos de los mares parecen tan antiguos como el mundo. En el quinto día de la Creación «creó Dios los grandes monstruos del agua y todos los animales que bullen en ella» (Génesis 1:21). Los monstruos son tan antiguos como la literatura, y en un momento u otro a todos ellos se los ha querido desmitificar como criaturas zoológicas que, al final, se constituyen igualmente en figuras míticas como el kraken, el pulpo gigante, las sirenas y los tritones, y la gran serpiente marina. Los monstruos marinos están en los grandes mitos clásicos. La gran serpiente marina podría tener sus precedentes en el dragón con forma de serpiente gigante que Jasón y los argonautas se encontraron en su búsqueda del vellocino de oro, o en el Leviatán de la Biblia antes de que fuera asociado a los demonios por el cristianismo. En el grupo

---

1. Traducción propia de: «Below the thunders of the upper deep, / Far, far beneath in the abysmal sea, / His ancient, dreamless, uninvaded sleep / The Kraken sleepeth...».

escultórico *Laoconte y sus hijos,* que se puede visitar en los museos vaticanos, se representa que «dos serpientes marinas gigantes en forma de arco nadaron sobre las aguas desde Tenedos (... y) se abalanzaron directas sobre Laoconte», cuenta Virgilio en la *Eneida.* La imagen es de serpientes, pero también se ha querido ver en ellas los tentáculos del pulpo.

Son mitos, pero alguno de estos monstruos es un animal hoy reconocido por la ciencia. Sí, el calamar gigante existe, puedo dar fe de ello porque en el Museo Marítimo de mi ciudad, Santander, se encuentra uno de los mayores ejemplares recogidos en las costas españolas. Fue encontrado el 1 de octubre de 2013 en la playa de Pechón, en Cantabria. Mide más de 10 m de largo y pesa 180 kg. Dado su tamaño, se muestra en una urna con sus tentáculos plegados. Pertenece al género *Architeuthis,* el mayor invertebrado del mundo. Uno de los hábitats de esta especie no está tan lejos como podríamos pensar; se encuentra en el mar Cantábrico, en las profundidades del caladero de Carrandi, a solo 25 millas frente a Gijón. El espécimen del Museo Marítimo de Santander se encontró muerto, pero en 2004 unos zoólogos japoneses tuvieron la ocasión de observar y filmar por primera vez un calamar vivo casi tan grande como el ejemplar cántabro, y luego ha habido otras observaciones. ¿Ha podido dar lugar el *Architeuthis* a relatos sobre monstruos marinos como el kraken? Vamos a repasar aquí la mitología y la historia de los monstruos marinos, empezando en este capítulo por dos criaturas que a veces se han tomado por equivalentes, como son el kraken y el pulpo gigante.

El pulpo gigante y su mitología

El kraken y el pulpo gigante, que a menudo se confunden, son dos figuras del imaginario moderno, pero su origen se ha querido remontar hasta los mitos griegos. Willy Ley,[2] el pionero divulga-

---

2. Ley, 1963, pp. 99-101. Willy Ley fue divulgador de la astronomía, pero fue también autor del libro pionero del estudio de la «zoología fantástica» o

dor de la fauna fantástica y misteriosa, encontró una primera mención a algo parecido al kraken en el monstruo Escila (o Scila) de la *Odisea*. Ulises debía navegar a través de un estrecho en el que desde cada lado amenazaba un monstruo: a un lado estaba Escila con sus múltiples cabezas; al otro, el torbellino mortal de Caribdis. Escila arrebató a seis de los compañeros de Ulises, y elevándolos hacia lo alto se los comió. Así describe Homero a Escila:

> Su cuerpo es de un monstruo maligno, al que nadie gozara mirar, aunque fuese algún dios el que lo hallara a su paso; tiene en él doce patas, mas todas pequeñas, deformes, y son seis sus larguísimos cuellos y horribles cabezas cuyas bocas abiertas enseñan tres filas de dientes apretados, espesos, henchidos de muerte sombría.[3]

Willy Ley vio también un calamar en la figura mítica de Medusa, que Hesíodo definió como un monstruo con serpientes retorcidas por cabellos. Y la Hidra de Lerna, con sus nueve cabezas o más, a la que Hércules dio muerte en el segundo de sus trabajos, podría ser tomada, ensanchando la imaginación, por un pulpo, pues cada vez que se le cortaba una cabeza le crecían dos, lo que se compara con la capacidad del pulpo de regenerar un tentáculo cortado.

El calamar gigante y el pulpo son dos de los animales que más han excitado nuestra imaginación, no en vano son de los menos conocidos, y por ello han encarnado el misterio. El análisis naturalista de estas especies empieza con Aristóteles, quien distinguió el *teuthos*, el calamar gigante, del *teuthis,* el calamar común. Plinio el Viejo escribió en su *Naturalis Historia* sobre el «pólipo», en el que juntaba al pulpo y al calamar, dotándolo de un potencial maligno que adelanta la magnificación del pulpo propia de

---

«zoología romántica», como lo llamó, en su libro clásico *El pez pulmonado, el dodó y el unicornio,* que se publicó en España a partir de la edición revisada en 1948 del original de 1941, y es una de las joyas de la divulgación sobre los animales mitológicos y extraños.

3. Homero. *La Odisea.* Traducción de José Manuel Pabón. Gredos, Madrid, 1993, pp. 287-288.

la era moderna: «Ningún animal es más salvaje al causar la muerte de un hombre en el agua». Plinio describió al pólipo saliendo del mar para robar pescado en un estanque en Carteia (enclave romano en el golfo de Cádiz), y era tan grande que tenía una cabeza como un barril, brazos de 10 m y un peso de 400 kg. Evidentemente, Plinio no vio esto por sí mismo.

Desde la Antigüedad circulaban leyendas de que el pulpo se comía sus propios brazos y se devoraba a sí mismo, así que no es de extrañar que se haya convertido en un símbolo del horror. Sus mutaciones de forma y color, su carácter escurridizo, sus ventosas y su fealdad le garantizaron la sospecha y el odio. Se lo consideró el equivalente marino de la araña terrestre, como ser que rodea con sus patas y mata por succión, lo que le emparenta también con la sanguijuela y el vampiro. Como ha escrito Roger Caillois en su *Mitología del pulpo,* los tratadistas de esta criatura le han asegurado «un lugar selecto en el bestiario maldito».[4] Sobre él se han proyectado valores característicamente humanos, especialmente los negativos. Dado que el pulpo adapta su color al fondo en el que reposa, imitando ser una roca a fin de capturar a presas desprevenidas, se lo tomó por astuto y sagaz. El cristianismo dio otro significado a su mimetismo. San Ambrosio lo puso de ejemplo de cómo el hombre imprudente cae en las tentaciones seducido por falsos encantos, de manera que el pobre pulpo terminó por asemejarse al diablo. En otro sentido, Ulisse Aldrovandi pensó que, por su vigor e inteligencia, el pulpo superaba de lejos a las otras especies en importancia y dignidad. No solo juntaba una naturaleza terrestre y otra acuática, sino que, además, tenía más fuerza que el águila y el hombre, y podría demostrar su supremacía sobre el león. Todas estas cualidades, tanto positivas como negativas, compondrán una figura mítica, una manifestación de un poder numinoso y de una voluntad que encarna lo demoníaco, que en la Europa del norte tomará la forma y el nombre de *kraken.*

4. Caillois, 1973, p. 133.

Los antecedentes del kraken

El kraken es el gran monstruo marino tradicional de Escandinavia, y el más grande de los imaginados en Occidente. En la Edad Moderna se lo asoció a un pulpo gigante, pero no siempre fue así. Su antecedente se encuentra en textos sobre monstruos marinos cuya forma no es del todo definida, y que se acercan más a la ballena. En el *Konungs skuggsjá*, en latín *Speculum regale (Espejo del rey)* —un texto islandés de mediados del siglo XIII dirigido a la educación del príncipe Magnus Lagabøte—, hay un capítulo de «Las maravillas de los mares de Islandia», y en él se describen varios monstruos marinos. De uno de ellos se lee que ha sido «raramente visto por los hombres», de ahí que no se pueda determinar su tamaño, pero se parece «más como una isla que como un pez». Nunca había sido cazado, y se suponía que solo había dos en todo el océano. Eran tan enormes que cuando necesitaban comida abrían su boca, que era tan grande como un fiordo, y tragaban todos los peces que había en los alrededores.

En la *Saga de Örvar-Öddr*, también de Islandia y del siglo XIII, se narra el encuentro del héroe de tal nombre con el monstruo marino Hafgufa, el más grande del mar. «La naturaleza de esta criatura es tragarse hombres y barcos, e incluso ballenas y todo lo que esté a su alcance. Permanece sumergido durante días, luego asoma la cabeza y las fosas nasales por encima de la superficie y permanece así al menos hasta el cambio de marea», se dice.

En el *Espejo del rey* y en la *Saga de Örvar-Öddr*, tenemos algunas de las primeras versiones del mito del monstruo tan grande que pasa por ser una isla, en la que los marinos desembarcan y el monstruo se sumerge arrastrándolos a las profundidades. Pero el tema no era original del norte de Europa. La primera versión del mito de la isla viviente se encuentra en el *Fisiólogo (Phisiologus)*, texto cristiano elaborado en Alejandría entre el siglo II y el IV. En él se cuenta que el *aspidochelone* (que significa «tortuga escudo» y puede ser tanto una tortuga como una ballena) es una criatura tan inmensa que se la confunde con una isla; los marineros desembarcan sobre ella y, cuando hacen fuego para cocinar, el monstruo se despierta y se hunde en el mar, sumergiendo con él a los marinos. Como texto moralizante que es el *Fisiólogo,* el *aspidochelone* queda asimilado al mismo diablo, que arrastra a los pecadores al abismo.

Otra referencia al mismo tema está en *Navigatio Sancti Brendani,* texto de alrededor del siglo x que cuenta el viaje del monje irlandés san Brandán durante siete años por numerosas islas hasta que alcanza el Jardín del Edén. Entre las islas visitadas hay una que aparece y desaparece, en la que el santo celebra con sus compañeros una misa de Pascua, y tras encender una hoguera para asar un cordero, la isla se estremece, resultando que es un gran monstruo marino llamado Jasconius. Pero en este caso el santo consigue ganarse al monstruo, que los conduce mansamente hasta su destino final en el paraíso. De aquí procede el mito de la isla de San Brandán (para los canarios la isla de San Borondón), que aparece y desaparece. En la Edad Media se creó una tradición cartográfica de ilustrar ese episodio de la vida de san Brandán que es el desembarco en el lomo de una ballena, tema que se extiende hasta el siglo XVII. En el famosísimo mapa de Piri Reis, de 1513, se ve a dos marineros que hacen fuego sobre un pez, y al lado hay una leyenda que cuenta el mismo episodio que el *Fisiólogo.* Y el cuento «Simbad el marino», de *Las mil y una noches,* repite la misma historia, pero en este caso Simbad se salva por poco al hundirse la isla-monstruo.

En el siglo XVI fue cuando se dio un gran impulso a la representación de los monstruos marinos, y su autor fue Olao Magno.

OLAO MAGNO, CREADOR DE MONSTRUOS MARINOS

Olao Magno, u Olaus Magnus (1490-1557), de nombre sueco Olof Månsson, fue arzobispo de Upsala (Suecia), el primer cartógrafo de Escandinavia y el autor más influyente de su tiempo en la configuración de los monstruos marinos. La más importante colección del siglo XVI se encuentra en su mapa del norte de Europa que abreviadamente se conoce como *Carta Marina*,[5] de 1539. En ella el mundo está poblado de peligros y monstruos espantosos. Estos quedaron descritos en su obra posterior *Historia de gentibus septentrionalibus (Historia de las gentes septentrionales)*,[6] de 1555, que incluye una versión más pequeña de aquel mapa. Quizá influido por los monstruos bíblicos Behemot y Leviatán, Olao Magno creyó en la existencia de animales marinos tan gigantescos como islas, y repitió la historia de los marineros que echan el ancla en ellos, hacen fuego para cocer sus alimentos y, al zambullirse el monstruo, el mar se traga a los navegantes.

Olao Magno reinventó los monstruos marinos en el siglo XVI con una visión muy nórdica. Por cierto, que hasta aquí no hemos visto nada de un kraken, cuyo nombre no existía aún, ni tampoco de un pulpo gigante. Sin embargo, en la siguiente descripción de Olao de unos «peces monstruosos» se ha querido ver a cefalópodos gigantes como el pulpo o el calamar: «Sus formas son horribles, sus cabezas cuadradas, todo cubierto de espinas, y tienen cuernos largos y puntiagudos alrededor como un árbol tomado por las raíces». Esos monstruos tenían ojos enormes, de un «color rojo ardiente, que en la noche oscura parece a los pescadores en lo profundo de las aguas un fuego encendido», con pelos gruesos y largos, como una barba colgante. Su cabeza medía unos 5 m, y el resto del cuerpo era pequeño en proporción, de otros 7 u 8 m. Según Richard Ellis, esta sería la primera descripción en la historia de una sepia gigante.[7]

Se ha dicho que la intención de los grabados de Olao era no solo excitar la imaginación, sino también disuadir a los pescadores de otros países a aventurarse en las aguas de Escandinavia. Sea como fuere, los maravillosos grabados de Olao Magno eran un compendio de todas las especulaciones que se habían hecho sobre los monstruos desde Aristóteles. Debido a la preeminencia del principio de autoridad, textos e imágenes se transmitieron sin apenas variaciones, y Olao inspiró con su

---

5. Su nombre completo es *Carta marina et descriptio septemtrionalium terrarum ac mirabilium*, publicada en Venecia en 1539.

6. <https://gallica.bnf.fr/ark:/12148/bpt6k15213327/f1.item>; edición española: *Historia de las gentes septentrionales*. Edición de J. Daniel Terán Fierro, Tecnos, Madrid, 1989.

7. Ellis, 1995, p. 124.

creatividad caprichosa a sucesivos tratadistas sobre el tema, siendo enormemente influyente durante un siglo y medio.[8]

Abraham Ortelius incluyó en su atlas *Theatrum orbis terrarum,* de 1570, un mapa de Islandia cuyos mares están surcados por monstruos, la mayoría de los cuales proceden del mapa de Olao Magno de 1539, pero para alguna de las descripciones que acompañaron a los gráficos se basó en el antes mencionado *Espejo del rey.* Hasta ese momento se hablaba de monstruos sin nombre, que la imaginación autónoma de los dibujantes creaba a su gusto o repitiendo esquemas anteriores.

A finales del siglo XVII se va generando un interés por verificar las fuentes y por obtener testimonios de primera mano. Es el inicio de la revolución científica, pero los monstruos no pasan de moda. Y entonces, en el siglo XVIII, el kraken aparece citado por este nombre, y claramente asociado a partir de aquí a la figura de un calamar o un pulpo gigante, quizá debido a que se habían encontrado restos de grandes cefalópodos varados en las costas nórdicas.

Aparece el kraken

El kraken aparece por primera vez en la obra del danés Erik Pontoppidan, el principal creador del concepto de monstruo marino como animal digno de estudio por la historia natural. El nombre *kraken,* que también se pronunciaba de otras formas, era completamente nuevo cuando Pontoppidan escribió sobre él. Su origen puede estar en el término sueco y noruego *krake,* que significa «retorcido», pero también en el alemán *krake* (plural *kraken*), que significa pulpo. Vamos a conocer al que se puede considerar su creador.

8. Arturo Morgado. «Los monstruos marinos en la Edad Moderna: la persistencia de un mito.» *Trocadero,* n.º 20, 2008.

ERIK PONTOPPIDAN, EL NATURALIZADOR DE MITOS

El danés Erik Pontoppidan (1698-1764), que fue obispo luterano de Bergen (Noruega), fue autor de una amplia literatura erudita. En 1755 publicaría la que sería su obra más importante: *Natural History of Norway (Historia Natural de Noruega)*. Pontoppidan analizó en ella distintos monstruos marinos, como las sirenas, la gran serpiente marina y el kraken. Pontoppidan confió en la información proporcionada por otros autores, pero al mismo tiempo actuó como un verdadero criptozoólogo de hoy, interesándose por las declaraciones de testigos cualificados, haciendo «una industriosa encuesta y examen de cada particular», y preocupándose por la veracidad de las fuentes. El folklorista se hacía entonces naturalista y describía que «este animal marino pertenece a la especie de los pólipos o estrellas marinas», con la forma de ramas de árbol, llamándolo «Cabeza de Medusa».

La *Historia Natural de Noruega* se publicó en inglés tres años después de su edición original y tuvo una gran difusión internacional, lo que contribuyó enormemente a la expansión de las ideas sobre los monstruos del norte. A España tardaría más en llegar, solo aparecería una traducción al castellano en 1800, en *El viajero universal*.

Vamos a encontrar a Pontoppidan tratando sobre cada uno de los monstruos de los mares. Su influencia se extiende hasta nuestros días.

Pontoppidan describió al kraken por primera vez como «redondo, grueso y lleno de brazos», y afirmando que «esta criatura es la mayor y más sorprendente de todos los animales de la creación».[9] Era una criatura con antenas y con dimensiones colosales, tan grande que nadie había visto su cuerpo entero, sino solo su lomo, «que parece ser de una milla y media de circunferencia», aunque podía ser más. Se aparecía a primera vista «como un grupo de pequeñas islas», y entonces aparecen unos «cuernos

---

9. Arturo Morgado y Joaquín Ritoré. «Los monstruos marinos de Erik Pontoppidan.» Traducción española de *Natural History of Norway* (1755) Parte II, capítulo VIII, «Concerning Certain Sea-Monsters, or Strange and Uncommon Sea-Animals». *Trocadero*, n.º 30, 2018.

que se vuelven más y más gruesos al elevarse sobre la superficie del agua, y algunas veces se mantienen tan altos como los mástiles de veleros medianos». Describe que «las partes que son vistas surgiendo a su voluntad, y son llamadas brazos, son propiamente los tentáculos, o instrumentos de los sentidos». A continuación, la criatura «empieza lentamente a hundirse de nuevo, y entonces el peligro es tan grande como antes, porque la acción de este hundimiento causa un mar de fondo, como un remolino, que atrapa todas las cosas hacia abajo con él». Cuando la pesca era muy abundante y la profundidad del mar disminuía, era prueba de que tenían al kraken debajo y era el momento de salir rápidamente del lugar. Las leyendas dominantes decían que el kraken podía comerse a toda la tripulación de un barco, pero Pontoppidan tranquilizaba: «No se conoce que el kraken haya hecho alguna vez algún daño, excepto que ha tomado las vidas de aquellos que han sido llevados por la marea».

Se basó Pontoppidan para sus descripciones en escritores anteriores, desde Plinio el Viejo hasta sus contemporáneos, pero reinterpretando los relatos. Cuando cita una descripción de Lucas Debes, autor de una *Descripción de las islas Feroe,* de unas islas que aparecen y desaparecen, habitadas por malos espíritus, Pontoppidan les quita la carga diabólica. «Todo esto no puede ser más que el Kraken, Krabben o Soe-horven», afirma. Y a pesar de la carga hiperbólica de sus descripciones, Pontoppidan se burló de Olao Magno por su credulidad cuando describía a la ballena tan grande que los marinos desembarcaban y hacían fuego sobre ella, lo «que es notoriamente fabuloso y una historia ridícula».

El kraken con forma de pulpo gigante quedaba consagrado como un nuevo ente intermedio entre lo imaginario y la zoología, como un auténtico mito moderno sobre el que se iba a proyectar una pesada carga de significados morales.

El pulpo gigante, la monstruosidad moral

Además del sentido de premonición, no se puede olvidar el carácter moral que ciertos monstruos han representado en la tradición. Sabemos desde el episodio de Adán y la manzana en el paraíso que la serpiente se asocia a la tentación y que los reptiles están en la base de la figura del dragón como monstruo destructor. Igualmente, el pulpo, por su mimetismo con el entorno, fue asociado a la mentira. Pero fue Pierre Denys de Montfort quien hizo del pulpo gigante un monstruo en el sentido moral de la palabra.

Pierre Denys de Montfort publicó en 1802 la que sería la obra de su vida: *Histoire naturelle, générale et particulière des Mollusques*. En sus seis tomos describió con ánimo científico, entre otros moluscos, las diversas variedades de pulpos, destacando entre ellos el *pulpe kraken* y el *poulpe colossal*. Este autor fue quien más contribuyó a la leyenda del pulpo gigante, al que pintó como un ser malévolo y vengativo, con una propensión irresistible a la destrucción y a la matanza; un auténtico monstruo moral. Sus relatos de encuentros con el «pulpo colosal» no suponen solo el enfrentamiento entre el bien y el mal, sino casi una experiencia de lo sobrenatural. En las costas de Angola un barco fue atrapado por un monstruo con brazos que alcanzaban hasta lo alto de los mástiles. Los aterrorizados marineros elevaron promesas a santo Tomás de que harían un peregrinaje si los salvaba, y así fue como, con ayuda del santo, consiguieron cortar con hachas los brazos de la criatura y quedar libres.

En otros sucesos el problema de credibilidad de Denys de Montfort se va acentuando, como en este: cuando el almirante inglés Rodney capturó en 1782 en el mar de las Antillas seis buques de guerra franceses, todos fueron hundidos por el asalto de pulpos gigantes, según nuestro autor. Pero un tiempo más tarde el naturalista Henry Lee puso en evidencia la fabulación. La realidad fue que una tempestad dispersó los barcos y hundió varios de ellos. Para Lee, el pulpo de Denys de Montfort era más propio de una feria que de una obra científica.[10] Si la confidencia de Alcide d'Orbigny es cierta, Denys de Montfort dijo en una ocasión: «Si mi pulpo colosal es aceptado, en la segunda edición

---

10. Lee, 1875.

haré que hunda a una escuadra entera».[11] Eran reacciones de desafío de un científico apasionado, exasperado por la incredulidad con que había sido recibida la obra más importante de su vida. Solo en un punto Denys de Montfort se ablanda y rinde homenaje a la criatura: cuando supone que tiene una vida conyugal ejemplar, la cual redime en cierta medida la negrura de su alma. Describe al pulpo «como tan fiel y lleno de atenciones para con su compañera que el autor, conmovido, al final los ve envejeciendo juntos». Lástima porque, como corrige Caillois, el pulpo es polígamo.

Versión de I. Cabria del «Poulpe colossal» de Pierre Denys de Montfort.

Georges Couvier, el gigante de la historia natural, vendría a poner un poco de racionalidad en las historias de pulpos gigantes, aunque seguiría admitiendo, igual que otros naturalistas posteriores, la peligrosidad del pulpo. Para ellos, esa mirada enigmática del maravilloso ojo del pulpo traslucía algún misterio ominoso. En cambio, D'Orbigny se deja llevar por el lirismo, se

11. Caillois, 1973, p. 37.

extasía ante la elegancia del pulpo y especialmente ante el esplendor de sus cambios de coloración y su mimetismo. Pero la que triunfaría sería la bestia demoníaca de las profundidades anunciada por el trío francés de Jules Michelet, Victor Hugo y Jules Verne: el pulpo gigante como amenaza.

La apoteosis del mal

Las noticias sobre el calamar gigante revolucionaron a la intelectualidad de la segunda mitad del siglo XIX, ofreciendo la posibilidad de presentar al monstruo como una alegoría del mal y de los terrores que acechaban a la sociedad contemporánea. El historiador francés Jules Michelet continuaba la tradición moralista de Denys de Montfort cuando, en *El Mar* (1861), incluía al pulpo en un mundo de matanza y terror. «El pulpo necesita destruir», asevera Michelet siguiendo de cerca a su antecesor en la megalomanía. Para él, el pulpo había puesto en peligro la naturaleza, pues hubiera podido absorber el globo. Lo dota Michelet, por tanto, de cualidades casi sobrenaturales, con «la fuerza mágica de un rayo misterioso». Pero al mismo tiempo lo desprecia con asco: «Más que un ser, eres una máscara».[12]

Se quedó corto si lo comparamos con Victor Hugo, con quien el pulpo alcanza la apoteosis de la depravación. En su novela *Les Travailleurs de la mer (Los trabajadores del mar),* de 1866, crea no un nuevo ser, sino una nueva personalidad. Para lo que se ha llamado siempre *poulpe,* Hugo toma un término dialectal local del Languedoc, *pieuvre,* y lo asocia al pulpo monstruoso de su propia creación. En el argumento, cuando la doncella Mess Lethierry ofrece que se casará con quien logre recuperar el motor a vapor del barco Durande, que está hundido, el héroe enamorado Gilliatt se lanza al mar y corre toda clase de peripecias para recuperarlo; entre ellas, y es lo que nos interesa, la pelea a cuchillo con un pulpo gigante. El autor hace toda una disertación sobre la *pieuvre* desde el ángulo moral que, con un lirismo

12. *Ibid.,* pp. 45-46.

visionario, determinará el destino legendario del pulpo. Hugo se entrega a una «meditación filosófica» sobre el monstruo elevándolo a un «misterio hiperbólico», como diría más tarde el naturalista Henry Lee. La fealdad, como suele suceder, tiene su paralelo moral, y para Hugo el pulpo odia, puesto que «ser horrible es odiar». Llega a poner en causa al mismo Dios, que «se supera en lo execrable», pues los pulpos son «las formas elegidas del mal. ¿Qué podemos hacer contra estas blasfemias de la creación contra sí misma?», se pregunta. Hugo dota al pulpo de voluntad y se recrea en el pleonasmo para describirla. Su pulpo, *la pieuvre,* es «una enfermedad convertida en monstruosidad»; «una viscosidad que tiene una voluntad, ¿acaso hay algo más horroroso?, un pegote hecho de odio». «Estas criaturas son fantasmas tanto como monstruos.» Además, los pulpos marcaban para él la transición de nuestra realidad a otra más extraña, y lo dice con la metáfora más hermosa: «Son los anfibios de la quimera y de la realidad». En Victor Hugo, el pulpo es una letanía de epítetos. Sus ventosas son «pústulas vivientes que horadan la carne». Cuando el héroe, Gilliatt, se enfrenta al pulpo a cuchillo, Hugo compara las ventosas con las armas más letales, peores que las zarpas, pues con la zarpa «es la bestia la que penetra en la carne de uno; con la ventosa es uno quien entra en la bestia». Así supone la atrocidad de la muerte por succión. El cuchillo de Gilliatt resbala en los tentáculos, cruza su mirada con los ojos hipnóticos del pulpo. «Acechado, él lo acechaba.» Al final, Gilliatt se queda sin pulpo y sin la chica.

La novela tuvo un éxito inmediato; se publicaron más de quince ediciones en Bruselas, donde Victor Hugo estaba exiliado. Igual éxito inmediato tuvo su invención de la *pieuvre,* de tal manera que doce años después el término *pieuvre* se incorporó al *Dictionnaire de l'Académie,* y desde entonces suplanta a *poulpe* hasta en los tratados de zoología. Así, *poulpe* quedará reducido a lo gastronómico, al animal comestible, mientras *pieuvre* designará al pulpo zoológico y al monstruoso. Esa distinción no existe en español porque no llegó a penetrar el término con igual éxito en nuestro país. El pulpo se hace la estrella del momento, se lo expone en todos los acuarios, se ofrecen platos de pulpo en los restaurantes de París. El pulpo está en boca de todos, literal y metafóricamente.

Henry Lee, naturalista encargado del acuario de Brighton, dedicó en 1875 un libro a este animal, en el que criticó a Victor Hugo por sus excesos verbales.[13] Como experto que era en pulpos, Lee lo defendió como una especie inofensiva y juguetona, desmintiendo que las ventosas sirvieran para chupar a la víctima, ya que son adherentes y solo sirven para agarrar, aunque dejaba un resquicio al espanto: admitía que los pulpos son caníbales y se devoran unos a otros.

Si Victor Hugo dio al pulpo la dimensión metafísica, en 1869, JulesVerne lo magnificó con una poderosa imaginería en su novela *Veinte mil leguas de viaje submarino*. Aquí el pulpo o calamar gigante (ambos se mencionan indistintamente) se convierte en la némesis del capitán Nemo. En un momento culminante de la novela, el pulpo gigante ataca al submarino Nautilus rodeándolo con sus tentáculos y bloqueando la hélice, de modo que los protagonistas han de salir al exterior a combatirlo. Tanto la intensidad del relato como los dibujos evocadores de Alphonse de Neuville capturaron la imaginación del público. Es «mitología en estado incipiente», escribirá Caillois.[14]

Verne no solo conocía las obras de Olao Magno y de Pontoppidan, de las que rechaza las fábulas de que el cefalópodo midiera una milla marina o de que en su lomo pudiera maniobrar un regimiento de caballería, pero le habían influido las exageraciones de Denys de Montfort. Sin embargo, la inspiración más inmediata para Verne fue el caso del buque Alecton, que vamos a ver a continuación, pues Verne reproduce unos cuantos aspectos de aquel suceso. Pero los detalles científicos que Verne da sobre el cefalópodo gigante por boca del científico Aronnax son —como señala Richard Ellis— todos erróneos: el número de tentáculos, el ojo único, el color del cuerpo o la forma de la boca, además del peso enormemente exagerado de la criatura.[15]

13. Lee, 1875.
14. Caillois, 1973, p. 60.
15. Ellis, 1995.

Cuando Walt Disney produjo en 1954 la película *Veinte mil leguas de viaje submarino*, la escena de la lucha del Nautilus y sus tripulantes con el calamar gigante fue un momento culminante. Tras verse el Nautilus atrapado por los tentáculos del calamar, el capitán Nemo (James Mason) da la orden de tomar las armas y salir a combatir al monstruo: «Estarán ustedes luchando a corta distancia con una de las bestias más tenaces de todos los mares», les anuncia. Ned Land (Kirk Douglas) arpona al calamar justo entre los ojos y rescata al capitán Nemo. La escena era un modelo de acción subacuática. Y el modelo de calamar construido para la filmación, de dos toneladas de peso (más que un calamar real) fue una maravilla de efectos especiales, que requería 16 personas para manejar la electrónica y la hidráulica, y otras 50 para mover los hilos que sujetaban los tentáculos. El calamar se convirtió en un protagonista digno de un premio Óscar. De hecho, la película ganó el Óscar a los mejores efectos especiales.

Toda la publicidad sobre la maldad del pulpo gigante de la leyenda tenía que afectar incluso a la mejor intencionada divulgación sobre el pulpo de verdad. En 1919, en un artículo en el *National Geographic*, John La Gorce desata en un solo párrafo toda la retórica sobre lo «repulsivo», el «aspecto fiero», los «ojos diabólicos», la «mirada demoníaca», la «cabeza grotesca» y la fuerza asombrosa con la que el pulpo «atrae bajo la superficie del agua al objeto de su ira». Y en otro artículo de la misma revista de 1935, Roy Waldo Miner presenta al pulpo como una «criatura repulsiva» y «uno de los más horripilantes merodeadores de los mares».[16] La cosa se fue arreglando después, teniendo en cuenta que el pulpo tiene, en realidad, 150 variedades muy diferentes. Pero la ficción no podía abandonar aquel filón. El escritor de grandes *best sellers* Peter Benchley, autor de la novela que dio lugar a la famosa película *Tiburón*, quiso continuar la tradición iniciada por la tríada francesa del siglo XIX y publicó en 1987 la novela *The Beast*, en la que repetía el tópico del calamar gigante como una bestia poderosa y vengativa.

16. *Ibid*, pp. 257-258.

Por suerte para el pulpo, en los últimos años ha habido una nueva fascinación por su inteligencia. El documental *My Octopus Teacher* (2020) (*Lo que el pulpo me enseñó*, en la versión española) es una hermosa reivindicación de una criatura a la que se aprende a amar en hora y media. Y quién no recuerda que durante el Mundial de Fútbol de 2010 el pulpo Paul escogió la bandera española adivinando que nuestra selección de fútbol iba a ganar el campeonato. ¡Ah, Paul, campeón!

El kraken ante la ciencia: el descubrimiento del *Architeuthis*

El primer hallazgo de un calamar gigante varado en una playa sucedió en la isla de Thingore, Islandia, en 1639. En 1673 se encontró otro de 6 m en Irlanda. Y así, de manera regular, se fueron hallando otros restos en descomposición en las costas, lo que llevó a Linneo a incluir al kraken, como *Sepia microcosmos,* en su primera versión del *Systema Naturae,* de 1735. Lo describió como un cefalópodo de los mares noruegos. Pero posteriormente, al tener dudas de su existencia, fue eliminado de las ediciones posteriores. A pesar de todo, la descripción formal de Linneo hizo que la imagen del kraken quedara fijada para siempre como un cefalópodo gigante.

Durante un viaje del capitán James Cook en 1771, la tripulación observó flotando en el mar un cuerpo que el naturalista de a bordo describió como una sepia gigante. En Irlanda fue encontrado en 1790 un enorme calamar de unos 13 m, y así sucesivamente. El naturalista Henry Lee defendió en su libro *The Octopus: the «Devil-Fish» of Fiction and of Fact* (1875) que los testimonios sobre serpientes marinas eran confusiones con pulpos, e identificaba el valor económico que podía tener su explotación comercial, promoviendo que el Imperio británico sacase provecho de estas especies.

Cuando en 1854 apareció un calamar gigante varado en la costa de Dinamarca, el naturalista Japetus Steenstrup identificó el ejemplar y tres años después lo registró como una nueva especie a la que llamó *Architeuthis monachus*. Fue el momento decisivo en la consolidación científica del calamar gigante como una realidad.

Y un momento culminante fue el 30 de noviembre de 1861, cuando la corveta francesa Alecton observó un impresionante calamar frente a las costas de Tenerife. El capitán Bouguer escribió en su informe posterior al ministro de Marina: «A las dos de la tarde, me encontré con un animal monstruoso que reconocí como el *Pulpo gigante*, cuya existencia discutida parece estar relegada al campo de la fábula». Resolvió entonces capturarlo para poder estudiarlo, pero «el animal mismo, aunque casi siempre a flor de agua, se desplazaba con una especie de inteligencia y parecía querer evitar la nave». Los arpones y las balas penetraban en la carne del animal sin resultado aparente. El animal vomitó gran cantidad de espuma y sangre con materias pegajosas que despedían un intenso olor a amoníaco. Escribe Bouguer:

> Después de varios encuentros en los que solo se pudo dispararle unas diez balas, logré acercarme a él lo suficiente como para arrojarle un arpón, así como un nudo corredizo. Estábamos a punto de multiplicar las ataduras, cuando un movimiento violento del animal hizo que el arpón se saliera; la parte de la cola en la que la soga estaba enredada se rompió y solo subimos a bordo un fragmento que pesaba unos veinte kilogramos.[17]

El capitán pudo distinguir que era un calamar gigante de una especie no descrita, de color rojo ladrillo, de 5 o 6 m de cuerpo y unos brazos de 2 m, con un pico de loro que podía medir casi medio metro. Y añade: «Presenta una figura repelente y terrible».

Bouguer dio testimonio del hecho en una carta que fue leída en la Academia de Ciencias francesa. Con esto, el kraken quedaba relegado a la leyenda, pero con el nombre científico de *Architeuthis* había pasado a engrosar la nómina de los animales reales de las profundidades.

Por razones que pudieron tener relación con cambios ecológicos, en la década de 1870 se encontraron en las costas de Terra-

17. En Caillois, *op. cit.*, p. 40.

nova, o flotando en aquellos mares, docenas de calamares gigantes muertos. Según se contó, en 1873 un pescador vio en el mar algo que creyó que eran restos de un naufragio, pero cuando se acercó para intentar agarrarlo, aquello golpeó la borda y lanzó un tentáculo alrededor del bote. El ejemplar fue cazado y llevado al naturalista aficionado Moses Harvey, quien compartió el descubrimiento con el famoso profesor de Zoología Addison Verrill, de la Universidad de Yale. Y el mismo año otros pescadores de Terranova cazaron en sus redes otro calamar gigante de 8 m de largo, que llevaron también a Harvey. Para poder mostrarlo al público, este colocó los tentáculos colgando sobre una estructura de madera y sacó una foto. Es la primera fotografía conseguida en la historia de la especie *Architeuthis*. Con los ejemplares que Harvey le envió, Verrill fue capaz de publicar varios artículos científicos sobre la especie, a la que en honor a su colaborador puso el nombre científico de *Architeuthis harveyi*.

Adiós al pulpo gigante

En 1896 se encontró en una playa cercana a San Agustín, en Florida, una masa de carne en descomposición, que en inglés se conoce como *blob*, o *globster* (este último término ideado por Ivan Sanderson). El científico local DeWitt Webb dedujo que eran restos en descomposición de un pulpo gigante y, como Harvey, envió fotos a Addison Verrill. Este rápidamente concordó en que el blob era un pulpo gigante, y en su primera publicación científica sobre el tema le dio el nombre científico de *Octopus giganteus*. Basándose en las fotografías, dedujo que el pulpo debía medir unos 30 m de largo.

Unos meses más tarde Verrill empezó a cavilar que el tamaño del blob era mucho más grande que cualquier pulpo conocido, y en una nota dirigida al *American Journal of Science* escribió que su forma parecía más de calamar que de pulpo, y que podía ser una especie de *Architeuthis*. Pero cuando Verrill recibió un trozo de los restos que le envió Webb, cambió de opinión y se decantó por un cetáceo, una ballena, justificando el error inicial por haber recibido información errónea sobre un brazo que tenía unas dimensiones de 12 m. Contra la opinión de DeWitt Webb, en marzo de 1897 Verrill dictó su última palabra sobre el caso en el *Journal of Science:* era un cachalote. Aunque la revista *Natural Science* recordó a Verrill que: «Uno no debería intentar describir especímenes varados en la costa de Florida mientras se está sentado en un despacho en Connecticut».

El asunto quedó olvidado durante sesenta años, hasta que en 1957 los biólogos Forrest Wood y Joseph Gennaro, tras un análisis de los restos que se habían conservado del «monstruo de San Agustín» en la Smithsonian Institution, llegaron a la conclusión de que pertenecían a un pulpo gigante, con todo lo fantástico que pudiera parecer, ya que nunca se había podido demostrar la realidad de la especie. Tuvieron el apoyo en 1986 del biólogo y criptozoólogo Roy Mackal, quien —tras comparar los aminoácidos de la muestra del «Octopus giganteus» con los de muestras de varias especies de ballenas— dijo que se trataba de «un cefalópodo, probablemente un pulpo, sin concretar una especie definida».[18] Es decir, que apoyaba la presunción inicial de DeWitt Webb, el descubridor del blob.

Entre los casos que, según los creyentes, apoyarían la existencia del pulpo gigante está uno sucedido en aguas frente a Málaga en 1951. Al recogerse un cable roto desde una profundidad de más de 2.000 m, este salió rodeado de un tejido carnoso que tenía un fuerte olor. El capitán del barco que realizaba la tarea sugirió que el cable podía haber sido roto por un pulpo gigante, pues el animal tenía que ser muy poderoso para haber hecho tal daño.

Las esperanzas de los soñadores en el pulpo gigante se vieron sacudidas en 1995 cuando el zoólogo Sydney Pierce estudió al microscopio una muestra del «monstruo de San Agustín» y afirmó que pertenecía a un vertebrado de sangre caliente, es decir, a una ballena. La única prueba creíble de la existencia del pulpo gigante se venía abajo.

18. Roy Mackal. «Biochemical Analyses of Preserved Octopus Giganteus Tissue.» *Cryptozoology,* vol. 5, 1986.

Para los escépticos de los monstruos marinos, los blobs encontrados en las costas tienen explicaciones más mundanas que la de los grandes cefalópodos. Como ha señalado el paleontólogo Darren Naish, los blobs resultan ser, por lo general, carne y grasa de ballena en descomposición, que al desprenderse del hueso queda como una masa deforme.[19] Y Lothar Frenz nos recuerda que «el mayor cefalópodo de ocho tentáculos conocido hasta la fecha —el *Octopus dofleini*, el "gran octópodo del Pacífico"— suele pesar hasta 15 kilos».[20]

El pulpo gigante, por tanto, permanecerá en la mitología, pero nos queda el calamar gigante, el *Architeuthis*, para seguir soñando con portentos de tiempos pasados. Richard Ellis cree que el *Architeuthis* podría explicar la mayor parte de los casos históricos tanto de encuentros con el kraken como de serpientes marinas. En sus palabras, «solo el *Architeuthis* retiene su estatus mitológico y criptozoológico».[21] Al menos en este animal la realidad iguala al mito.

El kraken que era tan grande como una isla y el pulpo gigante terrible del mito literario, finalmente, no existen ni existieron nunca, pero su poder evocador sigue vivo en el imaginario popular, que revive cada vez que leemos a Verne o vemos una película clásica de pulpos. El poeta inglés Alfred Tennyson reflejó en 1930, inspirado por el *Paraíso perdido* de John Milton, el misterio de las profundidades y el poder del mito con el poema con el que he encabezado este capítulo, *The Kraken*, en el que el monstruo marino es una presencia antigua, mitológica, como un Leviatán que resurgirá al final de los tiempos. Mientras tanto, «el kraken duerme».

19. Naish, 2016, p. 40.
20. Frenz, 2014, p. 180.
21. Ellis, 1995, p. 376.

Capítulo 2

LOS MARINOS QUE VEÍAN SIRENAS Y TRITONES

EL CANTO DE LOS MITOS

[...] Mi atención fue atraída por la aparición de una figura semejante a una mujer desnuda, sentada sobre una roca que penetra
en el mar, y aparentemente en el acto de peinar sus cabellos, que
fluían alrededor de sus hombros...

WILLIAM MUNRO. *London Times,* 8 DE SEPTIEMBRE DE 1809

Todos sabemos que las sirenas son criaturas mitológicas, aquellas que seducían con sus cantos a Ulises y a sus marineros. Las
sirenas no existen. Y, sin embargo, algunos criptozoólogos tienen a las sirenas y a su contraparte masculina, los tritones, entre
sus criaturas ocultas de la naturaleza. Loren Coleman y Patrick
Huyghe[1] han propuesto entre sus críptidos al *merbeing* o *merfolk,* que podríamos traducir como gente-pez o sirénido, que
abarca los términos ingleses *mermaid* (sirena) y *merman* (tritón).
Habría dos subclases de gente-pez, para Coleman y Huyghe: la
especie marina —que se distingue por sus apéndices como aletas— y la de agua dulce —que tiene un pie angular con tres dedos apuntados y presenta, a menudo, una fila de espinas a lo
largo de su columna vertebral—. Más adelante vamos a ver de

---

1. Loren Coleman y Patrick Huyghe. *The Field Guide to Bigfoot and
Other Mystery Primates,* Avon Books, Nueva York, 1999.

qué tipo de criaturas hablan estos autores. Pero antes empecemos por las raíces de las sirenas en la mitología y en la tradición.

Sirenas y tritones del mito y... ¿de la realidad?

El mito de la criatura mitad persona mitad pez es tan antiguo como la historia, y como señala Varner, apenas hay épocas o pueblos en el mundo que no tengan en su folklore sirenas o seres del agua.[2] Todos recordaremos que en los libros del género llamado astroarqueología, o teoría de los antiguos astronautas, se tomaba por un extraterrestre al dios Enki (Oannes en griego), que salió de las aguas para llevar la civilización a los sumerios, representándosele con cuerpo de hombre y cola de pez. Es decir, sería un tritón, según la terminología griega. Oannes y otras criaturas semejantes de los pueblos vecinos pueden haber sido la inspiración de las sirenas a lo largo de la historia.

Si hablamos del ser con el torso de mujer y la cola de pez, en los mitos griegos se llamaban *nereidas*, las ninfas del mar, hijas de Nereo y de Doris, dioses de los mares. Las nereidas habitaban en las profundidades del océano y ayudaban a los marinos calmando los vientos y las tempestades. Estos seres benéficos fueron venerados con la colocación de altares con ofrendas en su honor. La contraparte masculina de la nereida era Tritón, hijo de Poseidón y de Anfítrite, y tenía una larga cola de pez, aunque luego pasaría a representar en plural —tritones— a una categoría de monstruos marinos. A diferencia de los anteriores, las sirenas eran seres alados, mitad persona mitad ave, como se puede ver en el arte antiguo. El mito de las sirenas nació en relación con el peligro que entrañaba la navegación marina en la cercanía de las islas, y así se las asoció con los peligros en general, confundiéndoselas con las arpías.[3]

Las nereidas, sirenas y tritones eran solo seres de la mitología, y, sin embargo, las criaturas mitad persona mitad pez —de am-

2. Varner, 2007, p. 14.
3. Laura Rodríguez Peinado. «Las sirenas.» *Revista Digital de Iconografía Medieval,* vol. I, n.º 1, 2009.

bos sexos— han sido vistas en los mares, a juzgar por noticias y crónicas, y por eso figuran entre las criaturas contempladas por la criptozoología de hoy y los traigo a este libro. Plinio el Viejo, aunque no creía en las sirenas aladas, refirió en su *Naturalis Historia*, libro X, noticias sobre ellas. Asimismo, relató que se había visto a un tritón tocando una concha marina, y que se habían observado muchas nereidas varadas al bajar la marea, y otras se habían encontrado muertas. Personas de confianza le aseguraron que «vieron en el mar de Cádiz un tritón cuyo cuerpo entero era exactamente igual al de un hombre», que estos tritones «suben a bordo de los barcos de noche, y hunden el extremo del barco en el que descansan, y que si se les permite permanecer allí mucho tiempo hunden el barco».[4]

La iconografía de las sirenas sufrió una transformación al inicio de la Edad Media, cuando en el *Phisiologus* de Berna el texto habla de una mujer-pájaro mientras que el ilustrador, menos constreñido que el escriba por la tradición, la dibuja como una mujer con la cola de pez. El hiato en la morfología se habría producido por la asociación de las sirenas con el mar y la confusión entre estas y las antiguas deidades germano-célticas de las aguas.[5] El *Liber Monstrorum* describe ya a la sirena con cola de pescado. Ambas representaciones convivirán y se mezclarán en la escultura monumental y en los bestiarios del siglo XII, en los que se hacía una representación simbólica de los animales asociándolos a un significado moral, y en el caso de la sirena para ilustrar la atracción irresistible de la belleza y la muerte que llevaba consigo. En aquellas ilustraciones la sirena se haría con los accesorios que la caracterizaron como epítome de la atracción fatal: el peine y el espejo, presentándose como mujer vanidosa que se peina mirándose al espejo, representando la voluptuosidad y la vanidad.[6] Y con su forma de mujer con cola de pez se

---

4. *Historia Natural*, Libro IX, cap. V.

5. Jacqueline Leclercq-Marx. «Los monstruos antropomorfos de origen antiguo en la Edad Media. Persistencias, mutaciones y recreaciones.» *Anales de Historia del Arte*, 2010, volumen extraordinario, p. 261.

6. Gwen Benwell y Arthur Waugh. *Sea Enchantress: The Tale of the Mermaid and Her Kin*. Hutchinson & Co., Londres, 1961.

incorporarán finalmente a los ornamentos, la heráldica, los mapas, las monedas y otras formas de representación gráfica.

Las sirenas se incorporaron también a la fauna esperada por los navegantes a finales de la Edad Media. Como es bien sabido, Cristóbal Colón, en su primer viaje a América, dejó reflejado en su diario de navegación que el 9 de enero de 1493 vio sirenas, aunque «no eran tan hermosas como las pintan, que en alguna manera tenían forma de hombre en la cara». Se da por hecho que lo que vio Colón fue un manatí, un animal marino de las aguas tropicales del Caribe, cuyas hembras son hermosas solo desde otro punto de vista.

Entre los ejemplares de tritones que más éxito tuvieron en el siglo XVI estuvieron el «pez monje» y el «pez obispo». El primero fue descrito por Kaspar Peucer en 1553 como un pez con forma humana y la cabeza tonsurada como un fraile, mientras que las escamas le cubrían como la casulla a un cura. Este ejemplar tuvo mucho éxito entre los autores de la época, que lo repitieron incesantemente. El segundo, el «pez obispo», fue capturado y llevado al rey de Polonia, según la leyenda, y tras ser liberado hizo la señal de la cruz y se sumergió en el mar. Las ilustraciones de Guillaume de Rondelet de lo que parece un monje con casulla y un obispo vestido de pontifical tuvieron un gran éxito. En España estos ejemplares fueron descritos por Antonio de Fuentelapeña en su obra *El ente dilucidado*. Del primero dijo que a todos los que lo vieron les pareció un fraile, y el segundo tenía forma de obispo con sus vestiduras episcopales.

Las sirenas, como otros monstruos marinos, fueron situadas, sobre todo, en el océano Índico, que era como decir en mares desconocidos. Se cree que en las aguas de Asia fue el dugongo, un animal emparentado con el manatí, el inspirador de las visiones de sirenas, o al menos ha dado lugar a confusiones con ellas.[7] Según una *Historia de la Compañía de Jesús,* siete sirenas de ambos sexos fueron capturadas en las costas de la India y diseccionadas en Goa por el médico del virrey de Portugal, y «su es-

7. Benwell y Waugh, *op. cit.*

Versión del «pez obispo» de Guillaume de Rondelet.

tructura interna se encontró ser en todos los aspectos conforme a la humana».[8] Pero fue, sobre todo, en el Sudeste Asiático donde se informó de sirenas. El artista Samuel Fallours —pintor oficial de la Compañía Holandesa de las Indias Orientales (lo que hoy es Indonesia)— fue el primero, en 1719, en publicar un libro con pinturas en color sobre los peces. Entre las ilustraciones de la vida acuática del trópico hay una ingenua e imaginativa representación de una sirena con cuerpo de mujer y una larga cola de pez que él dijo haber capturado y conservado dentro de un barril de agua durante varios días, durante los cuales la sirena emitió sollozos y se negó a comer hasta morir. Recientemente, el científico marino Ted Pietsche ha sacado una nueva impresión de aquellas láminas y admite que Fallours, probablemente, se inventó algunas criaturas e historias con tal de atraer a compradores de su obra.

El capellán holandés de las Indias Orientales François Valentijn incluyó en su *Historia Natural de Amboina* (una de las islas

8. Lee, 1883, p. 16.

de las Especias) un capítulo sobre las sirenas y otra ilustración del ejemplar de Fallours, del que dice que medía un metro y medio de largo. Valentijn relató que en 1663 un teniente holandés y sus tropas vieron a plena luz del día varios tritones, es decir, machos de sirena. Valentijn contó algunas historias curiosas, como que en Holanda fue capturada viva una sirena, que las mujeres le enseñaron a dar vueltas y que murió en la fe católica. «Pero esto de ninguna manera milita contra la verdad de la historia», remacha Valentijn.

También en latitudes frías, donde no habitan ni el manatí ni el dugongo, se han visto sirenas. En lo que hoy es Canadá, Henry Hudson, mientras buscaba el Paso del Noroeste en 1608, escribió en su libro de bitácora que dos miembros de su tripulación vieron una sirena. «De la cintura para arriba, su espalda y sus pechos eran como los de las mujeres, según dicen los que la vieron.» Tenía pelo largo y una cola como de marsopa.

Que la visión de sirenas no era infrecuente en aquella época lo indica que en 1723 se formó en Dinamarca una Comisión Real encargada de decidir si las sirenas eran una fantasía, en cuyo caso los que hablasen de ellas tendrían problemas con la ley. Pero cuando miembros de la misma Comisión avistaron por sí mismos una sirena en las islas Feroe, se vieron obligados a reco-

Recreación de la sirena de Samuel Fallours.

nocer su realidad. El folklore se había oficializado como hecho legal.

El obispo danés Erik Pontoppidan —difusor de la gran serpiente marina y del kraken— fue un gran defensor de la realidad de las sirenas y de los tritones. En su *Historia Natural de Noruega* (1755) empieza por reconocer que la criatura es cuestionada por muchos porque se dan muchas fábulas. Entre ellas estaba la de un sireno capturado por unos pescadores cerca de Bergen que cantaba una desagradable canción al rey Hiorlief, la de una sirena que mantuvo una conversación con un campesino y predijo el nacimiento de Cristián IV, o la de un tritón que fue capturado y amenazó con que si no lo devolvían al mar haría naufragar el barco, ante lo cual lo liberaron. Pero aparte de estos «absurdos», como los llama Pontoppidan, acepta la posibilidad de esta criatura híbrida por «la analogía y semejanza que se ha observado entre varias especies de tierra y los animales marinos»,[9] y defiende que hay casos bien fundamentados. Habla de sirenas que eran capturadas y comidas por los negros de Angola, y otras observadas en el Sudeste Asiático y en América con su forma característica de cabeza y torso de hombre o mujer con brazos, y la parte inferior de pez. Un dato interesante: dice que en Filipinas los españoles lo llaman «pez mujer» y los indígenas «duyon», lo que podría tener relación con la explicación del dugongo. Y reconocía que en Europa había «personas de crédito y reputación» que habían visto a estas criaturas. Como haría un investigador actual de la criptozoología, Pontoppidan había tomado declaración a muchos testigos oculares. «El resultado fue que todos coinciden en cada detalle de sus relatos, que responden a una descripción publicada hace poco por Jablonsky y Kircher.» Es decir, que las descripciones se adaptaban a un estereotipo, quizá bien conocido, más o menos como se argumenta en las paraciencias en nuestros días.

Pontoppidan se basa también en otros autores que han reportado casos creíbles de sirenas, como Lucas Debes en las islas

---

9. Todos los textos sobre las sirenas, en Parte II, capítulo 8, Sección II a V. Traducción de Morgado y Ritoré, *op. cit.*

Feroe o Tormodus Torfaeus en Groenlandia, y menciona casos como el «pez monje» y el «pez obispo» y se extiende sobre un caso de 1723 en que unos marineros de la diócesis de Bergen pudieron observar un tritón. «Dijeron que parecía como un viejo, de fuertes miembros, y anchos hombros, pero no pudieron ver sus brazos [...] y tenía una cara delgada y magra, con una barba negra, que parecía haber sido recortada. Su piel era gruesa, y llena de pelo.» Hay que hacer constar que el viejo tritón con barbas había aparecido dibujado con anterioridad entre los monstruos marinos de distintos mapas como una representación de Neptuno, y estos mapas eran accesibles a los marinos. ¿Influyó la iconografía de las sirenas y los tritones en la percepción de unos marinos para considerar que aquello que vieron era un tritón?

En Escocia se informó toda una serie de observaciones de sirenas en las primeras décadas del siglo XIX. A veces se trató de una figura reposando sobre las rocas de la costa, como en el texto que William Munro envió a la prensa en 1809 (con el que he encabezado este capítulo). La descripción de las criaturas observadas suele ser, en la parte superior, la de una mujer con pechos y con largos cabellos negros, y en la inferior, la de un pez. A veces emite un ruido como un silbido. Un marino llamado MacLeod vio en la isla de Sky, al oeste de Escocia, una sirena peinando sus cabellos. «Levanté mi arma —dijo—, con la intención de disparar sobre ella, porque [...] sería un hombre rico. Y entonces bajé el arma, porque pensé, es tan humana que si disparo me colgarán.»[10] La casuística va de lo ridículo a lo aparentemente verosímil. En un caso publicado por la prensa inglesa en 1822, tres personas prominentes tomaron declaración a un testigo y recalcaron lo impresionado que aquel estaba por su experiencia. El folklorista J. A. Teit comprobó a principios del siglo XX que en las islas Shetland, al norte de Escocia, la gente creía en sirenas, de las que se contaban diversas historias, por ejemplo, que eran como gente normal en su casa, pero «cuando viajaban

10. Arthur Waugh. «The Folklore of the Merfolk.» *Folklore*, vol. 71, n.º 2, 1960.

por mar se convertían en criaturas híbridas mitad hombre mitad pez»,[11] o que era mala suerte encontrarlas, pero si se las retenía y se las liberaba, cambiaba la suerte. Todas estas creencias podrían justificar de alguna manera la profusión de visiones de sirenas en Escocia en esos tiempos.

Y, finalmente, hay algunas narraciones que merecen un lugar en los anales del legendario eterno. Una de ellas, que circuló durante el siglo XIX como verídica, fue la del pionero de la colonización inglesa en América John Smith (más conocido por haber sido salvado por la india Pocahontas), que dijo haber visto en 1614 una sirena con grandes ojos y una nariz bien formada, y que su «pelo verde le daba un carácter muy original que la hacía atractiva». Cuando Smith empezaba a «sentir los primeros dolores del amor, ella se giró revelando que la parte inferior daba lugar a un pez». En casos como este no hay que pensar en la confusión con un manatí, pues este encuentro, simplemente, nunca sucedió. El historiador Vaughn Scribner ha buscado los precedentes de este relato y ha dado con Alexandre Dumas, el autor de *Los tres mosqueteros,* que lo incluyó dentro de un escrito de ficción.[12] ¿Cuántas otras historias de encuentros con monstruos tendrán orígenes semejantes que no han sido rastreados?

Se cuentan historias sobre sirenas encontradas muertas o cazadas por pescadores o marinos. La más extraordinaria dice que en 1830 unas personas que recogían algas vieron una criatura como una mujer pequeña retozando en la costa de la isla de Benbecula, en las Hébridas escocesas. Un testimonio de la época dijo que «la parte superior de la criatura era aproximadamente del tamaño de un niño bien alimentado de tres o cuatro años, con senos anormalmente desarrollados». Tenía pelo largo, y la parte inferior como un salmón sin escamas. Un niño la golpeó con una

11. J. A. Teit. «Water-Beings in Shetlandic Folk-Lore, as Remembered by Shetlanders in British Columbia.» *The Journal of American Folklore,* vol. 31, n.° 120, abril-junio de 1918.

12. <https://www.smithsonianmag.com/smart-news/no-john-smith-did-not-see-mermaid-1614-180955692/>.

piedra, la criatura gritó de dolor y desapareció bajo el agua. Días después apareció muerta a orillas del pueblo de Nunton. La multitud que la vio en la playa concordó en que era una sirena. El *sheriff* del distrito encargó un ataúd y una mortaja, y se dio a la sirena un funeral al que asistió mucha gente, tras lo cual fue enterrada en el cementerio, aunque otros dicen que fue en las dunas, ya que no ha quedado rastro del enterramiento. Esta historia no se publicó en la prensa, sino que forma parte de la tradición oral de la isla de Benbecula.[13]

Sirenas y gente-pez en España

Además de recoger los relatos de Plinio sobre las sirenas, Pedro Mexía narraba en su obra *Silva de varia lección* (1540)[14]una leyenda italiana sobre un llamado «peje Nicolao» (o «pece Colán»), un hombre que nadaba en el mar de Sicilia, se lo encontraban los marinos, lo subían a bordo, le daban de comer, este contaba historias y se volvía al mar. El ilustrado español Benito Jerónimo Feijóo, escéptico de tantas leyendas y habladurías, estuvo dispuesto, sin embargo, a admitir la posibilidad de un cruce entre el hombre y el pez. Dio así crédito en su *Teatro crítico universal* a las noticias que le llegaban de «hombres marinos», como el «visto» en 1671 en la Martinica por dos franceses y cuatro negros, que «unánimes depusieron después jurídicamente del hecho». Dijeron que «tenía desde la cintura arriba perfecta figura de hombre», y lo describieron con barba parda.[15] Igual-

13. Jennifer Westwood y Sophia Kingshill. *The Lore of Scotland: A guide to Scottish legends*. Random House, Londres, 2009; y <https://www.scotsman.com/whats-on/arts-and-entertainment/myth-hebridean-mermaid-1480328>.

14. Pedro Mexía. *Silva de varia lección*. Tomo I, capítulo XXIII (edición 1602). En línea: <https://books.google.es/books?id=aMhUAAAAcAAJ&printsec=frontcover&hl=es&source=gbs_ge_summary_r&cad=0#v=onepage&q&f=false>.

15. Benito Jerónimo Feijóo. *Teatro crítico universal,* tomo sexto, discurso 7, 1726-1740. En línea: <https://filosofia.org/bjf/bjft607.htm>.

mente dio crédito Feijóo a la historia del «hombre pez de Liérganes».

El 20 de junio de 1674 un joven natural de Liérganes (en la actual provincia de Cantabria) se lanzó a nadar en el mar y desapareció. Cinco años después unos pescadores recogieron del agua en la bahía de Cádiz a una persona cubierta de escamas y que no podía hablar. La única palabra que pronunció fue «Liérganes». Los frailes franciscanos supieron que la única persona que había desaparecido en Liérganes, ahogado hacía cinco años, había sido Francisco de la Vega Casar. Llevado por un fraile hasta Liérganes, el hombre se dirigió, sin dudarlo, a la casa de sus familiares, siendo reconocido inmediatamente por ellos como el desaparecido Francisco. Nueve años después volvió a desaparecer en el mar, esta vez para siempre. El padre Feijóo, que conoció la historia por sus conocidos en el lugar, estuvo dispuesto a defender la autenticidad del caso.[16]

El doctor Gregorio Marañón estudió la leyenda del hombre-pez y estimó que Francisco de la Vega Casar debió padecer cretinismo, una deficiencia congénita de la glándula tiroides, atribuyendo la apariencia de escamas en su cuerpo a ictiosis, como había propuesto en 1877 el escritor José María Herrán Valdivieso en su obra *El hombre-pez de Liérganes*. Lejos de la idea de que Francisco fue nadando hasta Cádiz, Marañón interpretó que debió de viajar en barco y establecerse en Cádiz, y que solo fue una casualidad que se le encontrara nadando.[17]

«Si no fue verdad, mereció serlo», como dice una placa en el Centro de Interpretación dedicado al Hombre Pez en el pueblo de Liérganes.

En el siglo XIX, quizá por influencia de la moda de las sirenas que se veían en Escocia, se dio un caso semejante en España. El *Semanario Pintoresco Español* del 27 de enero de 1837 dio a conocer una carta del capitán de un barco que vio en la ría de Requejada, en la entonces provincia de Santander, lo que inicial-

16. *Ibid.*, tomo sexto, discurso 8.
17. Gregorio Marañón. *Las ideas biológicas del Padre Feijóo* (2.ª ed.). Espasa Calpe, Madrid, 1962.

mente creyó que era un muchacho bañándose, pero al que le faltaban los brazos y tenía los ojos blancos. Sorprendido por esta rareza, el capitán llamó a la marinería y juntos vieron cómo el animal que parecía un muchacho se zambulló en el agua dejando ver su cola. Apareció de nuevo el hombre-pez y volvió a zambullirse, y ya no lo volvieron a ver. Días después se recibió otra carta en la redacción del mismo periódico notificando que se había vuelto a ver al hombre-pez en Requejada, lo que llenó de pavor a los sencillos labradores, según se dijo.

Sirenas artesanales: los *jenny hanivers*

La popularidad de las sirenas hizo que en Europa y en América circularan por las tabernas y las ferias unas parodias grotescas de pequeños monstruos marinos fabricados inicialmente en Japón. Se los conoce con el nombre de *jenny haniver,* término procedente del francés *jeune d'Anvers*, «joven de Amberes», porque en este puerto los marineros holandeses que venían de Oriente empezaron a venderlos en el siglo XVI como maravillas exóticas[18] (en español se los ha llamado *sirenos*). Estaban hechos recortando un pez raya, y a veces tenían añadidos de otros animales, y no solo se hacían pasar por sirenas, sino también por dragones y basiliscos. Girolamo Cardano dijo haber visto en París en 1557 unos lagartos como pequeños dragones recién salidos del cascarón, con unas pequeñas alas y cabeza de culebra. El naturalista francés Pierre Belon viajó por Europa y por Asia, y vio cuerpos embalsamados de dragones voladores o serpientes aladas. El dibujo que hizo en 1553 de una de ellas fue muy influyente en otras representaciones posteriores de estas supuestas criaturas.

Según algunos, estos dragones o serpientes aladas serían un tipo de lagarto de Oriente con alas conocido como «dragón volador de Java» *(Draco volans)* al que se habría mutilado y recor-

18. E. W. Gudger. «Jenny Hanivers, Dragons and Basilisks in the Old Natural History Books and in Modern Times.» *The Scientific Monthly*, vol. 38, n.º 6, junio de 1934.

La «serpiente alada» de Pierre Belon.

tado las patas traseras para que aparentaran dragones mitológicos. Según otros, serían pterosaurios sobrevivientes de la prehistoria. Philip Senter y D. M. Klein[19] han refutado esta teoría sosteniendo que los *jenny hanivers* eran unas composiciones fraudulentas mezcla de un cuerpo de serpiente con una cabeza de mamífero. Las supuestas alas serían aletas de pez golondrina *(Dactylopterus volitans)* y las patas, de conejo.

El famoso naturalista Conrad Gesner vio en la tienda de un vendedor de drogas de Zúrich un basilisco, el rey de las serpientes, ese monstruo legendario de los griegos que era como una serpiente con alas. Pero Gesner no creía en el basilisco, sabía que aquel ejemplar era un *jenny haniver,* y en 1558 explicó cómo se hacían. Las ventanas nasales y la boca de una raya aparentan ya una cara demoníaca, pero si se recortaban las aletas pectorales parecían alas, y con dos cortes más se fabricaban unas patas. La creación admitía mejoras, como colocar dos ojos en las aperturas nasales y ampliar la boca para que pareciera humana. Se generó en varios países de Europa toda una industria de fabricación de falsas sirenas, dragones y basiliscos, de manera que estas

19. Philip Senter y D. M. Klein. «Investigation of claims of late-surviving pterosaurs: the cases of the winged dragons of Belon, Aldrovandi, and Cardinal Barberini.» *Palaeontologia Electronica*, vol. 17, n.º 3, 2014.

falsificaciones influyeron en la concepción popular sobre la apariencia de aquellos monstruos, particularmente del basilisco. Una de las variaciones del *jenny haniver* fue el «pez obispo», una imitación del monstruo marino con hábito de obispo, según la ilustración de Rondelet que hemos visto antes. Ulisse Aldrovandi incluyó entre las ilustraciones de monstruos de su obra *Monstrorum Historia* una con el pie *basiliscus ex raia,* es decir, un basilisco hecho de una raya, lo que significa que sabía que se trataba de una falsificación.

En Japón se fabricaron unos *jenny hanivers* como curiosos híbridos de pequeños monos y peces deshidratados (véase ilustración), que es el modelo que se haría célebre en el siglo xix gracias al genio comercial del mayor empresario circense.

Variedad japonesa de *jenny haniver,* la «sirena-mono».

La sirena de Fiji y el garadiábolo

La creación más famosa de esta «especie» híbrida fue la «sirena de Fiji». No habrá habido otro matrimonio más feliz que el del empresario del espectáculo Phineas Taylor Barnum y la sirena de Fiji. Oigamos la historia. En 1842 se publicó en varios periódicos de Estados Unidos que un tal doctor Griffin —del Liceo de

Historia Natural de Londres— había traído a Nueva York una sirena capturada en Fiji y disecada en China, que consiguió a través de un capitán mercante. Hubo artículos de prensa apoyando la autenticidad de la sirena, y se dijo que Barnum no había conseguido que Griffin se la vendiera. Toda la publicidad del caso hizo que el público asistiera en masa a la exhibición que Griffin organizó en el Concert Hall de Broadway, en Nueva York. A continuación, la sirena pasó al Museo de Barnum, al otro lado de la calle, continuando el éxito inicial.

Años después Phineas Barnum contó la realidad de esta historia. Todo había sido una farsa elaborada por él mismo en lo que hoy llamaríamos hábil estrategia de *marketing*. El doctor Griffin no existía, la persona que se presentaba con ese nombre se llamaba Levi Lyman y trabajaba para Barnum. Ni siquiera existía un Liceo de Historia Natural en Londres. La prensa había sido manipulada para crear expectación, y todos los periódicos corrieron a tragarse el anzuelo. La sirena era un producto de artesanía hecho en Japón a principios del siglo XIX, mezcla de un mono y un pez. La había comprado un marino holandés y se la había vendido a un precio elevadísimo a un capitán mercante, que la puso en exhibición en Londres sin ningún éxito. Cuando llegó a manos de Barnum, este supo cómo sacarle partido. A. H. Saxon, biógrafo de Barnum, escribió: «Si ha habido alguna vez una farsa más "vergonzosa" que el resto de las manufacturas de Barnum, seguramente fue la sirena de Fiji».[20] La verdad es que resulta difícil decidir cuál de sus farsas fue más vergonzosa, porque otras destacan con mucho mérito. En otra ocasión exhibió a una persona que sufría microcefalia, es decir, que tenía el cerebro reducido, como si fuera el híbrido de hombre y mono, para lo cual le hacía aparecer vestido con una piel de animal. Barnum no inventó la sirena de Fiji; simplemente inventó las circunstancias para que una falsificación tradicional se convirtiera en un enorme negocio.

Aunque no es seguro, parece que la sirena de Fiji original desapareció en el incendio del Museo Kimball de Boston en la década de 1880, y que lo que actualmente se expone en el Museo

20. Ellis, 1995, p. 82.

Peabody de la Universidad de Harvard es una copia en papel maché.

Atestiguaba Willy Ley en los años cuarenta del siglo xx —cuando escribió su obra pionera sobre los animales fantásticos— que aún se seguían fabricando aquellas criaturas de artesanía por pescadores norteamericanos que ni siquiera habían oído hablar de basiliscos ni de *jenny hanivers*.[21]

Un garadiábolo típico.

Décadas después, un tipo de creación artesanal que en el siglo xix era conocido como «pez diablo» por su aspecto demoníaco reaparecería con el bombo de los medios de comunicación de las paraciencias y relacionado con los extraterrestres, llamándose ahora garadiábolo. En 1971 un profesor de Educación Física llamado Alfredo García Garamendi, originario de Filipinas y residente en Puerto Rico, dijo haber capturado con arpón en el mar un extraño pez que podía salir caminando del

21. Ley, 1963, p. 74.

agua y trepar a los árboles. Aquello tenía un aspecto antropomorfo y una cara de diablo, así que para darle nombre Garamendi mezcló su apellido con «diábolo» y quedó garadiábolo. Como es fácilmente deducible, su criatura no era más que una muestra moderna del antiguo *jenny haniver.* Y dado que en esos días estaban de moda los ovnis, la prensa publicó en 1972 que se había encontrado un «cadáver espacial». Garamendi publicó en 1974 un libro titulado *Los garadiábolos,* pero el misterio no duró mucho. En 1975 el periodista dominicano Alberto Rogers desmontó el bulo aclarando que el garadiábolo era un pez guitarra *(Rhinobatus lentiginosus),* un tipo de raya, al que se habían hecho unos cortes para que pareciera una especie de diablo. Como se habrá adivinado hasta aquí, Garamendi era un pícaro que quería hacer nombre y fortuna. Aunque el truco resultara burdo y evidente, el garadiábolo fue exhibido con gran éxito de público y crítica por las revistas de lo paranormal, como *Mundo Desconocido.*

Las sirenas como críptidos de hoy: el caso Honey Island

Uno de los sirénidos actuales de la especie de agua dulce, según la clasificación de Coleman y Huyghe que mencioné al principio del capítulo, sería un monstruo de las ciénagas de Luisiana conocido como el *Honey Island Swamp Monster* (el «monstruo de las ciénagas de la isla de la Miel»). Se trata de un fenómeno relativamente reciente. La primera observación, de un tal Harland Ford, se produjo en 1963. Entonces no pasó nada, pero en 1974 el mismo Harland Ford tuvo un encuentro frente a frente con el monstruo y esta vez consiguió sacar un molde de escayola de unas huellas que el monstruo dejó en el barro, en las que se marcaban tres dedos y otro más pequeño. Arqueólogos del Smithsonian Institution examinaron el molde y dijeron que parecía de un cruce entre un primate y un gran cocodrilo. A saber, si hablaban en serio. A la observación de Ford siguieron otras, y, sobre todo, nuevas huellas, estas, producto de bromistas. Por toda una serie de características, según los especialistas, el de Honey Island es uno de los casos más raros entre la fenomenología de los bípedos anómalos.

En un trabajo universitario sobre folklore, Frances Leary ha investigado la tradición de creencia en este monstruo desde una metodología centrada en la experiencia. Esto significa que se enfoca en cómo la experiencia de observación del monstruo habría generado la cultura del monstruo de Honey Island, contra el enfoque escéptico que dice que es la cultura la que moldea la experiencia.[22] De acuerdo a las descripciones de los testigos, el monstruo es un primate humanoide bípedo, cubierto de pelo y de más de 2 m de alto, lo que no induce a pensar en un sirénido. Leary destaca que los nativos americanos de la zona han contado historias del bigfoot durante muchos años, de ahí que el monstruo de Honey Island haya sido comparado con aquel. Pero si lo traigo a este capítulo es porque Loren Coleman se ha quejado de que en las redes sociales se tome a cualquier criatura con aspecto homínido, en cualquier parte del mundo, por un bigfoot, en lo cual no deja de tener razón. «Además de ser extremadamente etnocéntrico, típicamente americano y miope, creo que es completamente erróneo»,[23] ha manifestado. Pues de acuerdo con él, traigo este caso a la sección de los sirénidos, como prefiere.

Pone Coleman el ejemplo de otras criaturas observadas en Estados Unidos con aspecto reptiliano al estilo del «monstruo de la Laguna Negra» (por la película que en España se tituló *La mujer y el monstruo*), entre las que incluye al «monstruo de Fouke» —que vamos a ver más adelante en el capítulo dedicado al bigfoot (lo siento, Loren)— y al llamado Momo, el «monstruo de Missouri». También se lamenta Coleman de que, al tomarse al bigfoot como marco de referencia para cualquier cosa observada, se tienda a descartar como broma cualquier avistamiento de una criatura diferente como esta que tratamos. Pero a pesar del empeño de Coleman por considerar a este monstruo un siré-

---

22. Frances Leary. *The Honey Island Swamp Monster: The Development and Maintenance of a Folk and Commodified Belief Tradition.* Tesis de Máster en Folklore, Facultad de Artes, Memorial University of Newfoundland, 2003.

23. Coleman, 2002, p. 101.

nido, Leary ha enumerado una serie de características descritas por los testigos de Honey Island que no se corresponden con la descripción de los sirénidos de aquel. «Las conclusiones criptozoológicas y las centradas en la experiencia se oponen»,[24] afirma Leary. La manera como se transmiten las creencias a menudo da forma a una tradición.

Las ciénagas de Luisiana están entre los lugares más remotos y desolados, y también entre los más proclives a producir historias fantasmales, como, por ejemplo, las de Jack O'Lantern, un espíritu que atrae a la gente con su linterna, el *Loup Garou* (hombre lobo), los zombis y otros terrores del *bayou* (los pantanos de Luisiana). El fenómeno de Honey Island parece la clásica historia de miedo que contaban los leñadores en los bosques al calor del fuego, historias de fantasmas y ogros, de ahí que se conozca a este monstruo como *boogie man*,[25] algo así como el coco. Hay que decir que cuando Harland Ford apareció en público con su relato y su molde de pie aún estaba de plena actualidad el llamado «monstruo de Fouke», de las ciénagas de Arkansas, y, sobre todo, la película que se inspiró en él, *The Legend of Boggy Creek* (1972), que fue un gran éxito comercial. Voy a extenderme más sobre ese caso y el éxito popular de la película en el capítulo dedicado al bigfoot. Esto puede dar pie a la pregunta de cómo influyó la moda del monstruo de los pantanos a Harland Ford para aparecer en público con su segundo caso de encuentro con el monstruo. Preguntas.

El monstruo de Honey Island debe su popularidad a haber aparecido en los años setenta en el programa de televisión *In Search of...*, que era presentado por el actor Leonard Nimoy (Mr. Spock). Pero que el fenómeno siga vivo debe mucho a Dana Holyfield, la nieta del testigo principal, Harland Ford. Ella es la autora del único libro monográfico dedicado al caso y ha sabido comercializarlo con una página web y varios libros de cocina que llevan el título *Swamp Cooking* (Cocina de las ciénagas), donde

---

24. Leary, *op. cit.*, p. 72.
25. Joe Nickel. «Tracking the Swamp Monsters.» *Skeptical Inquirer*, vol. 25, n.º 4, julio-agosto de 2001.

ha reproducido el molde de la huella del monstruo y ha contado la experiencia de su abuelo, con lo cual todo queda en casa. Añadir, además, que actualmente el zoo de Nueva Orleans tiene una exposición dedicada al monstruo de Honey Island.

Pero hablando de las sirenas propiamente dichas, estas han tenido también su momento en la cultura popular reciente. Los canales de televisión Animal Planet y Discovery Channel emitieron en 2010 *Mermaids: The Body Found,* y el año siguiente se emitió la secuela, *Mermaids: The New Evidence.* Se trató de fantasía presentada como documental, o «docuficción», en que un equipo investiga la existencia de sirenas bajo la hipótesis de que el hombre procede del mar.

Nada es demasiado increíble en el mundo de las sirenas.

¿Cómo se explican las sirenas? El caso del ri

El naturalista del siglo xix Henry Lee contó en su libro *Sea Fables Explained* (1883) una anécdota personal sobre lo fácil que era confundir un animal con una sirena. Cuando navegaba a bordo de una goleta en 1881, una foca emergió del mar frente al barco, «y tan fácilmente podría haber sido tomada por una sirena, que uno del grupo, que fue llamado a cubierta para verlo, pensó, al principio, que era un niño que había nadado desde la orilla».[26]

Se ha explicado tradicionalmente a las sirenas como confusiones con el manatí y el dugongo por el poco conocimiento que había de esos animales hasta épocas relativamente recientes, lo que hizo que se los considerara criaturas misteriosas y hasta peligrosas. En la novela *Veinte mil leguas de viaje submarino,* Jules Verne demostraba su desconocimiento de estos animales cuando presentaba al dugongo como una peligrosa bestia de las profundidades, cuando, en realidad, es un mamífero tímido y pacífico. El folklorista Arthur Waugh sostiene que el dugongo y el manatí aparecen una y otra vez como sirenas en los antiguos viajes de

26. Lee, 1883.

exploración y comercio.[27] Sin embargo, de las 70 observaciones de sirenas que Benwell y Waugh[28] recopilaron, 52 se habían dado en áreas que no eran propias de sirénidos como el manatí, el dugongo o la vaca marina de Steller (esta última extinta), de manera que, para el criptozoólogo Bernard Heuvelmans, no podían explicarse por confusiones con estos mamíferos, y no hubiera sido posible la confusión con focas, leones marinos o morsas porque estos pinnípedos carecen del rasgo esencial congruente con el arquetipo de la sirena, que son las mamas pectorales. «Solo una especie aún no registrada de sirénido reciente, o posiblemente —aunque mucho menos probable— una forma desconocida de primate adaptado a la vida marina, podría explicar la abundancia y persistencia de informes de gente-pez en ciertos mares hasta los tiempos modernos»,[29] propuso.

Desde el punto de vista de las ciencias físicas se han llegado a explicar las visiones de sirenas como efectos ópticos producidos por una inversión atmosférica que distorsionaría la visión de ballenas y otras especies.[30] Jerome Clark opone a la explicación científica que las visiones de sirenas no se parecen a la imagen del mito, pues se relata que estas criaturas hablan con los humanos, y que tienen el pelo verde, mientras que las sirenas avistadas por los marinos tienen características genuinamente animales.

Pero ante unas y otras respuestas seguiríamos preguntándonos: ¿por qué en las confusiones con fenómenos o animales reales habrían de verse sirenas y no otra cosa? La respuesta cultural está ausente de este tipo de razonamientos.

Un estudio de campo sobre la posible realidad de las sirenas se realizó en la isla de Nueva Irlanda, al este de Papúa, Nueva Guinea. Allí existe el mito de que unos danzantes se suicidaron lanzándose al mar, y que sus cuerpos se convirtieron en rocas y sus

---

27. Arthur Waugh, *op. cit.*
28. Benwell y Waugh, *op. cit.*
29. Bernard Heuvelmans. «Annotated Checklist of Apparently Unknown Animals with which Cryptozoology is Concerned.» *Cryptozoology,* vol. 5, 1986.
30. W. H. Lehn e I. Schroeder. «The Norse Merman as an Optical Phenomenon». *Nature,* vol. 289, 29 de enero de 1981.

almas en un espíritu llamado ri, que vive en el mar. El antropólogo norteamericano Roy Wagner, mientras hacía trabajo de campo en Nueva Irlanda entre 1979 y 1980, supo que hay personas que ven al ri, y tomó sus testimonios. El ri, a diferencia de las sirenas tradicionales, formaba parte de la vida ordinaria de los pescadores, lo consideraban parte de la fauna marina y a veces comían su carne. Según ellos, el ri «es un mamífero que respira aire, con el tronco, los genitales, los brazos y la cabeza de un ser humano, y un tronco inferior sin piernas que termina en un par de aletas laterales».[31] Pero los nativos identificaban al ri con las sirenas que veían en las etiquetas de las latas de pescado. ¿Cómo resolver el enigma?

En 1983 Wagner organizó con Richard Greenwell —de la International Society of Cryptozoology (ISC)— una expedición para descubrir la verdadera naturaleza del ri. Podía ser el dugongo, ya que este nombre significa en la lengua local «dama del mar», pero Wagner lo descartó porque el comportamiento del dugongo no se corresponde con los relatos que los nativos hacían del ri. Por ejemplo, el ri consume pescado y el dugongo es herbívoro. Wagner tenía el presentimiento de que el ri podía ser una especie no identificada. No se llegó a una conclusión, pero otra expedición organizada en 1985 por Thomas Williams con equipamiento fotográfico submarino pudo obtener fotos de dugongos, que los nativos confirmaron que representaban al ri. Un día los nativos sacaron del agua un ri muerto, y entonces ya no cupo duda: el ri era un dugongo. Sin embargo, Williams se preguntaba, sin obtener una respuesta: ¿cómo pueden surgir y permanecer mitos de sirenas frente a la realidad obvia de los dugongos?[32]

---

31. Roy Wagner. «The Ri-Unidentified Aquatic Animals of New Ireland, Papua New Guinea.» *Cryptozoology*, vol. 1, 1982.

32. Clark, 1999, p. 468; Rick Emmer. *Giant Anaconda and Other Cryptids. Fact or Fiction?* Chelsea House, Londres, 2010. Pierre Lagrange. «Le chant des sirènes.» *L'animal imaginaire. Billebaude*, n.º 11, 2018.

Monstruos y símbolos

Las sirenas están rodeadas de símbolos. Por eso cuando se quieren explicar casos históricos de observación de sirenas nos enfrentamos con un choque de realidades. El danés Lucas Debes narró en su *Historia de las islas Feroe* (1670) un caso en que se observó durante dos horas y a corta distancia una sirena con pelo largo que sostenía un pez en su mano derecha. Aquí la explicación naturalista de la confusión con un pinnípedo se enfrenta al hecho de que, como señalaron Benwell y Waugh, la sirena con un pez en cada mano es un motivo tradicional de los relieves de las iglesias medievales. Meurger interpreta los motivos representados en la visión de la sirena como una «proyección cultural». La «experiencia visionaria» de los habitantes de las islas Feroe era consistente con su conocimiento de un estereotipo artístico. Heuvelmans hizo sobre ello una diferenciación radical entre «tradición» y «experiencia», diciendo que «no es probable confundir el relato tradicional contado por un nativo con un testimonio personal»,[33] pero Meurger cree que no es fácil distinguir entre fábula y testimonio visual, como hemos visto en el caso del ri de la isla de Nueva Irlanda, en que la sirena y el dugongo se confunden y vienen a ser la misma cosa.[34]

Como reflexión final de lo dicho hasta aquí, conviene un cierto alejamiento de la mirada para entender mejor el sentido de las narraciones sobre las maravillas y las bestias de los mares. El antropólogo Bronislaw Malinowski escribió en su clásico *Los argonautas del Pacífico occidental*[35] sobre las experiencias que los nativos de las islas Trobiand tenían con monstruos marinos. Los trobiandeses contaban historias de encuentros con un pulpo gigante llamado kwita, tan grande que podía cubrir toda una aldea con su cuerpo y cuyos tentáculos eran tan gruesos como los cocoteros. «Cubre todo Pilolu», se decía de él, es decir, que

33. Heuvelmans, 1982, *op. cit.*
34. Meurger y Gagnon, 1988, p. 20.
35. Bronislaw Malinowski. *Los argonautas del Pacífico occidental*. Planeta-Agostini, 1986, pp. 236 y ss. (original de 1922).

cubría todo el océano hasta las islas más próximas, lo que recuerda a monstruos míticos como el kraken. Según los trobiandeses, una canoa que fuera atrapada por el kwita quedaría inmovilizada durante días por sus tentáculos hasta que la tripulación, muriéndose de hambre, se decidiera a sacrificar a un muchacho joven lanzándolo a las fauces del monstruo a fin de satisfacer su apetito.

Un relato desnudo del kwita tomado fuera de contexto podría engrosar los listados de la criptozoología. Pero en tal caso habría que tener en cuenta que los trobiandeses temían no solo al pulpo gigante, sino también a las grandes «piedras vivas» de los mares, que asaltaban las canoas matando a los hombres; y sentían pánico ante las brujas voladoras, que se convertían en seres aún más temibles en el mar. Por tanto, si queremos entender a un monstruo, no es posible sacarlo de su contexto cultural o mitológico, aislarlo del resto de la narración con la que está imbricado y convertirlo en un animal susceptible de ser estudiado por la zoología.

Encontraremos otras muchas historias en las que aplicar este sencillo principio, como, por ejemplo, las de la «gran serpiente marina».

Capítulo 3

LA GRAN SERPIENTE MARINA DE AYER A HOY

EL MITO ANTE LOS NATURALISTAS

> ¿Quién se atreverá a poner un garfio en sus fosas nasales,
> atravesarlo de lado a lado con un arpón, o entrar en combate sin-
> gular con brazos de Vulcano contra este monarca de
> las profundidades, en su propio elemento?
>
> DAVID HUMPHREYS[1]

Precedentes de «el gran desconocido de los mares»

Desde los orígenes de la literatura hay mitos sobre monstruos marinos, pero la gran serpiente marina es una criatura de la modernidad nacida de la hibridación de varias figuras mitológicas: por una parte, el *ketos* griego, latinizado como *cetus* (de ahí cetáceo), un enorme monstruo marino como una ballena, que pasó a las artes como el arquetipo del monstruo con forma ondulante de una serpiente; por otra, el hipocampo, que combinaba una cabeza de caballo con una cola de pez, otra forma de monstruo imaginario de las artes decorativas, especialmente en la cerámica, la heráldica y los mapas. El tratado griego sobre monstruos legendarios conocido como *Phisiologus* (o *Fisiólo-*

1. *Letters from the Hon. David Humphreys, F. R. S. To The Rt. Hon. Sir Joseph Banks Containing Some Account of the Serpent of the Ocean, Frequently Seen in Gloucester*, Nueva York, 1817.

go) contribuyó a expandir en el arte la figura del hipocampo. Esta pudo basarse en el prejuicio de que cada animal terrestre tenía su contrapartida en el mar, y, por tanto, podrían existir caballos hibridados con peces. Por supuesto el hipocampo era una criatura de la imaginación artística y nadie esperaba encontrarlo físicamente en el mar, pero en las *Etimologías* de san Isidoro de Sevilla se opera un cambio, y lo que era una figura artística se naturaliza en una criatura zoológica: un caballo de mar. Los bestiarios medievales y las ilustraciones de los mapas recogerán al hipocampo al lado de otros animales, tanto reales como fantásticos.

Nos vamos a otras latitudes, y en la Europa del Norte encontramos dos criaturas mitológicas en forma de serpiente: el lindorm, que era una gran serpiente terrestre, y el jörmungandr, la serpiente-mundo descrita en la *Eda en Prosa* como una criatura tan grande que su cuerpo daba la vuelta a la Tierra, y que solo pudo ser pescada por el dios Thor colocando en un anzuelo la cabeza de un buey. Con el tiempo las figuras del ketos, el hipocampo y el lindorm convergen para conformar un híbrido que es la gran serpiente marina del norte de Europa, que tiene una cabeza de caballo con crines.

Hipocampo.

La primera referencia a una serpiente marina como un animal «real» con melena de caballo se debe a Olao Magno, que hemos visto también como introductor de otros monstruos marinos en su *Historia de gentibus septentrionalibus (Historia de las gentes septentrionales)*, de 1555. Entre aquellos monstruos estaba el Soe Orm, que era:

> Una gran serpiente marina de una longitud de 60 m y 6 m de diámetro que vive en rocas y en agujeros cerca de la costa de Bergen; sale de su caverna solo en noches de verano y con buen tiempo a destruir terneros, corderos o cerdos, o penetra en el mar [...] Tiene una melena de 60 cm de largo colgando de su cuello, escamas afiladas de color marrón oscuro y ojos flameantes que brillan.[2]

En la versión de Olao Magno, la gran serpiente marina comenzaba su vida como una serpiente terrestre viviendo en los acantilados al borde del mar, se hacía gigante por su glotonería y en su madurez se lanzaba a vivir en el mar, donde llegaba a adquirir ese enorme tamaño de 60 m. Desde sus cuevas en los acantilados salía al mar para asaltar los navíos y devorar a los marineros. Olao informa del valor simbólico que conllevan los encuentros con la serpiente de mar, pues esta nunca se aparece sin denotar algún fenómeno contra natura o un cambio amenazante en el Estado, como guerras o muertes.

El más importante naturalista de la época, el alemán Conrad Gesner, efectuó una transformación en el concepto del Soe Orm. La serpiente que para Olao tenía su base en cuevas fue convertida por Gesner en una serpiente puramente marina. En su *Historiae animalium* (1551), Gesner aportó al imaginario colectivo la figura ondulante del lomo de la serpiente sobresaliendo en volutas verticales sobre las aguas. Y enroscada aparecerá en *De aqualibus libri duo*, de 1553, de Pierre Belon, y en el mapamundi de Mercator de 1569. Rudolf Wittkower, en un artículo clásico, descubrió una nueva tendencia en la primera cultura científica del siglo XVI, la de analizar las leyendas sobre monstruos de una

2. En Ellis, 1995, pp. 41-42.

El Soe Orm de Olao Magno.

manera metódica, interpretándolas bajo la nueva arma de la investigación anatómica y biológica, y entrando el testimonio directo a formar parte de esta metodología. Así, escribía Wittkower: «Criaturas mitológicas, monstruos imaginarios y descripciones generales de la literatura fueron aceptados al mismo nivel que las observaciones directas».[3]

La gran serpiente marina, que se había iniciado como un fenómeno de los países nórdicos, cruzaba el Atlántico a finales del siglo XVII. En el libro *An Account of Two Voyages to New England,* de 1674, John Josselyn mencionó que una serpiente de mar estaba enroscada en una roca en Cape Ann, Massachusetts. Pero la primera observación documentada de la gran serpiente de mar fue la que registró en su diario el misionero danés Hans Egede mientras viajaba en barco, en julio de 1734, de Noruega a Groenlandia para convertir a los nativos de esta isla al cristianismo, lo que reprodujo en dos libros sobre Groenlandia. Pero el investigador danés de la criptozoología Lars Thomas ha descubierto que las versiones del suceso que se han dado siempre se basan en una antigua traducción defectuosa del danés y en un

3. Rudolf Wittkower. «Marvels of the East. A Study in the History of Monsters.» *Journal of the Warburg and Courtauld Institutes,* vol. 5, 1942, p. 188.

equívoco. En realidad, Hans Egede no estaba presente cuando se produjo la observación, sino su hijo Poul Egede, y fue en la crónica de este en la que se basó su padre. Dice Poul en la nueva traducción de Thomas:

> El día 6 [de julio de 1734] vimos un terrible monstruo marino. Se elevaba tanto sobre el agua, que la cabeza era más alta que nuestro mástil principal. Tenía una larga nariz en punta, y echaba un chorro como una ballena. Tenía unas aletas (o patas) grandes y anchas, y el cuerpo parecía estar cubierto de escamas. La piel era muy áspera y desigual. Tenía la forma de una serpiente, y cuando se sumergía bajo el agua de nuevo, se lanzaba hacia atrás y levantaba su cola sobre el agua a todo lo largo del barco. Por la tarde tuvimos muy mal tiempo.[4]

Pero en la versión del padre, Hans Egede, este añade un detalle que agiganta a la bestia: «El cuerpo era tan ancho como el

Interpretación de I. Cabria de la gran serpiente marina descrita por Hans Egede.

4. Lars Thomas. «No Super-Otter after all.» *Fortean Studies*, vol. 3, 1996, p. 235.

barco, y 3 o 4 veces más largo».[5] Esta versión exagerada sería la que se haría popular.

El paso decisivo en la tendencia creciente a la naturalización de la leyenda y la creación del estereotipo de la gran serpiente de mar como criatura zoológica fue su inclusión por el obispo Erik Pontoppidan en su *Historia Natural de Noruega* (1755), donde antes hemos encontrado al kraken y a las sirenas. Pontoppidan describió una observación del capitán Lorenz von Ferry mientras navegaba por la costa noruega en 1745, que es un gran clásico del género. Según el comunicado que Von Ferry dirigió a la Corte de Justicia de Bergen, una gran serpiente marina «de la cual había oído tantas historias» pasó junto a su navío. Escribió: «La cabeza de esta serpiente marina, que se elevó más de dos pies sobre el agua, parecía la de un caballo... Tenía grandes ojos negros y unas crines blancas y largas, que colgaban hasta la superficie del agua. Además de la cabeza y el cuello, vimos siete u ocho pliegues, o volutas...».[6] Von Ferry disparó con un fusil sobre la serpiente y esta se sumergió. Al acercarse al lugar donde estaba, vieron que «el agua se puso espesa y roja».[7] Según Meurger y Gagnon, «el aserto de Von Ferry es prueba solo de una interpretación tradicional de un avistamiento que tuvo *seis* años antes de su declaración oficial, demasiado tiempo para tener un recuerdo fresco, pero suficiente para mezclar la memoria con los estereotipos colectivos».[8]

Mientras que Pontoppidan creyó estos testimonios directos, rechazó, sin embargo, como exagerados o ridículos los relatos de Olao Magno sobre la serpiente terrestre que se transmuta en serpiente marina, acusándolo de que «mezcla verdad y fábula juntos [...] de acuerdo a las nociones supersticiosas de la época».[9]

Pontoppidan transformó el folklore en hecho naturalista al hacer una distinción clara entre los elementos culturales y los

5. *Ibid.*, p. 236.
6. Ellis, 1995, *op. cit.*, p. 45.
7. Ley, 1963, p. 110.
8. Meurger y Gagnon, 1988, p. 17.
9. Erik Pontoppidan. *The Natural History of Norway*, parte II.

naturales de los relatos tradicionales. Como ha destacado Michel Meurger, en el siglo XVIII se creía popularmente en Noruega en tres serpientes distintas: la de tierra, la de agua dulce y la de los mares, y se las consideraba mutaciones sucesivas en el paso de la tierra al mar, en cuyo proceso adquirían una cabeza de caballo con crines y orejas. De esos tres tipos, Pontoppidan solo considera verosímil la serpiente de mar, el sjoeorm, y cree que no se pueden comparar las «narraciones inciertas» de los campesinos, «mezcladas con fábulas y brujerías», sobre serpientes terrestres o lacustres, con los testimonios de «marinos experimentados» sobre el sjoeorm. Convertía así a la serpiente de mar en un animal que pudiera ser aceptado por la sociedad culta de su época. «Privilegiando solo el aspecto sjoeorm, Pontoppidan lo transformó en un problema científico, condenando los otros dos estados a la vida crepuscular de una creencia provinciana.»[10] Racionalizó así a la serpiente de mar como una criatura con cabeza de caballo con crines y orejas, curiosamente parecida a las representaciones del lindorm que hacían los artesanos de su época. Según Meurger, los testigos de serpientes de mar dispusieron de esas representaciones artísticas del lindorm, que se podían observar en las esculturas de las iglesias, «para dar forma a cualquier cosa vagamente percibida en el mar». Es decir, los marinos pudieron inspirarse en aquellas representaciones para describir posteriormente sus observaciones. O como dice Daniel Loxton: «Pontoppidan trató una serpiente cultural como confirmación de testimonios visuales, en vez de como generador de informes».[11]

Al revisar los relatos antiguos sobre el monstruo marino con criterio naturalista, el obispo Pontoppidan transformó leyendas y mitos en un problema zoológico. Mediante la suma de testimonios de avistamientos, seleccionando los datos, resaltando la coherencia de las descripciones, construyó la realidad física del monstruo.

10. Miguel Meurger. «Archéologie culturelle du serpent de mer norvégien.» *Ovni-Presence,* n.º 49, noviembre de 1992.
11. Loxton y Prothero, 2013, p. 258.

El siglo de la gran serpiente marina

Hasta finales del siglo XVIII la gran serpiente marina era una creencia del norte de Europa, considerada por entonces una criatura mítica. Es por eso que la mayoría de los escritores modernos sobre monstruos marinos suelen sortear los sucesos antiguos, es decir, la mitología, y empiezan la historia de la gran serpiente de mar al comenzar el siglo XIX, cuando aparece en los medios de comunicación modernos. Según la estimación de Heuvelmans, antes de 1639 solo se había datado un informe sobre la serpiente marina, cuatro entre 1650 y 1700, y cuatro más hasta 1750. Es en la segunda mitad del siglo XVIII, después del libro de Pontoppidan, cuando asciende el número de observaciones a 23 hasta el final del siglo, una clara muestra de la influencia intelectual del obispo. Pero la serpiente de mar solo se convirtió en un fenómeno frecuente en la primera mitad del siglo XIX, en que se produce su eclosión como un fenómeno social y se recogen 166 observaciones.[12] Al iniciarse el siglo los informes sobre serpientes marinas eran casi ignorados como falsas identificaciones de animales conocidos, pero esto cambiaría con los avistamientos que tuvieron lugar en el verano de 1817 en la costa noroeste de Estados Unidos. La gran serpiente marina empezaba a aparecer como un animal real que habitaba en los mares, y no en la leyenda, y se iniciaba así la edad dorada del monstruo, no solo por la cantidad de sucesos documentados, sino también por el debate científico que se generó sobre su existencia real.

1817: Las observaciones de Gloucester y el informe de la Sociedad Linneana

Entre junio y agosto de 1817 se produjo en Estados Unidos una acumulación de observaciones, algunas reportadas por decenas de personas, unas desde tierra y otras desde barcos frente a la costa de Gloucester y Cape Ann, Massachusetts (región de Nue-

12. Heuvelmans, 1968, p. 34.

va Inglaterra). Por primera vez se puede decir que la serpiente de mar se había democratizado, y en un país donde la información circulaba libremente y había un alto espíritu de descubrimiento. La investigadora J. P. O'Neill, en su libro *The Great New England Sea Serpent* (1999), ha ampliado el catálogo de Heuvelmans y ha registrado 230 casos históricos en la zona de Massachusetts. Sigamos en su relato cómo se originaron los acontecimientos de aquel verano de 1817. El 6 de agosto dos mujeres declararon haber visto una serpiente de mar entrando en la bahía de Gloucester, pero nadie las tomó en serio a pesar de que algunos pescadores habían visto algo similar. Pero el capitán de un buque costero dijo haber visto una serpiente marina de casi 20 m, y hoy lo consideraríamos un «testigo cualificado». Una mujer vio algo como un tronco en el mar, miró por un telescopio y vio que se movía. El 10 de agosto otra mujer vio desde su casa durante media hora cómo una serpiente de 20 m, que tenía una fila de jorobas como las boyas de una red de pescadores, levantaba la cabeza sobre el agua, se enroscaba y se extendía de nuevo. Y un hombre vio a distancia de tiro de piedra cómo una serpiente con cabeza como de caballo entraba en la ensenada en compañía de dos tiburones, lo que fue observado también por otras tres personas independientemente. Para el día 14 de agosto la serpiente marina se había convertido en gran noticia y la gente iba al puerto de Gloucester con prismáticos para observar el mar. Aquel mismo día un carpintero de ribera vio desde un bote una serpiente de más de 15 m y tan gruesa como un barril. Los casos continuaron en los días siguientes. El 18 de agosto unos pescadores vieron un monstruo que medía entre 20 y 30 m, del grosor de un tonel y con tres cuernos. Una editorial lanzó ya el 22 de agosto un folleto monográfico dedicado a la serpiente marina con el título *A Monstruous Sea Serpent*. El último caso en el área de Gloucester se produjo el 10 de septiembre, pero los avistamientos continuaron en otras partes de la costa del nordeste norteamericano.

LA SOCIEDAD LINNEANA DE NUEVA INGLATERRA

La acumulación de informes de la primera quincena de agosto de 1817 fue tan espectacular que la Sociedad Linneana de Nueva Inglaterra, una sociedad científica recientemente creada en Boston, convocó el 18 de agosto una reunión especial para establecer un comité de investigación sobre aquellos fenómenos. Sería la primera investigación científica sobre algo que hasta entonces había sido considerado un mito. Tres de los miembros de la sociedad fueron encargados de llevar a cabo entrevistas a los testigos, a quienes se pidió una declaración escrita y jurada ante un magistrado, un tipo de tratamiento judicial de los testimonios que algún tiempo más tarde sería cuestionado por los científicos por no añadir fiabilidad científica.

Mientras se realizaba la investigación, el 27 de septiembre ocurrió un suceso que llevaría a la polémica y al descrédito de la Sociedad Linneana. Un joven encontró en la costa de Gloucester una pequeña serpiente, su padre la mató a pedradas y entregó el cuerpo a la Sociedad Linneana para que fuera estudiado. Cuando se publicó el informe final de las investigaciones, este levantó un gran interés en ambos lados del Atlántico. Empezaba diciendo que los testigos de los sucesos de agosto acordaban que la criatura «[...] se decía parecer una serpiente en su forma general y movimientos, ser de enorme tamaño, y moverse con maravillosa rapidez; aparecer en la superficie solo en tiempo soleado y calmado; y parecer articulada o como un cierto número de boyas o barriles siguiendo uno a otro en línea».[13] El informe, que puede ser leído en internet, recoge las entrevistas a los testigos, todos ellos considerados «de carácter justo e intachable», e incluye un capítulo de análisis de la pequeña serpiente encontrada en la costa. Aun admitiendo que esta se parecía a una serpiente corriente, los miembros encontraron en ella una fila de protuberancias aparentemente formadas por la ondulación de la espina, que haría que su movimiento fuera en ondulaciones verticales, «como una oruga», y conjeturaron que pertenecía a la misma especie que la serpiente marina (un argumento por analogía). De hecho, escri-

---

13. John Davis, Jacob Bigelow y Francis Gray. *Report of a Committee of the Linnaean Society of New England Relative to a Large Marine Animal Supposed to Be a Serpent, Seen near Cape Ann, Massachusetts, in August 1817.* Boston, Cumming and Hilliard, 1817.

bieron: «No es solo de la misma especie que la gran serpiente marina, sino que probablemente, es uno de sus vástagos». La hipótesis era que había sido encontrada después de abandonar su huevo mientras intentaba ganar el mar. Le asignaron por ello un nuevo género que denominaron *Scoliophis atlanticus* (por serpiente flexible del Atlántico), e incluyeron dibujos del cuerpo y de la disección de la serpiente.

No se tuvieron suficientemente en cuenta las contradicciones entre los testimonios, ni tampoco que los investigadores de la Sociedad Linneana habían dirigido las declaraciones en una determinada dirección para que se adecuaran a un patrón. Uno de aquellos investigadores, Nash, relató una observación propia que se amoldaba igualmente a un estereotipo ya formado sobre la serpiente marina. La conclusión era que esta se desplazaba con movimientos verticales, a pesar de que hubiera testimonios en contrario.[14] Para dar legitimidad en el tiempo al fenómeno, hicieron historia de las observaciones de la serpiente marina de Nueva Inglaterra remontándose a observaciones de 1780, y sumaron como apéndices al documento las declaraciones juradas de los testigos, a fin de prestar solidez a las pruebas.

Cuando el informe se publicó a principios de 1818, el análisis del ejemplar de la pequeña serpiente como una cría de la gran serpiente marina iba a hacer estallar todas las buenas intenciones de la Sociedad Linneana. Dos expertos en historia natural, William Peck y Samuel Mitchill, rápidamente identificaron el cadáver como un ejemplar deformado de una serpiente negra común, y aquello corrió como la pólvora. Además, un naturalista francés, Henri de Blainville, opondría al análisis del comité que la forma de la espina dorsal no permitiría a la serpiente el movimiento ondulante vertical que la sociedad había defendido. El francés se burló del intento de vincular el pequeño ejemplar a la serpiente marina, añadiendo que nada distinguía aquel de una serpiente común. La población local del nordeste fue impermeable a todas las críticas y prefirió creer en el monstruo, pero la metedura de pata del comité sobre su supuesta progenie iba a provocar que la Sociedad Linneana cayera en el ridículo entre la clase científica.

14. Chandos Michael Brown. «A Natural History of the Gloucester Sea Serpent: Knowledge, Power, and the Culture of Science in Antebellum America.» *American Quarterly*, vol. 42, n.º 3, septiembre de 1990.

Quizá lo más doloroso para la Sociedad Linneana fue el estreno en Boston en 1819 de una obra de teatro satírica titulada *The Sea Serpent; or, Gloucester Hoax: a Dramatic jeu d'esprit in Three Acts* («La gran serpiente marina; o el fraude de Gloucester: un drama ligero en tres actos»). En la obra se representaban los acontecimientos de Gloucester con una aguda crítica social dirigida hacia el tratamiento elitista de la investigación. En el diálogo, el juez que toma declaración se extraña ante la inteligencia y el conocimiento de simples marineros, y se satiriza la afición americana por buscar el gigantismo en la naturaleza agrandando el tamaño de la serpiente para agrandar la imagen del municipio de Gloucester. En suma, la bestia era tratada como un fraude diseñado para promover la reputación de la ciudad.[15] El engaño del *Scoliophis* demostraba en la obra que «la fantasía y el miedo distorsionan la vista humana, y la verdad y la razón escasamente pueden arreglarlo».[16]

A pesar del fracaso de la Sociedad Linneana, algunos reputados científicos norteamericanos se mantuvieron en su convencimiento de que la serpiente marina era una realidad. El geólogo Robert Bakewell y el químico Benjamin Silliman jugaron el papel de presentar las pruebas sobre este fenómeno a una audiencia científica europea. Los naturalistas americanos tenían un cierto complejo de inferioridad con respecto a sus socios del otro lado del Atlántico, a la vez que eran vistos como ingenuos desde Europa. El problema para defender la realidad de la serpiente marina era la ausencia de evidencias materiales, por lo que tenían que confiar en la credibilidad de los testimonios visuales. El argumento que se presentó fue: si el testigo no tenía nada que ganar declarando, entonces lo que decía era la verdad, lo que nos puede recordar a los argumentos de las paraciencias en nuestros días. Esta confianza servía para enmascarar que no había hechos pro-

---

15. *Ibid.*
16. Lukas Rieppel. «Albert Koch's Hydrarchos Craze. Credibility, Identity, and Authenticity in Nineteenth-Century Natural History.» En Carin Berkowitz y Bernard Lightman (eds.). *Science Museums in Transition. Cultures of Display in Nineteenth-Century Britain and America.* University of Pittsburgh Press, Pittsburgh, 2017.

bados. Y como veremos más adelante, la confianza no estaba garantizada en unos tiempos muy dados a la broma y al fraude.

El naturalista Constantine S. Rafinesque[17] fue más allá; quiso otorgar a la serpiente marina un nombre científico, como una especie reconocida, y propuso *Megophias monstrosus*. Informó también de la existencia de serpientes en los lagos, pues se había observado una de casi 20 m en el lago Erie (entre Canadá y Estados Unidos) y otra en un lago de Paraguay. Eran las primeras serpientes lacustres identificadas por un científico. En el capítulo siguiente veremos cómo, por influencia de la gran serpiente de mar, en el siglo XX se convertiría en una obsesión encontrar monstruos en los lagos por todo el mundo.

El año siguiente a aquel verano caliente de 1817, la serpiente marina volvió a la costa nordeste de Estados Unidos. El 21 de junio de 1818 una gran serpiente fue observada frente a la costa de Cape Ann por la tripulación del navío Delia. Los marineros declararon que había levantado al mismo tiempo la cabeza y la cola hasta una altura de 7 m, lo que se hizo sospechoso por exageración. Al reportarse nuevos avistamientos, quedó claro que la criatura había regresado con todas las de la ley a las costas de Massachusetts. El capitán de la Marina Mercante C. L. Sargent investigó las observaciones y escribió un informe a mano que es la fuente histórica del fenómeno de aquel verano. La observación más espectacular fue la que informaron unos marinos que vieron el 12 de agosto, a menos de 10 m de distancia, una criatura de 35 m de largo con un rosario de jorobas. Sabiendo que se había ofrecido una recompensa por la captura de un ejemplar de serpiente marina, intentaron capturarla sin conseguirlo, a pesar de que «era totalmente inofensiva». El 16 de agosto un buen número de gente vio desde Cape Ann una serpiente desde la costa y se inició la cacería del monstruo. Gran número de botes de pesca se lanzaron al mar en busca de la recompensa prometida. Tras varios días infructuosos, por fin, el día 20 los arponeros consiguieron alcanzar a la criatura, pero esta se liberó del arpón.

17. C. S. Rafinesque. «Dissertation on Water Snakes, Sea Snakes, and Sea Serpents.» *Philosophical Magazine,* series 1, 1819.

El 10 de septiembre el diario *The Boston Weekley Messenger* anunció que la búsqueda de tres semanas había llegado a su fin sin resultado alguno. Las altas expectativas que se habían generado sobre la captura se vieron frustradas. Lo mismo pasó cuando se observó desde la costa un fenómeno extraño y miles de personas se abalanzaron a verlo. Resultó que solo era un banco de caballas. El periódico se preguntó: «¿Puede este pez, o cualquier número de ellos, ser el monstruo tan a menudo descrito como la gran serpiente marina? Contestamos decididamente que no». Aunque seguía: «Las observaciones que hemos tenido esta temporada de la serpiente han sido menos consistentes y satisfactorias, y, sin duda, a menudo exageradas». Y añadía: «Si el nombre serpiente marina ha sido aplicado este año a objetos diferentes al original, es un punto sobre el que las opiniones difieren».[18] Esto significa que se empezaban a introducir las primeras dudas sobre la naturaleza real de una serpiente gigante en el mar y sobre la capacidad de la observación de los testigos.

Por hacer un alto, diré que no es de extrañar que a las noticias sensacionalistas las denominemos «serpientes de verano», porque el fenómeno de la gran serpiente marina comenzado en Estados Unidos en agosto de 1817 se repitió cada verano en los años siguientes,[19] y, además, la mayoría de los casos se produjeron en agosto.

La serpiente marina como supervivencia del pasado

La creencia en monstruos no ha tenido solo el testimonio visual como única fuente. En 1705 se encontró en Claverack, Nueva York, un diente enorme, que se creyó de un gigante, lo que parecía confirmar el pasaje de la Biblia según el cual en el pasado existieron gigantes sobre la Tierra. Cuando se excavó más, apa-

18. O'Neill, 1999, pp. 59-60.
19. Graham J. McEwan. *Sea Serpents, Sailors and Sceptics.* Routledge & Kegan Paul, Londres, 1978.

reció el esqueleto de algo parecido a un elefante. A principios del siglo XIX era ya una moda de las clases pudientes europeas coleccionar fósiles, que el gran naturalista George Cuvier demostró que eran vestigios de criaturas antiguas. Los acontecimientos sobre la gran serpiente marina que he relatado se producían, por tanto, en un contexto de rápido avance en los descubrimientos paleontológicos y de creciente interés científico por las especies del pasado.

Algunas de las piezas más notables de los coleccionistas ingleses fueron encontradas por los hermanos Joseph y Mary Anning, que vivían de la búsqueda y venta de fósiles que encontraban en la costa de Devon, en el sur de Inglaterra. En 1811 Joseph descubrió un cráneo de la especie que se denominaría ictiosaurio (por «pez lagarto»), y en 1821 se resolvería el debate sobre su entidad como pez o como saurio a favor del último, de ahí el nombre. Mary, además de completar el esqueleto del ictiosaurio, descubrió en 1823 el primer esqueleto completo de plesiosaurio (por «casi lagarto»), y ambos ejemplares sirvieron para demostrar la teoría de la extinción de los dinosaurios. Mary Anning no tenía formación científica, y, aun así, se convirtió en una extraordinaria paleontóloga. No solo excavaba, sino que, además, mantuvo una actitud crítica contra las fantasías y los fraudes sobre la prehistoria.

El descubrimiento de estas nuevas especies de dinosaurios parecía dar base científica a los testimonios sobre los monstruos marinos de los mitos y leyendas, y, además, hacía plausible que criaturas antiguas hubieran sobrevivido hasta el presente, como creía el geólogo Charles Lyell. Paradójicamente, fue la ciencia paleontológica la que dio legitimidad a la creencia en los monstruos gigantes. Por otra parte, los mares estaban aún relativamente inexplorados, lo que hacía plausible la existencia de animales aún no conocidos que pudieran desafiar las categorías taxonómicas de Linneo. Y si en los trópicos se estaban descubriendo animales extraños, ¿por qué no podía llegar a encontrarse una serpiente de mar? Como ha escrito Sherrie Lynne Lyons: «Fue precisamente el desarrollo de la ciencia el responsable del resurgimiento del interés por las serpientes marinas. Una mayor exploración del mar, combinada con los hallazgos de la paleontología, sugirió que el "mítico" monstruo marino podría no ser un mito después de todo».[20]

ALBERT KOCH, EL CONSTRUCTOR DE SERPIENTES GIGANTES

Un acontecimiento pareció apoyar a los que sostenían la teoría de la supervivencia de una especie del pasado. En 1845 un alemán llamado Albert Koch —cuya profesión era la de buscador y proveedor de huesos fósiles— hizo una gira por Estados Unidos exhibiendo el mayor esqueleto conocido de un animal prehistórico, al que daba el nombre científico de *Hydrarchos sillimanii* (por «rey de los mares», y *sillimani* como homenaje al apoyo del científico Benjamin Silliman), y dedujo que era una transición entre los lagartos y las serpientes.[21] En julio de 1845 la exposición se instaló en un salón de la avenida Broadway de Nueva York, con el anuncio de «el Leviatán de la Biblia». El esqueleto, de 35 m de largo, estaba colocado en una posición ondulante, como una serpentina, tal como se suponía que se veía la gran serpiente de mar, con la que el ejemplar quedaba identificado en el folleto de la exposición. Koch declaró que había encontrado el esqueleto íntegro en una excavación en Alabama. El suceso fue ampliamente publicitado en la prensa, y varios científicos, entre ellos Silliman, se deshicieron en elogios hacia el gran logro científico de Koch.

Todo cambió cuando el anatomista Jeffries Wyman, tras haber analizado el esqueleto, pronunció una conferencia en la que dijo que el espécimen de Koch pertenecía a una ballena y no a una serpiente. Pero más importante que su ubicación en el orden de la naturaleza fue que Wyman puso en duda la autenticidad del esqueleto, denunciando que la espina dorsal había sido compuesta juntando vértebras de varios individuos que, además, pertenecían a distintas épocas, y que las aletas no eran siquiera de hueso fosilizado, sino de piedra. El Hydrarchos era, en dos palabras, un fraude compuesto con piezas de al menos cinco ejemplares fósiles. La noticia del engaño corrió rápidamente por los periódicos produciendo un gran daño al prestigio del negociante alemán. Más

20. Lyons, 2009, p. 18.
21. Rieppel, *op. cit.*

adelante se sumó al descrédito la opinión del paleontólogo Gideon Mantell, quien declaró a la prensa que la «serpiente marina» de Koch había sido fabricada con huesos de varios fósiles de basilosaurus, un cetáceo extinguido, y que los huesos ni siquiera encajaban entre sí. Todo esto parecía calificar a Koch no como un naturalista, sino como un empresario del espectáculo al lado de Barnum, el promotor circense. Cuando Benjamin Silliman supo de esta refutación, mandó retirar cualquier referencia a su nombre, y Koch tuvo que cambiar la denominación científica del ejemplar. Aunque Koch insistió en que había encontrado un solo esqueleto íntegro en el mismo estrato geológico, Lyell viajó a Alabama y habló con testigos que confirmaron que los huesos se habían encontrado esparcidos en distintos lugares, con lo que quedaba demostrado que todo había sido una gran impostura.

Pero en el siglo XIX era aún posible mezclar el negocio de la venta de huesos con la práctica científica de las exposiciones y museos de curiosidades de la época, y el prestigio de Koch no sufrió demasiado, menos aún en su país de origen. Koch consiguió vender su Hidrarchos al rey de Prusia y siguió montando exposiciones con nuevos ejemplares de esqueletos prehistóricos en Europa, alguno aún más grande que aquel. En las décadas siguientes estuvieron de moda las exposiciones de monstruos, con contenidos de sirenas, cerdos monstruosos, hombres salvajes, etcétera, basadas en muchos casos en fraudes.

La serpiente marina ante la ciencia. El caso HMS Daedalus

En la década de los cuarenta del siglo XIX habían vuelto a resurgir las observaciones de serpientes marinas en Estados Unidos, mientras en Noruega hubo una acumulación de avistamientos en julio de 1845 y agosto de 1846. Pero de todos los casos de aquel tiempo, el más importante, y que cambiaría la manera de tratar con el fenómeno, sería la observación el 6 de agosto de 1848 de una gran serpiente de mar por la tripulación del HMS Daedalus. Este caso se convertiría en el más famoso y mejor documentado en la historia de este fenómeno. Encontrándose en el Atlántico Sur, cerca del cabo de Buena Esperanza, varios oficiales del HMS Daedalus observaron la criatura y estimaron que tenía 10 o 12 m de largo, dientes desiguales y algo parecido a una melena en la cabeza. A la llegada al puerto de Plymouth en octubre, el capitán M'Quhae informó al *Times* de Londres.

Recreación de la observación de la gran serpiente marina desde el HMS Daedalus, tal como fue descrita en el diario *Illustrated London News*.

La publicación del suceso excitó la imaginación popular. La noticia motivó una petición por el Almirantazgo al capitán M'Quhae para que presentara un informe. En él, el capitán definió a la serpiente marina con términos que debían algo a la tradición, pues dijo que tenía cabeza de serpiente con algo parecido a la crin de un caballo o un manojo de algas colgando sobre ella. Pero Richard Owen, uno de los más importantes naturalistas del siglo y el hombre que inventó el término *dinosaurio,* escribió una carta al periódico en la que ironizó sobre lo observado por los marinos diciendo que había más pruebas de la existencia de fantasmas que de la serpiente marina. Para él solo las pruebas materiales contaban. Cuando el príncipe consorte le preguntó por la naturaleza de lo que habían observado los marinos, Owen sostuvo que había sido un león marino o una foca. Desilusionado, el príncipe dijo con humor que Owen era *the sea-serpent killer,* el «asesino de la serpiente marina», y esa fama le quedó. El mismo Charles Darwin se interesó por el caso Daedalus, de una forma igualmente escéptica.

El debate se centró a partir de entonces en la fiabilidad del testimonio humano y en definir lo que constituía o no evidencia científica. Un aspecto que no había sido tratado hasta entonces era el papel que tenía la representación visual de la bestia. El *Illustrated London News* publicó dos ilustraciones sobre el caso Daedalus, en las que la figura de la serpiente marina quedaba resaltada por una cabeza que sobresalía del agua, una aportación creativa del artista, ya que las descripciones de los testigos y los esquemas que hicieron eran mucho más vagos. Podríamos decir que las ilustraciones eran una representación sensacionalista del suceso. De haberse pretendido un reflejo fiel del hecho, las ilustraciones se habrían hecho desde el punto de visión de los testigos, es decir, que el barco no aparecería en ellas. Que este se vea al fondo es una licencia artística, por tanto, igual que el conjunto de la representación. De qué forma el ilustrador mediatizó la manera como el público lector del periódico percibió al monstruo, y cómo pudo su influencia condicionar las futuras descripciones de monstruos en los mares es algo difícil de valorar sin una investigación más a fondo de la casuística.

El tipo de monstruo observado en los mares fue evolucionando a lo largo del siglo XIX, desde un cuerpo largo y con jorobas a otro de cuello largo como un plesiosaurio. Ulrich Magin ha hecho a este respecto una importante observación: «La gente empezó a ver monstruos de cuello largo en 1846, solo después de que se descubrieran los primeros fósiles de plesiosaurio. ¡Antes de que la serpiente de mar fuera "identificada" como un plesiosaurio, nadie vio realmente monstruos de cuello largo!».[22] Los

22. Ulrich Magin. «St. George without a Dragon.» En Steve Moore (ed.). *Fortean Studies*, vol. 3, 1996, p. 234.

cuellos largos aumentaron en la década de los cincuenta, y para las primeras décadas del siglo XX la mayoría de los casos eran de monstruos de cuello largo. Como ha señalado el paleontólogo Darren Naish: «Los informes nos dicen más sobre tendencias culturales que zoológicas».[23]

El debate sobre lo que vio la tripulación del Daedalus se alarga hasta nuestros días. Según un estudio de Gary J. Galbreath, existe una ballena cuyo color y contorno de la cabeza se adapta a la descripción del capitán M'Quhae: el rorcual boreal *(Balaenoptera borealis)*. Así pues, para Galbreath: «Era seguramente una ballena rorcual alimentándose en la superficie con la boca abierta. Esto supuestamente constituiría un espectáculo desconcertante para muchos marineros del siglo XIX o del XXI».[24]

El debate naturalista

Las repetidas observaciones de serpientes marinas, y el caso del Daedalus en particular, levantaron un debate científico sobre la realidad de la criatura, e influyeron en la percepción del público sobre los monstruos marinos. Para unos, la gran serpiente marina parecía abandonar el terreno del mito para integrarse en el esquema naturalista de la historia de la vida, mientras para otros no había consistencia en los testimonios y faltaba la prueba material. Los más optimistas especularon en la prensa con que lo observado desde el Daedalus fuera algún animal superviviente de la prehistoria, como un plesiosaurio, un ictiosaurio o una ballena extinta como el basilosaurus.

La teoría de la supervivencia de grandes saurios del pasado, aplicada a la serpiente marina, dio para un debate de fondo en las ciencias naturales. La discusión implicaba en el fondo una lucha por la imposición de una determinada concepción sobre la historia de la Tierra. Cuvier había demostrado que muchos orga-

23. Naish, 2016, p. 31.
24. Gary J. Galbreath. «The 1848 "Enormous Serpent" Of The Daedalus Identified.» *Skeptical Inquirer,* vol. 39, n.º 4, septiembre-octubre de 2015.

nismos se habían extinguido en el pasado, mientras que el gran geólogo Charles Lyell estaba contra una visión progresiva de la historia terrestre. Sostenía que los procesos del pasado continuaban sucediendo en el presente y que los mismos organismos habían existido siempre y seguían existiendo. Creía, por tanto, que la aparición de la gran serpiente marina venía a confirmar su teoría como una supervivencia de tiempos pasados. Otros grandes científicos sostuvieron la misma opinión. El gran naturalista Louis Agassiz se declaró un convencido de que la serpiente marina existía y la identificaba con un reptil marino prehistórico —como Robert Bakewell, que pensaba en un ictiosaurio—, mientras que Benjamin Silliman se inclinaba por un plesiosaurio, ya que su cuello largo se adaptaba mejor a las descripciones que habían hecho los testigos. El famoso divulgador de la ciencia Philip Henry Gosse dio un impulso a la creencia en la gran serpiente marina en su libro *The Romance of Natural History* (1861), que atribuía a un plesiosaurio, aunque algunas de las características que le adjudicaba, como tener una cabeza proyectada hacia lo alto con una especie de crines de caballo colgando, recuerdan más a los relatos del folklore que a las ciencias naturales.

El naturalista Richard Owen rebatió estas ideas sobre las supervivencias prehistóricas porque no se había encontrado ninguna de aquellas especies en el registro fósil desde la era de los dinosaurios. También las costas de Noruega habían sido rastreadas y no se había encontrado ningún esqueleto, ni siquiera un hueso, de la serpiente de mar o del kraken. La crítica de Owen descansaba sobre una concepción de la historia evolutiva de la Tierra en la que no cabían supervivencias de eras pasadas. Como ha escrito Lyons: «Owen usó esta controversia para promover su propia agenda científica y desacreditar a Charles Lyell y su visión "antiprogresionista" de la historia de la Tierra».[25]

Pero la intención principal de Owen tenía que ver también, según Lyons, con la demarcación de la autoridad científica en materia de historia natural. Hasta entonces, el lenguaje sobre

25. Lyons, 2009, p. 32.

todo lo que tenía que ver con serpientes marinas había sido el de los tribunales. La manera de legitimar una observación pasaba por un proceso de tipo judicial: toma de testimonios, declaraciones juradas e informes escritos. La credibilidad del caso se basaba sobre el «carácter intachable» del testigo. En cambio, Owen trataría de situar la prueba material en el centro de la autoridad científica, y como por lo general los testigos no tenían formación científica, la estrategia para rebajar la importancia del testimonio como prueba era etiquetar al testigo como *amateur* (aficionado).[26] Como señala Lyons: «Owen quería una redistribución fundamental de la autoridad cultural desde las instituciones tradicionales que incluían la judicatura, la aristocracia y los clérigos. Los debates de la serpiente de mar fueron una fase fundamental en la instauración de la ciencia como la voz de la autoridad en materia de historia natural».[27] Mientras que el procedimiento al uso se centraba en el testigo, para Owen el testimonio no valía nada en ausencia de un espécimen de la bestia o de unos restos físicos que lo corroboraran. «Todos los magistrados del mundo no valían lo que un simple trozo de hueso o fósil», resume Brian Regal.[28] Owen fue displicente con todos los testimonios visuales a lo largo de su carrera.

Es interesante darse cuenta de que ya entonces se cuestionaba la confianza en el testimonio visual por la comprobación de lo falible que era la percepción. El sistema legal reconocía que los testigos eran poco fiables, y que cinco testigos de un mismo hecho daban descripciones diferentes de lo que había pasado, sin ninguna intención de engañar. Además de la distorsión perceptiva, entraba en juego el contagio. Una vez que se había publicado un caso en el periódico, muchos otros aparecían por el efecto del boca a oído. Había que añadir a todo esto la frecuencia de los fraudes, que al hacerse públicos provocaron que algunos testigos del fenómeno fueran reticentes a declarar por miedo al ridículo. En algu-

26. *Ibid.*, p. 40.
27. *Ibid.*, p. 30.
28. Brian Regal. «Richard Owen and the sea-serpent». *Endeavour*, vol. 36, n.º 2, junio de 2012.

nos casos se admitió el error de haber tomado objetos naturales por serpientes marinas. En una nota publicada por la prestigiosa revista *The Lancet* en 1858, se daba la noticia de la observación de una aparente serpiente marina por el capitán del buque Castilian, pero cuando la criatura fue izada a bordo del barco resultó ser una enorme pieza de algas, que, con la ondulación de las olas, parecía tener vida. El capitán declaró después: «Si las circunstancias me hubieran impedido enviar un bote, habría creído que había visto la gran serpiente marina».[29]

De lo relatado hasta aquí podemos rebatir al menos un tópico de los investigadores de lo paranormal en nuestros días, según el cual los científicos han rechazado siempre la existencia de animales fabulosos y se han negado a tomarlos en consideración.[30] La historia de la gran serpiente marina nos enseña que a lo largo del siglo XIX importantes naturalistas apoyaron su realidad respondiendo a la emergencia de un fenómeno visual en las costas de Norteamérica y del norte de Europa. Por otra parte, he encontrado en la revista científica *Nature* una serie de artículos y cartas publicados a partir de 1870 que dejan claro el interés que se generó entonces por los testimonios de serpientes marinas y por la posible existencia de animales fabulosos en los mares. Algunos autores sostuvieron durante mucho tiempo la realidad de la serpiente marina, como Charles Gould, que en su libro de 1886 *Mythical Monsters* decía que: «La criatura debe ser sacada de la región del mito, y acreditarse su existencia, y que su nombre incluya no una, sino, probablemente, varias especies gigantes muy distintas...».[31]

Pero lo elusivo de la serpiente marina hizo que con el tiempo fuera cayéndose de entre los problemas científicos que merecían una investigación seria. Francis Bucland[32] manifestó en 1868 en

---

29. «The Sea Serpent.» *The Lancet*, 20 de marzo de 1858.

30. Véase Ron Westrum. «The Scientist as Critic: Scientists and Sea-Serpents in the 19th Century.» ASA Meeting, Montreal, 1974. Y «A Note on Monsters.» *Journal of Popular Culture*. Primavera de 1975.

31. Gould, 1886.

32. Francis Buckland. *Curiosities of Natural History*. Richard Bentley, Londres, 1868.

tono de burla que, si esos monstruos eran verdaderos, simplemente se los debía explotar para obtener beneficio. En 1883 Henry Lee presentó en su libro *Sea Monsters Unmasked* una visión crítica de los monstruos de los mares, opinando que: «Las diversas apariciones de la supuesta "Gran Serpiente de Mar" pueden casi todas explicarse por las formas y hábitos de animales conocidos».[33] Aquí hay que mencionar también a Thomas Huxley, conocido como el bulldog de Darwin por su defensa de la teoría de la evolución. Aunque al principio defendió la veracidad de la serpiente marina, con el tiempo se dio cuenta de que los testimonios eran tan variables de uno a otro que no podían considerarse descripciones fiables de un animal real.

Cerca del fin del siglo, lo que había sido un debate abierto entre los naturalistas con respecto a la serpiente marina iba desapareciendo. El último apoyo científico a la serpiente de mar se debió al zoólogo Antoon Cornelis Oudemans, a quien los criptozoólogos del siglo XX reclamarían como su antecesor natural.

ANTOON OUDEMANS, EL PRECURSOR DE LA CRIPTOZOOLOGÍA

Antoon Cornelis Oudemans fue desde muy joven un apasionado del «gran desconocido de los mares». En 1893, siendo ya director del Real Jardín Zoológico y Botánico de La Haya, escribió *The Great Sea Serpent* (1892). Se trata de una obra de juventud que, por la defensa que hace de la realidad de la gran serpiente marina, ha granjeado a su autor el honor de ser considerado el auténtico antecesor de la criptozoología. Su posición profesional y científica fue legitimación suficiente para asentar entre una parte de la población la idea de que la serpiente marina era una realidad, en momentos en que la comunidad científica se desinteresaba progresivamente por el problema.

Aunque reconocía las fábulas, exageraciones y errores que plagaban los testimonios, él encontraba también «hechos» innegables. En base a la recopilación de 187 observaciones —muchas de las cuales se basaban solo en cartas a los periódicos—, Oudemans defendió que la serpiente marina era un vestigio de una criatura prehistórica que había es-

33. Lee, 1883.

98

capado a la extinción de los dinosaurios. Como estrategia para elevar lo desconocido al rango del sistema natural, propuso para la serpiente marina el nombre científico de *Megophias megophias,* «gran serpiente», como una escisión de los pinnípedos.

Los escépticos han criticado que Oudemans llegó a su definición del *Megophias* eliminando de los informes los elementos fabulosos y sobrenaturales, haciendo una falsa representación de la serpiente parecida a la del dragón que había descrito Olao Magno.[34] La recepción por parte de los científicos de *The Great Sea Serpent* no fue muy favorable. La crítica de la revista *Nature,* aun reconociendo el mérito de su elaboración, expresaba: «Es imposible, sin embargo, tratar este laborioso trabajo como un tratado científico».[35] Se criticaba a Oudemans por colocarse a sí mismo en la posición del científico Chladni (quien descubrió que los meteoritos eran piedras que caían del cielo), porque «las piedras meteóricas podían ser vistas y manejadas», pero no la serpiente marina, de la que solo había testimonios e ilustraciones. No solo la prensa científica criticó el libro. El diario *The Times* lo consideró «una broma inconsciente».

El libro de Oudemans pasó prácticamente desapercibido para la ciencia de finales del siglo xix, pero seis o siete décadas después, con la generación de las paraciencias, su nombre resurgiría como un genuino antecesor de la búsqueda de los animales anómalos. A pesar de todo, Bernard Heuvelmans, el padre de la criptozoología moderna, consideró que Oudemans había forzado las descripciones de los monstruos para incluirlas en una única especie racionalizando y dejando fuera características discordantes con la imagen del *Megophias.* Veremos a continuación cómo Heuvelmans deconstruyó esa especie en una clasificación propia de los seres del mar.

Una de las últimas reflexiones de la ciencia de la época sobre la gran serpiente marina estuvo relacionada con la observación de un ejemplar desde el buque Valhalla frente a Pará, Brasil, en

34. Loxton y Prothero, *op. cit.,* p. 248.
35. «The Great Sea Serpent.» *Nature,* vol. 47, n.º I222, 30 de marzo de 1893.

diciembre de 1905. El barco se encontraba en misión científica con dos naturalistas a bordo, E. G. B. Meade-Waldo y J. M. Nicholl, lo que añadía aún más peso al informe. Lo observado no fue muy espectacular en tamaño, pero aquella cosa tenía un cuello largo proyectado hacia delante que se elevó 2 m sobre el agua y un cuerpo macizo con una aleta dorsal, lo que componía una especie aparentemente desconocida. Meade-Waldo y Nicholl expresaron en su informe científico que lo observado era un representante de la gran serpiente marina, que era un mamífero y que podía ser de la misma especie que la observada desde el Daedalus. El editor de la prestigiosa revista *Nature* hizo una reflexión equilibrada sobre el caso, pero se declaró contra la posibilidad de que se tratase de un fósil viviente de un plesiosaurio debido a la ausencia de un registro fósil en depósitos del Terciario, aunque mantenía que la credibilidad de los testigos cualificados de aquel caso no podía dejarse de lado.[36]

A principios del siglo XX el interés científico por las serpientes marinas se había difuminado al tiempo que aumentaba el conocimiento de los mares y se extendían los fraudes. La revitalización de la gran serpiente marina vendría acompañada por la internacionalización de la prensa y del periodismo sensacionalista del siglo XX. Y en ese cruce de caminos apareció Caddy, la serpiente marina de la bahía de Cadboro.

Caddy: manufactura de la serpiente marina del siglo XX

La serpiente marina más conocida del siglo XX tiene nombre propio: cadbosaurio, con nombre científico, *Cadbosaurus,* y apodo: Caddy para los amigos. El nombre viene de la bahía de Cadboro, en la costa del Pacífico canadiense, junto a la ciudad de Victoria. Desde 1881 se habían producido en la zona observaciones de serpientes marinas, pero no generaron un fenómeno propio hasta que una noticia de prensa dio el aldabonazo, como ha sucedido con todos los monstruos modernos. En 1933 el di-

36. *Nature,* 28 de junio de 1906.

rector del periódico canadiense *Victoria Daily Times*, Archie Wills, estaba preocupado por el panorama económico desolador de la Gran Depresión y pensó que su periódico necesitaba, además de dinero, equilibrar las malas noticias de la crisis con un poco de humor. Un rumor sobre la observación por dos individuos de una serpiente gigante en la bahía de Cadboro le sirvió para llenar una noticia el 5 de octubre de ese año 1933. Y el caso traspasó fronteras.

Lo excitante de la noticia, sin duda, inspiró otras observaciones similares, de manera que el mismo periódico llegó a poner nombre científico al ejemplar: cadborosaurio. Esto sucedía pocos meses después de la proyección en todo el mundo de la película *King Kong*, que puso de moda los animales gigantes y donde aparecían grandes bestias prehistóricas arrastrándose por una isla remota. Pero, sobre todo, la noticia del *Victoria Daily Times* llegaba justo en el mes en que se ponía de moda el monstruo del lago Ness, como vamos a ver en el capítulo siguiente.

La realidad detrás de la noticia del 5 de octubre era menos impresionante de lo que parecía. Los dos testigos habían visto de manera independiente, durante apenas unos segundos y en momentos distintos, algo que el periódico describió según la forma canónica del clásico hipocampo, con cabeza de caballo con crines, a pesar de que uno de los testigos lo describió más bien como un diplodocus. La posibilidad de un completo fraude no es descartable, pues —según el crítico Daniel Loxton— aquella primera noticia fue medio fabricada por el periódico convenciendo a varias personas para que prestaran su nombre como testigos. Es decir, que el monstruo de la bahía de Cadboro sería para Loxton «*fakelore*, una leyenda manufacturada, un producto de entretenimiento creado por un medio regional».[37]

Desde los años treinta se empezó a describir a Caddy como una criatura con apariencia de reptil de más de 3 m, con una cabeza como un perro, pero con características de caballo y una nariz girada hacia abajo, como la de un camello. La prueba de la existencia real del monstruo podría ser una foto realizada en

37. Loxton y Prothero, *op. cit.*, pp. 303 y 309.

1937 en Naden Harbor (Columbia Británica, Canadá) del cadáver de una criatura que se extrajo del estómago de una ballena.

El cadbosaurio, o Caddy, según su caracterización típica.

El oceanógrafo y criptozoólogo canadiense Paul LeBlond, fallecido en 2020, fue el mayor promotor de la especie Cadbosaurus. Junto con Eric Bousfield, publicó en 1995 el libro *Cadborosaurus: Survivor from the Deep*. En él se presentaba la foto de Naden Harbor como la prueba que demostraría la realidad de la serpiente marina de la bahía de Cadboro. Desgraciadamente, esas supuestas pruebas ya no se pueden analizar porque en su momento un museo declaró que solo eran restos de un feto de ballena, y se deshizo de ellos. En base a los testimonios de los observadores de la serpiente de mar, los autores la describieron como un plesiosaurio, pero con una forma diferente a la habitual, con un cuerpo peludo y moviéndose en volutas como una serpentina, y le asignaron un nombre científico, *Cadbosaurus willsi* (por la bahía y por el apellido del «descubridor» de la criatura, el director del *Victoria Daily Times*).

El problema de la descripción de Caddy es que la figura de serpentina no casa para nada con un plesiosaurio tal como se lo conoce. Según Darren Naish, los restos fotografiados en 1937 pertenecen con toda seguridad al cuerpo descompuesto de un animal conocido, y, de hecho, llega a distinguirle una cabeza parecida a la de un esturión. Y las observaciones de una cabeza de camello podrían explicarse como la confusión con un elefante marino, pues este es un animal que saca la cabeza hasta un metro fuera del agua.[38]

Si Leblond y Bousfield habían catalogado 178 avistamientos desde 1881 hasta 1994, según la Wikipedia en inglés, ha habido ya más de 300 observaciones del cadbosaurus hasta el día de hoy, eso si se lleva atrás la existencia de Caddy hasta los mitos de los pueblos originarios de Alaska que creían en monstruos marinos. En todo caso, no queda muy clara la metodología por la cual se adscriben al cadbosaurus observaciones que son muy diferentes entre sí y de las cuales no se dan referencias geográficas que vinculen esos casos con la bahía de Cadboro o con una morfología determinada.

Paul Leblond, John Kirk y Jason Walton publicaron en 2014 un nuevo libro, *Discovering Cadbosaurus,* en el que analizaron evidencias como el testimonio de un exballenero llamado William Hagelund, quien dijo en 1987 que casi veinte años antes había capturado una cría de cadbosaurio de 45 centímetros de largo, que la tuvo en un barril de agua y la liberó al mar. Tres críticos del caso, Woodley, Naish y McCormick, han propuesto otra explicación para esa cría: era un pez aguja. Se basan en la poca familiaridad que puede tener un ballenero con un pez raro como este, y añaden: «En nuestra opinión, el encuentro de Hagelund no debería usarse en apoyo de la existencia de "Caddy", mucho menos constituir la base de teorías totalmente especulativas sobre las características de su posible historia evolutiva y reproductiva».[39]

Por muchas refutaciones que se hagan, y a pesar de lo estereotípico del caballo marino que tiene Caddy, ya se ha convertido,

---

38. Naish, 2016, p. 51.

39. M. A. Woodley, D. Naish y C. A. McCormick. «A Baby Sea-Serpent No More: Reinterpreting Hagelund's Juvenile "Cadborosaur" Report.» *Journal of Scientific Exploration*, vol. 25, n.º 3, 2011.

con su simpática semblanza de hipocampo con cabeza de camello con crines, a veces con orejas y cuernos y sus espirales elevándose sobre el agua, en una imagen distintiva y familiar del monstruo de la bahía de Cadboro. Pero el origen de esta figura podría deberse bastante a la tradición. Hace más de un siglo el folklorista J. A. Teit recogió las creencias en monstruos marinos entre la población de la Columbia Británica originaria de las islas Shetland, que a su vez era en gran parte originaria de Escandinavia, y encontró una creencia generalizada en el «caballo marino», el antiguo lindorm.[40] Esta creencia sería preexistente al fenómeno Caddy y podría haber servido para dar sentido a lo no identificado en el mar como una serpiente marina con cabeza de caballo, según el estereotipo culturalmente transmitido.

Sea como fuere, Caddy se ha constituido en una más de las leyendas imbatibles de monstruos modernos, y para eso no necesita demostrar su existencia ni su lógica biológica. Basta con que sea bien recibido por el sector servicios de la región de origen debido a los ingresos que proporciona al turismo local. Y como la leyenda goza de buena salud, se sigue viendo a Caddy prácticamente cada verano. En 2003 la localidad canadiense de Oak Bay lanzó una campaña ofreciendo un premio de 10.000 dólares a quien presentara una filmación de Caddy. No sin cierto cinismo, el organizador dijo que la finalidad era la promoción del turismo, pero que al mismo tiempo existía un interés serio en su búsqueda. ¿Seguro?

BERNARD HEUVELMANS, «PADRE DE LA CRIPTOZOOLOGÍA»

Bernard Heuvelmans (1916-2001) nació en Francia, pero se estableció enseguida en Bélgica. Antes de la Segunda Guerra Mundial obtuvo un doctorado en Zoología, aunque no llegó a ejercer en su especialidad, sino que trabajó como músico de jazz. Cuando leyó en 1948 un artículo de Ivan Sanderson titulado «There Could Be Dinosaurs» («Podría haber

40. J. A. Teit. «Water-Beings in Shetlandic Folk-Lore, as Remembered by Shetlanders in British Columbia.» *The Journal of American Folklore*, vol. 31, n.º 120, abril-junio de 1918.

dinosaurios»), en el que se defendía la posibilidad de la supervivencia de los dinosaurios en lugares remotos del mundo, la idea le inspiró de tal manera que decidió dedicarse al estudio de los animales hipotéticos. Ya en 1952 publicó en la revista francesa *Sciences et Avenir* un artículo en el que presentaba la idea de que el Hombre de las Nieves era un antropoide relacionado con el gigantopitecus, y propuso para aquel el nombre científico de *Dinanthropoides nivalis* («Terrible antropoide de las nieves»), aun siendo consciente de la ausencia de pruebas suficientes de su existencia. En 1955 publicó el que se considera libro inaugural de la disciplina de la criptozoología: *Sur la piste des bêtes ignorées (Sobre la pista de las bestias ignoradas)* que aparecería en inglés en 1958 con el título *On the Track of Unknown Animals (Sobre la pista de los animales desconocidos)*, que convirtió al autor inmediatamente en un referente para todos los estudiosos de las bestias anómalas.

En 1968 publicó su otro libro de referencia, *In the Wake of the Sea-Serpents (Sobre la pista de las serpientes marinas)*, donde propuso su influyente y duradera clasificación de los monstruos marinos, que veremos a continuación, y donde planteó la hipótesis de la supervivencia de especies marinas extinguidas desde la prehistoria.

Cuando en 1982 se constituyó la International Society of Cryptozoology (ISC), Heuvelmans fue su primer presidente, como pionero indiscutible de la disciplina que era una vez desaparecido Ivan Sanderson. Heuvelmans dirigió la corriente más científica de la criptozoología, la que estudiaba animales desconocidos desde el punto de vista de la zoología, contra una corriente con una interpretación ocultista o paranormal de los «críptidos». Según él, la calificación de «animales ocultos» debía referirse a aquellos que son desconocidos para la ciencia, pero no para las poblaciones locales con las que comparten un área geográfica, o de las que se tiene un conocimiento insuficiente. Su urgencia por clasificar a los críptidos tenía como motivo completar el inventario de la biodiversidad para que las especies desconocidas pudieran recibir protección legal, para lo cual era necesario aportar testimonios de observaciones y pruebas directas e indirectas, como fotos, huellas, restos materiales, etcétera, además de las fuentes arqueológicas, históricas y míticas.[41]

41. Bernard Heuvelmans. «What is cryptozoology?» *Cryptozoology*, vol. 1, n.º 1, 1982.

De manera parecida a Sanderson, de quien fue un gran amigo hasta que una controversia sobre el bigfoot los separó (como veremos más adelante), Heuvelmans se sintió ignorado por la comunidad académica y creyó hasta el final de su vida, en 2001, que los científicos lo habían sometido al ostracismo.

Las serpientes marinas de Heuvelmans y la crítica escéptica

Bernard Heuvelmans recopiló en su libro *In the Wake of the Sea-Serpents* 587 observaciones de serpientes marinas ocurridas entre 1639 y 1966, la mayoría de las cuales habían sido recopiladas por sus antecesores Antoon Oudemans y Rupert Gould, y, tras descartar los fraudes y los casos identificados como especies conocidas o con poca información, analizó 308 fiables. A diferencia de Oudemans, que había incluido todos bajo el único rubro de Megophias, y de Gould, que continuó esa tradición de una especie única en su libro *The Case for the Sea Serpent* (1930), Heuvelmans consideró inútil forzar la variedad de observaciones en una única especie animal, pues los detalles discordantes reaparecían tan a menudo que debían ser tomados en consideración. Sugirió así que «serpiente marina» no era más que un término genérico que abarcaba varias especies animales no conocidas. Propuso así un sistema clasificatorio más completo, compuesto de nueve tipos: Serpiente marina de cuello largo; Caballo de mar; Superanguila; Multialetas; Muchas jorobas; Supernutria; Saurio marino; Panza amarilla; y Padre de todas las tortugas. A todos les puso nombres científicos en latín, pero los evitaré por conmiseración con el lector. Los latinajos no significaban mucho, porque Heuvelmans sabía que su propuesta no cumplía con los requisitos de la Comisión Internacional de Nomenclatura Zoológica, debido a que no existían pruebas de la existencia de esas especies. Así pues, de una manera heterodoxa, tiró para adelante ateniéndose a la nomenclatura «parataxonómica», que es utilizada cuando solo se cuenta con simples trazas de fósiles, una argucia que no le serviría de mucho, ya que ninguno de sus nombres científicos sería reconocido. El mismo autor descartó después algunos de estos tipos por falta de consistencia. Todas estas transacciones no hicieron mucho por mejorar la credibilidad de la metodología de Heuvelmans y de su sistema taxonómico.

Lo que por algún tiempo fue considerado un trabajo meticuloso y exhaustivo, más que nada porque nadie se había tomado la molestia de ponerlo a prueba, ha sido impugnado décadas después por varios autores, que han hecho enmiendas a la totalidad de su tipología. La revisión más dura ha sido la que ha hecho Ulrich Magin, criticando que Heuvelmans forzó los datos para hacer encajar cada caso dentro de un tipo prediseñado de acuerdo a una característica remarcable e ignorando los detalles que no encajaban. «Si un testigo menciona crines, la criatura es un caballo de mar.»[42] Y esa atención selectiva sobre los datos lo llevaba a ignorar, por ejemplo, que en un caso el testigo dijo que «el monstruo era como media milla de largo»,[43] un detalle a todas luces ridículo. Revisando toda la casuística, Magin ha descubierto que los casos más fácilmente clasificados por Heuvelmans fueron aquellos con poca información, mientras que los sucesos más documentados y que presentaban más detalles quedaban en la indefinición o con identificaciones alternativas. Según Magin, Heuvelmans no fue capaz de darse cuenta del contexto folklórico en el que se insertaban algunas narraciones.

Se ha criticado a Heuvelmans, además, por confiar ciegamente en la exactitud de los testimonios y por haber tenido en cuenta casos que se revelaron fraudes. Un ejemplo paradigmático: el tipo «saurio marino» estaba basado principalmente en un caso sucedido durante la Primera Guerra Mundial en que una especie de cocodrilo gigante fue lanzado a lo alto por una explosión submarina. Para empezar, el caso fue extraído mucho después del suceso, en 1933, de una noticia de prensa sobre el monstruo

42. Ulrich Magin. «St. George Without a Dragon.» *Fortean Studies,* vol. 3, 1996, p. 225.
43. *Ibid.,* p. 232.

del lago Ness. Pero la explosión a la que se refiere sucedió en las bodegas del vapor británico Iberian mientras se hundía tras ser alcanzado por un torpedo lanzado por un submarino alemán U2, y ninguno de los supervivientes vio ningún monstruo marino. La historia parece haber sido un fraude del periodista que elaboró aquella noticia, lo que indica el escaso rigor de Heuvelmans en el uso de sus fuentes. Darren Naish ha calificado los casos manejados por Heuvelmans de «potaje de anécdotas sobre toda clase de cosas diferentes vistas en el mar».[44]

Otros investigadores de las serpientes marinas, como Paul LeBlond y John Sibbert han necesitado hacer más particiones sobre los tipos de Heuvelmans para clasificar la casuística de la Columbia Británica, mientras que Peter Costello necesitó juntar varios tipos en uno para los monstruos lacustres. Podemos decir que nadie ha sido capaz de dar sentido a aquella tipología. Lo que podemos concluir de la clasificación de Heuvelmans es que no refleja más que la serie de preconceptos culturales que se han manejado durante mucho tiempo sobre los monstruos marinos por parte de testigos, cronistas y autores de libros.

A estas alturas de la historia, la gran serpiente marina nos suena ya a leyenda de otra época. Pero algunos biólogos mantienen viva la esperanza en su realidad zoológica, porque cada año se siguen descubriendo nuevas especies, aunque no sean del tamaño que suponemos al «gran desconocido de los mares». ¿Es aún posible el descubrimiento de alguna especie que responda a sus características? El biólogo Michael Woodley y sus colaboradores se han planteado la pregunta de si puede existir un pinnípedo de gran tamaño en nuestros mares del que no se haya encontrado rastro hasta ahora, pero precisamente por el tamaño que se le supone es por lo que ponen en duda su realidad, señalando que «la hipótesis de que una especie gigante, globalmente distribuida, haya podido escapar a la atención humana es improbable».[45]

---

44. Naish, 2016, p. 27.

45. Michael A. Woodley, Darren Naish y Hugh P. Shanahan. «How many extant pinniped species remain to be described?» *Historical Biology: International Journal of Paleobiology*, 20:4, 2008.

Se han dado dos tipos de explicaciones alternativas a la serpiente marina: la primera, como animales marinos conocidos (ballenas, focas, grandes tortugas, tiburones), lo que explicaría las extrañas formas híbridas descritas, en las que se mezclaría lo visto por el testigo con las historias tradicionales sobre monstruos. La segunda confusión sería con objetos mundanos como troncos a la deriva, embarcaciones volcadas, algas flotantes o tortugas marinas enredadas en artefactos de pesca abandonados en los mares.[46]

Las que se presentan como las mejores pruebas físicas de monstruos de los mares son las masas de grasa y carne encontradas en las costas, conocidas como blobs (o globters). Por lo indefinido de su forma se han asociado tanto al kraken como a la serpiente marina, pero para los especialistas en vida marina se ha tratado siempre de cuerpos en descomposición de ballena o de tiburón peregrino. Por ejemplo, la llamada «bestia de Stronsa» (hoy Stronsay) —encontrada en 1808 en las islas Orcadas, al norte de Escocia— tenía 18 m de largo y se le describió la forma de serpentina de una anguila, un cuello largo y cabeza pequeña, con una cresta a lo largo de su espina dorsal. Lo más raro es que parecía tener tres pares de patas cartilaginosas con cinco o seis dedos en cada una con calcificaciones en forma de estrella. El naturalista Patrick Neill creyó que se había descubierto una nueva especie y le dio el nombre científico de *Halsydus pontoppidani* (por serpiente de mar de Pontoppidan). Pero otro eminente naturalista llamado Everard Home, que estaba estudiando el tiburón peregrino *(Cetorhinus maximus),* la segunda especie más grande de tiburón existente, sabía que los únicos animales marinos con vértebras cartilaginosas con calcificaciones en estrella eran los tiburones. Cuando Home pudo comparar los restos con los de un tiburón peregrino no cupo ninguna duda. Eran lo mismo.

---

46. R. L. France. «Imaginary Sea Monsters and Real Environmental Threats: Reconsidering the Famous Orborne, "Moha-Moha", Valhalla, and "Soay Beast" Sightings of Unidentified Marine Objects.» *International Review of Environmental History,* vol. 3-1, 2017.

El criptozoólogo Karl Shuker y el paleontólogo Darren Naish han informado por qué los restos de un tiburón peregrino pueden tener la apariencia de una gran serpiente marina. Cuando el cuerpo se descompone, el aparato branquial se desprende junto con las mandíbulas, dejando solo un pequeño cráneo y una espina dorsal, y la aleta dorsal queda convertida en haces que parecen una cresta. Las aletas pélvicas y el aparato reproductor se distorsionan hasta parecer unas patas con sus dedos. Lo que queda es una masa podrida hecha girones, formada de restos de piel, músculos y ligamentos. El colágeno se deshilacha y parece un material peludo o lanudo, lo que hace muy difícil la identificación y puede llevar a pensar en una especie de cuerpo con cuello y cola largos con dos aletas, lo más parecido a un plesiosaurio. En los casos en que se han sacado fotos de blobs, los biólogos han podido identificar adecuadamente al animal.[47] Así pues, cuando vemos noticias de restos misteriosos encontrados en la costa, antes de lanzar hipótesis como la supervivencia de un gran saurio, conviene pensar en explicaciones próximas y sencillas: un delfín, tiburón, ballena u otro cetáceo.

Serpientes marinas en España y el análisis del estereotipo

La gran serpiente marina no anidó en las costas y mares españoles, y la información de lo que pasaba en los países del norte fue fragmentaria y tardía. Hay una breve mención en la prensa española a un «monstruo marino» visto en las islas Hébridas escocesas en 1812,[48] pero luego nos pasó desapercibida la fiebre de la serpiente marina de Gloucester de 1817. No es hasta 1827 que aparece una noticia de cierto fuste sobre la observación desde un navío de Boston de otro «monstruo marino» del estilo de los que

---

47. Naish, 2016, pp. 41-42. Karl Shuker. *The Beasts that Hide from Man: Seeking the World's Last Undiscovered Animals*. Paraview, Nueva York, 2003. pp. 217-219.
48. *El Redactor General*, 23 de febrero de 1812.

se informaban en Norteamérica.[49] La serpiente marina era un fenómeno foráneo, que no cuajaba entre nosotros.

Esta constatación ha permitido al investigador alemán Ulrich Magin someter a comparación la información sobre serpientes marinas que se produjo en España con la que circuló por los medios de comunicación internacionales. Magin sostiene la teoría de que la forma de los monstruos tiene menos que ver con especies zoológicas desconocidas que con estereotipos tradicionales, y que sus formas son un eco de las expectativas de los testigos, porque saben por la tradición cómo son los monstruos. «Por tanto, las serpientes marinas de cuellos largos aparecieron solo después del descubrimiento del plesiosaurio fósil, y ese estereotipo se ha hecho tan abrumador que casi ningún otro de los tipos competidores es visto hoy»,[50] sostiene Magin. Para demostrar que lo que describen los testigos solo reproduce los estereotipos literarios, y no animales reales, Magin necesitaba estudiar los informes de alguna región menos expuesta a la información que Estados Unidos y Gran Bretaña, y España era el banco de pruebas ideal.

En su libro *Investigating the Impossible* (2011), Magin analiza la información producida en la prensa española sobre los monstruos marinos y sus características. A partir de la hemeroteca virtual del diario *ABC*, Magin ha listado las noticias históricas sobre serpientes marinas desde 1903 según diferentes categorías, y lo que observa del conjunto es que en España la prensa denominó «monstruo marino» o «serpiente marina» a todo lo que los pescadores no pudieron identificar. En los casos en que hay información suficiente, resulta que lo observado es un tiburón peregrino, una ballena o peces de distinta naturaleza. El primer informe de una serpiente marina de cuello largo que Magin ha encontrado en la prensa española es de 1974. Era una criatura encontrada muerta en la playa de Laredo. Dijeron que tenía cuatro pequeñas extremidades y que era un reptil o dinosaurio, pero el biólogo Orestes Cendrero lo identificó más

---

49. *Diario Mercantil de Cádiz,* 8 de abril de 1827.
50. Ulrich Magin. *Investigating the Impossible.* Anomalist Books, 2011.

tarde como los restos de un tiburón ballena.[51] Magin no ha podido encontrar en la prensa española referencias a ninguno de los tipos de monstruos marinos de Heuvelmans. Y, sin embargo, llama la atención que existen referencias en otros medios internacionales sobre monstruos observados cerca de aguas españolas entre el siglo XIX y el XX, lo que confirma a Magin que las descripciones tienen que ver con las expectativas del observador.

Creación, evolución y contenido simbólico de la gran serpiente marina

Más allá de analizar los avistamientos de serpientes marinas a lo largo de la historia, tenemos que preguntarnos por qué esta criatura fue un producto de los mares del norte, primero en Europa y luego en Norteamérica. ¿Es que tratamos con una especie animal de aguas frías? No, de hecho, se han descrito serpientes marinas en diferentes latitudes, pero generalmente por marinos de la Europa del Norte y de Estados Unidos. En lo que hay que pensar es en el proceso de creación cultural del concepto de la gran serpiente marina a partir del Renacimiento, un proceso que se inició entre una élite intelectual de Escandinavia que por primera vez prestó atención a las ricas tradiciones orales de las gentes del mar sobre monstruos, demonios y maravillas. Se produjo una confluencia entre la creencia medieval sobre los prodigios de los mares y la nueva mentalidad inquisitiva de la primera ciencia. Fueron los intelectuales como Olaus Magnus y, dos siglos más tarde, Erik Pontoppidan los que conformaron la figura mítica de la gran serpiente de mar a partir de leyendas locales y de una tradición erudita y artística de representaciones de dragones, del *lindorm* y de otras figuras legendarias. Es así como la serpiente marina tomó esa forma arquetípica de la cabeza de caballo con crines que le cuelgan de un largo cuello, que ingenuamente Bernard Heuvelmans incluyó en una tipología zoológica. Al no darse cuenta del

51. *ABC de Sevilla*, 16 de marzo de 1974.

trasfondo cultural que había detrás de esa figura, lo que hizo fue una «secularización de lo sobrenatural», como lo han denominado Meurger y Gagnon.[52] Ignorando la influencia de esa tradición, no es de extrañar que Heuvelmans se preguntara por qué la serpiente de mar se había manifestado a lo largo de la historia casi exclusivamente en los mares del norte de Europa.

Los aspectos mágicos y mitológicos de los relatos antiguos han sido minimizados por los modernos escritores cuando recuperan casos del pasado, ignorándolos para no levantar dudas sobre la realidad física de lo que consideran críptidos. De esta manera, uno de los significados de aquellos antiguos relatos, que era su aspecto de portento, queda desvalorizado al convertirlo en un fenómeno criptozoológico, es decir, naturalista y paranormal. En este reduccionismo han caído también algunos escépticos, que al intentar explicar narraciones del folklore como hechos con una explicación en términos de fenómenos naturales han privado a los textos de su capacidad alegórica. En los estudios sobre los monstruos, al evitar sus elementos culturales se ha renunciado a conocer en su totalidad los significados que están en el origen de las creencias populares y de las visiones modernas.

La dinámica de los avistamientos de monstruos marinos en forma de oleadas repetidas ha sugerido que todo responde a un fenómeno de contagio social, que hace que cualquier observación ambigua se tome por la famosa serpiente de mar de la que informa la prensa, adaptándose el testimonio al estereotipo de lo extraño impuesto socialmente. Ulrich Magin cree que necesitamos una «criptozoología psicosocial»,[53] capaz de interpretar las percepciones visuales relacionadas con los monstruos. Por ejemplo, Magin deduce que durante la Guerra Fría dejaron de verse serpientes marinas en Escandinavia porque los testigos de algo raro en el mar lo interpretaban como submarinos soviéticos y ya no como monstruos.

No se puede aislar la evolución y el debate científico sobre la gran serpiente marina del contexto intelectual de la época en que

52. Meurger y Gagnon, 1988.
53. Magin, 2011, *op. cit.*, p. 234.

tuvo su apogeo, el siglo XIX. En Estados Unidos fue un tiempo de extraños sucesos y de maravillas. Se encontraban gigantes enterrados, aparecían entidades espectrales, se ponía de moda la comunicación con los muertos, y las visiones extrañas y otras rarezas llenaban espacios de una nueva prensa sensacionalista. La literatura de ficción científica convertiría en oro todo este fermento popular. La pasión por el descubrimiento de los grandes saurios de la prehistoria a lo largo del siglo XIX, la acumulación de observaciones de serpientes de mar y la polémica científica a que dieron lugar fueron de gran inspiración a los literatos como Jules Verne. En *Viaje al centro de la Tierra* (1864) narró cómo en una vasta caverna con un mar subterráneo los protagonistas observaban la lucha entre un ictiosaurio y un plesiosaurio. Y en *Veinte mil leguas de viaje submarino* relató avistamientos de monstruos marinos para los que se basó en lo que por entonces publicaban los periódicos, reproduciendo, además, los debates científicos de actualidad sobre la fauna de los mares. Lo que reflejaba Verne era la fascinación por los grandes saurios del pasado y por los misterios de los océanos.

A principios del siglo XIX, cuando el naturalista David Humphreys refirió al presidente de la Royal Society de Londres las observaciones de la gran serpiente marina de Gloucester en 1817, se dejó llevar por el sentido de maravilla de los monstruos antiguos. Para él, aquella criatura «de las profundidades y del abismo insondable del océano, entre los inescrutables secretos del Gran Profundo», mostraba el gran diseño de Dios.[54] Casi en el mismo sentido de maravilla, los monstruos marinos ya no son hoy una amenaza, ni siquiera son monstruos. Ahora resultan ser metáforas de la suerte que corren las especies amenazadas. Un ejemplo de ello es Chessie, un monstruo marino que, según se dice, habita en las aguas de la bahía de Chesapeake, en la costa este de Estados Unidos. Desde 1936 se ha hablado de avistamientos de una criatura extraña en la zona, pero desde los años ochenta, ya con el nombre familiar de Chessie, el monstruo se ha

---

54. <https://babel.hathitrust.org/cgi/pt?id=nyp.33433010897571&view=1up&seq=17>.

convertido en una simpática y amigable mascota de las campañas medioambientales. Eric A. Cheezum realizó su tesis doctoral sobre la historia de este monstruo y se dio cuenta de que había sido la prensa de verano, falta de lectores, la que lanzó el monstruo al estrellato convertido en una criatura inofensiva y amistosa. Y rápidamente se convirtió en una sensación de la cultura popular en Maryland. Lo paradójico del caso es que una vez que el monstruo era famoso dejó de ser observado en el mar.[55] Es lógico. ¿Quién tiene agallas para ver una mascota como si fuera un monstruo de verdad, de los que asustan? Así ha sucedido con la gran serpiente marina. De ser «el gran desconocido» de las profundidades a promover la salud ecológica de nuestras costas. Quizá esto son los monstruos del siglo XXI.

55. Eric A. Cheezum. «Discovering Chessie: Waterfront, regional identity, and the Chesapeake Bay sea monster, 1960-2000.» Tesis doctoral de Historia, University of South Carolina, 2007.

Capítulo 4

EL MONSTRUO DEL LAGO NESS

MANUFACTURA DE UN
FENÓMENO SOCIAL

Cuando se trata de monstruos la imaginación
no aspira más que a desvariarse.

Jules Verne. *Veinte mil leguas de viaje submarino*

Mientras que la idea de la serpiente marina iba perdiendo vigencia en el siglo xx a medida que se profundizaba (nunca mejor dicho) en el conocimiento de los mares, el misterio de las bestias gigantes se desplazaba a las aguas dulces y a territorios remotos, y se producía la eclosión de los monstruos de los lagos, aunque con una fuerte influencia del estereotipo de la serpiente marina. Al empezar la década de los treinta, en un clima de fascinación por los dinosaurios y otras grandes criaturas del pasado y de rumores sobre monstruos marinos, apareció la estrella de las criaturas acuáticas de nuestro tiempo. El monstruo del lago Ness, Nessie como se le llama ahora, es uno de los monstruos más populares en el mundo y un gran ejemplo de invención moderna de un monstruo, y espero que de la lectura de este capítulo se entienda lo de «invención». Contra cualquier lógica ecológica, el primer monstruo de agua dulce de importancia no apareció en un lejano lago africano o asiático, sino en el muy turístico lago Ness, en la desarrollada Escocia. Vamos a empezar por repasar su acta de nacimiento; porque su natalicio tiene fecha.

La noticia que inventó un monstruo

Todo empezó el 2 de mayo de 1933, cuando el diario *Inverness Courier* publicó una noticia sin firma titulada «Extraño espectáculo en el lago Ness. ¿Qué fue?». Empezaba así:

> El lago Ness ha sido acreditado durante generaciones por ser el hogar de un monstruo de aspecto temible, pero, de una u otra manera, el «kelpie de agua», como se llama a esta legendaria criatura, ha sido siempre vista como un mito, si no como una broma. Ahora, sin embargo, llega la noticia de que la bestia ha sido vista una vez más...

En este primer párrafo hay un mínimo de cuatro creaciones fantasiosas, pero sigamos antes de analizarlo. Continuaba informando el corresponsal anónimo que «un bien conocido hombre de negocios, que vive en Inverness, y su esposa (una graduada universitaria), cuando viajaban en coche» al borde del lago, «quedaron asombrados al ver una agitación tremenda» en el agua. «La criatura se entretuvo girando y zambulléndose durante un minuto entero, su cuerpo parecía el de una ballena, y el agua se agitaba como un caldero hirviendo.» Poco después desapareció entre «una masa burbujeante de espuma». Añade que «ambos observadores confesaron que hubo algo misterioso en todo aquello». La «bestia», al zambullirse por última vez, «lanzó olas tan grandes como las causadas por una lancha al pasar». Finalmente, se hacía recordar a los lectores una noticia de 1930 (también de un anónimo corresponsal) que decía que tres pescadores de caña encontraron «una criatura desconocida» que, «por el volumen, movimientos y la cantidad de agua desplazada sugirió que era o bien una foca muy grande, una marsopa o, realmente, ¡el monstruo mismo!». Relataron los pescadores: «Entonces el pez —o lo que quiera que fuese— empezó a venir hacia nosotros...». La observación de un movimiento en el agua por los tres pescadores, que apenas llamó la atención en su momento, en 1930, queda convertida en la noticia de 1933 en un previo avistamiento del monstruo que el cronista acaba de crear.

Para empezar, hemos visto cómo se enfatiza la honorabilidad y la cualificación de los dos testigos de 1933 (empresario y graduada), algo muy común en todas las afirmaciones de hechos extraordinarios. Poco después se conoció que los testigos eran el matrimonio John y Donaldina Mackay, que eran dueños del hotel Drumnadrochit, lo que más tarde haría sospechar que se habían inventado el suceso para fomentar el turismo local. La esposa, Donaldina, o Aldie, declararía al primer investigador del caso, el escritor Rupert Gould, que se sintió incómoda con el tratamiento sensacionalista de esta noticia, y admitió que se había exagerado mucho. Aclaró que su marido no había visto nada porque estaba conduciendo, y que ella había visto inicialmente solo una agitación en el agua que parecía causada por dos patos peleando, aunque más tarde reflexionó que lo que vio fueron dos jorobas que medían en total como 6 m. Se supo además que el hermano del señor Mackay había informado de una visión del monstruo antes de este suceso de 1933.[1]

Todo en el artículo del *Courier* estaba muy adornado. No solo no existía ninguna tradición de observaciones de un monstruo en el lago Ness, a pesar de ser una zona frecuentada por turistas desde un siglo antes, sino que, además, se relacionaba la visión de los Mackay con tradiciones populares como el kelpie, que es un ser mitológico celta de los ríos y los lagos, pero que no es específico del lago Ness, como vamos a ver más adelante. Por tanto, la asociación de lo visto en el agua con un monstruo y con el kelpie eran ambas creaciones fantasiosas del corresponsal anónimo.

Diez días después de la sensacional noticia del 2 de mayo, John Macdonald, el capitán de un barco de vapor que había hecho más de veinte mil viajes arriba y abajo del lago durante cincuenta años, declaró al *Inverness Courier* que era la primera noticia para él que allí hubiera un monstruo. Dijo que la visión informada por el matrimonio Mackay era un espectáculo co-

1. Rupert Gould. *The Loch Ness Monster and Others,* p. 39.

rriente en el lago: el chapoteo de salmones saltando en el agua. Un artículo de prensa sugirió que las olas podían deberse a pequeños terremotos a lo largo de la falla que se extiende a lo largo del lago, una de las más importantes de las islas británicas. Otra explicación ofrecida fue el efecto seiche, que consiste en que en un lago tan alargado como el Ness se acumula el agua en un extremo y oscila de un lado a otro con una frecuencia de 31 minutos.[2] Además, dos años antes del suceso se había instalado un remolcador bautizado como Scot II, y algunas observaciones extrañas se achacaron al oleaje que este formaba en el lago. De hecho, la noticia del periódico decía que las olas causadas por el monstruo parecían las de una lancha. Pero también se ha sugerido que Aldie Mackay podría haber sido proclive a interpretar cualquier fenómeno como un monstruo, pues muchos años después concedió entrevistas en las que confesó que la primera expresión que gritó a su marido para que parara el coche fue: «¡Para, bestia!». Si no se refería a su marido, es que en su mente se encontraba ya la idea de una bestia en el lago.

ALEX CAMPBELL, EL CORRESPONSAL QUE INVENTÓ AL MONSTRUO

La noticia del *Inverness Courier* del 2 de mayo de 1933 sobre un monstruo en el lago Ness iba firmada por «un corresponsal», sin firma. Pues bien, el autor fue Alex Campbell, quien se revelaría como la fuente fundamental en la generación de la leyenda. Se ha dicho siempre que cuando el editor del *Courier* leyó la crónica de Campbell dijo: «Bueno, si es tan grande como Campbell dice que es no lo podemos llamar solo criatura: debe ser un verdadero monstruo». Pero Campbell declararía 42 años más tarde a un periódico: «Yo lo he visto dieciocho veces, yo soy el hombre que acuñó la palabra monstruo para la criatura».[3] Estaba orgulloso el hombre. Según el escéptico Ronald Binns, hay evidencias suficientes para afirmar que, antes incluso del caso Mackey, Campbell estaba profundamente comprometido con la creencia de

2. Hoyland, 2018, p. 191.
3. Binns, 1984, p. 11.

que el lago Ness era el hogar de un monstruo, y que él pudo haber sido también el corresponsal anónimo que dio la noticia de que tres pescadores vieron en 1930 una gran agitación en el agua. No olvidemos que Campbell puso todo su empeño por hacer recordar aquella noticia a los lectores.

Pero Campbell no solo había hecho una brillante creación del monstruo en su primera noticia, sino que además se destapó como un experimentado observador de la criatura. Cuando en octubre de 1933 el monstruo saltó a ser noticia nacional en el Reino Unido, un periodista del periódico *The Scotsman* encontró a una persona anónima que le dijo que no había creído en el monstruo hasta que vio un ejemplar salir del agua a menos de 10 m delante de él, y lo describió como un plesiosaurio de unos 10 m de largo. Adivinen quién era la persona anónima. ¡Exacto! Alex Campbell, que se hacía pasar por un antiguo escéptico, cuando la realidad era que había sido el principal promotor del monstruo del lago. Enterada la empresa en la que trabajaba de que estaba haciendo una activa labor de promoción de una criatura fantástica, tuvo que retractarse de sus palabras, diciendo luego que lo que vio no fueron más que unos cormoranes apareciendo entre la niebla. Sin embargo, con los años revelaría hasta 18 nuevas experiencias de visión del monstruo con forma de plesiosaurio, todas igual de sorprendentes que la primera. Además, fruto de su labor de rastreo de personas que hubieran visto al monstruo antes de 1933, acabó por encontrar hasta 82 testigos. Alex Campbell se convirtió en los años sesenta en una celebridad por sus apariciones en la radio y en la televisión narrando sus experiencias.

Ronald Binns ha señalado varias coincidencias curiosas en las observaciones de Campbell: su extraordinaria frecuencia, la cercanía del monstruo, y lo detallado y extraordinario de sus descripciones (como oír la respiración del animal). Daniel Loxton ha comentado que la importancia de Campbell en la leyenda de Nessie fue central, aunque del drama pasó enseguida a la farsa. Haber admitido que su primer caso de observación de un plesiosaurio solo fue una bandada de cormoranes, y tener al año siguiente una observación idéntica a la primera lleva a Loxton a comentar que «lo poco plausible de esta coincidencia parece descalificar el testimonio de Campbell (y, por extensión, todas las observaciones que siguieron su ejemplo) de cualquier consideración».[4]

Otros estudiosos de este fenómeno han señalado a Campbell como el genuino inventor del monstruo del lago Ness. Gareth Williams, decano de la Facultad de Medicina de la Universidad de Bristol, ha afirmado que Alex Campbell fabricó medio siglo de tradición del monstruo del lago, pues se inventó una noticia, quizá estuvo detrás de otros testimonios anónimos en la prensa y alimentó el mito con sucesivas observaciones propias. La conclusión de Williams es que el monstruo del lago Ness no es una entidad, sino una mezcolanza de confusiones, manipulaciones y fraudes.[5]

Hasta el mes de julio de ese año 1933, pocos habían tomado seriamente la idea del monstruo del lago. Apenas un par de observaciones más de algo extraño se produjeron hasta que en el mes de agosto nace la figura del monstruo con cuello largo, como un plesiosaurio, que hoy conocemos. Vamos a echar una mirada retrospectiva a la cultura científica de la época para ver de dónde surge esta idea.

La fiebre de los dinosaurios como paisaje de fondo

En el capítulo anterior hemos visto que en el siglo XIX las visiones de serpientes marinas se creían supervivencias de una población de reptiles acuáticos gigantes, concretamente plesiosaurios. Y vamos a ver que los dinosaurios desempeñarían un papel muy importante en la historia del monstruo del lago Ness, en combinación con la literatura fantástica. Los comienzos del siglo XX fueron la edad de oro de los descubrimientos paleontológicos y de pasión popular por los dinosaurios. Los monstruos gigantes estaban de moda. En 1905 se inauguraba en el Museo de Histo-

4. Loxton y Prothero, 2013, p. 181.
5. Gareth Williams. *A Monstrous Commotion. The Mysteries of Loch Ness*. Orion Books, 2015.

ria Natural de Nueva York un gran esqueleto de brontosaurio y en Londres se estrenaba una réplica de diplodocus en el Museo de Historia Natural, a la que seguirían réplicas semejantes en otras capitales del mundo.

La literatura fantástica se apegaba, paradójicamente, a los tiempos que corrían, encontrando un filón en los dinosaurios. La idea de que especies prehistóricas del Mesozoico podrían haber sobrevivido a la gran extinción no es original de los criptozoólogos de hoy, como vimos en el capítulo anterior. Además de los naturalistas, varias creaciones fantásticas tratarían sobre la presencia de los dinosaurios en el mundo actual. En 1899 Wardon Allan Curtis había descrito en su relato «The Monster of Lake LaMetrie» una lucha con un elasmosaurio (una especie de plesiosaurio) en un lago conectado con el centro de la Tierra. En 1905 se publicaba la novela de Maurice Renard *Les vacances de M. Dupont,* en la que se narra la eclosión de huevos de dinosaurio preservados por millones de años, como en un adelanto de *Parque Jurásico.* La literatura fantástica se adelantó también a nuestro tiempo en imaginar al científico que viaja a territorios desconocidos para descubrir especies que creía extinguidas. Arthur Conan Doyle narró en 1912 en su famosa novela *The Lost World (El mundo perdido)* las aventuras en selvas remotas de Sudamérica de unos exploradores entre bestias supervivientes de otras eras. La novela fue llevada al cine mudo en 1925, y se dice que con gran éxito. En 1914 y 1915, Edgar Rice Burroughs hace en las novelas *At the Earth's Core* y *Pellucidar* que los hombres se enfrenten a los dinosaurios en el interior de un mundo hueco. En la novela *In Search of the Unknown* (1904), Robert W. Chambers presenta a un personaje que, como un criptozoólogo, descubre animales fantásticos y otros aparentemente extinguidos.

Uno de los varios aventureros-descubridores reales de este tipo fue el alemán Carl Hagenbeck, quien en su autobiografía *Beasts and Men* (1909) relató que en Rodesia le hablaron de un animal «medio elefante medio dragón» que él dedujo que no podía ser más que un dinosaurio. Reencontraremos a Hagenbeck más adelante al hablar del mokele mbembe, que está inspirado en su relato. Un precedente muy interesante del nacimiento del monstruo del lago Ness está en un relato de Hal Grant que se publicó en 1928 en la revista de ciencia ficción *Amazing Stories,* titulado «The Ancient Horror». Un cazador encuentra en un lago de Sudamérica un monstruo, un enorme plesiosaurio, «una antigüedad acuática» procedente de la era mesozoica, que ha sobrevivido oculto en cavernas.[6] Esta idea no era tan nueva, se encontraba ya en la novela *Viaje al centro de la Tierra,* de Verne. Y Bram Stoker, el autor de *Drácula,* en su novela de 1911 *The Lair of the White Worm,* situó en Inglaterra una serpiente monstruosa que habitaba en agujeros de profundidades abismales.

Hay un precedente curioso de la idea del monstruo del lago Ness en una noticia de 1922 relacionada con la exploración científica en busca de animales prehistóricos. Esta procedía de Argentina y por lo bizarro del caso se hizo internacional. El director del zoo de Buenos Aires, el doctor Clemente Onelli, dio a conocer a la prensa la carta que había recibido de un explorador en la que este le hacía partícipe de su observación de un monstruo en un lago de la Patagonia. Ello motivó a Onelli a organizar una expedición en su busca, que explicaré en el capítulo siguiente al tratar del monstruo del lago Nahuel Huapi.

Pero lo que acabó de excitar la imaginación del público alrededor de los grandes monstruos fue *King Kong*. Casi un mes antes de la noticia del *Inverness Courier* sobre un monstruo en el lago Ness, exactamente el 10 de abril de 1933, se había estrenado en Inglaterra la famosa película del gorila gigante King Kong (curiosa coincidencia, cuatro días después del estreno se produjo la observación del matrimonio Mackay). En una secuencia de la película, antes de que el gorila gigante sea capturado y transportado a Nueva York, aparece entre otras bestias prehistóricas un gigantesco monstruo acuático de cuello largo. Veamos cómo influyó esta imagen en los acontecimientos posteriores.

6. Justin Mullis. «Cryptofiction! Science Fiction and the Rise of Cryptozoology.» En Darryl Caterine y John W. Morehead (ed.). *The Paranormal and Popular Culture. A Postmodern Religious Landscape.* Routledge, Londres, 2019.

Emerge el plesiosaurio

El 4 de agosto de ese prodigioso año de 1933 el mismo periódico *Inverness Courier* publicaba una carta de un ciudadano llamado George Spicer que decía haber visto una extraña criatura mientras circulaba en coche con su mujer por la carretera que rodea el lago:

> Vi lo más parecido a un dragón o animal prehistórico que he visto en mi vida. Cruzó la carretera a menos de 50 m delante de mí y parecía transportar un pequeño cordero o animal de alguna clase. Parecía tener un largo cuello que movía arriba y abajo.

Mientras que los testimonios anteriores habían sido de salpicaduras en el agua o de una forma de joroba flotante, Spicer aportaba una observación a corta distancia de un dinosaurio bien definido, semejante a un diplodocus. «Horrible», una «abominación», fueron sus palabras. Lo más curioso es que su descripción repetía con mucha aproximación una escena de la película *King Kong* en la que una bestia tipo diplodocus mueve el largo cuello arriba y abajo al caminar. Spicer no vio las patas del monstruo, que tampoco se ven en la película. Y en esa secuencia aparece un ciervo saltando. No es de extrañar la semejanza entre filme y testimonio, ya que Spicer confesó al investigador Rupert Gould, el primero en entrevistarle, que había visto *King Kong* y que el monstruo que cruzó la carretera delante de él le recordó mucho al diplodocus que aparecía en pantalla. Gould propuso en su libro *The Loch Ness Monster and Others* (1934) que el movimiento ondulante del monstruo descrito por Spicer sugería un grupo de ciervos saltando, con una cría en medio. Dicen que Gould llegó a arrepentirse de haber incluido este testimonio en su libro por las dudas que presentaba.

Según los críticos como Daniel Loxton,[7] este caso está en el origen de la figura de Nessie como un monstruo de cuello largo, lo que nos puede dar una idea de la influencia ejercida por los

7. Loxton y Prothero, 2013.

medios culturales sobre la percepción, la memoria y el testimonio. Una característica que ha hecho dudar sobre la sinceridad o la fiabilidad de las palabras de Spicer es que inicialmente dijo que la criatura que vio medía unos 2 m, pero fue aumentando su tamaño en sucesivas entrevistas hasta los 9 m, y pensó después que el ciervo que había descrito era, en realidad, la cola del monstruo.

En los días siguientes a la publicación de esta noticia se publicaron nuevos testimonios, y Alex Campbell apareció en el otro periódico del que era corresponsal, el *Northern Chronicle,* afirmando exultante: «Mucha gente en el distrito piensa ahora que el "monstruo" es ciertamente una criatura prehistórica, y que puede haber mucha más verdad en la leyenda del "kelpie de agua" de lo que la mayoría de la gente cree».[8]

El periódico nacional *The Scotsman* fue el primer medio que organizó una investigación sobre el caso, encargada a un periodista llamado Philip Stalker. Este quedó impresionado por la primera observación relatada por Alex Campbell. Basándose en el libro que Rupert Gould había escrito tres años antes sobre la gran serpiente marina, *The Case for the Sea Serpent,* Stalker afirmó que el monstruo podría ser una serpiente de mar que había encontrado su camino aguas arriba hasta el lago Ness, y que su forma podía ser la de un plesiosaurio de la era mesozoica. La publicación de una serie de artículos de Stalker en *The Scotsman* a mediados de octubre de 1933 fue clave para que la prensa de Londres tomara en cuenta al monstruo del lago Ness y lo hiciera noticia nacional. No era el primer periódico que había sugerido la posibilidad del plesiosaurio, lo que nos da una clara idea de la influencia que el mito de la gran serpiente marina y su evolución tuvieron en el nacimiento de la leyenda del lago Ness.

En noviembre de ese año 1933 un tal Hugh Gray tomó la primera foto del monstruo. Pero, en realidad, no se ve en ella nada que pueda parecer una criatura viva, y, de hecho, puede ser cualquier cosa. La credibilidad de Gray quedaría en entredicho cuando informó de repetidas observaciones del mons-

---

8. En Binns, *op. cit.,* p. 21.

truo. Suele suceder que a un testigo que consigue fama se le suba a la cabeza.

Y al año siguiente la fotografía sería la carta maestra para la internacionalización del monstruo del lago, pero eso lo veremos más adelante.

RUPERT GOULD, EL AUTOR QUE DIO RESPETABILIDAD AL MONSTRUO

Rupert Gould (1890-1948) fue oficial de la Marina británica, y tras retirarse por razones médicas, fue divulgador científico y escribió libros de distintos temas, lo que lo haría popular, sobre todo, por su participación en un programa de radio de la BBC. Gould fue el primero en entrevistar a los testigos del monstruo del lago Ness, en noviembre de 1933, a partir de lo cual publicó el primer libro dedicado a este tema, *The Loch Ness Monster and Others* (1934). Aquí se adelantó a otros muchos autores en el tratamiento del fenómeno, incluyendo un listado de 42 avistamientos del monstruo, que investigó personalmente y que fue la fuente imprescindible de la información posterior sobre el fenómeno. Él había sido también, en 1930, el primero en publicar un libro sobre la gran serpiente marina, *The Case for the Sea Serpent,* desde aquella obra clásica de Oudemans de cuatro décadas atrás. No es de extrañar que la primera hipótesis de Gould para explicar el monstruo del lago Ness fuera la serpiente marina con forma de plesiosaurio. Pero después de que un paleontólogo pusiera en evidencia su ignorancia en materia de fósiles, cambió de opinión y pensó que el monstruo sería un animal hasta entonces desconocido, del estilo de una gran salamandra o tritón, al que atribuyó unas dimensiones exageradas, de 25 m. En su opinión, el monstruo del lago Ness era un ejemplar único, que habría ascendido el río Ness desde el mar. Esta idea, que había tomado del periodista Philip Stalker, sería muy influyente también sobre investigadores posteriores.

La primera exposición de su hipótesis en el *Times* en diciembre de 1933 provocó todo un brote de cartas de los lectores, que agitaron el ambiente. Debido a ello, el periódico *Daily Mail* encargó una investigación sobre el terreno y de ella surgiría la foto de Nessie más conocida de la historia, que veremos a continuación.

Rupert Gould murió en 1948 como un autor casi olvidado. Pero, aunque criticado por ingenuo, dio credibilidad a la idea del monstruo del lago Ness, y esa es una huella que le sobrevivió. Ronald Binns ha afirmado que «sin Rupert Gould, uno sospecha que el monstruo habría tenido una muerte silenciosa en el verano de 1934 y nunca se habría oído más de él».[9]

En el primer artículo extenso sobre el fenómeno del lago Ness que se publicó en la prensa española, *La Vanguardia* informó en la Navidad de 1933 de las conclusiones de Rupert Gould sobre sus investigaciones en la zona del lago. Decía el corresponsal: «De todo lo actuado deduce Mr. Gould que el monstruo existe, que mide su cuerpo de 16 a 18 m de largo por más de 1 metro de diámetro, con piel parecida a la del elefante por su coloración y de apariencia lijosa».[10] Pero el corresponsal tendía a favorecer la opinión del conservador del Real Museo Escocés, Percy Grimshaw, de que el monstruo era un ejemplar joven de beluga, o ballena blanca, que había alcanzado el lago. Se añadía que aquella Navidad de 1933 había millares de turistas que habían aprovechado las vacaciones navideñas para acampar en las riberas del lago Ness, «en expectación de que aparezca en la superficie de las aguas el monstruo anónimo».

La sociedad escocesa acogió con entusiasmo la idea de un monstruo en su vecindad. Cuando en octubre de 1933 el lago Ness se puso de moda, empezaron a organizarse paquetes turísticos por el lago y se notó un aumento del tráfico rodado en la zona. Para diciembre la prensa británica hablaba del monstruo como de una auténtica industria turística escocesa, a lo que se sumaron los *souvenirs* de muñecos y juguetes del monstruo, y un concurso de disfraces. Era la oferta escocesa para competir con los grandes destinos turísticos. La Asociación Escocesa de Viajes tuvo que negar que tuviera nada que ver con la invención del

9. Binns, 1984, p. 26.
10. Juan B. Robert. «El monstruo del Lago Ness.» *La Vanguardia*, 21 de diciembre de 1933.

monstruo. Como dice Loxton: «No había necesidad de ninguna conspiración cuando el buen humor, las expectativas y el simple error humano podían proporcionar combustible suficiente para lanzar el mito del monstruo».[11] Y la cultura popular encontró un tema de disfrute. En 1934 apareció en una película de British Pathé una canción titulada «I'm de monster of Loch Ness» —cantada por Leslie Holmes y que se puede disfrutar en YouTube— en cuya escena hace una breve aparición cómica un muñeco Nessie. Y como es propio de cada fenómeno popular en su apogeo, el monstruo empezó enseguida a servir de reclamo en los anuncios publicitarios. En la calle, una carroza con un gran muñeco del monstruo con el nombre de Sandy participó en un desfile en enero de 1934 escoltado por gaitas escocesas.

Poco después la criatura llegaría a su apogeo con la noticia más sensacional de todas, la foto que dio la vuelta al mundo y quedó para la historia.

Una de las 100 fotos de la historia

El 21 de abril de 1934 el periódico londinense *Daily Mail* publicaba la foto más importante y más influyente de la historia de los monstruos. En realidad, no era gran cosa. Bajo el titular «Foto del monstruo de un cirujano de Londres», se veía algo parecido a un cuello y una pequeña cabeza sobresaliendo del agua. El «cirujano» del título, se supo después, era el ginecólogo Robert Kenneth Wilson, pero él no fue el autor de la foto, sino que se usó su nombre para dar credibilidad a un fraude, y perdón por el *spoiler*. Para entender el origen de la foto, hay que hacer mención a un personaje peculiar en la historia de los monstruos: Marmaduke Wetherell. Con ese nombre no podía defraudar.

11. Loxton y Prothero, 2013, p. 183.

MARMADUKE WETHERELL, EL PILLO TRAS LA CÁMARA EN LA FOTO DEL SIGLO

En diciembre de 1933, debido a la atención popular que habían desper-
tado los artículos y las cartas en la prensa sobre lo que pasaba en el lago
Ness, el periódico *Daily Mail* decidió enviar a la zona a un experto para
que realizara un dictamen sobre las observaciones. Eligió a un director
de películas que se presentaba como experto en caza mayor, llamado
Marmaduke Wetherell. Una vez en el terreno, este no solo afirmó la realidad del fenómeno, sino que, además, encontró una huella de una pisada en la orilla del lago y extrajo un molde de ella (en mi búsqueda en la
prensa de la época, he visto que esta fue la primera noticia que se dio en
España sobre el monstruo, el 21 de diciembre de 1933). Poco después
se supo que la huella había sido hecha con una pata de hipopótamo
disecada, según reveló el Museo Británico. Consecuencia: el *Daily Mail*
despidió a Wetherell por fraude. Décadas después, en 1999, los investigadores David Martin y Alastair Boyd publicaron un libro[12] en el que dieron
a conocer que Wetherell hizo la huella utilizando un cenicero montado
sobre una pata de hipopótamo. Ahora veamos cuál fue la relación entre la
huella del hipopótamo y la más famosa foto de la historia de Nessie.

Durante muchos años la conocida como «foto del cirujano» fue una
de las pruebas más consistentes de la existencia de Nessie, a pesar de
que ya en su momento tuviera explicaciones alternativas a la del monstruo y el propio doctor Wilson le quitara importancia. Decía a quien le
preguntaba que tenía dudas sobre lo que se veía en la foto, y que nunca
había pretendido que representara al monstruo. Pero en 1975 el hijo de
Marmaduke Wetherell, Ian Wetherell, declaró a la prensa que la foto había sido «otro» de los fraudes de su padre. Se había realizado con un
pequeño modelo montado sobre un submarino de juguete, y lo hizo
para engañar al periódico que le había despedido. Después de sacar
varias fotos, Wetherell las reveló y se las hizo llegar al doctor Wilson,
quien las envió a su vez a la prensa.

Por extraño que pueda parecer, esta declaración de Ian Wetherell
pasó bastante desapercibida entonces, a pesar de que todos en el en-

12. David Martin y Alastair Boyd. *Nessie: The Surgeon's Photograph Exposed*, Books for Dillons Only, 1999.

torno del doctor Wilson supieran que la foto era un fraude. Hasta que en 1994 el *London Daily Mail* publicó una noticia que, esta vez sí, causó un enorme impacto en el mundillo. Un individuo llamado Christian Spurling había dicho días antes de morir que él y su padrastro, Marmaduke Wetherell, habían falsificado juntos la «foto del cirujano» con un modelo de cartón y una cabeza hecha de masilla. Spurling modificó un submarino de juguete, le añadió el cuello de cartón y la cabeza, y lo dejó secar durante ocho días; luego viajaron juntos al lago, lanzaron el modelo al agua y tomaron unas fotos. Para no dejar rastro del montaje, Wetherell hundió la maqueta en el agua. Así que, si este relato es cierto, en el fondo del lago se encuentra aún el «verdadero» monstruo del lago Ness.

Ronald Binns ha dicho sobre la foto del cirujano que «fue en este momento cuando el monstruo del lago Ness perdió su respetabilidad y se convirtió en un chiste nacional».[13] Con todo, la foto tal como fue publicada por el *Daily Mail* resultó elegida en 2016 por la revista *Time* como una de las 100 imágenes más influyentes de todos los tiempos.[14] Ahí está, al lado del Che Guevara de Korda, la explosión del Hindemburg, la toma de Iwo Jima o Armstrong dando su primer paso en la Luna. Es, de entre todas ellas, la única que representa a un monstruo (hay otros monstruos en sentido figurado). Quizá sea también la única de las 100 fotos que es un fraude. Pero ahí ha quedado, en la galería de la fama. Hay que reconocer a Marmaduke Wetherell algún mérito.

Cincuenta años después de tomada la «foto del cirujano» apareció en la redacción del *Daily Mail* el negativo original, y así se descubrió que la versión publicada en el periódico era un recorte. En el encuadre original se ve una panorámica muy amplia con la otra costa al fondo, quedando en evidencia por el tamaño de las olas y por el paisaje que el modelo del «monstruo» era muy pequeño. El cuello que se ve sobresalir del agua medía medio metro, ha calculado un crítico como Hoyland, quien termina planteando esta disyuntiva: si el *Daily Mail* poseía el original de la foto, el editor debió darse cuenta inmediatamente de que era

13. Binns, 1984, p. 28.
14. *Time*. «The Most Influential Images of All Time.»

131

un fraude.[15] Esto nos hace pensar en la responsabilidad de la prensa en la creación de ciertos fenómenos sociales. Lo que es evidente es que aquella foto sirvió para sedimentar en la imaginación popular la imagen que se ha hecho clásica de Nessie con figura de plesiosaurio con aletas y cuello largo.

La búsqueda de Nessie

La primera misión de búsqueda del monstruo del lago Ness no se hizo esperar mucho a su aparición pública. El libro de Rupert Gould animó al magnate de los seguros sir Edward Mountain a organizar ya en julio de 1934 una observación sistemática desde su castillo de Beaufort, cercano al lago. Contrató a un grupo de hombres, los dotó de prismáticos y cámaras de fotos, y los situó en puntos de observación en la orilla del lago, mientras él esperaba en su castillo. La observación resultó un éxito increíble. Hubo numerosas observaciones visuales y se tomaron 21 fotos y una filmación. Demasiado éxito. Lo que sucedía era que los ob-

La silueta del monstruo y cómo se manufacturó utilizando una maqueta, según Spurling.

15. Hoyland, 2018, p. 204.

servadores eran desempleados que por observar cobraban dos libras a la semana, más un suplemento de diez guineas por cada foto de Nessie. Lógicamente, era un gran incentivo para observar y fotografiar al monstruo. Las mejores fotos mostraban algo que dejaba una estela en el agua, pero no era más que una barca en movimiento, lo que debió ser evidente para los observadores. La filmación fue proyectada en el encuentro anual de la Sociedad Linneana de Londres, pero no impresionó. La sociedad descartó la posibilidad de que hubiera un reptil prehistórico en el lago, sin definirse por ninguna hipótesis en concreto.[16]

Tras el momento de fama del monstruo del lago Ness en la prensa nacional británica de diciembre de 1933, que recibió 29 noticias, se mantuvo en enero de 1934 con otras 17, pero a continuación el fenómeno decayó y solo se recuperó algo en el mes de agosto siguiente, como toda serpiente de verano que se precie. A continuación, el tema fue declinando poco a poco, y la Segunda Guerra Mundial lo dejó en hibernación durante más de una década.[17]

El monstruo volvió a asomar la cabeza en la prensa británica con el inicio de la década de los sesenta gracias a la publicación de libros populares sobre el tema. Y, a finales de aquella década, la tecnología existente permitía ya iniciar un rastreo del lago mediante equipos técnicos para la detección del supuesto monstruo. En 1969 un grupo llamado Loch Ness Phenomena Investigation Bureau lanzó una operación en la que participó un submarino amarillo llamado Viperfish que parecía el submarino amarillo de los Beatles, y así funcionaba. No obtuvo ningún resultado, pero se explicó por la escasa visibilidad en el lago debido a lo turbio del agua.

El resultado más espectacular fue el obtenido en 1972 por una organización privada estadounidense llamada Academy of Applied Sciences (AAS), fundada por el abogado, inventor y empresario Robert Rines. Este organizó un rastreo del lago por me-

16. Binns, *op. cit.*
17. Henry H. Bauer. «The Loch Ness Monster: Public Perception and the Evidence.» *Cryptozoology*, vol. 1, 1982.

dio de fotografía estroboscópica y sonar, y un día afortunado la cámara subacuática captó algo que se movía a 45 m de profundidad, que quedó plasmado en lo que se conoce como «foto de la aleta». Las conclusiones de su estudio se dieron a conocer en un artículo de Rines con el criptozoólogo y biólogo británico Peter Scott en 1975 en la prestigiosa revista *Nature*.[18] Explicaban que la foto, una vez «mejorada» por ordenador (comillas en el original del artículo), permitía ver una aleta con «forma de diamante» que podría medir 2 m, de manera que el animal sería un reptil que tendría un tamaño de hasta 15 m de largo.

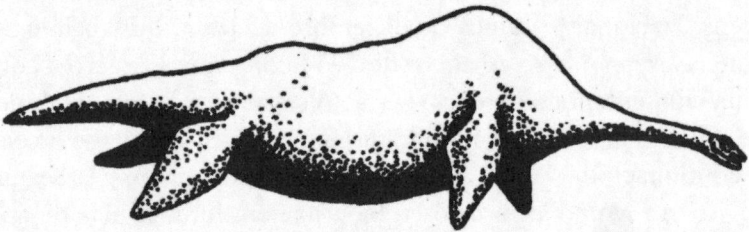

Descripción del *Nessiteras rhombopteryx* según Scott y Rines.

Para los autores del artículo la foto era prueba suficiente para solicitar que se diese al monstruo del lago Ness el nombre científico de *Nessiteras rhombopteryx* (por Ness, monstruo y aleta en forma de diamante). Se apoyaban en la legislación que se había aprobado en el Reino Unido para la protección de especies en peligro, que exigía como requisito para poder dar protección a un animal que este tuviera un nombre científico. La normativa del Código Internacional de Nomenclatura Zoológica exige la descripción del animal a partir de un espécimen, pero contiene una excepción: acepta que el animal pueda ser descrito a partir de fotos. Valiéndose de esta posibilidad, Scott y Rines mostraron como evidencia la mencionada «foto de la aleta», vinculando la

18. Peter Scott y Robert Rines. «Naming the Loch Ness Monster.» *Nature*, vol. 258, 11 de diciembre de 1975. <https://www.nature.com/articles/258466a0.pdf>.

criatura con la gran serpiente marina.[19] El artículo no era de revisión por pares, sino que apareció en la sección de «Comentario y opinión» de *Nature,* pero su publicación indica la apertura de la revista a una afirmación heterodoxa y controvertida como esta.

El asunto del «mejoramiento» de la foto de la aleta por ordenador levantó una polémica entre los mismos investigadores del monstruo, pues se alegó que se veían claramente hasta las marcas de pincel en ella, mientras que Rines solo admitía que había sido retocada por un editor de revista.[20] Los escépticos han pensado que la foto no representa más que un objeto hundido y que solo parece una aleta por el realce de la imagen. Otra foto obtenida por el mismo equipo de la AAS en 1975 fue explicada por la organización como un cuerpo de lo que sería un plesiosaurio, con un cuello alargado y dos apéndices, algo que pocos creen observando la foto, que parece mostrar solo restos vegetales hundidos.

ROY MACKAL, EL CIENTÍFICO QUE AVALÓ AL MONSTRUO DEL LAGO

Roy Mackal (1925-2013), que fue profesor de Microbiología en la Universidad de Chicago, se convirtió en el principal mentor del monstruo del lago Ness en el terreno de la ciencia. Su flechazo con Nessie se produjo cuando visitó el lago en 1965 y conoció a los investigadores del momento. Por entonces su aportación a la investigación fue la creación de nuevos medios de detección y monitoreo, y llegó a convertirse en el director de una organización privada dedicada a esta investigación específica, el Loch Ness Phenomena Investigation Bureau.

Él mismo sería testigo del monstruo cuando en 1970 vio a unos 25 m de distancia el lomo de un animal elevándose 2 m sobre el agua. Más tarde confesó que aquella visión abrió su mente y lo hizo receptivo a

19. Véase artículo en español de Ruiz Noguez: <http://marcianitosverdes.haaan.com/2020/09/las-fotografas-de-1972-de-la-aleta-del-monstruo-del-lago-ness/>.

20. En Loxton y Prothero, 2013, pp. 215-216.

informes de otros animales no identificados.[21] Mackal publicó en 1976 un libro clásico de este fenómeno, *The Monsters of Loch Ness*, el estudio más intensivo sobre la ecología del lago y las posibilidades científicas del monstruo, libro que fue traducido y publicado en España (véase bibliografía). Mackal inicialmente teorizó que había una población variada de grandes fósiles vivientes en el lago Ness, pero luego propuso que Nessie era un zeuglodón, de nombre científico *Basilosaurus* (del griego «reptil rey»), una antigua ballena alargada que se extinguió hace más de 30 millones de años.

Después de este libro, Mackal abandonó la investigación en el lago Ness y se concentró en otra criatura ascendente de la criptozoología: el mokele mbembe, una especie de brontosaurio superviviente, en cuya búsqueda organizó dos expediciones a África, según veremos en el siguiente capítulo. Mackal dedicó a la criatura el libro *A Living Dinosaur? In Search of Mokele Mbembe* (1987).

En 1982 fue miembro fundador y vicepresidente de la International Society of Cryptozoology.

En 1987 tuvo lugar la búsqueda más sistemática de las que se han hecho en el lago Ness: la «Operación DeepScan», organizada por el más persistente investigador de este lago: Adrian Shine. Consistió en un barrido de sonar por 24 barcas al unísono y una exploración con un minisubmarino equipado con cámaras de televisión. Solo se observaron algunos ecos de sonar, probablemente producidos por peces, y se encontró un tronco de árbol en el fondo del lago en el mismo sitio en el que Rines y Scott habían fotografiado el supuesto pinnípedo, lo que venía a explicar lo que se veía en la foto. Shine quedó convencido de que Nessie era simplemente un pez grande.

En 1993 arrancó el «Loch Ness and Morar Project», una investigación científica de la ecología de esos dos lagos, a cargo una vez más de Adrian Shine. Aunque no tenía como fin último encontrar monstruos, el proyecto aportó una base de conoci-

21. Linda Witt. «Monster Hunter Roy Mackal Treks to Africa in Search of the Last of the Dinosaurs.» *The People*, 7 de diciembre de 1981.

mientos útiles para saber si los lagos Ness y Morar podrían albergar no solo a un animal de gran tamaño, sino a toda una población que asegurara su supervivencia. Lo que se descubrió, para nueva decepción de muchos, es que el lago Ness no tiene casi fitoplancton, por lo que carece de recursos suficientes para alimentar más que a pequeños animales.

En una misión organizada por la cadena británica BBC en el año 2002 se utilizó sonar y tecnología de navegación por satélite para acabar de decidir si Nessie existe o no, y no se encontró nada parecido a él en el lago Ness. El equipo concluyó que «la única explicación para la persistencia del mito es que la gente ve lo que quiere ver».[22] Hicieron una prueba de ello ocultando un poste debajo del agua y levantándolo frente a un grupo de turistas, a los que se pidió a continuación que describieran lo que habían visto. Pues bien, algunos dibujaron una cabeza de monstruo.

En el nuevo milenio, con la llegada de Google Earth, se pudo contar con una nueva herramienta para la búsqueda de monstruos en el mar y en los lagos. Las revistas de paraciencias publicaron fotografías tomadas por satélite mostrando formas bajo el agua o en la superficie que se han querido interpretar como monstruos marinos o Nessie, a voluntad del observador. En suma, la creencia —y la querencia— de que un animal prehistórico viva bajo las aguas del lago Ness sigue siendo más poderosa que la razón científica.

El monstruo ante la crítica científica

Como hemos visto, la tradición de la gran serpiente marina introdujo la idea de que Nessie pudiera ser la supervivencia de un plesiosaurio. Como se ha dicho tantas veces: si se han encontrado especies supervivientes como el celacanto o el dragón de Komodo, ¿por qué no se puede encontrar otro animal que hasta ahora se cree extinguido desde la prehistoria? Algunos científicos

22. <http://news.bbc.co.uk/2/hi/science/nature/3096839.stm>.

137

se han mostrado abiertos a esa posibilidad. El popular escritor de ciencia ficción Arthur Clark dijo con humor: «Si quieren mi opinión personal, los lunes, miércoles y viernes creo en Nessie».[23] Pero, por lo general, la crítica científica fue negativa desde el principio. Ya el 22 de diciembre de 1933 W. T. Calman, del Museo de Historia Natural de Londres, criticó en el diario *The Spectator* la hipótesis de Rupert Gould de la existencia de un animal de más de 15 m en el lago Ness, señalando que no era esperable descubrir en los lagos del norte de Europa ninguna nueva especie de tamaño mayor que un organismo microscópico. Para él, la posibilidad de que una serpiente marina pudiera vivir en un lago de agua dulce era «una improbabilidad sobre otra improbabilidad».[24] En la revista *Nature* apareció también en diciembre de 1933 una nota en que James Ritchie descartó «imposibilidades» como el plesiosaurio y la gran serpiente marina, y concluyó con base en la variabilidad de las descripciones sobre el monstruo que solo era un producto de la imaginación fértil de la gente, o bien la observación de diferentes cosas.

Los científicos de nuestros días siguen insistiendo más o menos en lo mismo. Darren Naish[25] ha respondido contra el «paradigma de la supervivencia de la prehistoria» con la siguiente pregunta: «¿Por qué no se han encontrado restos recientes de plesiosaurios, mientras que los lechos marinos son ricos en fósiles de esta especie de más de 65 millones de años de antigüedad?». El paleontólogo Donald Prothero opone también que el plesiosaurio era un reptil que respiraba aire y vivía en aguas tropicales, mientras que los monstruos lacustres conocidos están en latitudes nórdicas (es decir, en las culturas del norte desarrollado, y este apunte es mío), cuyas aguas frías no permitirían la vida de un reptil de tal tamaño. También apuntan los escépticos que el lago Ness se creó hace solo 10.000 años al descongelarse el glaciar que ocupaba el valle, al final de la última glaciación, y, por tanto, ningún animal prehistórico pudo haberse criado allí. Pero, ade-

---

23. *Arthur C. Clark's Misterious World*. Collins, Londres, 1985, p. 115.
24. En Binns, 1984, p. 30.
25. Naish, 2016.

más, hay objeciones a la morfología que se atribuye al monstruo del lago Ness. La revista *New Scientist* publicó en 2006 en su sección de «Comentarios y opiniones» un artículo en el que se afirmaba que «la osteología del cuello hace absolutamente seguro que el plesiosaurio no podría levantar la cabeza como un cisne fuera del agua».[26] Además, el plesiosaurio era un animal que respiraba aire, por lo que necesitaría salir a la superficie regularmente, y, por tanto, habría sido visto cada día por la gente de alrededor del lago Ness, que es muy estrecho.

No todos los investigadores creyentes en el monstruo estaban a favor de la idea del plesiosaurio, sin embargo. Peter Costello criticó la obsesión de sus colegas: «¿Por qué continúan, contra toda evidencia en contra, pensando en él como un reptil prehistórico?».[27] Él atribuye las visiones en el lago a un pinnípedo, algo como una foca gigante. Pero Darren Naish piensa que es difícil conciliar esa imagen con la de Nessie, por la sencilla razón de que los pinnípedos son animales que necesitan respirar en la superficie, viven en tierra para cuidar a sus crías y son muy ruidosos, nada que ver con una bestia oculta como la que estamos buscando. Naish aduce contra la hipótesis del pinnípedo de Costello que «representa una especulación de nueva construcción, una innovación sin precedentes en contraste con el resto de la historia evolutiva de su grupo».[28]

Otra propuesta, en este caso del biólogo Roy Mackal, de que el monstruo del lago Ness pudiera ser un cetáceo prehistórico como el zeuglodón *(Basilosaurus)* —inicialmente promovida por Heuvelmans— pretendía sortear la dificultad de que un animal de sangre fría no podría vivir en lagos de latitudes nórdicas. Pero, aparte de que el zeuglodón haya desaparecido del registro fósil en los últimos 35 millones de años, la anatomía que se supone al monstruo del lago Ness no es consistente con aquella especie, como han alegado los paleontólogos escépticos.

---

26. Leslie Noè. «Why the Loch Ness Monster is no Plesiosaur.» *New Scientist,* octubre de 2006.
27. Costello, 1974, p. 19.
28. Naish, 2016, p. 75.

Algunos quieren interpretar al monstruo desde hipótesis diferentes a la supervivencia de un animal del pasado o uno del presente, y la más exótica de ellas es la paranormal. El prolífico escritor Nick Redfern ha criticado la postura exclusivamente zoológica de muchos colegas, señalando que «la criptozoología mayoritaria no desea ver las teorías materialistas puestas en riesgo por el mundo de lo paranormal».[29] Él cree que la evolución del monstruo en la tradición escocesa (los kelpies o espíritus del agua, que vamos a ver más adelante) demuestra su carácter paranormal, es decir, que Nessie es una presencia permanente de lo sobrenatural que ha querido ser ocultada por los investigadores que quieren ver en él solo un plesiosaurio.

Desde el principio se han querido explicar las visiones del monstruo por los objetos flotantes en el lago, que pueden inducir a error. El mismo pionero Rupert Gould se dio cuenta durante su investigación en 1933 de que en el lago Ness flotaban gran cantidad de desechos, algunos producidos por las obras que se habían realizado en la carretera el año anterior, y que había una «atención expectante» del público que podía producir avistamientos erróneos. En el primer libro escéptico que se publicó sobre el monstruo, *The Elusive Monster* (1961), Maurice Burton —del Departamento de Historia Natural del Museo Británico— sostuvo una hipótesis muy personal: que la mayoría de las observaciones en el lago Ness se debían a masas flotantes de vegetación, que al pudrirse formaban gases que hacían que los maderos flotasen.[30] Su hipótesis fue rechazada por otros científicos por falta de base científica. Pero incluso un creyente en la criptozoología como Henry Bauer admitió que muchas de las observaciones que se produjeron en aquellos momentos iniciales pudieron deberse a confusiones de esta naturaleza, y que no era infrecuente confundir un tronco flotante o unas aves con el monstruo.[31]

29. Nick Redfern. *Nessie: Exploring the Supernatural Origins of the Loch Ness Monster*. Llewellyn Publications, Woodbury, 2016, p. 182.

30. Maurice Burton. «The Loch Ness Saga.» *New Scientist*, 24-6-82, 1-7-82 y 8-7, 1982.

31. Henry Bauer. *The Enigma of Loch Ness: Making Sense of a Mystery*. University of Illinois Press, Urbana y Chicago, 1986, p. 7.

Otra perspectiva escéptica, basada en la crítica de los testimonios, ha sido la de Steuart Campbell.[32] La extraordinaria diversidad de las descripciones sobre el monstruo que hacían los testigos podía significar dos cosas: o hay criaturas prehistóricas muy distintas en el lago, algo que parece de todo punto disparatado, o la percepción humana está más condicionada de lo que se cree a concepciones previas sobre lo que se supone que es un monstruo. Naish añade con respecto a esto que «no hay una única y consistente señal biológica que emerja de la masa de datos que se han recopilado».[33] Muchos animales conocidos podrían estar detrás de los testimonios sobre los monstruos lacustres en general: peces gigantes como el siluro, la anguila, el esturión, o focas, ciervos, pájaros de agua, nutrias y otros. Como ha escrito Daniel Loxton: «Nessie es un cajón de sastre para lo que quiera que los testigos encuentran sorprendente cuando miran al lago».[34]

Por otra parte, todos los investigadores reconocen la gran cantidad de fraudes que han rodeado al fenómeno Nessie, alguno bastante divertido. Por ejemplo, en 1972, unos bromistas lanzaron al lago el cuerpo muerto de un elefante marino, provocando la lógica confusión, y en otras ocasiones se han colocado estratégicamente huesos fósiles de plesiosaurio para engañar a los turistas.[35] Las ganas de reírse tomando el pelo a la gente avivan extraordinariamente la imaginación.

Una visión diferente es la del folklorista Michel Meurger, quien ha criticado tanto la visión de los criptozoólogos como la de los escépticos por haberse limitado todos ellos a la discusión sobre los aspectos naturalistas de las narraciones dejando a un lado su contexto histórico y su valor legendario. «Naturaleza desconocida, o naturaleza travestida, la polémica entre creyentes y no creyentes se limita a las ciencias naturales —dice, y

---

32. Steuart Campbell. *The Loch Ness Monster. The Evidence.* Prometheus, Buffalo, 1985.
33. Naish, 2016, p. 85.
34. Loxton y Prothero, *op. cit.*, p. 201.
35. Naish,2016, pp. 71-73.

añade—: Los testimonios orales son evaluados en su simple plano literal, sin que su estatuto simbólico sea jamás tomado en consideración.»[36] De nuevo, en otro artículo añade que ambas posturas, creyentes y escépticas, se ajustan a «un paradigma naturalista que les dispensa de una reflexión sobre el estatuto particular de los materiales documentales de los que disponen», sin atender ni al factor social ni a la significación cultural de los procesos que se ponen en marcha.[37]

Elaborando la tradición escocesa sobre el monstruo

Ante la ausencia de restos materiales de los monstruos modernos, uno de los argumentos principales de los defensores de su realidad es demostrar su presencia a lo largo de la historia, ya que no se puede justificar un animal que aparece de la nada. Para ello han buscado rastros de esa presencia en los registros históricos y en las tradiciones. Se han mencionado en las publicaciones del monstruo una serie de sucesos ocurridos a lo largo de la historia, pero en casi todos los casos se trata de citas apócrifas, simples inventos o malas interpretaciones de la fuente original. Por otra parte, los convencidos sobre el monstruo se han apropiado de narraciones tradicionales sobre criaturas del folklore para adaptarlas al imaginario moderno, creando así una «tradición» del monstruo del lago Ness de la que nunca se había sabido antes. Vamos a conocer sus fundamentos.

San Columba triunfa contra el monstruo

Se dice que el primer antecedente escrito del monstruo del lago Ness fue su encontronazo con el poderoso monje irlandés san

---

36. Meurger, 1997, p. 249.
37. Michel Meurger. «Arquéologie culturelle du serpent de mer norvégien.» *OVNI-Presence*, n.º 49, 1992.

142

Columba de Iona,[38] evangelizador de Escocia, nada menos que en el siglo VI de nuestra era. En la hagiografía de san Columba escrita por el monje Adamnan, titulada *Vita Sancti Columbae,* se relata que cuando este héroe espiritual quiso cruzar el río Ness vio que la gente local estaba enterrando a un infortunado individuo al que había matado un monstruo acuático mientras nadaba. Cuando otro hombre cruzaba el río para recoger un cable, el monstruo apareció de nuevo y se dirigió hacia él con las fauces abiertas. Viéndolo el hombre santo, «dio una orden al feroz monstruo diciendo "No avances más ni toques al hombre. Vuélvete inmediatamente". Oyendo estas palabras del santo el monstruo quedó horrorizado y huyó...».[39]

Cuando los escritores sobre criptozoología asocian este relato al actual monstruo del lago Ness quieren ignorar un pequeño error de ubicación del acontecimiento, porque Adamnan lo sitúa en el río Ness y no en el lago Ness, pero eso es lo de menos. El problema está en buscar una explicación zoológica de ese monstruo desde una mentalidad moderna naturalista. El prestigioso arqueólogo británico Osbert Guy Stanhope Crawford fue el primero, en 1934, en encontrar una relación entre este relato y el monstruo del lago Ness.[40] Crawford hizo una valoración de tipo naturalista sobre el relato, sugiriendo que tanto en el encuentro de Columba como en las visiones modernas en el lago Ness se trataba de confusiones con troncos de árboles. Pues desde esa interpretación de Stanhope no hay libro del tema que no empiece su historia por el enfrentamiento del santo con el monstruo del «lago».

Pero antes de elucubrar más creo que es mejor dar un paso atrás y preguntarnos primero sobre qué es esta narración y quién la contó. *Vita Sancti Columbae* fue escrita un siglo después de los supuestos hechos por un monje que quería ensalzar la figura del evangelizador Columba basándose en lo que ya sería una

38. No confundir con san Columbano, también misionero irlandés, pero que nació veinte años más tarde.
39. En línea: <https://sourcebooks.fordham.edu/basis/columba-e.asp>.
40. Meurger, 1997, p. 139.

tradición oral de leyendas sobre su vida de santidad. Tomar este relato como un hecho histórico es desconocer que estamos ante una hagiografía (vida de santo), no una biografía. La *Vida de San Columba* es un conjunto de parábolas y de hechos prodigiosos cuya intención era agigantar la figura del religioso y mostrar el triunfo del cristianismo sobre la barbarie con el fin de sacar a los pictos del paganismo. Este milagro es solo uno de los 46 que realiza el santo en esta obra. Como los milagros no están en orden cronológico, sino temático, el anterior en la lista, que hace el número 26, se parece mucho al del río Ness. En ese caso Columba hacía frente a un jabalí salvaje, que cae muerto a sus órdenes.[41] El relato del río Ness, por otra parte, sigue un modelo estandarizado para enfatizar el aspecto misional de los hechos de san Columba. Reducir hoy el milagro a un evento ordinario es privar al relato de su sentido de maravilla.[42] Se supone que historias de este tipo no eran para ser tomadas literalmente como hechos.

El de san Columba no es el único relato de la victoria de un santo sobre un monstruo, aunque otros no se hayan tomado tan literalmente. Como ejemplo tenemos la hagiografía de san Patricio. En el siglo V había en Irlanda un culto de las serpientes dedicado a un antiguo dios Sol, pero ahí tenemos que san Patricio, el evangelizador de Irlanda, dispuesto a erradicar el paganismo, arrojó las serpientes al mar, ayudado, además, por una lluvia de meteoritos. Se puede entender todo literalmente si se quiere, o bien interpretarlo como la expulsión de los sacerdotes del antiguo culto y el triunfo del cristianismo sobre la religión pagana.[43] La única diferencia entre el relato de san Columba y el de san Patricio es que de este no se ha creado un monstruo criptozoológico.

41. Charles Thomas. «The "Monster" Episode in Adomnan's Life of St. Columba.» *Cryptozoology,* vol. 7, 1988.

42. Borsje, J. «The monster in the river Ness in Vita Sancti Columbae: A study of a miracle.» *Peritia,* 8, 1994.

43. Cassandra Eason. *Fabulous Creatures, Mythical Monsters, and Animal Power Symbols: A Handbook.* Greenwood Press, Londres, 2008, p. 27.

Los «caballos de agua» escoceses y otras influencias

Seguimos con las presuntas tradiciones del monstruo del lago Ness. En la noticia del *Inverness Courier* de 1933 vimos que Alex Campbell asoció lo visto por el matrimonio Mackay con los kelpies del folklore escocés. No cabe duda de que tuvo éxito en la asociación, porque esta idea ha quedado grabada a fuego en la mente de los escritores como una demostración del origen del monstruo. Luego fue la escritora Constance Whyte la que creó el concepto de «tradición del monstruo» en su libro *More Than a Legend: The Story of Loch Ness Monster* (1957), escribiendo sobre las creencias en kelpies de los pueblos de Escocia, llenas de tabúes y presagios, como la que decía que si se hacía daño a un kelpie la mitad de la ciudad de Inverness ardería en el fuego y la otra mitad yacería inundada.

El folklorista Michel Meurger sostiene que antes del artículo de prensa del 2 de mayo de 1933, que dio origen al fenómeno del monstruo, no existía ninguna tradición local en el lago Ness sobre una criatura desconocida.[44] Fue Alex Campbell quien asoció la observación del matrimonio Mackay a la tradición gaélica del kelpie. En Escocia se encuentra una variedad de mitos y leyendas sobre caballos de agua y unos seres acuáticos multiformes llamados genéricamente kelpies, que abarcaban una multitud de manifestaciones y eran capaces de metamorfosearse de diferentes formas, algunas demoníacas. Lo que parece decirnos este «superpoder» de la metamorfosis es que bajo el término kelpie se han agrupado una serie heterogénea de representaciones, unas monstruosas, otras sobrenaturales y otras que se parecen a narraciones de seres del folklore céltico, como las hadas.

¿Qué decir de todo esto? Pues que resulta muy forzado atribuir a la figura moderna del monstruo del lago Ness una genealogía basada en relatos míticos y leyendas, todo muy fuera de contexto. Además, las criaturas del folklore escocés son comunes a distintas zonas, y ninguna de ellas se parece a ese plesiosaurio

---

44. Miguel Meurger. «Les monstres lacustres. Enquêtes sur des témoignages contemporains.» *La Gazette Fortéenne,* vol. II, 2003.

moderno. De hecho, no se ha conseguido demostrar ninguna tradición de seres que sea específica y única del lago Ness.

El factor sociológico y cultural

Si uno mira la evolución de las observaciones del monstruo del lago Ness a través de los listados recopilados por sus investigadores, puede extraer algunas conclusiones de orden sociológico. En el anexo al libro de Roy Mackal hay un dato clave, y es el número de observaciones que se han registrado datadas con fecha anterior al caso inaugural del 14 de abril de 1933: solo 17, y casi todas obtenidas a partir de esta fecha, es decir, contadas de manera retrospectiva muchos años después de que sucedieran. Las características de esos avistamientos previos son de lo más diverso, desde episodios de tipo legendario a anécdotas casuales, muchas de ellas explicadas por el propio Roy Mackal como confusiones con embarcaciones volcadas o troncos flotantes. Y de las 251 observaciones totales que Mackal registró hasta 1969, una quinta parte (50 casos) se produjeron entre mayo y diciembre de 1933, y 38 el año siguiente,[45] en plena efervescencia mediática del fenómeno, lo que parece indicar una respuesta de contagio social por la amplia difusión del asunto en la prensa. Una evaluación más reciente es la de Roland Watson, que ha recogido hasta 32 casos anteriores al inaugural de 1933, pero como suele suceder, no se discrimina según la fecha en que se dio a conocer cada noticia, que es algo fundamental para entenderla en su contexto. Si nos fijamos en este detalle veremos que 22 de los 32 casos fueron conocidos después de 1933, y por tanto están necesariamente «contaminados» por la leyenda, y de los 10 restantes apenas existe alguno cuyos datos puedan ser verificables y representen un fenómeno realmente extraño.[46] Un ejemplo bastará.

En 1852 el *Inverness Courier* dio la noticia de que un grupo de gente se enfrentó a dos «serpientes marinas» que se dirigían

45. Mackal, 1979, *op. cit.* Apéndice A.
46. <http://www.strangehistory.net/2014/02/02/15035/>.

hacia ellos, lo que el periódico relacionó con la mitología de los kelpies, igual que hizo Campbell en 1933. Pero el suceso era menos extraordinario que eso. La gente confundió con kelpies a unos ponis que nadaban en el lago. Y un dato importante: el periódico no hizo referencia a creencias en la zona sobre ningún monstruo. Por otra parte, como ha apuntado Ronald Binns, es destacable que el *Inverness Courier*, que se distinguió por dar la primera noticia del monstruo, había difundido a lo largo del siglo XIX las novedades sobre la gran serpiente marina, especialmente las relacionadas con Escocia, y por tanto es lógico pensar que no habría omitido una noticia sobre un monstruo en un lago escocés. Y eso nunca se dio. Igualmente destaca Binns que ninguno de los intelectuales que visitaron la zona y escribieron sobre Escocia a lo largo del siglo XIX hizo mención alguna a una tradición sobre un monstruo en el lago Ness.

Cuando no se encuentra una evidencia clara de visiones en el pasado se recurre a un argumento que se ha hecho tópico: que no se pudo ver al monstruo antes de 1933 porque el lago Ness era una zona remota y hasta el año anterior al caso Mackay no se había construido la primera carretera de acceso. Este es un malentendido bastante generalizado. Lo cierto es que las obras de la carretera en 1932 fueron de mejora de los accesos al lago, pero ya a finales del siglo XVIII había una carretera alrededor de la ribera norte, y desde entonces la zona del lago Ness fue frecuentada por la nobleza y la clase media como punto vacacional. Y, sin embargo, ningún visitante vio un monstruo, o al menos nadie dejó un testimonio creíble de ello.

Para entender cómo se generó el fenómeno Loch Ness es importante valorar el importante papel que desempeñó la prensa en la creación del monstruo y su mantenimiento. Los periódicos británicos habían multiplicado por tres o cuatro sus lectores en las tres últimas décadas y, por influencia de la prensa norteamericana, competían por el mercado con un mayor despliegue visual y un tratamiento más sensacionalista de los titulares. Cuando captaron el potencial del monstruo del lago Ness, corrieron a ver quién tenía la noticia más espectacular. En vez de hablar de un gran pez, que no era nada llamativo en el país del *fish and chips,* se prefirió el término *monstruo,* que a su gran tamaño añadía una carga de significados como «maligno» o «peligroso». ¡Quién no se iba a dejar cautivar por un monstruo!

El monstruo del lago Ness cuajó como ninguno en la cultura popular de su época, y se alarga hasta la nuestra. Aprovechando la excitación creada en 1933 por la película *King Kong*, el cine aprovechó el tirón popular del monstruo escocés para filmar la primera película sobre él. Inspirados los productores por el libro de Rupert Gould, se estrenó en 1934 *The Secret of the Loch*. Era un melodrama en el que un profesor intenta convencer a los científicos de la existencia en el lago de un diplodocus que ha sobrevivido desde la prehistoria, pero todos le toman por loco. Al final, consiguen ver al monstruo (la escena fue hecha con una iguana de verdad) y el profesor queda reivindicado. La película era malilla y pasó totalmente desapercibida.

La Segunda Guerra Mundial hizo desaparecer de los medios a Nessie, pero en los años cincuenta —sin duda, por influencia de la psicosis de la Guerra Fría con la amenaza de «la bomba» y el clima de paranoia consiguiente— los monstruos iban a representar las angustias de la época. En 1954 se estrenaron dos películas fundamentales sobre monstruos: *Creature from the Black Lagoon* (titulada en España *La mujer y el monstruo*) y *Godzila*. La primera representaba a un monstruo humanoide tipo lagarto que es presentado como un ser superviviente del pasado de la Tierra que vive en un lugar remoto de la selva amazónica. Godzila, en cambio, era como un tiranosaurio y simbolizaba los peligros de la ciencia sobre la humanidad, ya que era un producto degenerado de la radiación atómica. Así pues, dos monstruos supervivientes de otras eras. Cómo no iba esto a influir en la percepción sobre los monstruos «reales».

El monstruo del lago Ness aparecería en la película *La vida privada de Sherlock Holmes*, dirigida en 1969 por Billy Wilder. En la escena consiguiente, descubren que el monstruo es un señuelo para ocultar un submarino espía (no era muy original; la idea ya había sido usada en la serie de televisión *Viaje al fondo del mar*). Para la escena del monstruo, para ser realizada en el propio lago Ness, Billy Wilder mandó construir una maqueta de 9 m de envergadura que tenía que ser arrastrada por un pequeño submarino. Pero a Wilder no le gustaron las aletas que le habían hecho y mandó quitarlas. Mala idea, porque estas eran las que hacían flotar al ingenio, con el resultado de que el monstruo se hundió, y ahí se quedó, en el fondo del lago. Se construyó otro, pero, finalmente, la escena fue filmada en una piscina. En 2016 un vehículo de exploración automática del Loch Ness & Morar Project registró en el fondo del lago la imagen de sonar de algo con una forma de cuello largo. Sí, era el monstruo del lago Ness, pero el que fue construido para la película de 1969.

La década de los setenta —sobre todo, la segunda mitad— conoció la explosión de publicaciones sobre Nessie, con nada menos que 25 libros dedicados a la criatura, lo cual tuvo su efecto igualmente en la prensa. Luego, el número de libros fue descendiendo: 14 en los años ochenta, 4 en los noventa y 5 en la primera década de los 2000. Pero en la década 2011-2020 se han publicado 16 libros,[47] un repunte que más que suponer un resurgir del interés por el fenómeno Nessie podría reflejar solo la mayor disponibilidad de opciones para publicar —y autopublicar— gracias al progreso de la técnica y a la proliferación de pequeñas editoriales. A pesar de esta profusión de publicaciones, la realidad parece indicar un progresivo declive de la creencia y del interés en el monstruo del lago Ness, aunque aún es pronto para confirmarlo. Aunque en el siglo XXI este misterio parece haber perdido atractivo al lado de nuevos fenómenos, lo importante es que siguen apareciendo libros, tanto de investigación como de ficción, y Nessie sigue acudiendo fielmente a la cita con los lectores.

Tal vez, como ha aventurado el periodista Luis Alfonso Gámez, en las últimas décadas está disminuyendo el interés por el monstruo del lago Ness igual que sucede con los ovnis. Esto parece traducirse en el número de observaciones del monstruo. Mientras que en el año 2000 hubo una docena de casos, en los siguientes años solo se han contabilizado una media de cuatro al año.[48] En 2007, con motivo de un festival de música llamado

---

47. Fuente: <http://lochnessmystery.blogspot.com/2012/03/books-on-loch-ness-monster_13.html.>

48. <https://magonia.com/2014/07/30/ha-muerto-nessie/>.

Rock Ness, se ofreció un millón de libras esterlinas a quien fuera capaz de cazar al monstruo. Está claro que los que ofrecían tal incentivo no creían mucho en la realidad del monstruo.

Desde que se destapó el fraude de «la foto del cirujano» en los años noventa, la presencia pública de Nessie ha ido decreciendo. Sin embargo, internet ha favorecido que haya más documentación que nunca a disposición de los interesados, como los sitios web *Tony Harmsworth's Loch Ness Information Website* y *Loch Ness Monster,* que se define por defender al monstruo «de la actual marea de detractores y de escepticismo». Según esta última fuente, existen 12 páginas web dedicadas en exclusiva al monstruo del lago Ness, prueba de que este sigue siendo, a pesar de todo, el rey de los monstruos acuáticos.

En el año 2013, al cumplirse 80 años de la noticia que creó al monstruo del lago Ness, los periódicos lanzaron artículos conmemorativos, y en algunos se reconocía el papel del turismo como generador de la leyenda. El investigador Charles Paxton reconoció que un buen número de observaciones fueron de propietarios de hoteles de la zona, como el matrimonio Mackay.[49] El Centro de Visitantes de Loch Ness, que se encuentra en la localidad de Drumnadrochit, ofrece cruceros por el lago y toda la parafernalia al caso, y con bastante éxito. Recientemente se ha calculado que el monstruo aporta a la zona del lago Ness unos 50 millones de euros anuales. Nessie puede no ser real, pero su impacto desde luego que lo es.[50]

La verdadera tradición de Nessie

¿Qué nos dice todo lo que hemos visto hasta aquí? Si la primera testigo del monstruo (la señora Mackay) no creía que fuera tal,

---

49. Emma Ayles. «Loch Ness Monster: Is Nessie just a tourist conspiracy?» *BBC,* 14 de marzo de 2013 <https://www.bbc.com/news/uk-scotland-22125981>.

50. <https://www.insidehook.com/daily_brief/travel/how-much-does-loch-ness-monster-boost-scotlands-economy>.

si el autor de la primera información sobre la tradición del monstruo (Campbell) prácticamente se la inventó de la nada, si el testigo de un plesiosaurio (Spicer) y los autores de las primeras fotos y de las huellas de Nessie eran seguramente farsantes o bromistas, ¿qué se puede pensar de los testimonios que siguieron sobre un monstruo de cuello largo como un plesiosaurio? Incluso algunos investigadores de las paraciencias simpatizantes con las anomalías acaban por admitir lo tenue de la evidencia sobre este monstruo, como Jerome Clark, que dice: «Nessie se desdibuja bajo un intenso escrutinio. Algunos informes son completamente extravagantes y zoológicamente insensatos, más como manifestaciones de un universo encantado que de una realidad consensuada».[51]

Como hemos visto —unos testimonios dudosos y otros simplemente fraudulentos, con la contribución de periodistas y autores simpatizantes del misterio—, generaron el prototipo de Nessie como una criatura con aletas y un cuello largo de plesiosaurio, a pesar de que muchos testigos describieran cosas muy distintas o indefinidas. Simplemente se tendió a privilegiar los testimonios o datos más consistentes con la figura clásica del plesiosaurio, que fue heredada de la paleontología, la literatura y el cine. Las afirmaciones y las imágenes de la criptozoología habían sido adelantadas por la fantasía y la ciencia ficción, como ha subrayado Justin Mullis.[52]

La estrategia de los escritores e investigadores para legitimar la existencia histórica de un monstruo en el lago Ness fue buscarle su línea genealógica en las creencias sobre espíritus del agua de la tradición popular escocesa, como los kelpies. Pero la figura de Nessie que cristalizó en la cultura popular no les debe nada a estos, sino que es una mezcla entre la serpiente marina de las leyendas noruegas y la reconstrucción paleontológica de un plesiosaurio. Como afirma Michel Meurger en «Le monstre du loch Ness»,[53] un profundo estudio monográfico sobre los precedentes

51. Clark, 1999, p. 269.
52. Mullis, *op. cit.*
53. Meurger, 1997, p. 252.

culturales del monstruo, pretender encontrar en los relatos tradicionales el antecedente de Nessie es desconocer las innovaciones introducidas en la representación del monstruo por el impacto de la ciencia sobre las mentalidades. Nessie es una nueva representación del mito del monstruo marino, un híbrido cultural que integra lo antiguo y lo nuevo: el folklore escandinavo y el imaginario científico contemporáneo. En base a los descubrimientos paleontológicos, la ciencia ha proporcionado esa respuesta de la supervivencia de un saurio acuático del Mesozoico. Concluye Meurger: «La creencia en Nessi procede así de un dominio en plena expansión, el del Imaginario científico».[54]

Según el discurso de los autores de libros sobre el monstruo del lago Ness, los relatos tradicionales demostrarían una línea filogenética que, partiendo de los dinosaurios, llegaría hasta Nessi pasando por los seres mitológicos y legendarios. La práctica de los autores de libros ha sido «desmitificar» las narraciones del folklore sobre seres sobrenaturales naturalizándolos en criaturas zoológicas dentro de un marco taxonómico. De esa manera, mitos y leyendas se introducen como narraciones factuales mediante una «resignificación» de sus contenidos simbólicos. Relatos tradicionales se convierten en hechos históricos que demostrarían una pretendida línea evolutiva del monstruo. Se ha inventado así una tradición que casa con un discurso paranormal.

Lo que he querido decir hasta aquí es que no basta con explicar todas las observaciones del monstruo con base en confusiones con objetos naturales, alteraciones de la percepción o fraudes. Entender la creación de la leyenda del monstruo es igual de importante, para lo cual es necesario ver el conjunto histórico y cultural. Hoy día, cuando ha pasado casi un siglo desde la aparición del monstruo y sigue sin contarse con pruebas de su realidad, solo unos pocos ciegos de amor por Nessie siguen creyendo que debajo del agua del lago hay una criatura desconocida para la zoología o un superviviente de la Antigüedad. Pero Nessie ya tiene una tradición detrás: es una tradición de testimonios, frau-

54. *Ibid.*, p. 251.

des, libros, películas y una pasión popular y turística por la quimera del lago Ness. Amar al monstruo, esa es la clave de su existencia.

* * *

En esta breve narración es en lo que puedo resumir la historia cultural del monstruo lacustre más famoso del mundo. Pero Nessie no es la única criatura de agua dulce, ni siquiera en Escocia, donde se han estimado en más de treinta los lagos que podrían estar habitados. El fenómeno popular del monstruo lacustre se expandió rápidamente desde Escocia a otras partes del mundo, de manera que hoy día casi cualquier lago que se precie necesita afirmar su identidad cultural con un monstruo residente que le ponga cara (si es simpática, mejor). Vamos a visitar algunos de los especímenes más conocidos en el siguiente capítulo, e intentaremos sacar algunas conclusiones de conjunto.

Capítulo 5

MONSTRUOS LACUSTRES Y DINOSAURIOS REDIVIVOS

INVENTANDO AL PLESIOSAURIO Y AL BRONTOSAURIO

> Mientras [los monstruos lacustres] sigan libres en nuestro mundo menguante y en desintegración, la naturaleza retendrá algo de su viejo misterio, y recordará al hombre que no es aún dueño de todo el conocimiento.
>
> PETER COSTELLO. *In Search of Lake Monsters*[1]

Los monstruos son huéspedes históricos y mitológicos de ríos y lagos en todo el mundo, pero de manera muy especial en las regiones del norte, como Escandinavia (sobre todo, Noruega) y Norteamérica. En los últimos tiempos ha llamado la atención el número creciente de lagos en los que se dice que existen monstruos, o más específicamente «el monstruo», que se consolida como la bestia doméstica y la «imagen de marca turística» de ese lugar (Nessie, Champ, Ogopogo, Nahuelito, etcétera). Hay que hacer la reserva de que algunos de los lagos con una más larga tradición monstruosa deben su fama a dudosas noticias de la prensa poco fiable del siglo XIX, llena de relatos de frontera plagados de bromas y fraudes. Pero en los últimos cincuenta años, desde la proliferación de las paraciencias, se ha visto una auténtica hiperinflación de monstruos de agua dulce. Si en 1980 Janet

---

1. Costello, 1974, p. 327.

y Colin Bord listaron 300 lagos en el mundo con bicho dentro,[2] Radford y Nickell han calculado que entre 1997 y 2003 esa cifra se multiplicó por tres,[3] y Loren Coleman estima más recientemente que hay más de mil lagos infestados de monstruos.[4] En este tema no peligra la biodiversidad.

Los monstruos de los lagos de Norteamérica son deudores de las tradiciones indias sobre espíritus del agua. Los indígenas americanos creían en una gran variedad de monstruos y espíritus que habitaban en lagos y ríos. El folklorista Albert S. Gatschet[5] recogió a finales del siglo XIX mitos indígenas sobre monstruos de los lagos, y en esos relatos quedaba patente el temor que algunas tribus sentían ante espíritus malignos sumergidos en sus aguas. Por ejemplo, los indios potawuatomi tenían tanto miedo al lago Manitou que ni siquiera pescaban en sus orillas. Los espíritus del agua eran descritos de maneras muy diversas, como serpientes o con formas indefinidas. Los indios creek creían en una serpiente con cuernos, a la cual era posible cazar atrayéndola mediante el canto. Cuenta Gatschet que también creían en seres acuáticos benignos, de tamaño diminuto, como hadas, o bien como sirenas que atraían con su canto. En muchos relatos se dan rasgos comunes con otras mitologías, como el rapto de niños por el monstruo.

Cuando los colonos blancos se hicieron con los territorios del estado de Wisconsin antes habitados por los indios ho-chuk, adoptaron la creencia de estos en un ser medio humano medio pez al que llamaban Winnegozho, que los colonos abreviaron en Bozho. En la década de 1860 una pareja que remaba en una barca fue atacada por un animal desconocido, y un cartero llamado Billy Dunn vio una criatura gigante de largo cuello. Este parece que se lo contó a tanta gente que el monstruo fue conocido como la «serpiente marina de Billy Dunn».[6] Esto significa que la leyen-

---

2. Bord y Bord, 1980, Apéndice 2, pp. 199-204.
3. Radford y Nickell, 2006.
4. Prólogo de Loren Coleman a Radford y Nickell, *op. cit.*
5. Albert S. Gatschet. «Water-Monsters of American Aborigines.» *The Journal of American Folklore*, vol. 12, n.º 47, octubre-diciembre de 1899.
6. Linda Godfrey. *American Monsters.* Tarcher, 2014.

da de la gran serpiente de mar impregnaba por entonces cualquier creencia sobre monstruos de las aguas, aunque fuera en lagos.

Todo esto se encuentra en el fundamento histórico de los relatos modernos sobre monstruos acuáticos de Norteamérica, pero algo parecido podríamos decir de otras tradiciones. Vamos a visitar algunos de los cuerpos de agua dulce más renombrados buscando la creación de las leyendas de sus monstruos residentes, explorando los inicios de esas tradiciones, removiendo las aguas turbias del fraude y del invento donde lo hay. Empezaremos por el monstruo con una tradición más cercana culturalmente a nosotros: el del lago Nahuel Huapi, en Argentina. Tomaremos otros lagos de países del norte como ejemplos de construcción del monstruo lacustre en la cultura popular, y después repasaremos la trayectoria de generación del dinosaurio más famoso de la criptozoología, el mokele mbembe, vinculado también con un lago, en este caso del centro de África.

Nahuelito, el monstruo patagónico

Argentina tiene su propia leyenda de fama internacional: el monstruo del lago Nahuel Huapi, en la Patagonia. Su historia comienza en 1922 con una carta recibida por el director del Jardín Zoológico de Buenos Aires, Clemente Onelli, en la que un aventurero llamado Martin Sheffield le informaba sobre lo que había visto en un lago de la Patagonia. Onelli decía conocer a Shefield desde 1898 o 1899, y que este era un *sheriff* norteamericano que había llegado al país persiguiendo a los famosos forajidos Butch Cassidy y Sundance Kid, cuyo periplo argentino forma parte del legendario del salvaje Oeste. Pero la fecha o la información eran dudosas, porque aquellos bandoleros huyeron a Argentina en 1901. Lo cierto es que en 1922 Sheffield trabajaba como buscador de oro y ganadero en la Patagonia. Pues bien, decía la carta de Sheffield que había podido observar en medio de un lago, del que no daba el nombre, a un animal enorme de una especie desconocida, con la cabeza parecida a «un cisne de formas descomunales», pero que por su movimiento en el agua le hacía suponer como un cocodrilo. El objetivo declarado de la carta de Sheffield era conseguir el apoyo material para una expedición en busca del monstruo.

CLEMENTE ONELLI Y EL MONSTRUO DEL SUR

Cuando Martin Sheffield decidió enviar su carta a Clemente Onelli sabía que era el destinatario adecuado, porque Onelli, antes de dirigir el zoológico de Buenos Aires, había sido un experimentado explorador de la Patagonia y en 1897 había recogido testimonios de distintos monstruos en los lagos del sur del país. Uno de ellos procedía de un campesino según el cual se oían por la noche extraños ruidos en un lago, como de un carro arrastrado sobre los guijarros de la orilla, y en las noches de luna se podía ver un animal enorme con un cuello largo destacando sobre el agua. En 1907 Onelli supo que un ingeniero noruego llamado Vaag había encontrado los restos de un animal muy grande y unas huellas, que Onelli pensó que podían ser de un plesiosaurio. No es de extrañar que este tipo de ideas granjeasen a Onelli fama de personaje excéntrico.

En vez de manejar el asunto privadamente, Onelli dio a conocer a la prensa la carta de Sheffield, y a partir de ahí los principales periódicos se pusieron a especular sobre la naturaleza del animal. Onelli decidió organizar una expedición a la Patagonia en busca del monstruo, que sería financiada por suscripción popular y liderada por el geógrafo Emilio Frey, a la que se sumarían dos cazadores armados y un taxidermista: este porque Onelli sugirió que el animal podría ser embalsamado, aunque se prefería cazar al monstruo a lazo.

¿Creyó realmente Onelli en el monstruo de la Patagonia? Sí y no. Él pensaba que el animal misterioso podía ser un glyptodón, un animal extinto del Pleistoceno, una versión gigante del armadillo que medía 3 m de largo, y creía que enviando una expedición podría encontrarse una colonia superviviente de gliptodontes en los lagos patagónicos. Para explicar el revuelo del plesiosaurio hay que entender la mentalidad con la que Onelli enfocó el asunto. Hacer correr la noticia de que se había encontrado un plesiosaurio era una jugada estratégica para conseguir financiación. Solo algo maravilloso como encontrar un gigante de la prehistoria podía conseguirlo. Como él mismo dijo: «Tomar de frente a la opinión pública era demostrar poco sentido práctico y enfriar los entusiasmos».[7] Así que decidió «tomar el camino intermedio», mencionando el término *plesiosaurio* en vez de *milodón*. Por otro lado, su correspondencia privada dejaba clara su otra verdadera intención al organizar la expedición: que el Gobierno argentino mirara hacia el sur del país, se diera a conocer la querida Patagonia de sus exploraciones de juventud y aquel territorio pudiera desarrollarse. En una carta escribió: «Vea, che... también puede ser que me haya sido forzoso, para que se realice este nuevo reconocimiento, recurrir al extremo que supone la historia del plesiosauro, sin cuya quimera no tendríamos expediciones ni nada».[8]

Como indica el historiador argentino de las paraciencias Fernando Soto Roland, la descripción que hizo la prensa del monstruo con «cuello de cisne» fue el catalizador para dirigir la atención popular hacia un plesiosaurio. El periódico *La Nación* del 6 de abril de 1922 publicó un dibujo imaginativo sobre la bestia con esa forma de animal prehistórico de cuello largo. «Fueron los periódicos los primeros en hablar de un plesiosaurio y plantar esa idea en el imaginario de la gente»,[9] dice Soto.

Pusieron tan de moda al saurio prehistórico que lo convirtieron en un objeto de consumo popular. Ese año se compuso un tango titulado «El plesiosaurio» (y poco después otro del mismo título), aparecieron unos cigarrillos marca Plesiosaurio y un popular café de Buenos Aires cambió su nombre a El Plesiosaurio.

7. Eduardo Tonni, Mariano Bond y Ricardo Pasquali. «El monstruo, el noble, el *sheriff* y la curiosa historia de una expedición a los lagos del sur.» *Museo*, vol. 3, n.º 18.

8. En Luis Ruiz Roguez. «El monstruo del loch Ness. Los primos de Nessie» (20). <http://marcianitosverdes.haaan.com/2008/06/el-monstruo-del-loch-ness-los-primos-de-nessie-20/>.

9. «Jorobas, cuellos largos y fantasías. La leyenda de "Nahuelito", la bestia lacustre del lago Nahuel Huapi.» <https://independent.academia.edu/FernandoJorgeSotoRoland>.

El monstruo era la comidilla en todos los medios. La cosa llegó hasta la política, pues se incorporó el plesiosaurio como emblema de la derecha en la campaña para las elecciones presidenciales de 1922.

Dibujo basado en el artículo de *La Nación* del 6 de abril de 1922.

La posibilidad de que se cazara al animal levantó un revuelo mediático en Argentina. El presidente de la Sociedad Protectora de Animales solicitó al Ministerio del Interior que se rebocase la autorización a la expedición, ya que la ley prohibía cazar animales exóticos, y el gobernador de Chubut firmó una resolución que prohibía hacer daño al animal. Estos nobles esfuerzos proporcionaron diversión adicional a los observadores internacionales, escépticos de todo este espectáculo.

Los expedicionarios salieron el 22 de marzo de 1922 hacia la provincia de Chubut, pero antes, para despistar a los posibles competidores de la expedición en la búsqueda del monstruo, se había dejado caer la falsa noticia de que el animal había sido visto en la laguna de Esquel. Cuando la expedición llega a la ciudad de Bariloche no se pueden imaginar lo que les espera. Son recibidos por un desfile de disfraces y una carroza de carnaval portando la figura tosca de un gran plesiosaurio. Como suele suceder cuando un tema extraño se hace famoso, alguien toma la idea y la convierte en un éxito empresarial. El empresario era Primo Capraro, que no solo se convirtió en el personaje más importante de Bariloche, sino que estaba, además, bien situado para difundir la nueva leyenda como corresponsal que era de varios medios de prensa. Inspirado en la expedición de Onelli, se le había ocurrido la feliz idea de fabricar una carroza carnavalera con un monstruo de madera y arpillera para festejar la llegada de la expedición. Gustó tanto que el monstruo desfiló en el carnaval de 1923 y en años sucesivos. Una mujer que era niña por entonces contó a los periodistas sesenta años después: «Fue el carnaval de los carnavales para los que fuimos chicos en aquella época. Don Primo, montado sobre un caballo y disfrazado de Martín Fierro...»[10] (el gaucho literario). Fue de esta divertida manera como Bariloche quedó vinculado al monstruo. Por un capricho de la mercadotecnia, la criatura cambiaría su residencia. Ya no estaría en Chubut, sino en un sitio más conveniente, el muy turístico lago Nahuel Huapi, que baña Bariloche. Pero no adelantemos acontecimientos.

Cuando los expedicionarios alcanzan el lugar donde Sheffield había visto al monstruo, resulta que no es más que una pequeña laguna de 300 m de diámetro y 5 m de profundidad, conocida como Laguna Negra. «Hoy en día nadie conoce a la lagunita por ese nombre, sino con otro mucho más explícito: la Laguna del Plesiosaurio (valle del río Epuyén, provincia de Chubut) en honor a la bizarra aventura que iniciara Onelli»,[11] añade Soto. Asentados en la laguna, se establecieron turnos de vigilancia y se ofreció recompensa a la gente del lugar por información sobre el monstruo. Y claro, recibieron un montón de testimonios de un animal de cuello largo, cabeza de lagarto y cuerpo enorme. Se llegó al extremo de hacer explotar cartuchos de dinamita en el lago para provocar que el monstruo saliera del agua, pero allí no apareció ni siquiera un pejerrey, un pez muy común en el río Epuyén. Cuando llegan hasta la casa de Martin Sheffield, su mujer les informa de que el americano ha puesto tierra de por medio, pues se había ido a otra residencia lejana y en la casa familiar solo estaban su esposa y algunos de sus doce hijos. En el

10. Ruiz Noguez, *op. cit.*
11. Soto Roland, *op. cit.*

lugar les dicen que todo era una burda patraña urdida por don Martin. Los expedicionarios prefirieron pensar que la bestia podría haber emigrado a otros lagos, pero ya no daba tiempo para más búsquedas. A finales de abril se acercaba el invierno austral y por el momento dieron por terminada la expedición.

Aunque no consiguieron nada, la búsqueda del plesiosaurio patagónico tuvo repercusión internacional, ya que parecía el argumento de El Mundo perdido, la novela de Arthur Conan Doyle. El gerente de una empresa de Bariloche llamado George Garret conoció la expedición de Onelli y aquel mismo mes de abril de 1922 relató al periódico canadiense The Toronto Globe que en el año 1910 había visto en el lago Nahuel Huapi, frente a Bariloche, un monstruo asomándose casi 2 m fuera del agua, y que medía de 5 a 7 m. La noticia apareció con el titular «Lugareño afirma haber visto un plesiosaurio gigante». Pero Soto Roland afirma que todo esto es falso. El mismo George Garrett pudo haber sido solo una licencia literaria del diario.[12]

A diferencia de la prensa, los científicos acogieron con «escepticismo burlón» la idea de que un «monstruo antediluviano» estuviera vivo y escondido en la Patagonia, según publicó la revista Scientific American. Y el director del Museo de Historia Natural de Nueva York, F. A. Lucas, manifestó que todo era un rumor ridículo: «Cuanto más te acercas a la fuente de tales noticias menos gente parece saber sobre ellas. Nadie parece saber cómo empiezan estos rumores desbocados».[13]

Pasaron décadas y la historia quedó casi olvidada. Esporádicamente hubo alguna noticia de unas huellas o un avistamiento de un monstruo en alguno de los lagos de la Patagonia, pero desde los años cincuenta la leyenda quedó ligada a Bariloche. Cuando en tiempos de Perón se quiso construir una central atómica, empezaron a decir que el monstruo era un mutante engendrado por contaminación radiactiva.[14] En 1969 la revista

12. Ibid., p. 21.
13. En Costello, 1974, p. 238.
14. Pablo Capanna. «El monstruo turístico.» <https://www.pagina12.com .ar/diario/suplementos/futuro/13-2187-2009-08-01.html>.

Newsweek publicaba que la Armada argentina había perseguido durante 18 días un objeto sumergido en el lago Nanuel Huapi sin que se obtuviera ningún resultado. En 1979 se informa en una revista argentina sobre varios avistamientos de un monstruo en este lago, que se describía con un cuello largo, como un plesiosaurio, y así se daba inicio al fenómeno moderno del monstruo del lago Nahuel Huapi. Con los años, los avistamientos se han reproducido en otros lagos patagónicos, quizá porque el turismo llama a los monstruos, o los monstruos llaman al turismo, es como el pez que se muerde la cola (una figura mitológica, por cierto). Quizá estaban aprendiendo de Capilla del Monte, que se convertía en los años ochenta en la Meca del turismo paranormal. Imitando el apelativo cariñoso que recibe el monstruo del lago Ness (Nessie), un periodista de Bariloche con sentido del humor bautizó al monstruo criollo como Nahuelito, y a pesar de lo tonto que suena resultó un completo éxito, porque Nahuelito ha quedado instalado como la nueva personalidad habitante del lago Nahuel Huapi.

Como en otros casos criptozoológicos, se han buscado antecedentes del monstruo en las culturas indígenas. Se ha citado en este caso al yemisch (tigre de agua) de los indios tehuelches —que mata a las personas y las arrastra al fondo del lago— o al trelke wekufú o caleuche (o Cuero) de los mapuches, descrito como una suerte de pulpo con el aspecto de un cuero vacuno. Hasta los gauchos de la zona tienen a un ser que se alimenta de las vacas al que llaman Sueiro, quizá por el Cuero mapuche. «Pero —escribe Luis Ruiz Noguez— el origen de los mitos mapuches y tehuelches es más terrenal, o más bien, acuático. Se trata de la raya *Rhinoptera chilensis* que habita las aguas del Pacífico.»[15] Para quitarle romanticismo, el escéptico Mariano Moldes nos recuerda que «la mayoría de los creyentes en Nahuelito ignoran que los lagos del sur argentino se originaron decenas de millones de años después de que se hubiera extinguido el último plesiosaurio y el último dinosaurio».[16]

15. Ruiz Noguez, *op. cit.*
16. Mariano Moldes. «Carta abierta de un plesiosaurio.» <https://factorel-

Al final, todo empieza y acaba en los mitos. A su lado, los casos de avistamientos de una forma indefinida en el agua o una foto borrosa son una aburrida retahíla de lugares comunes, solo quitan poesía a la leyenda. Me ha parecido más interesante dedicar el espacio a aquella auténtica epopeya de la frontera patagónica.

«Dejemén solo aquí gozando / en la soledad de este lago», que decía el monstruo en el tango, al ritmo del dos por cuatro.

Champ: todo por el turismo en el lago Champlain

El monstruo que habita en el lago Champlain (entre Quebec, Nueva York y Vermont) es algo así como «el monstruo del lago Ness de Estados Unidos». Como todo monstruo que se precie, Champ, como es cariñosamente conocido, pretende estar basado en la tradición, tanto la indígena como la occidental. Los indios abenaki creían en grandes serpientes del lago que raptaban mujeres, costumbre muy común en los monstruos. Pero la historia escrita de Champ empieza, vaya por Dios, por una falsedad: que fue el descubridor del lago, el explorador francés Samuel de Champlain, quien primero vio al monstruo en 1609, y que lo describió como una serpiente de 6 m, gruesa como un barril y con cabeza como de caballo. La realidad es que Champlain solo relató en su diario de exploraciones haber visto un pez de gran tamaño, cuya descripción corresponde al lucio, y no fue siquiera en este lago, sino en el estuario del río San Lorenzo. ¿No nos recuerda esto a la confusión entre río y lago en la historia de san Columba? A pesar de la tergiversación flagrante, el avistamiento de un monstruo por Samuel de Champlain se sigue repitiendo libro tras libro. Meurger y Gagnon han encontrado el origen de este invento en un artículo del *Selecciones del Reader's Digest,* de cuyo autor dicen: «Brian Vachon es típico de muchos modernos escritores que han perpetuado una falsedad por pereza».[17]

---

blog.com/2016/07/26/carta-abierta-de-un-plesiosaurio/>.

17. Meurger y Gagnon, 1988, pp. 268-270.

Bartholomew y Hassall, en cambio, han encontrado el origen del bulo en un artículo de 1970 en *Vermont Life,* de la historiadora Marjorie Porter.[18]

Es verdad que hay leyendas de los indígenas americanos sobre monstruos en lagos por todo el continente. Los abenaki, que ocuparon la zona entre Quebec y Vermont, creyeron en una gran serpiente que habitaba en el lago Champlain, pero formaba parte de creencias semejantes extendidas por toda Norteamérica, historias que para Bartholomew y Hassall pueden representar la misma función que los cuentos del coco para que los niños no se aventurasen en zonas peligrosas. Por otra parte, Adrienne Mayor ha mostrado que los indígenas americanos conocieron los fósiles de dinosaurios y que estos pudieron motivar cuentos y leyendas sobre monstruos.[19]

La realidad comprobable es que la primera noticia de prensa sobre un monstruo en el lago Champlain fue la que dio el *Public Advertiser* el 18 de mayo de 1808, y desde entonces ha habido cientos de observaciones.[20] Joe Zarzynski, autor del libro *Champ: Beyond the Legend* (1984), ha amasado hasta 132 observaciones ¡solo hasta principios del siglo XIX! Pero no esperemos mucho de todo esto; la trayectoria del monstruo del lago Champlain está salpicada de fraudes. El primer caso realmente documentado en prensa, y el más sensacional de todos, narra en 1819 la visión por parte de un tal capitán Crum de un enorme monstruo de 60 m que tenía forma de caballo marino y un anillo al cuello. No caben muchas dudas de que la noticia fue un divertimento dirigido a los lectores del periódico. En 1873 se dio un dramático encuentro que los trabajadores de un ferrocarril narraron al *Whitehall Times* con extraordinario detalle. Vieron un monstruo que mostraba dos filas de dientes y lanzaba chorros de agua de 6 m de altura por sus fosas nasales. Su cabeza tenía como una gorra que

18. Robert Bartholomew y Peter Hassall. *A Colorful History of Popular Delusions.* Prometheus, Amherst, 2015.

19. Adrienne Mayor. *Fossil legends of the first Americans.* Princeton University Press, 2007.

20. Robert Bartholomew. *The Untold Story of Champ: A Social History of America's Loch Ness Monster.* Citado en Bartholomew y Hassall, *op. cit.*

colgaba por detrás, como las crines de un caballo, la imagen arquetípica del monstruo marino. Pero ojo, el periódico publicó después una noticia fraudulenta sobre el monstruo, así que ahí quedan las dudas sobre la noticia original. De alguna manera el monstruo del lago Champlain era ya tan popular en 1873 que el promotor circense P. T. Barnum ofreció una generosa recompensa a quien se lo trajera vivo o muerto para sus espectáculos. En 1886 se dio algo que llamaríamos una oleada de observaciones, que se repetían casi diariamente. Se producían en el contexto de la popularidad de la gran serpiente marina, hasta el punto de que en algunas ocasiones se decía que se había visto una serpiente de mar en un lago. Pero las pocas noticias antiguas con que se cuenta de un animal voluminoso parten de testimonios obtenidos décadas después, y en estos casos hay que tener en cuenta que «los recuerdos de tales sucesos han sido contaminados por la imagen de un monstruo de reciente invención»,[21] como ha hecho notar Jerome Clark. Aunque se ha construido un estereotipo del monstruo llamado Champ, la escasez de detalles de las observaciones registradas, hacen difícil hacerse una idea de lo que los testigos han visto, pues a veces se lo describe como una serpiente, igual que en los relatos del siglo XIX, y en otros como peces grandes.

Los años treinta del siglo XX, tras el fenómeno popular del monstruo del lago Ness, fueron la edad dorada de los monstruos lacustres. En el lago Champlain se dio en 1937 un caso extraordinario, en que un matrimonio que pescaba en una barca vio una forma como una serpiente que emergía del agua a 10 m de ellos y se acercó hasta llegar a golpear la barca. Pero si se interpreta el monstruo como un lucio, como ha hecho Bartholomew tras estudiar el caso, la historia no parece tan impresionante.

El monstruo del lago Champlain no cobró sus características actuales hasta la década de los setenta, y fue, sobre todo, por el caso siguiente. Para hacernos una idea de las evidencias que se manejan sobre Champ, digamos que en 1977 se obtuvo la mejor fotografía, según los criptozoólogos, con que se cuenta de cualquier monstruo lacustre: la llamada «foto de Mansi». La forma

21. Clark, 1999, p. 239.

del monstruo recuerda a aquella «foto del cirujano» que se sacó en el lago Ness en 1934. Algunos han dicho que ambos monstruos podrían ser de la misma especie —refiriéndose naturalmente a especie zoológica, no fraudulenta—, por algo se llama a Champ «el Nessie del Nuevo Mundo». El caso fue así: la autora de la foto, Sandra Mansi, vio un objeto extraño que no pudo identificar y disparó con su cámara. Inicialmente pensó que aquello podía ser un efecto de luz sobre el agua o un pez grande. Ahí quedó el asunto. Solo fue cuatro años más tarde, al enseñar la fotografía a los criptozoólogos, cuando estos la convencieron de que lo que había visto era a Champ, y entonces Mansi se hizo una ferviente creyente en el críptido.[22] Como vemos, la historia de la foto no parece conducirnos a la mejor prueba de la historia. Además, es una imagen muy ambigua. Los que la han analizado no están seguros de que represente siquiera una criatura viviente, sino que lo que ahí se ve podría ser un tronco flotante.

Quienes deseaban poder analizar el negativo se llevaron el chasco de que Sandra Mansi tiraba siempre los negativos de sus fotos, por muy raro que pueda parecer. Pero es que, además, el relato de Mansi está lleno de contradicciones que lo hacen muy sospechoso para los escépticos. Cuando Robert Bartholomew investigó el caso vio luces rojas encenderse, dando a conocer en el *Skeptical Inquirer* la cantidad de problemas que presenta este caso. Para empezar, hay una versión distinta sobre por qué desapareció el negativo. El marido de la autora dijo que lo habían quemado porque «la experiencia les había dado miedo».[23] Hubo nuevas contradicciones sobre qué habían hecho con la foto en un principio: primero que la habían guardado, luego que la habían clavado en la cocina (extraño para una experiencia que les había atemorizado). Además, Sandra Mansi dijo no recordar dónde había visto al monstruo, a pesar de que ella había vivido siempre en las riberas del lago, mientras que en una entrevista posterior dijo que lo sabía, pero no quería revelarlo para no

22. Radford y Nickell, 2006, pp. 135-136.
23. Robert Bartholomew. «New Information Surfaces on "World's Best Lake Monster Photo.» *Skeptical Inquirer,* vol. 37, n.º 3, mayo-junio de 2013.

causar un daño al animal. Si eso era verdad, no resultaba coherente con que hubiera enseñado la foto en un principio. Debido a este silencio, ni siquiera se ha podido comprobar si la foto está tomada en el lago Champlain. Si todo el asunto era un fraude, Mansi había borrado bien las huellas para que fuera muy difícil descubrirlo.

A pesar de las dudas que pudieran suscitar esta y otras pruebas, los criptozoólogos prefieren la hipótesis del animal desconocido o superviviente. Proponen que se trata de un zeuglodón, una ballena alargada, o bien un plesiosaurio, con el único inconveniente de que ambos se extinguieron hace más de 30 y 60 millones de años respectivamente, aparte de que el lago se congela en invierno. Radford y Nickel consideran como una falacia la «argumentación por la ignorancia» que hacen los creyentes sobre las visiones en el lago Champlain: «No sabemos lo que esta gente vio; por tanto, debe haber sido Champ».[24] Bartholomew atribuye la creencia en Champ a una forma de deseo que sirve a varias funciones. Por una parte, creer en monstruos formaría parte de nuestra herencia biológica de un tiempo en que teníamos que defendernos de los depredadores, pero también representa un símbolo ecológico y anticientífico, demostrando que la ciencia no tiene todas las respuestas. Concluye así que este monstruo es un test de Roscharch: representa lo que quiere ver el observador. «Champ es una creación de la mente humana.»[25] Incluso un creyente en la posibilidad de los monstruos como Jerome Clark concluye: «Parece claro que Champ es alguna clase de ficción, en el sentido de que o bien es totalmente imaginario o un intento desorientado de comprimir un cierto número de animales diferentes, unos conocidos, uno o dos posiblemente desconocidos, en un único plesiosaurio al estilo del lago Ness».[26]

Aunque los criptozoólogos no hayan encontrado ninguna prueba creíble de la existencia de un monstruo en el lago Champlain, hay un claro incentivo económico que mantiene vivo el

24. Radford y Nickel, *op. cit.*, p. 41.
25. Bartholomew. «New Information...», 2013.
26. Clark, 1999, p. 267.

interés por el monstruo: el evento anual «Champ Day», que se celebra desde 1980 en Port Henry, en el Estado de Nueva York. ¡Habría que ser aguafiestas para rechazar la existencia del monstruo! Champ es una mascota regional entre las comunidades que rodean el lago. La misma ciudad de Port Henry aprobó en 1980 una ordenanza prohibiendo «dañar o acosar» a un monstruo del lago, y dos años después la Cámara de Representantes del Estado de Vermont aprobó una resolución por la que se reconocía la posible existencia de Champ, se le declaraba un animal protegido y se animaba a reportar avistamientos y a investigarlos. Como normativa, era una inutilidad, pero contribuía a añadir publicidad al monstruo, que es de lo que se trata. Los primeros años ochenta fueron de gloria para Champ. La foto de Mansi saltó a la fama en 1981, y entre ese año y el siguiente se produjeron casi la mitad de los 132 avistamientos registrados en la historia del monstruo, según el cálculo de Radford y Nickell. ¿Queda claro el efecto de la publicidad? Estos dos autores creen que «la leyenda ha sido mantenida viva por periódicos ansiosos de explotar la historia, atraer lectores y fomentar el turismo», lo que queda patente en estas palabras de un editorialista: «Si el lago Ness puede tener su monstruo y capitalizarlo año tras año, ¿hay alguna razón por la que el lago Champlain no pueda tener uno también?».[27] Más claro el agua.

Ya lo ven, tener un monstruo doméstico se ha convertido en un derecho fundamental.

Ogopogo, la criatura del lago Okanagan que surgió del *music hall*

En 1924 dos británicos compusieron una canción de *music hall* titulada «Ogo-Pogo», sobre una criatura mitológica cuya madre era un insecto y el padre una ballena. Otro escribió una parodia sobre un monstruo del lago Okanagan, en la Columbia Británica canadiense, al que puso el mismo nombre de la can-

27. Radford y Nickell, *op. cit.*, pp. 64-65.

ción: Ogopogo. El nombre sonó pegadizo, tanto que en agosto de 1926 (verano, por supuesto) el periódico *Vancouver Daily Province* declaró Ogopogo el nombre oficial de un supuesto monstruo del lago Okanagan. La prensa, siempre la prensa. No tuvo que pasar mucho tiempo para que, exactamente el 16 de septiembre de ese año 1926, 30 personas observaran un monstruo en ese lago.

A pesar de unos comienzos tan triviales y un nombre tan bobo, para algunos investigadores como Clark, «Ogopogo está entre los monstruos lacustres más plausibles».[28] Aparentemente tiene su tradición, pues los indígenas de la Columbia Británica creían en una criatura con forma de serpiente a la que llamaban naitaka que habitaba en el lago Okanagan, y sobre la cual se elaboraron ciclos de leyendas. En una señal turística del Departamento de Recreación y Conservación de la Columbia Británica colocada en un lugar llamado Squally Point, se lee: «Antes de que el poco imaginativo y práctico hombre blanco llegara, el temible monstruo del lago, N'ha-a-itk, era bien conocido de los primitivos y supersticiosos indios. Su hogar se creía que era una cueva en Squally Point, y se llevaban en canoa pequeños animales para apaciguar a la serpiente». Cuando los colonos blancos se instalaron en la zona a partir de 1860, aunque poco imaginativos según el texto anterior, asimilaron de alguna manera las creencias de los indios en extrañas criaturas habitantes del lago. En la década siguiente dos personas desde zonas distintas declararon haber visto algo que inicialmente tomaron por un tronco flotante, pero luego vieron que era una criatura como una serpiente que nadaba contra el viento. Otros testigos describieron después «troncos que cobraban vida».

En la literatura sobre Ogopogo se encuentran distintas caracterizaciones del monstruo. Mientras unos lo describen con cabeza de caballo, como los monstruos legendarios, y a menudo con un par de cuernos, otros lo describen como una ballena alargada. Roy Mackal, el experto en el monstruo del lago Ness, describió a Ogopogo en su libro *Searching for Hidden Animals* (1980)

28. Clark, 1999, p. 322.

con un cuerpo alargado, serpentino, de unos 12 m de largo, características que encajaban solo con una criatura: el zeuglodón, de nombre científico *Basilosaurus*. Desde su punto de vista, Ogopogo podría ser una versión de agua dulce de este cetáceo que vivió en los océanos, pero que se extinguió hace 35 millones de años, como vimos en el capítulo anterior. Se han propuesto otros animales comunes de agua dulce como posibles responsables de las observaciones del «monstruo» del lago Okanagan sin tener que recurrir a improbables supervivencias de animales prehistóricos.

Pero no sirve de mucho especular con la naturaleza de la criatura cuando no se cuenta con ninguna prueba convincente de su existencia, ni una foto ni una filmación creíble, solo testimonios. Sobre ello alegan los creyentes que no se han realizado rastreos intensivos como se ha hecho en el lago Ness. La esperanza que no falte. En el año 2000 una Cámara de Comercio de la zona ofreció dos millones de dólares a quien pudiera proporcionar pruebas científicas de la existencia de Ogopogo, que tenían que consistir en un ejemplar vivo o muerto. Al anuncio siguieron las críticas de quienes veían en ello una promoción descarada del turismo en la región. Que es así lo indica que el seguro que se suscribió con Lloyds costó 2.500 dólares, una cantidad muy pe-

Monumento a Ogopogo en Kelowna, Columbia Británica, Canadá.

171

queña para la cifra comprometida, lo que venía a dejar claro lo poco probable que ambas partes consideraban que alguien fuera a reclamar el premio por la tan deseada prueba.

El mokele mbembe y la «dinomanía»

La pasión del siglo XX por los dinosaurios no podía dejar de producir un monstruo como traído del *Parque Jurásico*. La idea del monstruo como un saurio gigante se ha querido buscar hasta en los escritos sagrados. El Behemot del Libro de Job (40:10), que en la Biblia española de Nácar-Colunga se nos da traducido como «un hipopótamo» (no se sabe por qué), para los lectores más literales de la escritura es un monstruo gigante con una larga cola, igual que el dinosaurio típico. El monstruo-dinosaurio viene a ser el paralelo terrestre del plesiosaurio de los lagos, aunque aquel se nos presenta como un animal anfibio, que habita las regiones pantanosas según la imagen estándar de las bestias del Jurásico. Ese hueco lo llena el mokele mbembe.

Como siempre con los monstruos, parece obligado demostrar el pedigrí de la criatura para hacerla creíble, de manera que los autores de libros criptozoológicos han buscado los antecedentes del mokele mbembe en tradiciones y crónicas, y los han encontrado en un libro escrito en 1776 por el abad Lievin-Bonaventure Proyart sobre las experiencias de los misioneros católicos en los reinos del centro de África. De nuevo la evangelización en el origen de las historias sobre monstruos, como en san Columba y otras que vamos a encontrar. Pues bien, el citado misionero francés describió unas grandes huellas de un metro de ancho con uñas, y pensó que el animal que las dejó debía ser «monstruoso». Palabra clave. Más allá de eso no hay nada. Los autores actuales hablan de que el monstruo ha sido observado durante generaciones, pero sin presentar datos concretos que lo avalen.

El mokele mbembe («el que para los ríos», en idioma lingala) surge de rumores y fuentes más que dudosas para imponerse en los últimos tiempos entre las estrellas de la criptozoología. Dicen los especialistas que es un monstruo como un dinosaurio de cuello largo y cola como un saurópodo, aunque su tamaño sería algo más pequeño que un elefante. Habita supuestamente en el lago Telé y las selvas de Likuala, en el nordeste de la República del Congo, también conocida como Congo Brazaville por su capital (no confundir con la República Democrática del Congo, la antigua Zaire). En los libros divulgativos de monstruos se ha comparado al mokele mbembe con el clásico brontosaurio, llamado apatosaurio en la taxonomía actual (aunque una nueva teoría defiende que son especies distintas). Siguiendo una concepción clásica sobre los dinosaurios, el mokele mbembe sería un animal acuático herbívoro que pasa la mayor parte del tiempo en zonas pantanosas, y dicen que se lo distingue por los variados sonidos que emite.[29] Su origen está en el promotor de los zoos Carl Hagenbeck y su crónica sobre un monstruo «medio elefante medio dragón». Conozcámoslo.

CARL HAGENBECK, EL PROMOTOR DEL BRONTOSAURIO MONSTRUOSO

La idea de que existe un dinosaurio vivo en África se dio a conocer en el mundo por primera vez en un titular de prensa: «El brontosaurio aún vive», aparecido en *The Washington Post* el 23 de enero de 1910. La noticia partía de un rumor recogido por el negociante de fieras alemán y promotor de los primeros zoos Carl Hagenbeck (1844-1913), según el cual existía «un gigantesco monstruo, medio elefante, medio dragón», habitando en el interior de Rodesia (actuales Zambia y Zimbabue, pero lejos del Congo, atención), y que, según él, solo podía ser «alguna clase de dinosaurio parecido a un brontosaurio». El periódico citaba el libro autobiográfico de Hagenbeck de 1909 titulado *Beast and Men*,[30] en el que se añadía que había dibujos de aquella criatura en cuevas en el centro de África. Hagenbeck afirmaba haber enviado una expedición en busca del animal, pero desafortunadamente no pudo encontrar trazas

29. Rick Emmer. *Mokele Mbembe, Fact or Fiction?* Chelsie House, Nueva York, 2010.

30. Carl Hagenbeck. *Beast and Men.* pp. 96-97. En línea: <https://archive .org/details/beastsmenbeingca00hage>.

173

de él. Al parecer, fue un tal Hans Schomburgk quien informó a Hagenbeck haber oído hablar de un monstruo llamado chimpekwe en la zona pantanosa de Dilolo. De una cosa no cabe duda: que la noticia de prensa contribuyó a promocionar el libro de Hagenbeck y sus planes de expansión de los zoos. Según el paleontólogo Donald Prothero, el ansia de publicidad de Hagenbeck fue la causante del lanzamiento de la leyenda del monstruo como un dinosaurio, ya que el mismo año 1909 en que publicó *Beast and Men* había abierto un parque sobre los dinosaurios en Hamburgo.[31]

La prensa colonial de Rodesia negó entonces que existieran fuentes nativas sobre tal animal, y E. C. Chubb, zoólogo del Museo de Rodesia, se burló de las afirmaciones del alemán. El aventurero Paul Graetz y algunos colonos, sin embargo, dijeron conocer leyendas indígenas sobre monstruos fabulosos en el lago Bangweulu (antigua Rodesia del Norte, hoy Zambia), y un tal Charles Brookes dijo haber oído de «pigmeos» que en el corazón del desierto del Sáhara había lagos poblados por dinosaurios.

El dinosaurio africano de Hagenbeck habría sido olvidado de no haber sido por un importante divulgador de origen alemán que hemos encontrado en relación con otros animales misteriosos: Willy Ley. En un artículo de 1949 en la revista *Mechanix Illustrated* titulado «¿Existen todavía los monstruos prehistóricos?»,[32] Ley no solo resucitó los rumores y bulos sobre el dinosaurio, sino que además le puso nombre: mokele mbembe. Escribía: «¡Los dinosaurios pueden vagar por las selvas inexploradas de África! Las tribus nativas cercanas al río Congo llaman a las criaturas mokele mbembe. Dicen que son enormes y viven en cuevas abiertas por el río en los meandros». Según decía, los habían descrito con «cuellos largos, cabezas pequeñas y un colmillo largo».

Lo que antes se había calificado solo como parecido a un dinosaurio ahora tenía nombre, y ya sabemos por las experiencias

31. Loxton y Prothero, 2013.
32. Willy Ley. «Do Prehistoric Monsters Still Exist?» *Mechanix Illustrated*, febrero de 1949.

anteriores que el éxito de algo comienza con el nombre adecuado. Más tarde Willy Ley ampliaría el tema en el libro *Exotic Zoology* (1959), refiriendo que en 1913 una expedición alemana a Camerún, a cargo del capitán Ludwig Freiherr von Stein, transmitió testimonios de sus guías sobre una criatura que llamaban mokele mbembe, que era el terror de la zona. Pero nadie ha podido acreditar hasta ahora el testimonio de ese supuesto Von Stein, que solo se conoce a través de esta única referencia de Willy Ley.

Bernard Heuvelmans incluyó al mokele mbembe en su libro clásico *On the Track of Unknown Animals* (1958) junto a otros muchos informados por cazadores y aventureros. A partir de 1919, y durante dos décadas, se producirían numerosos rumores entre los indígenas sobre distintos monstruos en el centro de África, además del brontosaurio: un león acuático al que se llamaba chepekwe, un lagarto gigante, una gran serpiente de las fuentes del Nilo conocida como lau, una criatura acuática del lago Victoria llamada lukwata, otra criatura llamada nyama que hacía temblar la tierra con sus pisadas y otras más, todas recogidas por Heuvelmans. Este ironizó en su libro sobre las noticias que se dieron en las primeras décadas del siglo sobre un «brontosaurio» por la ignorancia que demostraban, ya que las descripciones que se hacían correspondían más bien a un triceratops. Añadió más: «Ninguno de los informes fiables que he mencionado hasta aquí justifica usar la palabra "dinosaurio"».[33] Lo descrito parecía unas veces un reptil, otras un mamífero. Y añadió sarcástico que de aquella descripción de Hagenbeck de «medio elefante, medio dragón» se habían olvidado por razones anticientíficas la «mitad elefante». Otro curioso testimonio que llegó a Heuvelmans fue el de su amigo el pionero de las paraciencias Ivan Sanderson, quien le contó que, en 1932, viajando con el naturalista Gerald Russell por Camerún, oyó un enorme estruendo y vio «algo» mucho más grande que un hipopótamo asomándose fuera del agua del lago en que se encontraban.

33. Heuvelmans, 1965, p. 295.

Vemos que la idea del monstruo dinosaurio es de creación reciente, de la época en que Conan Doyle y Edgard Rice Burroughs tenían éxito con sus novelas sobre dinosaurios, como vimos en el capítulo anterior. Justin Mullis[34] ha recogido numerosas novelas y relatos de principios del siglo xx sobre exploraciones para el descubrimiento de grandes saurios, y en ellas se anticipa el escenario que vemos aquí.

A pesar de las citas anteriores, el mokele mbembe habría sido ya olvidado de no ser por el impulso que le dio el criptozoólogo Roy Mackal, el experto en el lago Ness, que, tras cansarse del monstruo escocés por no aparecer, organizó dos expediciones a la República del Congo en 1980 y 1981, y publicó un libro con las conclusiones de la búsqueda de la bestia: *A Living Dinosaur? On Search of Mokèle-Mbèmbé* (1987). Todo empezó en 1979, cuando el interés de Mackal por el monstruo del lago Ness iba declinando por lo limitado de los resultados. Entonces conoció al herpetólogo James Powell, que acababa de volver de Gabón con una emocionante noticia. Un curandero le había hablado de una gran bestia de la jungla con las características de un saurópodo, y cuando Powell le enseñó dibujos de distintos dinosaurios para que le dijera a qué se parecía la gran bestia, el curandero señaló el dibujo del diplodocus.

Mackal quedó tan intrigado con el relato de Powell que al año siguiente organizó con él una expedición a la República del Congo para buscar a esa enigmática criatura en los pantanos de Likouala y las riberas del río Ubangui. Cuando estaban en el lugar, su guía pigmeo les dijo que había oído hablar del mokele mbembe, y señaló a un saurópodo de entre las ilustraciones del libro que le mostraron. Muchas personas les contaron historias sobre la criatura, pero apenas unos pocos habían sido testigos directos. De lo que recopilaron, la mayoría eran relatos de se-

34. Justin Mullis. «Cryptofiction! Science Fiction and the Rise of Cryptozoology.» En Darryl Caterine y John W. Morehead (ed.). *The Paranormal and Popular Culture. A Postmodern Religious Landscape*. Routledge, Londres, 2019.

gunda o tercera mano, aunque eso sí, todos les señalaron la figura de un saurópodo como lo más parecido al monstruo.

En una nueva expedición en 1981, Mackal contó con la participación del conocido biólogo y criptozoólogo Richard Greenwell, el geólogo Justin Wilkinson y el zoólogo congoleño Marcellin Agnagna, esta vez provistos de equipamiento técnico para la localización de la bestia.[35] Mackal detalló en el libro sobre sus expediciones que en esta última escucharon sonidos, obtuvieron ecos de sonar en el río de algo que medía 6 m de largo y encontraron un sendero abierto por un gran animal. Tomaron también 30 testimonios, pero más que visuales eran referencias de segunda mano o narraciones de antepasados. A falta de pruebas, Mackal propuso que ciertas pinturas antiguas en paredes rocosas de Zambia y Tanzania representaban un monstruo de cuello largo (aunque si hay algún parecido, es con jirafas). A falta de pruebas del mokele mbembe, Mackal tomó relatos sobre otros grandes saurios, entre ellos un tal mbielu-mbielu-mbielu, que según él estaría emparentado con el estegosaurio, aunque no tuviera de su existencia más evidencias que la palabra de un solo informante.

El escéptico Donald Prothero ha expresado muchas reservas sobre los testimonios obtenidos por Mackal, debido a la utilización en sus entrevistas de preguntas guiadas o tendenciosas, teniendo en cuenta, además, experiencias previas de que «el nativo le dirá lo que piensa que el hombre blanco quiere oír».[36] Un factor distorsionador de todas las investigaciones que se han hecho en el Congo y en Camerún ha sido el interés económico que se ha generado entre la población local alrededor de estas expediciones. Algunas personas que dijeron no saber del monstruo luego cambiaron su declaración, es decir, que se mostraron «cooperadoras». Dice Prothero: «Mackal informó que en varias ocasiones los africanos locales negaban tener conocimiento del mokele

---

35. Roy Mackal, Richard Greewell y Justin Wilkinson. «The Search for Evidence of Mokele-Mbembe in The People's Republic of the Congo.» *Cryptozoology*, vol. 1, 1982.

36. Loxton y Prothero, 2013, p. 342.

mbembe o *afirmaban que la criatura no existía* ¡y él se negaba a aceptar tal testimonio negativo!».[37] En uno de los pasajes del libro de Mackal se dice que: «La gente de Moungouma Bai estaba ocultando información... Georges hizo una apasionada súplica de cooperación, primero de manera conciliatoria y luego amenazante».[38]

Otro expedicionario que se puso en marcha en los años ochenta en busca del mokele mbembe fue Herman Regusters. Este se concentró sobre el lago Telé, que no había investigado Mackal, y afirmó haber visto a la bestia muchas veces (aquí, luces rojas). A su vuelta relató haber visto en el agua algo con un cuello largo a una milla de distancia, y de ello dedujo que la cuenca del Congo es «un museo vivo de la especie de saurópodo *Antarctosaurus*.[39] Su propuesta fue acogida con bastante frialdad por la comunidad criptozoológica, no digamos ya la zoológica.

Marcellin Agnagna, el zoólogo congoleño que había acompañado antes a Mackal, organizó su propia expedición al lago Telé acompañado de un equipo congoleño de siete miembros. Un día, mientras Agnagna estaba filmando unos monos, un compañero llamó la atención hacia algo que había en el lago a unos 300 m, y Agnagna lo filmó hasta que se terminó la película. Luego continuó observando por el objetivo de la cámara. Pero después se dio cuenta de que no había quitado la tapa del objetivo, así que no se grabó nada. Lo que había visto era una pequeña cabeza sobre un cuello largo de unos 2 m, y quedó convencido de haber observado al mokele mbembe. Pero las sombras de la duda cayeron sobre este caso cuando un paleontólogo francés llamado Pascal Tassy aclaró que el tipo de cámara que había usado Agnagna, una Minolta XL-2, es réflex. Eso significaba que, si aquel no había quitado la tapa, no podía haber visto nada, porque en la réflex la imagen del visor pasa por el objetivo. Agnagna se explicó diciendo que había un error en la traducción de lo que

---

37. *Ibid.*, p. 346.
38. *A Living Dinosaur?*, p. 160, citado en Loxton y Prothero, p. 347.
39. En Emmer, 2010, *op. cit.*

había escrito, que él había querido decir que la cámara estaba en macro, y no con la tapa puesta. No consiguió despejar las dudas.

Al menos una decena más de expediciones se han enviado en busca del mokele mbembe, y un sector que ha estado especialmente activo es el del fundamentalismo cristiano. Grupos creacionistas de Estados Unidos han enviado varias expediciones a Camerún y al Congo buscando alguna confirmación de sus creencias bíblicas de que el mundo fue creado hace seis mil años. Esperan así desacreditar la teoría de la evolución con un objetivo político: impedir su enseñanza en las escuelas de Estados Unidos. Uno de los más conspicuos representantes de la búsqueda del monstruo bajo esta ideología es William Gibbons, cuya titulación para la búsqueda paleontológica es un diploma en educación religiosa. Pero su empeño es más elevado. Encontrar al dinosaurio demostraría que el Génesis tiene razón y Dios creó el mundo en siete días. Para ello ha organizado varias expediciones en busca del monstruo, algunas acompañadas de equipos de televisión, como uno de la BBC en 2006 y otro del programa *MonsterQuest* en 2008. Una de las justificaciones de Gibbons de por qué la bestia no ha aparecido aún es que se esconde en agujeros en la ribera de los ríos, algo que ya había escrito Willy Ley en su artículo de 1949, una idea extravagante si consideramos el tamaño de la criaturita. A falta de resultados de la búsqueda, las expediciones de Gibbons se dedicaron a extender el evangelio.

Hasta ahí da la búsqueda sobre el terreno de la quimera africana moderna.

La huella que ha dejado el brontosaurio

Los paleontólogos escépticos de las afirmaciones de la criptozoología, como Donald Prothero y Darren Naish, han puesto en evidencia la cantidad de incongruencias que presenta la historia del mokele mbembe y su falta de lógica biológica y ecológica. Dejando aparte que los distintos autores y expedicionarios no se ponen de acuerdo entre sí, Prothero señala lo improbable de que un saurio de tal tamaño viva en el lago Telé, que tiene solo cuatro kilómetros de diámetro y una profundidad media de 4 m. Pero es que, además, los promotores del mokele mbembe no se atienen a los principios básicos de la biología y la paleontología, y las pocas pruebas sobre el críptido —como unos moldes de huellas en el suelo— han sido explicadas como pisadas de hipopótamo. Prothero ha llegado a la conclusión de que el mokele mbembe no parte de un genuino conocimiento etnozoológico de la población de la cuenca del Congo, sino que es «un destilado de muchas y variadas historias creativas de regiones muy separadas».[40] Naish, por su parte, piensa que el «paradigma de la supervivencia de la prehistoria» que manejan los criptozoólogos se basa en «la ingenuidad, el deseo y una pobre consideración de las pruebas».[41]

El brontosaurio del centro de África no será más que un equívoco, pero su popularidad se puso de manifiesto cuando Hollywood lanzó en 1985, en plena época de las expediciones antes citadas, una película titulada *Baby, el secreto de la leyenda perdida,* que trata precisamente de una búsqueda del mokele mbembe. Como se podía esperar, los expedicionarios encuentran dinosaurios vivos en África, brontosaurios para más señas, como un adelanto del *Parque Jurásico.* El argumento se convierte en la típica historia de aquella época sobre cómo salvar al animal en peligro (como la famosa orca). Los protagonistas salvan al brontosaurio y a su cría, Baby, tanto de la persecución de los salvajes como de la tópica codicia del científico. La película recibió una anémica valoración del 14 % en *Rotten Tomatoes.* El argumento está inspirado en una leyenda que se cuenta en cada libro, según la cual los indígenas mataron un mokele mbembe en 1959 en el lago Telé y se envenenaron comiendo su carne.

¿Qué es lo que ha hecho que personas inteligentes y cualificadas como Mackal se hayan entregado a una ensoñación como la de la supervivencia de un dinosaurio en las selvas africanas? ¿Tal vez la nostalgia de *Los Picapiedra (The Flinstones)* o de Raquel Welch en la película *Hace un millón de años* (1966)? El mokele

---

40. Loxton y Prothero, 2013, p. 335.
41. Naish, 2016, p. 128.

mbembe no es un superviviente de los dinosaurios, sino de las ideas sobre los dinosaurios que había hace cien años, y refleja una idea de África propia del eurocentrismo de las antiguas películas del Tarzán de Johnny Weissmüller. El mokele mbembe parece una recreación del *Mundo perdido* de Conan Doyle, que aún puede ser descubierto por unos «exploradores» venidos del norte civilizado que son capaces de interpretar correctamente las leyendas de los africanos que ellos por sí mismos no pueden entender. Estos modernos exploradores-criptozoólogos han elaborado una figura mítica de monstruo prehistórico gigante que encaja en el esquema del monstruo del lago que se imponía tras la aparición de Nessie, con un toque añadido en este caso del primitivismo y de la magia del continente negro.

Realidad, mito y fraude del monstruo lacustre

Hemos visto a lo largo de estos dos últimos capítulos cómo el monstruo lacustre que hemos hecho familiar, con cuello largo y cuerpo masivo como un plesiosaurio del Jurásico y el Cretácico, es una creación moderna a partir de la aparición del monstruo del lago Ness, que tiene algunos testigos y escritores de lo paranormal como sus autores bien definidos. Como ha escrito el investigador de lo paranormal Jerome Clark: «Algunos testigos dicen haber visto "cocodrilos" gigantes, "caimanes" o "salamandras" en el lago Ness, aunque los escritores e investigadores obsesionados con la noción del clásico plesiosaurio Nessie de cuello largo han ignorado consistentemente o minimizado tales avistamientos».[42] Y como he comentado, los casos anteriores a la aparición del monstruo del lago Ness en 1933 fueron, en realidad, recogidos muchos años después y datados de manera retrospectiva en el pasado. Se trata de recuerdos de los más mayores escarbando en su memoria de la juventud. Sabemos lo maleable que es la memoria bajo la influencia de la cultura dominante, y más en casos en que las leyendas se han forjado a través de los

42. Clark, 1999, p. 359.

medios de comunicación y la cultura popular, que trastocan nuestra visión del mundo. Aquellos relatos más antiguos apenas describen criaturas biológicas creíbles. Incluso Jerome Clark admite que: «La mayoría de las historias antiguas parecen puramente fabulosas, y no más creíbles que los cuentos (de los cuales hubo bastantes) de dragones en el cielo».[43] «Pero el verdadero misterio del lago Ness y otras criaturas semejantes de todo el mundo —escribe Ronald Binns—, es por qué periódicamente atrapan la imaginación de un público amplio y se les continúa dando crédito, incluso cuando la mayor parte de las pruebas se demuestran sospechosas.»[44]

Por otra parte, el fraude está insertado como una espina difícil de sacar del historial de los monstruos lacustres, y se encuentra desde sus primeros relatos. Como ejemplo voy a poner solo un caso, sucedido a mediados del siglo XIX en Silver Lake, Estados Unidos, que puede servir de señal de alarma sobre toda la tradición monstruosa de agua dulce. Fue así:

En el verano de 1855, en un lago del Estado de Nueva York llamado Silver Lake, estalló la primera fiebre de un monstruo lacustre. En julio de ese año, un periódico local de la ciudad de Perry publicó que dos pescadores habían visto un monstruo en diferentes partes del lago. Un indígena americano confirmó que los indios seneca sabían de un monstruo en aquel lago que era tan grande como un barril. Cuando aquello se divulgó, los turistas llegaron en masa para ver por sí mismos al monstruo. El hotel del pueblo, que pertenecía al director del periódico local, A. B. Walker, hizo su agosto. Muchos turistas vieron al monstruo aquel verano, y lo describieron como una serpiente con cabeza de ternero. Llegaron hasta balleneros armados con arpones para intentar cazarlo. Un periódico de Buffalo publicó un reportaje sobre cómo se había arponeado al monstruo y se lo había sacado a la orilla (un fraude dentro del fraude, como veremos). Hacia el final de ese año las observaciones en el lago terminaron.

43. *Ibid.,* p. 266.
44. Binns, 1984, p. 220.

Dos años después hubo un incendio en el hotel de A. B. Walker, y cuando los bomberos llegaron al desván se encontraron un objeto muy curioso: una gran serpiente verde hecha de caucho y alambre, con lunares amarillos, y la boca y los ojos rojos. ¡Habían encontrado al monstruo del lago! Cuando la revelación del fraude se propagó por la ciudad, míster Walker consideró que era el momento para tomarse un año sabático en Canadá. Cuando el personaje volvió años después al pueblo las circunstancias habían dado un giro inesperado. La gente del pueblo estaba orgullosa de su monstruo y organizaba un Festival de la Serpiente de Mar, en honor al fraude de Walker. Este confesó que, junto con unos amigos, había ideado el plan para atraer el turismo a la ciudad. Habían inflado la serpiente desde la costa y la habían movido con cuerdas alrededor del lago. Lo curioso de las observaciones que se produjeron es que los testigos describieron bastante fielmente la forma del monstruo, ¡pero nadie vio los lunares amarillos! Así de selectiva es la percepción humana. La moraleja del caso es que si no hubiera habido un incendio en el hotel Walker quizá nunca se hubiera conocido el fraude, y el monstruo de Silver Lake figuraría entre los casos clásicos de la criptozoología. Quién sabe si hay más.

España: del dragón del folklore al monstruo lacustre

El dragón es el antecesor del monstruo lacustre, aunque aquel es un ser del folklore clásico y el otro es una criatura de un nuevo folklore en evolución. En España no tenemos monstruos lacustres, o al menos ninguno con denominación de origen certificada, pero sí contamos con dragones en nuestras tradiciones. En este libro me he comprometido a dejar aparte las criaturas del folklore, como hadas o duendes, pero mencionaré un caso que enlaza con ciertas creencias sobre monstruos en nuestros lagos: el dragón del lago de Bañolas (Banyoles en catalán). Cuenta Joan Amades en el *Costumari català*, la obra capital del folklore de Cataluña, que, durante el sitio de Gerona por el ejército de Carlomagno contra los sarracenos, a finales del siglo VIII, un dragón asolaba la ciudad. «Las tropas cristianas debían combatir un dragón feroz y enorme que tenía su guarida en el lago de Bañolas; este dragón poseía la propiedad de volar, nadar y caminar y con su aliento fétido infestaba todo el Gironès y hacía la vida imposible a gentes y ganado», se dice en el *Costumari català*. Su fuerza era tan grande que los mejores del ejército franco «todos morían hechos picadillo por sus garras o envenenados por su soplo». Los caballeros no pudieron acabar con él, pero san Mer (san Emerio) «a solas se dirigió a la guarida del monstruo confiando en Dios, trazó la señal de la cruz sobre el dragón y este perdió la ferocidad, mientras el santo le ponía la estola al cuello, con la que le condujo manso como un perro hasta Carlomagno».

Esta es solo una de las leyendas sobre dragones que abundan en Cataluña, pero me he parado en ella porque se asemeja muchísimo al milagro de san Columba en el río Ness, que se ha tomado por el primer precedente del monstruo del lago Ness. Como en aquella, tenemos aquí un relato hagiográfico sobre san Emeri, o Mer (san Emerio) en el que se simboliza mediante el dragón el triunfo del cristianismo sobre el paganismo, es decir, contra la fe musulmana, y el dragón es la personificación del moro. El mismo san Emeri es legendario, pues no existen datos históricos de él.

Además de la leyenda, se ha dicho que entre finales del siglo xix y principios del xx se ha visto en el lago de Bañolas un monstruo. El escritor de lo paranormal Sebastián d'Arbó escribió que un monstruo se cruzó a la diligencia que hacía el trayecto entre Olot y Bañolas y atacó a sus viajeros. Dicen que el lago está cargado de misterios y de presencia de seres del universo mágico.[45]

España no es tierra de lagos como Finlandia o Escocia, y así es difícil competir en monstruos de agua dulce. Algunas de nuestras noticias de monstruos lacustres han sido meras ocurrencias de la gente, como la de llamar «lago de los monstruos» al embalse de Mequinenza debido a la introducción en 1978 de especies de peces de gran tamaño como el esturión, lo mismo que sucedió en 1995

---

45. Javier Resines. «El monstruo de Banyoles.» 22 de diciembre de 2010. <http://criptozoologos.blogspot.com/2010/12/el-monstruo-de-banyoles.html.>

en el embalse de Ribarroja. Otros monstruos son creaciones de foros de internet, como uno de pescadores en el que, en el año 2002, se intercambiaron testimonios anónimos (bromas, vaya) sobre visiones de un monstruo en el embalse de Bolarque. ¡Alguien había llegado a matar al monstruo con su cuchillo! Y, finalmente, hay monstruos creados por la política. Si el famoso locutor de radio Luis del Olmo había dicho que en Leganés no tenían monstruo (por lo de Lega-Ness, ¿lo pillan?), el alcalde de la ciudad se encargó de desmentirlo. Así que el Ayuntamiento de Leganés decidió en 1994 colocar en un estanque del parque Polvoranca un modelo de monstruo mecanizado de 5 m, al que llamaron Nensi.[46]

Igual que hizo con los monstruos marinos, el alemán Ulrich Magin ha intentado poner a prueba la hipótesis psicosocial que explica los monstruos lacustres como influencias del folklore de cada región, tomando España como área de estudio debido a que no hemos tenido una tradición de este tipo. Tras estudiar los casos publicados en prensa y los rumores, ha comprobado la predicción de que casi en cada cuerpo de agua, incluso en los pantanos, se generan informes de monstruos.[47] Claro que la mayoría de los «monstruos» no son más que peces de gran tamaño, como lucios o esturiones.

Conclusión: el monstruo lacustre como símbolo

Las mitologías de los indios de Norteamérica están llenas de relatos sobre «lagos encantados», «monstruos acuáticos» y «dioses del agua».[48] En esos seres acuáticos se da una morfología múltiple, unas veces la criatura cuenta con crines de caballo, otras con grandes orejas, cuernos, aletas, cresta dorsal, etcétera. Michel Meurger y Claude Gagnon han descubierto en su profun-

46. *ABC*, 1 de agosto de 1994.
47. Ulrich Magin. «The Lake Monsters of Spain.» *The Journal of Cryptozoology*, n.º 2, 2013.
48. Gary R. Varner. *Creatures in the Mist. Little People, Wild Men and Spirit Beings around the World. A Study in Comparative Mythology.* Algora Publishing, Nueva York, 2007.

da investigación sobre una veintena de lagos de Europa y América[49] que las representaciones extraordinarias de criaturas de agua dulce son muy dependientes del folklore de marinos y pescadores, y que la multiplicidad de formas de las criaturas tiene su origen en un proceso de sedimentación de ideas de la tradición popular. Las representaciones más antiguas proceden del mundo marino y pertenecen al tipo «serpiente de mar», pero en el último siglo se imponen las criaturas de cuello largo, inspiradas, sin duda, por la popularidad del monstruo del lago Ness. En un estudio del monstruo del lago Storsjo (Suecia), Meurger destaca que la criatura pinnípeda de cuello largo es un ensamblaje cultural de dos animales legendarios bien conocidos por los pueblos escandinavos: el sjoorm (serpiente de mar) y el caballo marino, mientras los rasgos atribuidos al monstruo, como unas orejas de extravagantes dimensiones, son comunes al lindorm de la tradición, que se encontraban en los grabados y miniaturas sobre dragones desde el siglo xv.[50]

Resultaría ingenuo pensar que los relatos pintorescos del folklore son un reflejo fiel de sucesos históricos y que puedan referirse a la observación de animales físicos. Traspasar la frontera entre los relatos tradicionales y la historia o la biología es un salto teórico en el vacío. El folklore y la taxonomía no hacen buenos compañeros de cama.

La humanidad ha estado siempre fascinada por las profundidades de mares y lagos como receptáculo de lo maravilloso, como un mundo paralelo al nuestro en el que habitan la misma clase de seres (recordemos el «pez obispo» y el «pez fraile» de Rondelet). El lago viene a ser un espejo en el que se reflejan los misterios del mundo superior, pero su misterio se oculta en la oscuridad de las profundidades. Igualmente, en ese mundo inferior se proyecta un universo del pasado que podría seguir existiendo a través de las eras geológicas. Ahí abajo es posible el milagro de la supervivencia de la fauna del Mesozoico como un viaje de horror a la prehistoria.

49. Meurger y Gagnon, 1988.
50. Meurger, 2003, *op. cit.*

Como hemos visto, detrás de la creencia en el mokele mbembe y en los monstruos lacustres está la «dinomanía» que recorría el mundo a principios del siglo XX, en plena época de descubrimientos paleontológicos sobre grandes saurios. La imaginación se adelantó a la realidad, si es que ambas cosas son diferentes en este caso. Igual que vimos la influencia que tuvo el descubrimiento del plesiosaurio sobre la evolución del concepto de la gran serpiente marina y del monstruo del lago Ness, la idea inicial del mokele mbembe surgió en la primera década del siglo XX, cuando se instalaban en los museos de historia natural grandes esqueletos de brontosaurios y diplodocus. En aquel momento los medios de comunicación tenían un papel creciente en la difusión de noticias de alcance internacional, y la mezcla de exotismo, leyendas y sensacionalismo de la prensa formó una receta de éxito para un nuevo misterio manufacturado. El resto ya lo hemos visto en las leyendas en gestación en cada uno de los lagos que hemos visitado. En un caso, un soñador genial crea una pasión por el monstruo, en otro las artes y las variedades ponen de moda a las criaturas prehistóricas y eso se junta con leyendas locales en un cóctel explosivo. Y así sucesivamente. Ver al monstruo una vez que la cultura local lo ha creado carece de misterio, es solo lo esperado de una observación expectante, como tantas veces se ha dicho. Cuando el monstruo existe en las mentalidades, ya no puede dejar de verse.

* * *

En los últimos tiempos los monstruos de los lagos se han convertido en una suerte de iconos medioambientales, una especie de mascotas con las cuales poner el énfasis en la protección de la fauna autóctona. He encabezado precisamente este capítulo con la frase final del libro clásico de Peter Costello sobre los monstruos lacustres, donde el investigador, como creyente en la realidad de esas criaturas, deja un sentimiento de esperanza en que la naturaleza siga manteniendo algo de sus viejos secretos.

Como se comprueba en la historia de los monstruos lacustres, lo natural es su proliferación como si fueran especies invasoras.

En los países más proclives a este tipo de creencia parece que no queda una superficie de agua sin su monstruo nativo. Si pensábamos que nos encontramos en una época racionalista en la que hemos exorcizado los demonios del pasado nos equivocábamos; simplemente les hemos cambiado el significado. Lo que nos viene a revelar la evolución de los monstruos lacustres es la persistencia de las creencias en la proliferación de seres misteriosos y con poderes extraordinarios. En una naturaleza que a los urbanitas nos amedrenta y nos resulta enigmática, es fácil llegar a pensar que se ocultan portentos por descubrir. Los monstruos forman parte así de una interpretación de la naturaleza. Y cuando la necesidad de creer se une al prestigio de la marca de un Nessie o un Champ y se asocia al orgullo por el terruño, tenemos garantizado que el monstruo doméstico sobrevivirá en la voluntad de la gente. La criatura podrá ser inconsecuente con la biología y la ecología, pero no morirá en nuestra imaginación, porque querer es poder. «No podemos evitar preguntarnos si estamos tan lejos del universo mágico de nuestros ancestros —escribe Jerome Clark—, en cuyos lagos y ríos vagaban grandes serpientes y dragones.»[51] El monstruo lacustre es un mito que pervive en nuestra época racionalista igual que en tiempos de san Columba.

51. Clark, 1999, p. 269.

SEGUNDA PARTE

EL monstruo homínido

Capítulo 6

GIGANTES, RAZAS MONSTRUOSAS, HOMBRES SALVAJES Y HOMBRES-MONO

EL GERMEN DEL HOMBRE DE LAS NIEVES

> Non vestien neguno dellos ninguna vestidura,
> Todos eran vellosos en toda su fechura:
> De noche como bestias yazen en tierra dura:
> Qui los non entendiesse aurie fiera pauura.

ANÓNIMO. *Libro de Alexandre*

El término *monstruo* viene del latín *monstrum,* que a su vez procede de la raíz *monere* («advertir»), lo que significaba que el monstruo anunciaba un presagio de acontecimientos por llegar, generalmente funestos. Del equivalente griego del término, *tera,* se derivó la teratología como ciencia que estudia las malformaciones físicas. Hablando de monstruos humanos, desde la Antigüedad hubo dos clases: los monstruos interiores a la sociedad, que eran los nacimientos monstruosos, es decir, bebés con malformaciones —que eran tomados por malos augurios o advertencias divinas, como una enfermedad que afectaba al cuerpo social—, y los monstruos exteriores a la sociedad, seres exóticos componentes de razas extrañas o deformes que habitaban en los extremos del mundo. En este último sentido, todas las culturas han contemplado razas monstruosas, salvajes y bárbaras. Cada pueblo ha creído que la raza decae de una manera progresiva desde su punto central etnocéntrico, en un continuo desde la humanidad hasta la animalidad, pasando por estadios que se han podido llamar barbarie, salvajismo o monstruosidad, no en vano algunos pueblos se autodenominan con un término que en su propia lengua significa «ser humano», por oposición a los otros no humanos. La distancia geográfica ha sido desde este punto de vista una distancia ontológica, de separación de lo humano. En las mitologías y en las leyendas hay varias categorías de clasificación del otro, y algunas suponen una transición entre el hombre y el animal: el gigante, el monstruo, el salvaje y el hombre-mono. En cada una de ellas vamos a ver atributos que aparecerán en los monstruos modernos como el yeti o el bigfoot, que se suponen de carne y hueso y pueblan nuestros paisajes fronterizos.

Los monstruos humanos se han presentado como alteraciones de la naturaleza o hibridaciones que traspasan los límites entre categorías, como combinaciones de distintas partes y especies biológicas. Pero sus figuras no son caprichosas. De entre las infinitas posibles formas que pudieron tomar los seres monstruosos, solo unos pocos llegaron a tener éxito y desarrollarse. Como dice Borges: «Son muy pocos los que pueden obrar sobre la imaginación de la gente». Y también: «La zoología de los sueños es más pobre que la zoología de Dios».[1] Pero, entonces ¿por qué estos monstruos y no otros? A través de la evolución del imaginario monstruoso de nuestros días quizá encontremos algunas claves para entenderlos. En los monstruos de una cultura quedan reflejados sus miedos específicos a las amenazas de lo desconocido en la naturaleza, pero también las ansiedades más universales. Como indica Stephen Asma: «El monstruo es más que una odiosa criatura de la imaginación; es una especie de categoría cultural, empleada en dominios tan diversos como la religión, la biología, la literatura y la política».[2]

El monstruo de la Antigüedad europea surgió en la afirmación de nuestra unidad como grupo y de diferencia con los otros. Por una parte, lo monstruoso afirmaba el canon de la ortodoxia de lo que éramos y ejemplificaba en el otro la desviación de las normas,

---

1. Jorge Luis Borges y Margarita Guerrero. *Manual de zoología fantástica.* Fondo de Cultura Económica, México, [1957] 1983, p. 8.

2. Asma, 2009, p. 21.

los tabúes, la anormalidad, y se traducía en discriminación, xenofobia y racismo. En los procesos de construcción mítica de los pueblos aparecen los monstruos como la alteridad, pero de un otro radicalmente diferente, a veces no humano. El monstruo es un mito que acompaña las teogonías como símbolo de oposición a la civilización. La creación de monstruos es, así, el arma de la exclusión.

Las «razas monstruosas»

Desde la Antigüedad, cuando la mirada se dirigía a culturas lejanas cuyas costumbres parecían incomprensibles o aborrecibles, nos venía devuelta una imagen como salida de un espejo deformado. El prejuicio se extendía a pueblos enteros. A los que se encontraban en un primer círculo concéntrico, la periferia inmediata, se los consideraba bárbaros. Los pueblos del círculo más exterior y distante fueron caracterizados como «razas monstruosas». No solo eran diferentes en sus costumbres, sino que una mirada desenfocada contorsionaba los cuerpos para imaginarlos grotescos, arrojados a los márgenes de la humanidad. Las razas monstruosas fueron una constante en los relatos de viajes entre pueblos de más allá del ecúmene, de las fronteras de la civilización occidental. Los griegos de la Antigüedad situaron los seres más abstrusos y salvajes en la geografía más lejana: Libia (es decir, África), Etiopía y la India (que a veces se confundían). Fue, sobre todo, la India la morada de los monstruos, el grado más bajo de la consideración humana.

CTESIAS, MEGÁSTENES Y PLINIO, PRODUCTORES DE MONSTRUOS

Las primeras menciones a monstruos entre los griegos son muy antiguas, pero las obras de autores primitivos como Aristeas de Proconeso y Scílax de Carianda se han perdido y solo se conocen menciones a ellas. El primer autor del que tenemos descripciones de monstruos es el padre de la historia y de la antropología, Heródoto (484-425 a. C.). Escribió de los masagetas que se comían a sus parientes en festines, o de los cíclopes arimaspes que luchaban contra los grifos, entre otros muchos, además de ser el primero en mencionar a los pigmeos de las fuentes del Nilo.

El griego Ctesias, que vivió en el siglo v a. C., fue médico en la corte de Persia y allí escuchó de comerciantes que viajaban a la India descripciones sobre razas monstruosas, como los cinocéfalos, que eran hombres con cabeza de perro y que ladraban, o los panotis, que tenían unas orejas tan grandes que se cubrían con ellas como con una manta y eran tan tímidos que si alguien venía desplegaban sus orejas y salían volando. Ctesias nunca visitó la India, y desde la Antigüedad sus relatos fueron cuestionados como fantasías.

Megástenes fue emisario de Seleuco en la corte india de Chandragupta, en el siglo IV a. C., y a diferencia de Ctesias viajó por la India y describió a sus gentes, situando allí razas de hombres monstruosos como los astomi del Ganges, que no tenían boca y se alimentaban de los olores, o los antípodas, que tienen los pies orientados hacia atrás, por lo que van cuando parece que vienen y vienen cuando parece que van (atención, que vamos a encontrar esto en el yeti y otros monstruos modernos). Los relatos de Megástenes no gozaron de más crédito que los de Ctesias entre sus contemporáneos.

En el siglo I de la era cristiana, Plinio el Viejo (24-79 d. C.) fue militar y ejerció distintos cargos. En su *Historia Natural* hizo en 36 volúmenes una magna compilación de toda clase de fuentes anteriores, y en el tomo 7 escribió sobre razas monstruosas ampliando el alcance de sus predecesores. Entre sus más conocidas criaturas estaban los blemmies de la India, que no tenían cabeza y cuya cara estaba en mitad del pecho, o los andróginos, que tenían órganos de los dos sexos. Plinio recogió crónicas más antiguas de los esciápodos, que descansaban reclinados todo el día haciéndose sombra con su único pie gigante. Las descripciones de Plinio estuvieron en vigor hasta que a finales de la Edad Media los viajeros y exploradores empezaron a cuestionar su conocimiento del mundo.

Además de los autores anteriores, hubo todo un género de literatura apócrifa sobre las conquistas de Alejandro Magno en Asia, gran parte de ella consistente en cartas falsificadas. En los relatos de Alejandro se encuentran descripciones de portentos, maravillas y razas monstruosas, como, por ejemplo, hombres y mujeres peludos de la cabeza a los pies. Componen lo que genéricamente se llamó «las maravillas del Este». Al género pertenece nuestro *Libro de Alexandre* (véase encabezamiento del capítulo), aunque carezca de la fantasía de otros relatos del género.

Los pueblos lejanos fueron considerados monstruosos, en primer lugar, por su aspecto deformado, como los blemmies acéfalos y los esciápodos de un solo pie, a los que se representaba desnudos como señal de barbarie. Además de su aspecto, esos pueblos podían tener costumbres monstruosas, es decir, incomprensibles, como las de los gimnosofistas, santones indios que hacían vida inmóvil dedicada a la meditación. Las costumbres alimentarias también convirtieron al otro en monstruo, sobre todo, a los antropófagos, que se comían a sus ancianos y entraban por ello en una categoría de monstruosidad moral, pero también a los lotófagos, o comedores de loto de Homero, o a los ictiófagos, que solo comían pescado. Otra barrera definitoria de lo humano era el habla, y, por tanto, eran monstruos los que tenían lenguajes incomprensibles o no hablaban, como los trogloditas de Plinio o los astomi, que no tenían boca y se alimentaban de olores, pero también los que solo emitían sonidos de animales, como cantos de pájaros o gruñidos de cerdos.

El grado de humanidad o animalidad era fluido y móvil, aunque, por lo general, se consideró humanas a las razas monstruosas que tenían al menos cabeza de hombre. Lo curioso es que los cinocéfalos —que tenían cabeza de perro, se comunicaban por ladridos, copulaban en público y tenían cola— fueron considerados humanos porque además de decir algunas palabras contaban con un grado de organización social. Ibn Battuta los describió vestidos, viviendo en sociedad en cabañas y dedicados al comercio.[3] Es curioso que en la cristiandad oriental se representara a san Cristóbal como uno de estos cinocéfalos. Y al contrario que ellos, los pigmeos fueron descritos en la Edad Media como seres irracionales, animales.

3. Vladimir Acosta. *La humanidad prodigiosa. El imaginario antropológico medieval*, tomo II. Monte Ávila Editores Latinoamericana, Universidad Central de Venezuela, Caracas, 1996, pp. 265-266.

Cinocéfalo.

Pero contra la idea de que el cinocéfalo era solo una elaboración etnocéntrica occidental, David G. White ha destacado cómo el mismo mito del perro-hombre existía también en las civilizaciones de China y la India. Los misterios de Oriente de los europeos eran para los chinos los misterios de Occidente y para los indios los misterios del norte, o hiperbóreos, que venían a confluir en los territorios del Asia Central.[4] Los viajeros llegaban a territorios lejanos, asimilaban de la población local sus leyendas sobre monstruos y seres mitológicos, y las trasladaban en sus crónicas como si hablaran de bestias que hubieran visto en carne y hueso. Megástenes, por ejemplo, se inspiró en los poemas épicos indios. Estos viajeros no conocían los animales exóticos de aquellos continentes, particularmente los primates, y podemos suponer que interpretaron las informaciones sobre ellos como razas pseudohumanas. Algunas de estas descripciones de razas monstruosas se ha pensado que procedían de observaciones de hombres reales, mientras que especies híbridas como los cinocé-

4. David Gordon White. *Myths of the Dog-Man*. The University of Chicago Press, Chicago, 1991.

falos podrían ser errores de percepción de los babuinos, o los pigmeos y los sátiros de Plinio podían ser monos.[5]

Aunque algunos autores desde la Antigüedad, como Estrabón, pusieron en duda la realidad de esos monstruos, sin embargo, los citaban, con lo que contribuyeron igualmente a mantener vivos los mitos. Se fueron así repitiendo estereotipos monstruosos de un autor a otro hasta el Renacimiento. En el fondo no había nada *contra natura* en las razas monstruosas. Para los antiguos, como Plinio, la naturaleza tendía a la diversidad, y alcanzaba su plenitud y su diversificación en las regiones ecuatoriales y distantes. Incluso para el cristianismo medieval, por su vocación ecuménica de abarcar a todos los seres, los monstruos eran parte del plan divino y mostraban la voluntad del Creador. Para san Agustín, los monstruos poseían chispa divina, formaban parte de la humanidad como descendientes de Adán y eran una dimensión más de la belleza de la Creación. Y san Isidoro admitió en sus *Etimologías* la existencia de pueblos monstruosos, pero definitivamente humanos. Según una versión medieval, la monstruosidad procedería del pecado de Caín, pues, como dice el Génesis, tras matar a su hermano Abel, Caín se fue al Este del Edén, es decir, a vivir como un salvaje en Asia. Pero si toda la humanidad pereció en el Diluvio, entonces había que hacer derivar las razas monstruosas del hijo maldito de Noé, Cam, o más bien de su hijo Canaán y toda su descendencia. El color oscuro de las razas periféricas sería una manifestación de este castigo divino a toda una estirpe.

Así pues, la idea de la monstruosidad de los pueblos lejanos está incrustada en nuestra psique desde la Antigüedad. Quién sabe si aún permanece en algún oscuro rincón de ella.

---

5. John Block Friedman. *The Monstrous Races in Medieval Art and Thought*. Syracuse University Press, Syracuse, Nueva York, 2000, p. 24; Asma, 2009, p. 45.

Gigantes sobre la Tierra

El monstruo y el gigante a veces son equivalentes. El monstruo es casi siempre por definición un personaje hiperbólico, imponente, pues el gran tamaño presupone fuerza bruta. Los desfiles de gigantes y cabezudos de las fiestas populares nos hablan de la fascinación que ha ejercido el gigante. Los hay literarios, como Gargantúa y Pantagruel, de las novelas de Rabelais, pero no voy a entrar en la ficción y la fantasía. Interesan más a los efectos de este libro los gigantes mitológicos, pues los mitos influencian el presente. Desde el cíclope Polifemo de la *Odisea,* los gigantes han estado presentes en el imaginario de todas las épocas. En sus inicios eran seres cósmicos, expresión de lo grande y poderoso, pero desordenado y caótico, un símbolo de las fuerzas naturales. Vencerlos es vencer al Caos. En la mitología céltica irlandesa estaban los Fomoré, primeros habitantes de Irlanda, el más famoso de los cuales era Balor, un cíclope descomunal. En la Biblia tenemos gigantes de varias tallas, empezando por la XXL de los Nefilim del famoso pasaje del Génesis 6.4: «Existían entonces los gigantes en la tierra, y también después, cuando los hijos de Dios se unieron con las hijas de los hombres y les engendraron hijos. Estos son los héroes famosos muy de antiguo».[6] En vez de gigantes en sentido literal, «los monstruos son aquí, como en cualquier otra parte, representaciones convenientes de otras culturas, generalizadas y demonizadas para imponer una noción estricta de la uniformidad de grupo»,[7] ha escrito Jeffrey J. Cohen. En todas partes encontramos miedo a la contaminación, a la impureza y a la pérdida de identidad. La conversión del enemigo en monstruo gigante queda aún más clara en la figura del más famoso de estos energúmenos, Goliat. Y sabemos que toda lucha contra el monstruo es un acto heroico, de ahí la fama de David.

---

6. Sagrada Biblia. Versión de Eloíno Nácar Fuster y Alberto Colunga Cueto. Biblioteca de Autores Cristianos, Madrid, 1969, Génesis 6.4.

7. Jeffrey Jerome Cohen. «Monster Culture (Seven Thesis) .» En J. J. Cohen (ed.). *Monster Theory. Reading Culture.* University of Minnesota Press, Minneapolis y Londres, 1996.

Los mitos de Mesoamérica han tenido a los gigantes como la raza primigenia, y en algunas culturas aún se cree en la existencia de gigantes caníbales (*caníbal* era lo peor que se podía decir de alguien). A veces se describe a los gigantes con piel pedregosa, parecen estar constituidos de piedra más que de carne y hueso.[8] Este concepto puede tener que ver con la calidad simbólica del gigante como constructor del mundo en algunas tradiciones. Sus hombros se convierten en montañas; sus huesos, en rocas; su sangre, en ríos y mares. «Es la imagen de nuestra unión con el mundo»,[9] ha escrito Pennick. Los gigantes están asociados con los raptos, los destrozos y las calamidades. En Tierra del Fuego una criatura gigantesca e invisible llamada Taquatu secuestraba a quien se encontraba en el bosque. Y en la Patagonia un «hombre negro» inmenso llamado Yaccy-Ma era muy temido por los destrozos que provocaba, y se le echaba la culpa de enfermedades, tempestades y otras calamidades. En las tradiciones de los indios de Norteamérica hay gigantes que viven en los árboles o en cuevas, que destruyen las aldeas de los indígenas, que secuestran y comen niños. Más adelante veremos cómo esos gigantes quedarán convertidos por la criptozoología en el sasquatch, en un ejercicio sin freno de contorsión de las tradiciones para adaptarlas a las creencias modernas.

Además de relatos míticos y restos fósiles, hay informes históricos sobre la observación de hombres gigantes en los extremos del mundo. Los más famosos proceden de la mente del mitómano conocido como sir John de Mandeville.

SIR JOHN DE MANDEVILLE, FABULADOR

El *Libro de las maravillas del mundo,* también conocido por *Viajes de Juan de Mandeville,* es un relato ficticio del siglo XIV sobre viajes por varios continentes. El desconocido autor, que pudo ser francés o flamenco, fue con seguridad un viajero de sillón que nunca estuvo en los sitios descritos. En los *Viajes* se relatan sucesos asombrosos de más allá del río

---

8. Varner, 2007.
9. Nigel Pennick. *Celtic Sacred Landscapes.* Citado en Varner, 2007, p. 64.

Ganges, como que había gigantes de 9 m de altura cubiertos de pieles y que eran proclives a comer carne humana; si veían un barco se metían en el mar, cogían a dos marineros en cada mano y se los tragaban. Alguien le contó de otros gigantes aún más grandes —el doble de grandes— que vivían en una isla más lejana y tenían las mismas perniciosas costumbres. Mientras que otras crónicas de viajeros reales como Guillermo de Rubrouck no tuvieron mucha difusión, el libro *Viajes de Juan de Mandeville* fue un *best seller* en Europa.

A pesar de lo dicho sobre la obra, Kappler no cree que Mandeville fuera un «mistificador», sino un «fabulador». Distingue estos términos señalando que Mandeville no se inventó sus descripciones, sino que se basó en autores anteriores para recrearlas y adornarlas. Es decir, que se sometió a un pensamiento mítico preexistente. Es desde ese punto de vista que Kappler habla de «fabulación» en la creación de monstruos.[10]

Una crónica más realista que la de Mandeville, y quizá la más conocida sobre hombres gigantes, es la que hizo el cronista de la expedición Magallanes-Elcano, Antonio Pigafetta, sobre los indios patagones. Durante la parada de las naves en la bahía de San Julián, en Argentina, vieron a «un hombre de estatura gigantesca». Estaba en la playa casi desnudo, cantando y danzando», escribe Pigafetta, y añade: «Este hombre era tan alto que con la cabeza apenas le llegábamos a la cintura».[11] Se ha dicho que los indios tehuelches eran muy altos, pero en la descripción podría haber una cierta exageración, por mucho que hubieran encontrado a un individuo de especial estatura. El nombre *patagones* que les dio Magallanes se ha querido explicar por el término «patones», de patas grandes, pero fue solo años más tarde que se habló de sus pies grandes y se encontraron huellas de gran tamaño de sus pies. Parece más probable que Magallanes los llamara patagones por la novela de caballerías *Primaleón*, que se había publicado unos años antes. Recordemos que las novelas de caba-

10. Kappler, 1986.
11. Antonio Pigafetta. *Primer viaje alrededor del globo*. Ediciones Orbis, Barcelona, 1986, p. 47.

llerías fueron una gran fuente de inspiración para los descubridores del Nuevo Mundo, que pusieron nombres de aquellas novelas a los lugares que fundaban. Pues bien, un personaje de *Primaleón* es un gigante salvaje de catadura espantosa, «el Gran Patagón».[12] Los marinos ilustrados como Magallanes y Pigafetta, que, sin duda, conocerían la novela, debieron de encontrar semejanzas entre aquellos indios altos y el Gran Patagón novelesco. Linneo creó en su *Systema Naturae* (1735) la categoría de *Homo monstruosus* para situar en la escala natural a los gigantes patagónicos.

La creencia desde antiguo en los gigantes pudo estar basada en parte en sus supuestas pruebas. Nadie culparía a los pueblos de la Antigüedad si, mirando los monumentos megalíticos, creían que en el pasado habían existido gigantes sobre la Tierra. ¿Quién, si no, hubiera podido mover aquellas piedras? También sería lógico, al ver unos huesos descomunales enterrados, pensar que habían pertenecido a razas de gigantes. Empédocles cuenta en el siglo V a. C. que en Sicilia se habían descubierto huesos de gigantes, y Giovanni Bocaccio anunció el descubrimiento en una cueva de Sicilia de un cíclope cuyo esqueleto medía 100 m. Tres siglos más tarde el esqueleto fue analizado por Atanasius Kircher, que rebajó su estatura a 10 m. Gracias al dibujo que hizo de una restauración del cráneo se supo después que pertenecía a un elefante. En 1577 se encontraron los huesos del llamado «gigante de Lucerna» (Suiza), que según un médico local medía 6 m de altura. No fue hasta el año 1800 que J. F. Blumenbach despejó la incógnita: los huesos eran de un mamut lanudo *(elephas primigenius)*. Otro caso parecido fue el del «gigante de Krems», ciudad austriaca en la que se encontró en 1645 lo que se creyó el cuerpo de un gigante, del que un diente pesaba 5 libras. Para desencanto de los austriacos, los huesos pertenecían igualmente

---

12. Javier Roberto González. *El nombre de la Patagonia: historia y ficción.* Pontificia Universidad Católica de Chile, Santiago, segunda edición 2019. Y Miguel Doura. «Acerca del topónimo Patagonia, una nueva hipótesis de su génesis.» *Nueva Revista de Filología Hispánica,* n.º 1, 2011.

a un mamut lanudo.[13] Se ha supuesto que los cráneos de elefante, que tienen un orificio nasal en medio de la cara debieron de ser la fuente de inspiración para la ideación de la figura mítica del cíclope de un solo ojo, como ha deducido Adrienne Mayor.[14] Las mitologías están llenas de criaturas desmesuradas.

Tanto o más que a exageraciones, el tema de los hombres gigantes se ha prestado de una manera especial a fraudes y bromas. En 1613 el cirujano francés Mazurier desenterró los huesos de un *dinotherium* y proclamó que los había encontrado en una tumba con la inscripción del nombre del rey Teutobochus. Más estrambótico aún es el hallazgo en Cumberland de un gigante de 4 m de estatura que estaba vestido con su armadura de guerra y con su espada. ¡Sus dientes medían 15 cm de largo![15] Pero la más famosa de estas fabricaciones fue el «gigante de Cardiff», en el estado de Nueva York. La prensa publicó en 1869 que un campesino llamado George Hull había encontrado un cuerpo humano de 3 m de altura fosilizado, petrificado. Pero no era de piedra, era una fantasiosa creación hecha con yeso. Hull había querido burlarse de la creencia de la Iglesia metodista de que el Génesis 6.4 decía la verdad y que en el pasado habían existido gigantes sobre la Tierra. El empresario circense Barnum quiso comprar el gigante, pero no pudo, y le dio tanta envidia que mandó fabricar una réplica y la puso de gira.[16] Cuando el pleito contra Barnum por falsificación llegó ante el juez, la superchería quedó al descubierto.

Los gigantes tal como los retratan los mitos no existen, pero es verdad que ha habido hombres muy altos, como fue el caso en el siglo XIX del extremeño Agustín Luengo (fue luengo en altura, que no en vida, pues murió a los veintiséis años), que llegó a medir 2,35 m de estatura. Llevó una corta vida de sufrimientos

13. Ley, 1963.

14. Adrienne Mayor. *The First Fossil Hunters: Dinosaurs, Mammoths, and Myth in Greek and Roman Times.* Princeton University Press, 2011.

15. Rupert Gould. Enigmas: *Another Book of Unexplained Facts* (1945). Citado en Varner, p. 66.

16. Brian Regal. *Pseudoscience: A Critical Encyclopedia.* ABC-CLIO, Santa Bárbara, 2009.

por la enfermedad de acromegalia que padeció. Según la leyenda, el doctor Pedro González de Velasco había llegado a un acuerdo con él antes de su muerte para que su esqueleto quedara a cargo del museo que este había montado, que fue el precedente del actual Museo Nacional de Antropología de Madrid, donde hoy día está el esqueleto en exposición. Pero muchos de los rumores sobre Luengo se propagaron muchos años después de su muerte, a inicios del siglo XX, sin ninguna fuente verificable de ellos. Otro caso conocido es el del vasco Miguel Joaquín Eleicegui Arteaga, conocido como «el gigante de Altzo», que fue exhibido por toda Europa de manera parecida a las atracciones Barnum. Eleicegui sufrió acromegalia, por lo cual no dejó de crecer hasta su muerte a los cuarenta y tres años, en que llegó a alcanzar los 2,42 m de estatura. En 2017 se realizó sobre su caso una gran película: *Handia*. El caso más espectacular es el del norteamericano Robert Wadlow, que desde 1940 es el récord Guinness del hombre más alto de la historia. Sufría una hiperplasia de la glándula pituitaria que le hizo alcanzar los 2,75 m de altura en el momento de su muerte a los veintidós años.

Casos como estos han podido dar lugar a leyendas en el pasado, pero no es necesario recurrir a casos reales para justificar la mitología de los gigantes. En el próximo capítulo veremos cómo los mitos de los indígenas de Norteamérica sobre gigantes, salvajes peludos y espíritus malignos se juntarían en la creación del sasquatch.

El «hombre salvaje»

Mientras que las «razas monstruosas» eran una clasificación de pueblos lejanos en las lindes de la civilización, el mito del «hombre salvaje» se refiere a individuos de nuestra propia sociedad que viven al margen de ella en estado de salvajismo, a veces de locura añadida. Desde la *Epopeya de Gilgamés,* escrita hace más de cuatro mil años, tenemos al salvaje mítico. Enkidu es como una bestia de apariencia humana creada de arcilla por la diosa de la Tierra, Aruru, para enfrentarse al héroe Gilgamés. Pero los dioses hacen que la sacerdotisa Shamhat seduzca a Enkidu, y este sea domado por la sexualidad femenina. Enkidu representa aquí la naturaleza salvaje.

El antropólogo mexicano Roger Bartra se ha centrado sobre el mito occidental del salvaje. Su tesis es que «el salvaje es un hombre europeo, y la noción de salvajismo fue aplicada a pueblos no europeos como una transposición de un mito perfectamente estructurado cuya naturaleza solo se puede entender como parte de la evolución de la cultura occidental».[17] Pero como escribe Dickason: «La ironía suprema es que los amerindios tenían su propio hombre peludo mitológico, que también era una figura del bosque».[18] Como vamos a ver más adelante, los mitos sobre hombres salvajes surcan diferentes culturas y geografías, de tal modo que la identidad del hombre que se considera civilizado se ha construido por comparación con la imagen del otro como un bárbaro o un salvaje. Es así que, en base a leyendas sobre «hombres salvajes» asiáticos y norteamericanos, se va a dar lugar a un nuevo legendario: el del monstruo homínido que vamos a estudiar en los próximos capítulos.

En el mito del «hombre salvaje» europeo encontramos muchas características que nos pueden ayudar a entender las criaturas a estudiar en este libro. El mito surge a partir del siglo XII, sobre todo, en el norte de Europa, donde se representó al *Homo sylvestris*, u *Homine agreste*, como todo lo opuesto al hombre civilizado: corpulento, con pelo largo y vello espeso en el cuerpo, desnudo o cubierto con hojas o pieles y blandiendo un garrote (no puede faltar el garrote en manos del salvaje). El hombre con el cuerpo cubierto de vello espeso se convierte en una convención artística, con el estigma de un estado mental inferior y brutal, y asociado moralmente con el pecado. A medida que el hombre medieval fue haciéndose más obsesivo con una estructura social ordenada, los *homines agrestes* representaron lo opuesto. «En el hombre salvaje se sublimaron las fobias preeminentes de la so-

---

17. Roger Bartra. *El salvaje en el espejo*. Destino, Barcelona, 1996, p. 16.
18. Olive Patricia Dickason. «The Concept of L'Homme Sauvage.» En Halpin y Ames, 1980, p. 77.

ciedad medieval —el caos, la locura, la impiedad»,[19] escribe Timothy Husband. Se ha interpretado al hombre salvaje como un símbolo de la tensión entre la moral cristiana y la naturaleza biológica, una proyección de las pulsiones del alma animal que habitan en el ser humano. Según el prejuicio, el hombre salvaje era incapaz de controlar sus pasiones, tenía una sensualidad animal y un comportamiento depredador que lo hacía asaltar y raptar mujeres en los bosques. Durante determinadas fiestas, como el carnaval, la población daba rienda suelta al yo salvaje con vestidos harapientos, hojas o pieles, en una recreación del salvaje. Una imitación habitual del carnaval es la del salvaje como un oso o un lobo, y más modernamente como un gorila.

Además del hombre que es salvaje por su propia naturaleza, con el cuerpo piloso, en las leyendas medievales y en la literatura —sobre todo, en las novelas de caballerías— se encuentra también la figura del noble o el santo que pasa por un periodo transitorio de locura en que se lanza al bosque para vivir como un salvaje, o bien el salvaje es sacado de su estado por la intervención divina. Dos personajes destacan en este arquetipo: Merlín y san Juan Crisóstomo. No nos vamos a detener en sus historias, pero sí mencionaré su paralelo en la cultura catalana: la leyenda del monje anacoreta Joan Garí, o Juan Garín. Dícese que el diablo, para arruinar la vida de santidad del monje, lo tentó y engañó, con tal éxito que Garín violó a una joven y la arrojó después por un acantilado. No siendo digno de ser persona, el papa le impuso para penar su pecado vivir como una bestia. Cubierto de pelo y sin habla, vivió solo en Montserrat y fue capturado como una alimaña por unos caballeros y encerrado en una jaula. Tras ser regalado a un conde, fue perdonado por este. En ese momento Garín se incorporó del suelo como un hombre. Al final resulta que la joven arrojada al barranco no murió, sino que se encontraba viva y en su estado normal. La leyenda de Joan Garí es una adaptación local de las leyendas de Jacobo el Ermitaño, del siglo VI, y de san Juan Crisóstomo, del siglo XIII, y tiene precedentes en

19. Timothy Husband. *The Wild Man. Medieval Myth and Symbolism.* The Metropolitan Museum of Art, Nueva York, 1980.

las leyendas irlandesas, en las que el estado salvaje representaba un rito de paso para alcanzar la condición sacerdotal o real. Es un estereotipo que la locura y el salvajismo se curan por la gracia divina o el amor de una mujer, y la persona es así restaurada a su condición original. Como ha dicho Bartra, estas historias «tienen en común la idea de que para alcanzar la sabiduría o la santidad es preciso asimilarse al mundo bestial, confundirse con la naturaleza para vivir una existencia silvestre y sentir en carne propia las leyes del cosmos».[20]

Juan Garín cobró una nueva vida en la cultura contemporánea cuando fue celebrado literariamente por los exponentes de la Renaixença catalana como Jacinto Verdaguer y Joan Maragall, y dio lugar a otros productos culturales. Tomás Bretón le compuso una ópera, y Agustín de Foxá una obra de teatro, lo que demuestra el atractivo salvaje del personaje.

En el lado francés de los Pirineos pervive otra leyenda: la del simiot, un personaje del folklore catalán del que escribió el folklorista Joan Amades. Los simiots eran híbridos entre personas y animales, como hombres-mono peludos, y según algunas versiones tenían cuernos y pies de cabra. Vivían en los árboles, raptaban a los niños, provocaban tempestades y causaban estragos en los cultivos. Amades los consideró relacionados con los sátiros y faunos. Las primeras noticias de los simiots se remontan al siglo X, cuando la zona de Vallespir, en el sur de Francia, sufrió una plaga de ellos. Como en otras tradiciones de intervención de santos contra los monstruos (como la de san Columba con el supuesto monstruo del lago Ness), el monje Arnulfo pidió ayuda al papa, y este le ofreció como protección contra los simiots las reliquias de los santos Abdón y Senén. Gracias a ellas los simiots desaparecieron de la zona. En los años cincuenta del siglo XX los campesinos hablaron a Joan Amades de los simiots como si no fuese una cosa tan lejana en el tiempo, pues por entonces aún subsistía la creencia en esos seres.[21]

20. Bartra, 1996, *op. cit.*, p. 74.

21. Jesús Callejo. *Dueños de los sueños*. Martínez Roca, Barcelona, 2001, pp. 185-186.

Pero además de leyendas medievales se cuenta con relatos de encuentros con supuestos hombres salvajes reales. En el siglo XIII Alberto Magno escribió en *De Animalibus* sobre la captura en Sajonia de una pareja de monstruos peludos de los bosques, y dice que la hembra murió y el macho vivió en cautividad, donde llegó a aprender a pronunciar algunas palabras. Otro ejemplo: en el texto didáctico noruego *Konungs skuggsjá (Espejo del rey)*, de alrededor del año 1250, se describe que...

> [...] una criatura viva fue capturada en el bosque, ni se pudo decir definitivamente si se trataba de un hombre o de algún otro animal, porque nadie podía sacarle una palabra o asegurarse de que entendía el lenguaje humano. Tenía forma humana, sin embargo, en cada detalle, tanto en la cara y en las manos y los pies, pero todo el cuerpo estaba cubierto de pelo tal como en los animales.

Aunque el inicio de la iconografía del hombre salvaje se data en el siglo XII, su desarrollo se produjo en las artes decorativas durante el siglo XV, en ornamentaciones vegetales, tapices, orfebrería, heráldica y arquitectura. Esta temática tendría su motivación, por una parte, en la atracción que el pueblo sentía por lo maravilloso, y por otra en el gusto cortesano por lo silvestre, que en conjunto dio lugar a una mezcla de miedo y fascinación por el salvaje. Existen muchos ejemplos en la arquitectura española de representaciones de hombres salvajes, desde la alhambra de Granada hasta la catedral de Toledo.[22] En los escudos heráldicos el salvaje se convierte en un símbolo guardián de la naturaleza y de las casas nobiliarias. Más de 200 familias europeas, sobre todo del norte, tienen hombres salvajes en sus emblemas heráldicos.[23] En España varias familias tenían al salvaje como tenente de su escudo de armas, representando la fortaleza de la dinastía, aunque con el tiempo terminara por ser solo un motivo decorativo.

22. Diana Olivares Martínez. «El salvaje en la Baja Edad Media.» *Revista Digital de Iconografía Medieval*, vol. V, n.º 10, 2013.
23. Puede verse un buen número de emblemas en la Wikipedia en «Wild Man in Heraldry.»

Como señala Friedman, «en tales escenas heráldicas el hombre salvaje se ha convertido en servidor del hombre civilizado, su violencia está ahora domeñada para salvar y apoyar un símbolo de la nobleza».[24] Las novelas de caballerías incluyeron frecuentemente hombres salvajes, como vimos antes con el Primaleón.

Ilustración basada en el Hombre salvaje con escudo de Martin Schongauer, de 1490.

El mito del hombre salvaje sirvió para reforzar los valores de la sociedad feudal, pero «cuando esta sociedad empezó a disolverse así lo hizo el mito que fue diseñado para reforzarla»,[25] según Husband. Y mientras que el hombre salvaje había sido en la Edad Media una señal de la ira de Dios o el aviso de males futuros, a partir del siglo XVI, con el conocimiento de los pueblos de América, Asia y África, algunos conquistadores, misioneros y pensadores empiezan a ver a los salvajes como seres

24. Friedman, *op. cit.*, p. 201.
25. Husband, *op. cit.*, p. 17.

gentiles llenos de pureza. André Thevet, en 1557, se vio obligado a desmentir que los salvajes americanos fueran peludos, atribuyendo esa falsa concepción a que vestían con pieles.[26] Identificado inicialmente en el norte de Europa con el diablo cómico Hellequin, el salvaje pasó a convertirse en la Comedia del Arte en el personaje de Arlequín, en el que los ropajes andrajosos hechos de remiendos se han estilizado hasta llegar al traje de rombos que todos conocemos. En 1721 se estrenó en París con gran éxito la obra *Arlequin sauvage (Arlequín salvaje)*, en la que este personaje principal es un indio americano traído a Europa, donde su sencilla autenticidad prevalecerá sobre las consideraciones sociales, consiguiendo Arlequín finalmente el amor de Violette. De ahí a que el salvaje fuera considerado un dechado de las virtudes perdidas por la civilización, solo había un paso. La idealización del hombre salvaje como ser que vive en una naturaleza prístina en armonía con una naturaleza idílica fue un motivo de fascinación de los pensadores de la Ilustración. Se mitificaba así al «buen salvaje». La ironía es que los indios americanos tenían sus propios mitos de hombres salvajes, como veremos más adelante, y de ellos se derivarán las criaturas como el bigfoot.

Los «niños salvajes» fueron una subcategoría particular del mito, en este caso relacionado con el salvaje transitorio que es sacado a la civilización. Recordemos a Kaspar Hauser, que en 1828 apareció de la nada sin saber hablar ni una palabra, un caso que intrigó a la Europa de la época. Los niños salvajes ya no representarán un estado natural del hombre, sino una patología que los ha separado de su medio social. La literatura se dejó seducir por el enigma y ofreció ejemplos de niños salvajes criados entre las bestias de la selva: Mowgli, ideado por Kipling en *El libro de la selva*, ha sido criado por una manada de lobos, como Rómulo y Remo, y vive entre las fieras. El Tarzán de Burroughs se crio entre los simios, y se convierte en guardián y rey de los animales, una temática tan antigua como el personaje de Enkidu de la epopeya de Gilgamesh.

26. Dickason, *op. cit.*

Desde el siglo XIX, con el ascenso de la idea de la evolución humana desde los primates, los biólogos evolucionistas quisieron ver en el salvaje un ancestro de la humanidad, un eslabón perdido, pero también un estadio anterior de la civilización. El hombre de las cavernas, vestido con pieles, blandiendo su porra y arrastrando a su mujer por los pelos, llegó hasta nosotros como una típica viñeta humorística en los cómics infantiles. La antropología cultural presentó a los pueblos «primitivos» como comunidades ideales que habían quedado aisladas al margen de la civilización, cuando la verdad de algunas de ellas es que, lejos de vivir en un estado prístino de primitivismo, se encontraban en conflicto con el estado en el que habían quedado enmarcadas.

Para darnos cuenta de la atracción que sigue ejerciendo el hombre salvaje en nuestros días, quiero recordar la sensación que produjo el descubrimiento en Filipinas en 1971 de una tribu troglodita que vivía «en la edad de piedra»: los tasaday. Se trataba de una pequeña comunidad que vivía aislada en la selva del sur de la isla de Mindanao, una zona que se declaró de acceso restringido durante la dictadura del presidente Ferdinand Marcos. Y el descubridor era un ciudadano filipino de la élite de origen español: Manuel (Manda) Elizalde. Pero tras la caída del dictador Marcos en 1986 los antropólogos pudieron acceder libremente a la zona y se encontraron con que aquellos que habían aparecido ante la prensa viviendo en cuevas y vistiendo en taparrabos vivían en el pueblo más cercano y vestidos a la occidental. Inmediatamente saltó el escándalo como el mayor fraude en la historia de la antropología cultural. El caso levantó una gran controversia científica entre los detractores y los que defendían la autenticidad de aquella cultura separada, alegando que la pequeña comunidad había vivido aislada en condiciones muy precarias, aunque no fueran en absoluto primitivos ni de la Edad de Piedra. Conocí esta historia en el primer periodo que viví en Filipinas, entre 1997 y 2000, y me atrajo igual que a los ávidos lectores de la revista *Life,* que publicó el sensacional descubrimiento, además con el incentivo añadido de que conocí a personas muy cercanas a aquel suceso.

Lo que nos dice todo esto es que en nuestra era tecnológica y de aislamiento urbano, en el fondo de todos nosotros aún late una pasión por la naturaleza y la vida primitiva. ¿Será verdad que llevamos en nuestro interior el instinto del hombre salvaje medieval que quiere liberarse? Mirémonos el vello, no sea que esté creciendo.

El hombre-mono

Desde Platón y Aristóteles, todos los seres vivos estaban organizados en una escala creciente de perfección desde los organismos más simples hasta el *ens perfectissimum,* a lo largo de un infinito número de eslabones. Esa escala progresiva se llamó «la gran cadena del ser». En esta «escala naturae» había una relación de continuidad entre los seres en unidad y armonía dentro de un plan universal. Cada especie ocupaba un lugar preciso en la jerarquía de los seres, y no podía haber huecos vacíos entre distintos reinos de la naturaleza. La idea de una continuidad natural entre los seres vivos llevó a concebir mezclas entre hombres y otras especies, como los «hombres marinos» llamados tritones, nereidas o sirenas. Los eslabones de la cadena que unían el mundo vegetal y el animal, y este con el hombre fueron del máximo interés de los naturalistas a partir del desarrollo de las ciencias de la naturaleza, de ahí que cuando la teoría de la evolución trató con cráneos humanos se pensó que había un «eslabón perdido» de la cadena que uniría a los simios con el hombre. En esta escala, los monstruos y el hombre-mono eran criaturas que desafiaban su adscripción a una especie determinada, ya fuera animal o humana. Eran seres híbridos, liminales (de *limen,* «límite o umbral»), es decir, que se ubicaban en el límite entre categorías.

La línea de separación entre el hombre y el simio ha sido borrosa en las crónicas de los exploradores y descubridores desde la Antigüedad. En el *Periplo de Hannón* se relata que este navegante cartaginés de entre los siglos vi y v a. C. encontró en algún lugar de la costa occidental de África a gente salvaje, en su mayor parte hembras, cuyos cuerpos tenían pelo, y recibieron por

211

ello el nombre griego de *gorillai,* por «tribu de mujeres peludas».
Describió Hannón una isla...

> [...] llena de gente salvaje, la mayor parte de la cual eran mujeres,
> cuyos cuerpos estaban cubiertos de pelo, y que nuestro intérprete
> llamó Gorillae [...] Todos huyeron de nosotros, saltando sobre los
> precipicios, y defendiéndose con piedras. Tres mujeres fueron, sin
> embargo, capturadas [...] Habiéndolas matado, fueron despelleja-
> das, y trajimos sus pieles con nosotros a Cartago.

Se ha especulado con que pudieran ser gorilas o chimpancés.
Plinio el Viejo llamó a los grandes monos de África «hombres
con rostros de animal», aunque lo mismo hubiera podido decir
animales con cuerpo de hombre, ya que lo animal y lo humano
solo se diferenciaban por una suma de rasgos. Según Herbert
Wendt, los griegos y los romanos dieron nombres como gorgo-
na, sátiro o fauno a los antropoides africanos, y en Asia llamaron cinocéfalo al que pudo ser un mandril.[27] Alberto Magno, en
el siglo XIII, consideró que los pigmeos eran *similtudines homi-
nis,* semejantes a hombres, como un intermedio entre el hombre
y la bestia, en lo que sería una temprana versión del «eslabón
perdido», y por su influencia santo Tomás de Aquino tomó a los
pigmeos por los más perfectos de los animales, inmediatamente
por debajo del hombre. Si hablaban no era por razón, sino por
instinto. La confusión entre monos y hombres al hablar de los
pigmeos estará presente durante largo tiempo entre los viajeros.
Marco Polo llamó la atención hacia un fraude que se realizaba
en Sumatra con cadáveres de monos para hacerlos pasar por
hombres enanos. Resulta paradójico que mientras al pigmeo se
le tomaba por animal, al cinocéfalo con cabeza de perro se le
consideraba hombre. De toda esta confusión viene que el nombre científico del orangután siga siendo *Pongo pygmaeus.* «La
línea entre el hombre, los monos, los simios antropoides e incluso los osos no era en absoluto clara para la mente del Renaci-

27. Herbert Wendt. *El descubrimiento de los animales.* Planeta, Barcelona,
1982, p. 48.

miento»,[28] escribe Dickason. Y cita un texto en que Plinio describe al pueblo de los Choromandae, que serían monos o gibones.
La idea del hombre salvaje contenía elementos de los simios, que
eran descritos como humanos sin habla. En la conquista de América se dijo que los españoles consideraban los simios como una
raza de personas que rehusaban hablar para no verse obligados
a vivir en sumisión.[29] También se creía que los monos habían
sido el producto del mestizaje entre mujeres y animales, o que el
diablo actuaba en competencia con Dios produciendo al primate
como una versión distorsionada del hombre.

En Asia algunos relatos sobre hombres-monos u hombres-osos
han sido asociados en la moderna criptozoología a los «hombres
de las nieves», o yetis, ya que en algunas culturas asiáticas la línea divisoria entre hombres, simios y osos no siempre ha sido
clara, y en algunas tradiciones sigue sin serlo. En el siglo XIII dos
enviados al país de los tártaros —Pian de Carpine como legado
pontificio y Willemus de Rubruck en representación de san Luis
rey de Francia— hablaron a su vuelta de hombres salvajes en
Mongolia que desconocían el lenguaje y vestían con pieles. En
este relato los criptozoólogos han querido encontrar una primera crónica del almas, como se llama al yeti del centro de Asia,
aunque también podrían ser hombres en estado primitivo o simios a los que la imaginación dotaba de atributos humanos. Tenemos también la crónica del aristócrata de Baviera del siglo XV
Johann Schiltberger, que fue hecho prisionero por los turcos y
vendido al khan, y a su vuelta después de 30 años de estancia en
Asia escribió sobre unos salvajes cubiertos totalmente de pelo
excepto la cara y las manos. Lo que pudo haberse referido a monos ha quedado asociado inevitablemente al yeti por los especialistas de este tema.

Con los inicios de las ciencias naturales se hacía necesario
clasificar a los seres vivos en el orden natural de la taxonomía,
para lo cual era indispensable encontrar las características distin-
tivas de la especie humana en su diferenciación con los animales,

28. Dickason, *op. cit.*, p. 74.
29. *Ibid.*, p. 74.

especialmente con el simio, al que se veía como semihumano. En las zonas remotas del mundo es donde se creía poder encontrar a estos seres semihumanos. El holandés Jacob (o Jacobus) Bontius, en un tratado de historia natural de las Indias Orientales de 1631, describió al orangután de Java y Sumatra resaltando sus características antropomorfas, representando en un grabado una mujer peluda con el nombre *Homo sylvestris,* en una traducción literal del término de las lenguas malayas «orangután», de *orang* (hombre) y *utang* (selva).

Recreación de cómo Jacobus Bontius representó al orangután de Java como una mujer peluda.

En 1699 llegó de Angola a Inglaterra el primer chimpancé, que murió a los tres meses. El que ha sido considerado padre de la anatomía comparada, Edward Tyson, le dio el nombre de pigmeo, término procedente del latín *pygmaeus,* que significaba enano. Lo diferenciaba así del orangután, al que consideraba un hombre que vivía en la selva, por el significado malayo del término, «hombre de la selva». Resultan curiosas estas denominaciones porque ambos términos estaban exactamente invertidos con respecto a la realidad de lo que era un hombre y un simio. Tras hacer una autopsia de su «pigmeo» (chimpancé), Tyson dedujo que había una gran similitud «entre el rango más bajo de hombres y el género alto de los animales», añadiendo que «nuestro pigmeo no es un hombre ni tampoco un simio común, sino una especie de animal intermedio».[30] Descubrió que el chimpancé estaba dotado del órgano del habla, pero pensó que no hablaba porque carecía del principio metafísico que permite a los humanos razonar y comunicar sus pensamientos. Como buen creyente en la «gran cadena del ser», Tyson creyó haber llenado con su pigmeo el vacío existente entre los humanos y el resto de los seres vivos. Para él las referencias de Plinio a pigmeos y sátiros se fundaban en una descripción imprecisa y fabulosa de criaturas de aspecto humano.[31] El análisis y la nomenclatura de Edward Tyson fueron tan influyentes que nadie creyó las noticias de que en el centro de África existía una raza humana de pigmeos, hasta que en 1867 Paul du Chaillu demostró su existencia.

Como se sabe, el padre de la nomenclatura y la clasificación sistemática de los seres vivos, Linneo (Carl von Linné, o Linneus), puso al género *Homo* en el orden de los primates en su edición de 1758 del *Systema Naturae,* distinguiendo dos especies: *Homo sapiens* y *Homo troglodytes,* incluyendo dentro de esta última especie al orangután, es decir, el *Homo sylvestris* de Bontius (lo de troglodita era porque Linneo pensaba que el orangután vivía en cuevas por la noche). La idea de que el ser humano perteneciera al orden de los primates resultó revolucionaria en su momento y fue considerada una especie de blasfemia contra la dignidad humana. Resulta curioso que la creación por Linneo de las «variedades humanas» (después llamadas razas) haya dado lugar a que en 2020, con la moda del revisionismo histórico en el

---

30. Citado en Joan Bestard y Jesús Contreras. *Bárbaros, paganos, salvajes y primitivos*. Barcanova, Barcelona, 1987, p. 285.

31. Stefaan Blancke. «Lord Monboddo's Ourang-Outang and the Origin and Progress of Language.» En Marco Pina y Nathalie Gontier (eds.). *The evolution of social communication in primates: A Multidisciplinary Approach.* Springer, 2014.

rechazo al racismo, algunos hayan querido retirar las estatuas de Linneo en Dinamarca.

Las gradaciones entre órdenes y especies, entre el hombre y el animal, se vendrían abajo cuando en 1795 Johann F. Blumenbach terminó con la idea de la gran cadena del ser, estableciendo una separación clara entre los hombres y los primates, sin ninguna continuidad entre ambos órdenes. La especie humana era una y única en la naturaleza. Más adelante, con la teoría de la evolución, la gradación entre el simio y el hombre se establecerá de nuevo, pero ya no en términos geográficos o de razas como antes, sino en una escala temporal, en términos de descendencia. De la cadena del ser planificada por el Creador se pasó a una evolución de las especies sin una planificación divina.

No hizo mucho por favorecer nuestra comprensión del primate la manera como los exploradores de África de mediados del siglo XIX y la ciencia natural describieron al gorila. Todas las crónicas africanas de la época se caracterizan por un estilo gótico de descripción de la bestia. Para el misionero Thomas Savage, el gorila se distinguía por su «ferocidad indescriptible» y sus «gritos horribles», mientras Jeffries Wyman lo consideraba una especie notable por su ferocidad. Hasta Richard Owen, el circunspecto detractor de la gran serpiente marina que hemos conocido antes, se desmelenó con epítetos sobre la «expresión horrible y malvada» del gorila y sus ojos que «brillan de rabia» cuando vio el gorila disecado. Pero el que más se distinguió por su caracterización del gorila fue Paul du Chaillu, el primer cazador de un gorila y el mayor causante entonces de su mala reputación.[32] Entre 1855 y 1856 realizó una primera exploración hacia el interior de Gabón en busca del gorila de tierras bajas, y narró el encuentro en su libro *Explorations and Adventures in Equatorial Africa*, publicado en 1861. Lo describió así:

> Frente a nosotros estaba un enorme gorila macho [...] ojos grandes y profundos de color gris, expresión diabólica en su rostro, fin-

---

32. Annie Merlet. «Paul du Chaillu ou l'invention d'un destin.» Jean-Marie Hombert y Louis Perrois (ed.). *Cœur d'Afrique*, CNRS Éditions, 2007.

giendo salir de una visión de pesadilla, tal estaba ante nosotros el rey del bosque africano [...] Sus ojos comenzaron a brillar con un resplandor furioso, mientras nos quedamos quietos, a la defensiva [...] Me recordó nada menos que a una criatura saliendo de un sueño infernal, un ser de un orden espantoso, mitad hombre, mitad bestia [...] Y allí, mientras gritaba y se golpeaba de rabia, le disparamos y lo matamos.

Mientras que Du Chaillu pretende ser cronista y científico a la vez, todo es interpretación y emotividad en esta descripción del gorila propia de un joven inexperto, con tropos como «expresión diabólica», «sus ojos comenzaron a brillar con un resplandor furioso» o «sueño infernal, un ser de un orden espantoso». Pero resulta que el que mata es él, el hombre civilizado. A su pesar, Du Chaillu verá cómo los científicos e intelectuales, tras leer su libro, le retiran la cualificación de científico dejándolo en aventurero. Quizá fue su incomprensión ante lo que él tomaba en el gorila por una transgresión de los límites de la naturaleza, ese «mitad hombre, mitad bestia», lo que le provocaba tal paroxismo de horror y odio. Fijémonos que aquello no era una reacción emotiva del momento, sino la escritura de una narración de viaje.[33] Du Chaillu se adelantaba a Victor Hugo en la expresión metafísica del horror ante la bestia desconocida. Sus expresiones nos recuerdan a los encuentros con lo maravilloso contemporáneo que llamamos yeti o sasquatch. Su gorila no es un ser zoológico, sino un auténtico críptido.

Du Chaillu conoció «historias verdaderas» de la tribu mbondemo de Gabón sobre los gorilas que resultan muy semejantes a las de «hombres salvajes» de América y de Asia. Contaron a Du Chaillu que un gorila raptó a una mujer durante varios días, y cuando esta volvió a su aldea contó que el gorila la había violado. Esto, que suena terrible, es una típica historia del folklore de todos los pueblos. También creían los mbondemo que sus antepasados rondaban la selva en forma de aquellos «hombres-bestias», es decir, gorilas.[34]

33. Monte Reel. *Between Man and Beast*. Doubleday, varios, 2013.
34. *Ibid.*, p. 55.

Así pues, mucho antes de que se descubriera al yeti y al big-foot, la figura del simio representaba ya, no solo un estadio anterior de la evolución humana, sino también los instintos más básicos de salvajismo. A mediados del siglo XIX la literatura y la cultura popular, especialmente los dibujos satíricos de la prensa, empezaron a representar la estupidez y el insulto político con la figura del bruto con aspecto de mono y gorila. Durante la Primera Guerra Mundial, en los países aliados se crearon carteles de propaganda llamando al reclutamiento o enarbolando la amenaza alemana, y en ellos Alemania era representada por un gorila con la catadura de un ogro espantoso.

Los mitos del hombre salvaje y del hombre-mono se funden en un determinado momento convirtiéndose en el monstruo híbrido que vamos a ver en los próximos capítulos, una metáfora de lo más oscuro de la naturaleza humana.

Hombres salvajes de las tradiciones populares

Los monstruos que nos han acompañado en nuestra historia son seres intemporales e inmateriales, del orden de los sueños. Pero en determinados momentos y contextos se convierten en noticia periodística de un ser que se manifiesta en nuestro mundo material. Y ahí está la criptozoología para registrarlo.

Ivan Sanderson fue el primer escritor de lo paranormal que se refirió a seres del folklore de diferentes partes del mundo como criaturas ocultas relacionadas con el «abominable hombre de las nieves». Por ejemplo, entre los indios chorti de Guatemala existe la creencia en el sisimite, una bestia como un hombre cubierto de pelo que anda a zancadas con los pies vueltos hacia atrás; se le considera guardián de las colinas y de la vida animal, y ataca a los cazadores. Los yupa de Colombia y Venezuela creen en un espíritu del bosque, el mashiramu, que está igualmente cubierto de pelo y tiene también los pies orientados hacia atrás. En la Mosquitia (o Costa de los Mosquitos) nicaragüense se dice que habita un mono de talla humana que secuestra a personas del sexo opuesto.

218

Hay una gran cantidad de creencias de distintas culturas en las que se repiten los mismos elementos sobre hombres salvajes peludos, que además de su fealdad y de dar miedo, podían en ocasiones otorgar a quien los veía poderes y habilidades. Son por tanto criaturas sobrenaturales y míticas. En el capítulo siguiente vamos a encontrarnos en las narraciones del descubrimiento del yeti con varias de estas referencias extrañas y universales, como tener los pies vueltos hacia atrás, una creencia que viene de tan antiguo como Megástenes, en el siglo v a. C., y que se encuentra en pueblos tan distantes como los arawaks del Caribe y varios pueblos de la India, de África e incluso de Europa. Otro rasgo que vamos a ver repetido por los informantes sobre los yetis asiáticos —y que se encuentra en otras tradiciones— es el miedo a encontrarse con el monstruo porque verlo significa enfermedad, muerte o desgracias para quien lo ve, su familia y la comunidad. Igualmente se repite de forma universal el tema del secuestro de mujeres por seres de aspecto humano, que se encuentran tanto en la tradición de los homínidos asiáticos como en la del sasquatch americano.

Pero no nos olvidemos de la equidad de género, porque las mujeres también aspiran a la igualdad en el salvajismo. Existen tradiciones de «mujeres salvajes» tanto en América como en Europa, pero sus características son muy diferentes a las de los machos. No son precursoras de los monstruos que aquí tratamos, ya que se las describía como seres hermosos que podían causar daño y enfermedades, pero también podían conceder poderes sobrenaturales.[35]

El hombre salvaje salta a la «realidad»

En ciertos momentos del siglo XIX las leyendas indígenas americanas y de los pueblos asiáticos traspasaron las barreras de las culturas ancestrales en que se habían desarrollado para llegar hasta los colonos blancos, y de ellos saltaron a los medios de

35. Varner, 2007, pp. 79-80.

comunicación escrita. Se iniciaba una nueva línea del mito del «hombre salvaje» que adquiría en las nuevas culturas mestizas unos rasgos que se conformaban a la evolución de la ciencia natural y de la cultura occidental. En ese cruce de caminos se encuentran los precedentes del yeti y del sasquatch.

La prensa fue la fragua en la que se moldearon los nuevos mitos, porque traducía a noticia de actualidad lo que eran hasta entonces cuentos y leyendas. En 1851 el periódico estadounidense *Memphis Enquirer* dio una noticia titulada «Hombre salvaje de los bosques», sobre la visión de «un animal con el inconfundible aspecto de humanidad». Se decía que tenía una estatura gigantesca y estaba cubierto de pelo, y que dejó unas huellas de 33 cm de largo (como una huella actual de bigfoot). En 1904 unos mineros de Myrtle Point, Oregón, vieron repetidamente un monstruo terrible que andaba erecto y que sacudió una cabaña. Lo describieron cubierto de pelo, con el aspecto de un gorila de 2,10 m de envergadura.[36] La distancia en el tiempo entre estas dos noticias, entre 1851 y 1904, es la distancia en la evolución de las ideas desde el hombre salvaje indígena al hombre-mono de la cultura híbrida moderna, porque para finales del siglo XIX el gorila se había convertido en el animal icónico que reflejaba nuestro pasado evolutivo, pero también el salvajismo absoluto.

Freud encontró al salvaje en el interior de la psique de cada uno de nosotros, en el id, como nuestra parte incivilizada. El hombre salvaje había pasado de ser una categoría del cosmos religioso a una bestia de la naturaleza, luego a un estadio evolutivo humano y posteriormente a una categoría psicológica, para acabar en un objeto de estudio de la antropología. En todas estas concepciones se ha querido ver la necesidad psicológica de arrojar las restricciones impuestas por la sociedad y la cultura para volver a ser «salvajes».[37]

Lo que se puede decir sobre las razas monstruosas, gigantes, hombres salvajes y hombres-mono que hemos tratado aquí es que dicen más sobre las culturas que crearon estos preconceptos

36. *Ibid.*, pp. 76-77.
37. *Ibid.*, p. 81.

que sobre las razas y los hombres sobre los que se proyectaron estas imágenes de la otredad. Nos hablan más de asombro, espanto y prejuicios que de anatomía comparada. Quizá lo mismo pueda decirse de los grandes monstruos homínidos que iban a aparecer a partir del siglo XIX en las nieves y los bosques de Asia y América. Allí donde nuestra inteligencia y nuestro espíritu humano se veían bloqueados por la ignorancia y el miedo, el monstruo hacía su aparición con toda la carga de nuestros prejuicios.

Vamos a ver en el capítulo siguiente cómo en las nieves del Himalaya las tradiciones locales de hombres salvajes y hombres-oso iban a confluir con la mentalidad naturalista de la cultura occidental para dar lugar a la figura del «abominable hombre de las nieves», el yeti.

Capítulo 7

EL YETI

LA IMPORTANCIA DE LLAMARSE ABOMINABLE

«¡GRHAUAARH!» (el yeti).

HERGUÉ. *Tintín en el Tíbet*

Compadezco al yeti. No existe,
pero no tiene bastante seso para darse cuenta de ello.

JOHN KEEL. *El enigma de las extrañas criaturas*[1]

El yeti, el «abominable hombre de las nieves», excitó la imaginación de los que éramos niños en los años sesenta. Era la representación del misterio de lo salvaje que se ocultaba en lugares remotos e inexplorados del mundo: las altiplanicies del Tíbet y las
nieves del Himalaya. Como una manifestación moderna de mitos universales sobre hombres salvajes, el yeti se convirtió en el
primer icono moderno de bestia homínida. Su aparición y su
fama estuvieron íntimamente asociadas a la colonización británica del centro de Asia, a las exploraciones geográficas y al alpi-
nismo del monte Everest, todo ello reportado puntualmente por
los medios de prensa occidentales, que es donde el «abominable
hombre de las nieves» labró su fama mundial. Como veremos, el
yeti procederá de leyendas locales, pero es un genuino producto

---

1. A. T. E., Barcelona, 1981, p. 71. Título original: *Strange Creatures from
Tine and Space*, 1970.

223

de la era colonial y del monopolio occidental de los medios de comunicación. Para conocer y entender su surgimiento y la fascinación que ha ejercido tenemos que remontarnos a los primeros occidentales —británicos— que escribieron en el siglo XIX sobre las creencias y los mitos de los pueblos del Himalaya. Los rumores de «hombres salvajes» de Asia ocuparon un lugar importante entre los «misterios de Oriente», que tanto excitaron la imaginación europea al iniciarse el siglo XX. Viajeros como Nicholas Roerich y Alexandra David Neal convirtieron el Tíbet en una tierra de fantasía y un paraíso del despertar espiritual con el añadido de ciertas proezas sobrenaturales de sus lamas. Recordemos que la teosofía, la creación esotérica de *madame* Blavatsky, se basaba en gran parte en supuestas tradiciones asiáticas antiquísimas.

Los antecedentes

Los británicos que se establecieron en la India y en el Tíbet en el siglo XIX se interesaron por las tradiciones locales, en las que encontraron espíritus malignos, hombres salvajes y monstruos temibles. La primera referencia a un «hombre salvaje» en el Himalaya la dio en 1832 el primer representante británico ante la corte de Nepal, Brian H. Hodgson, que fue también el primer inglés autorizado a visitar aquel país prohibido. Hodgson, el «padre de los estudios sobre el Himalaya», contribuyó a ampliar los conocimientos en antropología e historia natural de la región, escribiendo varias obras sobre Nepal. Entre sus relatos se ha encontrado una referencia que se ha querido convertir en el primer antecedente del yeti. Los cazadores nativos le contaron que habían visto un demonio peludo:

> Mis tiradores se alarmaron una vez, en el Kachár, por la aparición de un «hombre salvaje», posiblemente un *ourang,* pero dudo de su exactitud. Confundieron a la criatura con un *cacodemon* o *rakshasa,* y huyeron de él en lugar de dispararle. Se movía,

decían, erguido: estaba cubierto de pelo largo, oscuro y no tenía cola.[2]

Como vemos, desde la primera interacción queda patente la gran divisoria entre las interpretaciones local/tradicional y occidental/moderna. Mientras para los locales lo que vieron era un ser sobrenatural (un cacodemon o rakshasa) —posiblemente una deidad menor o un espíritu de la naturaleza salvaje—, para Hodgson pudo ser un simio (ourang).

Las primeras huellas de pisadas de «hombres salvajes» fueron reportadas por el militar y experto en la cultura tibetana Lawrence Waddell, que viajó disfrazado por el Tíbet en la década de 1880. En uno de sus viajes encontró unas huellas grandes que ascendían un glaciar, y lo reflejó en su libro *Among the Himalayas* (1899) relacionándolo con una leyenda de «hombres salvajes peludos que se cree que viven entre las nieves perpetuas» del reino de Sikkim.[3] Waddell se mostró escéptico de las creencias locales en hombres salvajes porque entre todas las personas a las que preguntó en el Tíbet, nadie los había visto personalmente. Él pensaba que solo eran confusiones con osos pardos del Himalaya, y que los tibetanos vivían en tal atmósfera de superstición que buscaban siempre una explicación sobrenatural a todo. El testimonio de Waddell quedó olvidado y solo fue redescubierto en 1954 en plena excitación por el hombre de las nieves, e inmediatamente las huellas de Waddell pasaron a engrosar el legado histórico del yeti, a pesar de que aquel las hubiera considerado el rastro de un oso.

Antes de proseguir, es preciso aclarar que existen en Asia numerosas denominaciones del «hombre salvaje» con las que nos vamos a ir topando a lo largo de este capítulo y el siguiente. El nombre genérico aceptado para todos ellos, y el que utilizan

2. Anna Sawerthal y Davide Torri. «Imagining the Wild Man: Yeti Sightings in Folktales and Newspapers of the Darjeeling and Kalimpong Hills.» Viehbeck (ed.). *Transcultural Encounters in the Himalayan Borderlands: Kalimpong as a «Contact Zone»*. Heidelberg University Publishing, Heilderberg, 2017.

3. En Taylor, 2017.

los sherpas, la etnia del Himalaya, es *yeh-teh,* que resultó más fácil para los occidentales como «yeti», y así se convertiría a partir de los años cincuenta en la denominación de origen del monstruo asiático por antonomasia. Pero antes de eso se inventó el término que daría origen a la leyenda. En el año 2021 se ha cumplido el centenario del episodio que, por un capricho del azar y un error de traducción, fascinaría a la prensa internacional lanzando al mundo un nuevo monstruo: el «abominable hombre de las nieves».

Lost in translation: la invención del «Abominable hombre de las nieves»

En la primera expedición de reconocimiento de las rutas de ascenso al monte Everest, en 1921, el coronel Charles Howard-Bury y sus compañeros vieron en la lejanía unas formas oscuras que caminaban sobre la nieve. Cuando pudieron alcanzar el lugar, encontraron unas huellas que los exploradores europeos atribuyeron a lobos, pero que los porteadores sherpas creían que eran de un «hombre salvaje de las nieves» cubierto de pelo que se escondía en las montañas más inaccesibles. Howard-Bury envió un artículo por telégrafo al *Times* de Londres en el que refirió este suceso. Según el montañero Bill Tillman, Howard-Bury quería distanciarse de aquella creencia extravagante en hombres salvajes poniendo al final del título de su artículo tres signos de exclamación: «The Wild Men of the Snows!!!», pero el telégrafo no admitía tales sutilezas y se omitieron las exclamaciones, y lo que para el autor era una ironía quedó en una noticia sensacional. Cuando se publicó el artículo, el titular fue «Relatos tibetanos de asesinos peludos». Aquello llamó la atención de un periodista inglés que trabajaba para un periódico de la India.

HENRY NEWMAN, EL PERIODISTA QUE BAUTIZÓ AL «ABOMINABLE HOMBRE DE LAS NIEVES»

Cuando la expedición de Howard-Bury llegó a Darjeeling, el periodista Henry Newman, que trabajaba para el diario *Statesman* de Calcuta, entrevistó a los porteadores. Uno de ellos le describió al hombre salvaje cubierto de pelo largo y enmarañado y con los pies vueltos hacia atrás. Escribió Newman: «Cuando les pregunté qué nombre daban a esos hombres, dijeron *"metoh kangmi"*: kagmi significa "hombre de las nieves" y la palabra "metoh" la traduzco por "abominable"», quedando como "Abominable hombre de las nieves"».[4] Newman se confundió, porque *metoh* significa «hombre oso», una criatura familiar para los tibetanos, pero él tomó esa palabra por *metch*, que significa sucio o asqueroso, alguien que viste ropas andrajosas. Así que confundió «oso» con «abominable», y lo que debería haber sido «hombre-oso de las nieves» quedó para la posteridad como «abominable hombre de las nieves». No había vuelta atrás. La noticia que Newman publicó sobre el caso fue el pistoletazo de salida de la leyenda universal del que años después se llamaría «el yeti». El concepto «Abominable hombre de las nieves» captó la imaginación del público porque añadía al aura de exotismo asiático un escalofrío de lo terrible y salvaje, convirtiendo de la noche a la mañana a la criatura de las nieves en la figura más conocida de Nepal y del Himalaya. Este episodio de la creación de un fenómeno popular asociado a un término afortunado recuerda el caso de los «platillos volantes». En ambas ocasiones es la feliz invención de un término con pegada popular lo que engancha al lector y al oyente, y facilita el lanzamiento de un fenómeno social y cultural.

En 1925, durante una expedición geológica británica a los glaciares de Kangchenjunga, en Sikkim (India), el fotógrafo griego N. A. Tombazi vio a lo lejos caminando sobre la nieve a alguien como un ser humano, pero parecía no tener ropa. Cuando pudieron acercarse al lugar donde lo habían visto, encontraron unas huellas similares a las humanas, aunque más pequeñas.

4. Hoyland, 2018, p. 20.

Tombazi pensó que serían de un peregrino errante. Sin embargo, lo dio a conocer como un encuentro misterioso, lo que significa que la idea del hombre de las nieves había penetrado entre los exploradores.

El escalador y divulgador de libros de montaña Frank Smythe dio a conocer en su libro *The Valley of the Flowers* (1938) que en su exploración del año anterior encontró una hilera de huellas en la nieve a 6.000 m de altitud. Eran «impresiones de un pie desnudo enorme, aparentemente de un bípedo». Los porteadores estaban atemorizados porque pensaban que eran del «hombre de las nieves». Confesaban no haber visto nunca uno porque cualquiera que lo viera moriría, pero creían que la criatura era fiera y carnívora, y comía yaks e incluso hombres. Curiosamente, el tamaño de aquellas huellas era variable: «En llano las huellas medían unos 30 centímetros de largo y 15 de ancho, pero colina arriba la longitud media era de 20 centímetros».[5] Y otro dato curioso: parecía que el tacón tenía como dos dedos a los lados. Por eso los porteadores creían que el hombre salvaje caminaba con los pies hacia atrás, como se había oído antes en numerosas leyendas. Smythe dedujo que aquel rastro en la nieve se debía al oso negro asiático *(Selenarctos thibetanus)*, y que lo que parecían dedos en el tacón era la pisada superpuesta de las patas traseras. Es decir, las huellas de las patas delanteras y traseras se habían superpuesto produciendo una huella más larga y que tenía, por tanto, unas marcas de uñas en la parte de atrás, haciendo que pareciera de un bípedo caminando hacia atrás. Cuando la nieve se derretía la huella parecía aún más grande. Smythe dijo en su libro que había sacado varias fotos, que fueron examinadas por científicos y estos llegaron a la conclusión de que las huellas habían sido hechas por un oso. Smythe explicó así la leyenda en su libro:

Parece posible que la leyenda del Hombre de las Nieves se originara por ciertos mercaderes que vieron osos cuando cruzaban los pasos del Himalaya y traían sus relatos al Tíbet, donde fueron

5. En Heuvelmans, 1965, pp. 96-97.

magnificados y distorsionados por la gente de un país tan supersticioso que, aunque en teoría es budista, nunca se ha emancipado de la naturaleza antigua y del culto al diablo.[6]

El desafío del techo del mundo y el misterioso hombre de las nieves parecían incentivos suficientes, a pesar de los momentos de austeridad que se vivían en Europa en los años treinta, para que el Comité del Everest movilizara financiación para una nueva expedición al Everest. La expedición de 1938, de peso ligero y bajo coste, fue dirigida por el británico Harold William (Bill) Tilman, uno de los más grandes exploradores y aventureros del siglo xx. Tilman contaría que, encontrándose con su equipo a 6.000 metros de altura, vio unas grandes huellas en la nieve, que pudieron seguir a lo largo de 1 kilómetro. Los sherpas de la expedición dijeron que el rastro era del «yeti», y Tilman quedó convencido de que no era de un oso, sino de un animal desconocido. En una carta bajo seudónimo publicada en la prensa en respuesta a un artículo escéptico de Smythe, Tilman defendió la existencia del yeti (por cierto, esta era una de las primeras veces en que se utilizaba públicamente la denominación «yeti», usada por los sherpas). Pero Tilman «tenía sentido del humor y pudo haber jugado con la verdad», ha escrito Graham Hoyland,[7] que cree que entre Tilman y su compañero de equipo Erik Shipton existía una sintonía especial para inventar bromas. Después de todo, entre los escaladores del Everest se había creado una tradición de dejar bromas a los equipos que vinieran detrás, como se lee en algunas biografías. Shipton contaría en su libro *Blank on the Map* —publicado ese mismo año 1938— que en una exploración que hizo con Tilman el año anterior por el Karakorum se encontraron con unas huellas en línea recta, y que los sherpas les dijeron que eran de un yeti, concretamente el de tipo pequeño, que comía hombres, mientras que había otro grande que comía yaks. Tilman dijo que tomó una foto, pero a pesar de que era diestro en fotografía le quedó sobreimpresa con la siguiente y se

6. En Hoyland, 2018, p. 34.
7. *Ibid.*, p. 47.

perdió. Algunos, como Hoyland, no han creído esta justificación para no presentar una prueba y han sospechado que con la historia de las huellas extrañas estuviera buscando generar interés en el público hacia las expediciones al Everest. De hecho, Shipton sugirió en la prensa que se debería crear un «Comité del Abominable Hombre de las Nieves» y enviar una expedición científica al Himalaya. Tengamos en cuenta que esto sucedía en un contexto en que las expediciones de ascenso al Everest habían sido un fracaso y faltaban fondos para nuevas empresas. Hoyland se pregunta: «¿Estaban Tilman y Shipton insinuando que podría recaudarse más dinero público para pagar sus expediciones, esta vez para buscar al Abominable Hombre de las Nieves?».[8]

ERNST SCHÄFER, EL NAZI QUE MATÓ A UN «YETI»

En 1938 salió para el Tíbet una expedición alemana promovida por el jefe de las SS, Heinrich Himmler, en busca de los orígenes de la raza aria. La dirigía el oficial de las SS y zoólogo Ernst Schäfer, y en ella participó el antropólogo nazi Bruno Beger, que luego sería un destacado promotor de la solución final. Himmler, un obseso de los temas esotéricos, creía que la raza aria se había forjado en una combinación de hielo y fuego en el reino perdido de Shambala, de cuya fusión podría proceder el yeti. En la historia de aquella expedición que ha escrito Christopher Hale[9] se menciona que cuando Schäfer y su equipo acamparon junto al llamado lago Verde, al pie del Kanchenjunga, se dieron cuenta de que se encontraban en el reino del mítico yeti —o migyud, el dios mitad hombre mitad simio de la mitología budista—, y que ese lago era, según una leyenda local, la guarida del migyud. Pero Schäfer estaba seguro de que no se trataba más que del oso tibetano, y estaba harto de que sus compañeros no dejaran de hablar y de especular sobre el migyud, así que decidió gastarles una broma dejando un rastro de huellas falsas en el exterior de las tiendas de campaña.

8. *Ibid.*, p. 50.
9. Christopher Hale. *La cruzada de Himmler. La expedición alemana al Tíbet de 1938*. Inédita Editores, Barcelona, 2007.

A finales de 1991, poco antes de su muerte, Schäfer envió una carta al famoso escalador Reinhold Messner contándole, entre otras cosas, que él cazó varios yetis «en forma de oso tibetano». Así de explícito era como detractor del yeti, aunque no diera ninguna prueba de esa identificación. Schäfer contó el episodio de la matanza de un oso en el libro que publicó el mismo año 1938, *Dach der Erde (El techo de la Tierra)*, en el que dijo que intentó convencer a sus guías de que el yeti, llamado *dremu* en el Tíbet, era simplemente un oso, y que ofreció una recompensa a quien pudiera dirigirlo a su guarida. Los guías lo llevaron hasta una cueva. Schäfer vio que allí se ocultaba una bestia y tiró piedras a su interior para obligarla a salir. Cuando esta salió, disparó sobre ella a muy corta distancia y la mató. Era un oso. Él justificó esta matanza tan poco heroica diciendo que era «su obligación como zoólogo arrojar luz, de una vez por todas, sobre el asunto no resuelto de estos osos».[10] Schäfer se convenció de que la leyenda del yeti estaba íntimamente imbricada con «leyendas chinas del rey mono» y sobre guerras entre hombres y monos, tema que se representa aún en la ópera china. Aunque Schäfer no creyera en la bestia, se llevó a Alemania un falso espécimen que se encuentra actualmente en el Museo de Montaña de Sulden.

Brian Sykes ha narrado que cuando visitó la casa del gran escalador Rudolf Messner en los Alpes, este lo llevó a visitar el citado museo, y allí vieron el yeti de la expedición de Schäfer, que se expone de cuerpo entero en una vitrina. Sykes cuenta que cuando vio aquella cara entre oso y babuino tuvo que contener la risa por lo burdo del fraude. En todo caso, el encuentro de Schäfer con el yeti de pega debió de ser una anécdota menor, ya que en la crónica pormenorizada que Christopher Hale ha hecho de aquella expedición al Tíbet no hay ninguna referencia a este yeti, prueba de que no hizo ninguna mención a ello en su diario.[11] Messner tiene también en una pared de su casa, como si fuera un trofeo de caza, la cabeza de un yeti de aquella expedición. Desgraciadamente, los análisis de ADN que ha llevado a cabo Sykes de estas dos piezas de yeti no han dado ningún resultado, ya que al parecer en los años treinta

10. En Messner, 1998, p. 111.
11. Hale, *op. cit.*

se trataba la piel con una solución de ácido que destruyó el ADN residual.[12]

Después de estas expediciones vino la Segunda Guerra Mundial y el mundo se partió en pedazos. El único testimonio de ese periodo relacionado con el yeti —que es citado en todos los libros de la materia— es el del oficial de caballería polaco Slawomir Rawicz, quien, en 1942, según su relato autobiográfico, escapó de un gulag de Siberia y caminó 5.000 kilómetros hasta la India con seis compañeros. Cuando el periodista Ronald Downing, al que el *Daily Mail* había encargado buscar pruebas del yeti que apoyaran la expedición financiada por el periódico, se enteró de que Rawicz tenía una interesante experiencia que contar, le propuso escribirla actuando él como «negro» literario y así se publicó *The Long Walk* (1956). Entre las diversas vicisitudes que Rawicz y sus compañeros tuvieron que pasar se cuenta un encuentro con el yeti. Pero varios expertos en Asia encontraron desde el principio inconsistencias en el relato de la marcha, en las fechas y en la ruta seguida por Rawicz. Quizá, de no haberse pasado este con lo rocambolesco de la historia y su encuentro con el yeti, nadie se hubiera dado cuenta de que todo era una superchería. En realidad, Rawicz había sido liberado por los rusos y no hubo ninguna huida heroica, y ningún yeti, por supuesto. De cualquier manera, el libro fue un superventas, sigue figurando hasta hoy como una historia real y el cuento del yeti sigue apareciendo en todos los libros de monstruos, así que todos contentos.

En 2010 el afamado director de cine Peter Weir dirigió la película *El camino a la libertad (The Way Back)*, basada en el libro de Rawicz y del negro literario Ronald Downing. La película contó con un plantel insuperable de actores de primera línea. Claro que para entonces era de sobra conocido que toda la historia de Rawicz era un cuento y, al menos en un gesto de decencia, los productores no incluyeron en los créditos nada parecido

12. Sykes, 2016.

a «basado en hechos reales», y la ofrecieron como lo que era, ficción. Tuvieron también el buen tino de no hacer mención al encuentro con el yeti.

1951: Shipton y las huellas que forjaron la leyenda

Todos los intentos de ascenso del Everest hasta el inicio de la guerra se habían emprendido desde territorio tibetano, por el norte, pero la anexión del Tíbet por China en 1950 cerró aquella vía de acceso. Entonces Nepal, que hasta entonces había sido uno de los países más cerrados del mundo, se abrió por primera vez a los montañeros. A partir de Nepal era necesario explorar una nueva ruta sur de acceso al Everest. La Expedición de Reconocimiento del Monte Everest de 1952, a cargo de Eric Shipton y Michael Ward, fue la primera organizada a gran escala después de la Segunda Guerra Mundial. Si en las expediciones anteriores desde el norte los montañeros habían encontrado rastros de extrañas pisadas, solo era cuestión de tiempo que aparecieran en las alturas de Nepal. Y cuando las huellas se encontraron estalló la bomba del «Abominable hombre de las nieves» a escala internacional.

ERIC SHIPTON Y SU HUELLA

A las cuatro de la tarde del 8 de noviembre de 1951, en los glaciares de la cuenca del Memlung, Eric Shipton y Michael Ward se toparon a una altitud de 5.800 m con una fila de extrañas huellas en la nieve. Medían de largo como las botas de los alpinistas, pero eran mucho más anchas. En principio se les ocurrió que pudieran ser de algún escalador, pero nadie había pasado por allí, y la forma de las huellas hacía pensar en una criatura bípeda de grandes pies con cuatro gruesos dedos. Shipton tomó cuatro fotos y siguió el rastro de huellas más de 1 km. El sherpa Tensing Norgay (conocido como Sen Tensing, presente en muchas de las expediciones al Everest desde 1935 y que sería el primero, con Hillary, en coronar el Everest en 1953) dijo que los que habían hecho aquellas huellas «eran yetis». Tensing contó a Shipton que dos años antes él había sido testigo de un yeti a 20 m de distancia. «Lo describió como medio hombre medio bestia, de 1,70 m de estatura, con la cabeza apuntada, su cuerpo cubierto de pelo marrón rojizo, pero con la cara sin pelo.»[13] Y una característica que iba a traspasar fronteras y que se convertiría en la imagen del popular bigfoot norteamericano: el ser tenía la cabeza apuntada.

Cuando las fotos de Shipton se publicaron en el *Times* de Londres el 7 de diciembre de 1951 causaron sensación, porque transmitían todo el sentido del romanticismo y la aventura que implicaba la búsqueda del «abominable hombre de las nieves». Cuando Shipton llegó al aeropuerto de Karachi se vio abrumado por los periodistas que querían saber más.

Aquello era solo el inicio de la controversia sobre la huella más conocida de la historia, que se alarga hasta hoy.

Silueta de la huella fotografiada por Shipton

El Museo de Historia Natural de Londres favoreció la explicación de que las huellas de Shipton habían sido hechas por una de las dos especies de mono langur del Himalaya, pero el gran tamaño de las huellas dejaba muchas preguntas sin contestar. Algunos alegaron que podían deberse a ascetas que vivían en zonas desérticas, o a alguno de los tipos de osos del Himalaya. Más allá de la polémica puntual, las fotos de Shipton levantaron

13. E. Shipton. *The Mount Everest Reconnaissance Expedition 1951.* Citado en Heuvelmans, 1965, p. 99 y Hoyland, p. 68.

un gran interés entre científicos de distintos países, y algunos se mostraron dispuestos a colaborar en la investigación sobre la posible realidad del yeti, entre ellos John Napier, George Agogino, Carleton Coon y Osman Hill. Después de todo, algunos antropólogos físicos apoyaban la hipótesis de la posible supervivencia de especies que se creían extinguidas, pero que podrían haberse mantenido aisladas en bolsas de población en el Himalaya.

Para John Napier,[14] considerado la mayor autoridad en taxonomía de primates de su tiempo, había datos incómodos en la huella fotografiada por Shipton. Se distinguían cinco dedos, pero aquello no tenía nada que ver con la pata de un simio, que tiene el dedo gordo muy hacia atrás para facilitar el agarre. Lo que quiera que fuese que hizo la huella, tenía un pie más humano que el de un simio o incluso que un gigantopitecus, homínido que vamos a conocer más adelante. Pero la huella no solo era demasiado ancha (20 cm) para su longitud (33 cm), sino, que además, el enorme dedo desviado era casi circular y se extendía en una rara forma de V, lo que no se correspondía con ninguna otra huella conocida. Por otra parte, las zonas de la huella que deberían aparecer cóncavas eran convexas, y la locomoción no parecía consistente con la de un animal casi humano, entraba en conflicto con los principios de la biología.

Otro problema era que las dos fotos de plano general que hizo Shipton mostraban una hilera de huellas que no se correspondían ni en tamaño ni en forma con la huella individual que se veía en las otras dos fotos. Dieciocho años después, cuando Napier preguntó a Shipton y a Ward por esta contradicción, ambos dijeron que las fotos correspondían a dos rastros distintos, uno del yeti y otro posiblemente de una cabra, y no habían sido sacadas en el mismo momento. Justificaron la confusión en que el periódico *The Times* o la Fundación Monte Everest habían mezclado las fotos. Aun con todas las dudas, Napier pensaba que aquellas huellas eran lo único que le impedía cerrar el asunto del

14. Napier, John. *Bigfoot: the Yeti and Sasquatch in Myth and Reality.* Dutton, Nueva York, 1972.

yeti concluyendo que no era más que una confusión con el oso. Hoyland ha criticado sobre el estudio de Napier que, en vez de empeñarse con una huella de pie, debería haber mirado a la cara a Shipton.[15] La duda que se iba generando era, por tanto, si las huellas de Shipton eran... eso, de Shipton.

Quizá la primera expresión clara de incredulidad fue de Edmund Hillary, que dijo claramente que Shipton era un bromista y que habría fabricado la huella con su piolet. Muchos años después, el montañero y periodista Peter Gillman, en un artículo en el *Sunday Times Magazine* titulado sarcásticamente «The Most Abominable Hoaxer» («El tramposo más abominable»), acusó a Shipton de haber engañado con las fotos del yeti. Dice Gillman que en la versión sin recortar de la foto en la que se ve la huella junto a un piolet, hay otra huella que no tiene las características extrañas de la principal, de lo cual deduce que esta había sido fabricada por Shipton añadiéndole a mano un dedo gordo, y que se habría valido del piolet para remarcar la silueta. Gillman cree que Shipton lo hizo como broma, pero se le fue de las manos cuando la noticia se propagó por el mundo. El motivo para mantener el engaño, del que habrían participado sus compañeros Ward y Tensing, sería el resentimiento por no haber sido elegido para dirigir la expedición que conquistó el Everest en 1953. Otros montañeros pensaron igualmente que entre los tres compañeros de escalada habían montado la gran broma de las huellas, quizá para tomar el pelo al equipo que fuera detrás de ellos.

Michael Ward respondió negando esta denuncia contra su compañero, diciendo que otras personas también vieron las huellas. Según él, habría una posible explicación: no era inusual que los lugareños caminasen descalzos en la nieve. La forma de una garra la explicaba, como médico, por una enfermedad degenerativa conocida como onicogrifosis (uña de cuerno de carnero).[16] En otro artículo de Ward, al mismo tiempo que consideraba in-

---

15. Hoyland, 2018, p. 70.

16. Michael Ward. «The Yeti Footprints: Myth and Reality.» *The Alpine Journal*, 1999. En línea: <https://www.wemjournal.org/article/S1080-6032(97)70948-7/fulltext>.

sostenible la posibilidad de la existencia del yeti, añadía sobre las huellas: «Una explicación más probable es que eran de un habitante local con pies tolerantes al frío y posiblemente alguna anomalía congénita o adquirida o infección del pie».[17] En los dos artículos de Ward se muestra una foto de una persona con un pie deforme parecido a la huella en la nieve. Gillman sostuvo su acusación en un artículo posterior, diciendo que Ward fue leal a Shipton y mantuvo la versión de este hasta un punto de no retorno.[18]

Wladimir Tschernezky, un zoólogo ruso que trabajaba en una universidad inglesa, hizo un molde de la famosa huella de Shipton a tamaño real que le permitió ver que se habían conservado las imprimaciones de cada dedo, por lo que dedujo que la huella no había sido deformada por derretimiento de la nieve. «Así, es posible establecer experimentalmente la posición sistemática de esta misteriosa criatura»,[19] afirmó.

Si me he detenido en los entresijos de este debate es por la importancia que las huellas de Shipton tuvieron en la generación de un fenómeno social sobre el hombre de las nieves a lo largo de la década de los cincuenta, algo digno de analizar. Esto marcó un momento culminante, en el que se pasó del encuentro casual de huellas a la búsqueda activa del abominable hombre de las nieves, que iba a tener lugar en forma de expediciones organizadas y con un gran despliegue de medios.

Las expediciones en busca del yeti

En enero de 1954 arrancó la primera expedición dedicada a la búsqueda del «abominable hombre de las nieves», organizada

17. Michael Ward. «Everest 1951: the footprints attributed to the Yeti-myth and reality.» *Wilderness and Environmental Medicine,* n.º 8, 1997.
18. Peter Gillman. «The Yeti Footprints.» *Alpine Journal,* 2001.
19. Odette Tchernine. *The Snowman and Company,* 1961. Citado por Loren Coleman. «A Short History of the Shipton Snowman Track Photographs and the Tchernezky Cast.» En línea: <http://www.cryptozoonews.com/shipton -cast/>.

por el periódico inglés *Daily Mail* y dirigida por el periodista Ralph Izzard, contando con un impresionante despliegue de 300 porteadores y una auténtica organización militar. En la prensa española esta fue la primera noticia con cierto destaque en relación al «abominable» (como se decía, a veces, abreviando), aunque en el *ABC* se incluyera el tema en una «Miscelánea de informaciones pintorescas». Entre otras cosas, este diario decía que la Real Sociedad Geográfica: «No interviene y pretende no creer las "fábulas" de los sherpas, de los tibetanos supersticiosos y los nepaleses ignorantes».[20] No muy halagador.

Tras 15 semanas en el Himalaya, la expedición del *Daily Mail* regresó a Londres habiendo conseguido poco más que media docena de pistas en la nieve y algunos restos de pelo y excrementos, mucho menos de lo esperado. Consiguieron, no obstante, observar un trozo de cabellera y una mano del yeti de más de tres siglos de antigüedad que se custodiaban como reliquias sagradas en el monasterio de Pangboche, en Nepal. Los lamas no permitieron a los expedicionarios que la cabellera saliera del monasterio para ser analizada, pero sí entregaron unos pelos como muestra. Cuando estos fueron examinados de vuelta en Europa pudo constatarse que pertenecían a un serou, un antílope del Himalaya. Si no se consiguieron pruebas, no faltó al menos publicidad para el hombre de las nieves en cantidad de artículos de prensa.

El fracaso de la expedición del *Daily Mail* por demostrar la realidad del yeti no amedrentó al magnate tejano del petróleo Tom Slick, «el Howard Hughes de la criptozoología», como lo ha definido Loren Coleman. Como gran apasionado del yeti que era, en 1957 organizó la primera de tres expediciones al este de Nepal en busca del «Animal X», como lo denominó. En la primera de las expediciones participaron los buscadores de monstruos más renombrados del momento (John Green y Peter Byrne entre ellos) junto con 7 sherpas y 40 porteadores. A pesar de los medios y las grandes esperanzas depositadas, solo se consiguieron muestras de unos excrementos y un pelo que pudieran pertenecer al yeti. El antropólogo físico George Agogino no pudo

20. *ABC,* 14 de enero de 1954.

identificar el origen de las muestras. Slick tuvo más éxito en la recogida de testimonios de nativos que habían visto al monstruo. Queriendo descartar que pudiera tratarse de osos o del mono langur, hizo un experimento: mostró a los testigos imágenes de distintos animales y les pidió que los compararan con lo que habían visto. Para sorpresa de todos, la imagen que seleccionaron como la más parecida al yeti era la de un gorila.

Las expediciones de Slick fueron polémicas por las declaraciones poco prudentes de sus integrantes, que dieron titulares como «La expedición es un éxito. ¡Prueba que el yeti existe!», que hacían temblar al equipo científico por su sensacionalismo. Otro asunto fue la sospecha de que el objetivo de la expedición fuese el espionaje en la frontera de Nepal con China. El periódico *The New York Times* publicó una noticia el 27 de abril de 1957 con el titular «Los soviéticos ven espionaje en la búsqueda americana del hombre de las nieves». Loren Coleman ha descubierto que Peter Byrne y Tom Slick trabajaban para la CIA, a la que preocupaban las intenciones de China sobre el Tíbet. Sobre este asunto, Bryan Regal ha recurrido a la Ley de Libertad de Información (FOIA) de Estados Unidos para obtener los documentos de la CIA sobre estas expediciones con la esperanza de encontrar en ellas pruebas incriminatorias de objetivos de espionaje. Pues bien, en los documentos que le entregaron había muchas líneas cuidadosamente tachadas de negro.[21]

El fiasco de las cabelleras del yeti

La tercera y última expedición organizada por Tom Slick, formada solo por Peter Byrne y su hermano, no consiguió mejores pruebas y, además, se vio envuelta en la polémica por lo éticamente cuestionable de sus métodos, en particular por el episodio de «la mano del yeti». Se sabía desde hacía décadas que en el monasterio de Pangboche, en Nepal, se custodiaban como reliquias sagradas una cabellera y una mano de un yeti. Según la

21. Regal, 2011.

tradición budista, hace mucho tiempo un lama llamado Sangwa Dorje se estableció en una cueva para meditar en una vida contemplativa, y se cuenta que sobrevivió gracias a la ayuda de unos yetis amistosos que le llevaron comida y agua. Cuando uno de los yetis murió, el lama conservó su cabellera y una mano como reliquias, y en el lugar se construyó el monasterio. La expedición de Slick pudo ver y fotografiar la cabellera y la mano arrugada, pero los monjes se negaron a que las reliquias salieran del monasterio para su análisis científico. ¿Y qué se les ocurrió para solucionar el problema? El director del zoo de Londres, el primatólogo William Osman Hill, animó a Byrne a conseguir la mano a cualquier precio. Dicho y hecho. Cuando Byrne volvió a Nepal consiguió ganarse la confianza de los monjes y así pudo extraer subrepticiamente unos dedos de la mano, que sustituyó por varios dedos humanos que se había llevado de Europa. Enseguida se conoció el robo, pero para entonces Byrne ya estaba en Calcuta.

El asunto era cómo sacar aquello de la India sin riesgos. El jefe de la expedición, Tom Slick, pidió a su amigo el famoso actor James Stewart, un gran aficionado a la arqueología y la antropología, que se llevase a Londres las muestras escondidas en su equipaje, aprovechando que no sería registrado.[22] Y lo consiguió. Osman Hill pudo examinar en Londres un dedo y dedujo que pertenecía a algún tipo de homínido, quizá el *Homo sapiens*. Pero, según ha escrito el especialista Brian Sykes, este resultado pudo deberse a contaminación humana de la muestra por el propio Byrne, con lo que estaríamos como al principio.[23] Nada volvió a saberse de esta muestra hasta que, en el año 2011, revisando los archivos que había dejado Osman Hill, se encontró el famoso dedo. Los nuevos avances científicos han permitido hacerle un examen de ADN, resultando que es un dedo humano.[24] Tanto trapicheo para esto.

22. <https://traffickingculture.org/encyclopedia/case-studies/pangboche -hand/>.

23. Sykes, 2016, p. 184.

24. <https://www.bbc.com/mundo/ultimas_noticias/2011/12/111227_ult- not_dedo_yeti>.

Las noticias sobre el yeti habían atraído tanto la atención que el gobierno de Nepal dictó entonces una regulación para controlar las expediciones y la salida de muestras del país. Un triste desenlace de esta historia de las reliquias es que —debido a la publicidad que el programa de televisión *Unsolved Mysteries* dio en los años noventa a la cabellera y la mano de Pangboche— la mano original fue robada del monasterio y no ha vuelto a aparecer.

En 1961 se organizó la última y más publicitada de las expediciones del yeti, que tuvo por protagonista al conquistador del Everest, sir Edmund Hillary. En realidad, Hillary quería volver a Nepal a desarrollar unos experimentos sobre la fisiología humana a grandes alturas, pero el tema no entusiasmaba al financiador, la *World Book Encyclopedia,* y lo animaron a que incluyera en su expedición una búsqueda del yeti; eso sí tendría financiación. A pesar de lo escéptico que era Hillary en cuanto al yeti, aceptó la propuesta y así pudo viajar a Nepal en 1962 con una gran expedición de hasta 600 hombres. Como era habitual, encontraron huellas de supuestos yetis en la nieve, pero Hillary estaba seguro de que habían sido producidas por animales corrientes, y que su gran tamaño se debía a que se habían agrandado con la descongelación. De hecho, a gran altura, la nieve se sublimaba al descongelarse (pasaba directamente de hielo a vapor), ensanchándose de forma irregular, lo que daba la impresión de que había dedos, y estos a veces parecían cambiar de dirección, de ahí que los sherpas creyeran que el yeti podía poner los pies para atrás para confundir a los perseguidores. En los lugares donde no había dado el sol y las huellas no se habían descongelado se comprobó que pertenecían a pequeños cuadrúpedos.

Hillary visitó también el monasterio de Pangboche y conoció la mano del yeti, que le pareció una mano humana con algunos añadidos. Pero el mejor resultado lo obtuvo en el monasterio de Khumjung, donde se guardaba otra caballera de yeti. En este caso llegó a un acuerdo con los monjes para poder analizar la pieza en Europa y en América a cambio de una donación para la renovación del monasterio y para la escuela local, y con la condición de que un monje viajara custodiando la pieza. Ya de paso, Hillary adquirió tres pieles de serau, el antílope autóctono del Himalaya, e hizo fabricar con ellas modelos de cabelleras como la del monasterio, que resultaron parecerse mucho al original.

Cuando la cabellera de Khumjung llegó a Estados Unidos, el Field Museum of Natural History de Chicago la analizó y concluyó que estaba hecha de piel de serau. También sometieron a examen unas supuestas pieles de yeti y se comprobó que eran de oso pardo. La conclusión era que el oso bien podría ser la fuente de la leyenda del yeti. La cabellera de Khumjung viajó también a Europa y pudo ser analizada por Bernard Heuvelmans, que además de ser el pionero de la criptozoología era doctor en zoología. Aprovechando que había un ejemplar de serau en el Museo de Historia Natural de Bruselas, lo comparó con la cabellera y, a pesar de que Heuvelmans era un creyente en la realidad del yeti, tuvo que aceptar la realidad: «La cabellera del hombre de las nieves no procedía del hombre de las nieves y no era una cabellera».[25] Era más bien como una peluca, hecha estirando la piel de un serau con un molde para darle la forma de una cabeza apuntada. Todo podía tener una explicación. Según Heuvelmans, en el norte de Nepal se creía que, mientras que la cabellera de Pangboche era genuina, la de Khumjung había sido fabricada 15 años atrás por un taxidermista para que los lamas de este monasterio pudieran competir con Pangboche. Heuvelmans pensaba que podría no ser un fraude intencionado. Los monjes budistas representaban en sus danzas rituales a dioses, demonios y animales legendarios, y para ello usaban máscaras, trajes y pieles de animales. La cabellera podría haber sido usada para representar al yeti. «En el curso de los siglos lo que había sido originalmente solo una propiedad teatral llegó a ser tomado como una pieza genuina de piel del animal»,[26] concluyó.

La revista *Life* publicó en enero de 1961 un demoledor artículo de Hillary para los que aún creían en el hombre de las nieves, en el que llegaba a la conclusión de que el yeti no era más

25. Heuvelmans, 1965, p. 120.
26. *Ibid.*, p. 121.

que un mito. La prensa internacional expandió la noticia con titulares como «Fin de un mito», «El hombre de las nieves se derritió» o «Epitafio para un elusivo abominable hombre de las nieves». En el libro que Hillary publicó con Desmond Doig, *High in the Thin Cold Air* (1963) manifestaron: «Encontramos casi imposible divorciar al yeti de lo sobrenatural» (énfasis del autor). Según decían, en la mentalidad de los sherpas el yeti era parte animal, parte humano y parte demonio. Era como «un fascinante cuento de hadas, nacido de la visión extraña y temible de los animales, moldeada por la superstición y alimentada de manera entusiasta por las expediciones occidentales».[27]

Pero este cierre del misterio por Hillary no estuvo exento de respuestas por parte de los mismos científicos que se habían involucrado en la investigación de las pruebas. Osman Hill dijo que el juicio de Hillary sobre el yeti había sido precipitado; Carleton Coon, que sus conclusiones eran cuestionables; Agogino manifestó haber perdido el respeto por Hillary, y Byrne alegó que ya se sabía que la cabellera de Khumjung era una réplica hecha en imitación de la auténtica de Pangboche. Pero la respuesta más airada fue la de Ivan Sanderson. Vamos a empezar por conocer a este pionero de la criptozoología antes de seguir adelante.

IVAN SANDERSON: LA FUERZA DE LA FANTASÍA

El escocés Ivan Sanderson (1911-1973) fue un personaje central en el desarrollo de las paraciencias y el mundo del misterio y quien más contribuyó a hacer del yeti y del bigfoot fenómenos populares. Estudió Botánica, y durante la Segunda Guerra Mundial participó en labores de contraespionaje contra los alemanes en el Caribe. A finales de los años cuarenta publicó varios artículos en la prensa sobre los dinosaurios, y en 1961 apareció su gran obra, *Abominable Snowmen: Legend Come to Life*, el primer libro importante sobre el «Abominable hombre de las nieves» y otros monstruos homínidos: el sasquatch de Norteamérica, el alma (o almas) del Cáucaso y otros, englobados en la categoría que llamó ABSM, acrónimo de «Abominable Snowmen». Llamó *ABSMery* a la disciplina de

27. En Hoyland, 2018, p. 106.

estudio de estos homínidos, una terminología que solo él usó y abandonó poco después. En un toque de humor, Sanderson dedicó el libro a su esposa Alma de esta manera: «A mi propia Alma» (por el monstruo del Cáucaso). El libro salía en un momento en que ya se estaba abandonando la denominación de «hombre de las nieves» en favor del término local nepalí *yeti*. Como subtítulo, figuraba: «La historia de subhumanos en cinco continentes desde la edad del hielo temprana hasta hoy». Daba a entender así que estas criaturas eran especies supervivientes de la extinción de los homínidos del pasado. Sanderson especulaba concretamente con la supervivencia del hombre de Neandertal y del *Homo erectus,* aunque sin molestarse en presentar ninguna prueba fundamentada en la ecología, la arqueología o la paleoantropología.

En este libro propuso una clasificación de los seres bípedos misteriosos en tres especies: los «pigmeos de composición muy cercana al hombre o completamente humana», «restos de tipos neandertales en el este de Eurasia» y «algunas criaturas muy primitivas y grandes», que se encontrarían en América.[28] La primera ponía en evidencia el racismo subyacente a la comparación entre pigmeos y bestias, que parecía que nos llevaba dos siglos atrás, cuando los pigmeos eran simios para los naturalistas. Dejaba además entrever Sanderson el tipo de razonamiento aventurado y sin asidero teórico ni práctico que era su marca de fábrica.

Sanderson fue un ágil escritor de divulgación, y se ha dicho de él que nunca permitió que hechos inoportunos interfirieran en una historia atractiva. Además de un estilo muy personal, gustó siempre de polemizar con la ciencia. En *Abominable Snowmen* arremetía sin piedad contra el estamento científico por resistirse a investigar lo desconocido, escribiendo: «Los pronunciamientos de la mayoría de los científicos escépticos y "expertos" no están causados exclusivamente por testarudez de los que los hacen; algunos son deliberadamente tendenciosos y dirigidos a promover el escepticismo sin ninguna atención a la verdad».[29] Se notaba en la agria respuesta a los científicos un cierto resquemor por la falta de atención que había recibido al carecer de cualificación académica suficiente (nunca consiguió completar un máster, que solo le fue concedido cerca del final de su vida de manera honorífica). De ahí que

28. Sanderson, 1961, p. 476.
29. *Ibid.*, p. 448.

en su libro se quejara de que «cualquiera que no está empleado en ciertas categorías o por organizaciones específicas, cualquiera que sea su educación, formación, experiencia e incluso trabajos publicados, se considera, y, a menudo, de una manera despreciativa, como "aficionado" *(amateur)*». Y añade: «Los científicos no quieren ser molestados con cualquier cosa nueva que requiriera un nuevo esfuerzo o un nuevo pensamiento».[30] Pero su lucha no era tanto contra los verdaderos científicos como contra los que llamaba, entre comillas, «expertos». «Si alguien dice ser un "experto" en materia de ABSM es un mentiroso»,[31] retaba. Claramente se refería al montañero Edmund Hillary por su pronunciamiento contra la realidad del yeti. «En el caso de ABSM, especialistas como montañeros y cazadores no están cualificados para pronunciarse sobre la materia, aparte de hacer simples informes que es prerrogativa de cualquiera.» Pero extendía aún más su descalificación: «Incluso cuando un zoólogo está especializado en la vida animal conocida, digamos, del este del Himalaya, esto no lo cualifica para hacer afirmaciones sobre el sub-homínido *pitecantropus* o de otras partes de Oriente».[32] Su retórica era de defensa de los «verdaderos científicos», aquellos con voluntad de examinar las cosas nuevas sin preocuparse por el *statu quo* y sin ataduras a la jerarquía académica. Como él. Por tanto, ser un escritor independiente, aunque se careciera de títulos, era una ventaja y lo convertía a uno en el verdadero científico. En un lenguaje tremendista, abogaba por la financiación a los investigadores para evitar que fueran los soviéticos los primeros en encontrar al yeti, lo que «pondría en riesgo la pirámide religiosa y ética (del Oeste) hasta sus cimientos».[33]

Sanderson fue muy criticado por aquellos científicos que se involucraron seriamente en la investigación del yeti, por lo disparatado y anticientífico de algunas de sus afirmaciones en materia de antropología o biología. Dada su tendencia a creer en todo, fue presa de fraudes burdos, como el de unas huellas gigantes encontradas en Clearwater (Florida) en 1948, que él se apresuró a asignar a una nueva especie de pingüinos gigantes de su invención, y como suele ser habitual en los autores de lo paranor

30. *Ibid.*, p. 450.
31. *Ibid.*, p. 455.
32. *Ibid.*, p. 456.
33. En Regal, 2011, p. 26.

mal, negó cualquier posibilidad de fraude declarando que no había persona en el mundo que pudiera saber tanto de la vida animal como para dejar aquellas huellas. La realidad era que habían sido hechas mediante una especie de grandes zapatos de tres dedos fabricados por un mecánico bromista. Para los amantes del misterio, sin embargo, Sanderson será siempre reconocido como la personalidad que consiguió sacar al monstruo homínido de la marginalidad de las revistas de lo paranormal, como *Fate,* hacia el mundo exterior de las revistas generalistas, como *True* (que tenía una tirada veinte veces mayor). Se podría decir que Sanderson fue quien introdujo al bigfoot en todos los hogares e hizo de él un objeto de consumo cultural, como veremos más adelante.

Ivan Sanderson, aun estando de acuerdo con que la cabellera del yeti estaba hecha de piel de serau, explicó que era una imitación de los yetis, no que pretendiera estar hecha de piel de un yeti, y atacó a Edmund Hillary insinuando que había manipulado las pruebas con el objetivo de desacreditar al yeti. Además, Sanderson hizo una agria crítica de la expedición de Hillary por no tener científicos cualificados y aprovechó para deslizar la denuncia del corresponsal italiano Corrado Piccinelli de que la intención principal de la expedición habría sido la de cartografiar las zonas desconocidas en la frontera china, por tanto más de espionaje que de ciencia.[34] Recientemente Daniel Taylor ha hecho balance de aquel periodo y señala que los occidentales no entendieron el sentido que el yeti tenía para los sherpas. La expedición de Hillary que dio al traste con las esperanzas sobre el monstruo se enfocó de manera inadecuada, pues no había antropólogos en el equipo, y ninguno de los investigadores hablaba la lengua local.[35]

El fin de las grandes expediciones en busca de los grandes homínidos se produjo de forma fulminante cuando el magnate John Slick se mató el 6 de octubre de 1962 en un accidente con su avioneta. Con él desapareció el romanticismo de la aventura

34. Sanderson, 1961, p. 508.
35. Taylor, 2017, p. 96.

en busca de las huellas del abominable hombre de las nieves. Las revistas científicas no volvieron a publicar artículos sobre el yeti y la prensa abandonó el tema durante una década. Pero la bestia había quedado para siempre en la leyenda y en la cultura mundial.

La huella se derrite

Las huellas de Shipton de 1951 y la exposición que sobre ello organizó el British Museum suscitaron un debate sobre el «abominable hombre de las nieves» que se extendió a lo largo de los años cincuenta. El estudioso indio Swami Pranavananda dijo que los sherpas no habían hablado a Howard-Bury de un hombre salvaje, sino de un oso que era como un hombre porque a veces se levantaba sobre sus patas traseras. «El "Abominable hombre de las nieves" no es otro que el oso rojo del Himalaya»,[36] sentenciaba. El montañero L. W. Davis respondió que las huellas que él había observado no podían explicarse por la hipótesis de Pranavananda, y el biólogo Lawrence Swan objetó que las poblaciones locales no hablaban de un oso como un hombre, sino de un mono bípedo, el mono langur.[37] El divulgador de las ciencias naturales Herbert Wendt estaba de acuerdo con esta hipótesis, pues el langur chato, o *Rhinopithecus roxellana,* podría haber sido interpretado por su cara humana y su piel rojiza como un yeti a partir de leyendas.[38]

Los análisis científicos de las muestras traídas del Himalaya (pelos, heces, etcétera) nunca fueron favorables a la realidad del monstruo. El descrédito en Occidente del hombre de las nieves contribuyó a que los científicos que se habían involucrado en su investigación, aunque con reticencias, retiraran su apoyo a con-

36. Swami Pranavananda. «The Abominable Snowman.» *Alpine Journal,* 1956.

37. Buhs, 2009, p. 28.

38 Herbert Wendt. *El descubrimiento de los animales.* Planeta, Barcelona, 1982, p. 224.

tinuar investigando sobre el monstruo. El primatólogo inglés William Osman Hill, que al principio creía que el yeti era un mamífero plantígrado capaz de una progresión bípeda que viviría en las densas espesuras de rododendros de la parte baja de los valles, terminaría admitiendo que no se había conseguido ninguna prueba concluyente de la existencia de un animal desconocido por la ciencia. El antropólogo y arqueólogo americano George Agogino examinó en el microscopio una muestra de pelo traída por Hillary y dedujo que pertenecía a una oveja del Himalaya. Desalentado por los resultados, en un momento dado decidió que si no aparecían pruebas concluyentes del yeti terminaría por aceptar la teoría de que el monstruo era solo folklore.

El antropólogo John Napier, después de sopesar las evidencias, escribió en su libro *Bigfoot: the Yeti and Sasquatch in Myth and Reality* (1972) que la mejor explicación para las huellas del yeti era que habían sido hechas por osos. Explicó su apariencia bípeda igual que había hecho el escalador Frank Smythe en 1937, porque las huellas de las patas traseras del oso se solapaban con las de las patas delanteras, dejando marcas de las uñas impresas en la parte posterior como si los dedos estuvieran orientados hacia atrás, como en tantas leyendas. Quedaban así dos huellas en vez de cuatro, que seguían una a otra en línea, lo que inducía a pensar en un bípedo.[39] Admitió que los sherpas tendían a satisfacer la curiosidad de los viajeros asegurando que cualquier huella en la nieve se debía al hombre de las nieves; no por engaño, sino para no defraudar a sus visitantes, de acuerdo con las normas de cortesía local, aparte de que les gustara contar una buena historia.

El único que siguió fiel a su creencia en los homínidos anómalos fue el antropólogo físico Carleton S. Coon, ya que se sirvió de la idea de la supervivencia en Asia y en los bosques americanos de un antropoide del Pleistoceno como apoyo de su teoría sobre la evolución separada de las razas humanas, hoy totalmente desacreditada como un constructo racista, de ahí que se haya

39. Napier, *op. cit.*

llegado a pensar que en el fondo de las ideas sobre el homínido relicto (superviviente) hay un poso de supremacismo blanco.

Nadie con más experiencia en el Himalaya que Daniel Taylor podía hacer un dictamen actual sobre la producción de las huellas en la nieve, y la suya coincide con la explicación del oso negro *(Ursus thibetanus)* que adelantó Smythe y refrendó Napier. El misterio de la diferencia de tamaño de las huellas entre las más cortas encontradas por Tombazi y el resto tendría su explicación en que cuando el oso camina montaña arriba la pata trasera se superpone sobre la huella que ha dejado la pata delantera haciéndola más larga, mientras que en la marcha del oso en llano o hacia abajo se superponen las pisadas más estrechamente, haciendo una huella más corta. Después de observar las fotos clásicas de huellas, Taylor cree que la marca de unas uñas en la parte trasera demuestra su teoría. Dice: «He llegado a esta conclusión sobre el yeti/oso después de sesenta años de investigación (1956-2016). La explicación encaja con todos los hechos».[40]

Un experto montañero como Graham Hoyland, que ha estudiado un siglo de testimonios y supuestas pruebas, también concluye que el yeti no existe.[41] Y Loxton y Prothero han llegado igualmente a la conclusión de que: «El yeti es un animal mítico basado en el oso pardo del Himalaya».[42] Sin embargo, sigue habiendo científicos que mantienen su fe en la existencia de un animal desconocido en el Himalaya. Una personalidad de la divulgación de las ciencias de la naturaleza tan relevante como David Attenborough declaró en 2013: «Creo que el abominable hombre de las nieves puede ser real»,[43] y lo relacionó con los molares de la especie *gigantopitecus* encontrados en los años treinta. Aún en 2020 Attenborough confesó su convicción de que las huellas del yeti encontradas en la nieve podrían ser una prueba de su existencia.[44]

40. Taylor, 2017, p. 328.
41. Hoyland, 2018.
42. Loxton y Prothero, 2013, p. 154.
43. <https://www.radiotimes.com/news/2013-09-10/david-attenborough-i-believe-the-abominable-snowman-may-be-real/>.
44. <https://www.reddit.com/r/ScienceBehindCryptids/comments/hcw-8bk/sir_david_attenborough_there_might_be_something/>.

Del orientalismo al cómic: el yeti en la cultura popular

En los años cincuenta una mezcla de figuras míticas —el salvaje de los bosques, el troglodita y el hombre-mono— se extendió por Asia y recorrió las redes de información para convertirse en un mito bajo el nombre de «abominable hombre de las nieves». Llegaba de una larga tradición asociada a los misterios de Oriente —que habían sido imaginados por el esoterismo teosófico de *madame* Blavatsky y los escritos de la viajera Alexandra David-Néel, la primera mujer occidental que pisó la ciudad de Lhasa— a los que puso imagen la película *Horizontes perdidos* (1937) con su mito de la ciudad idílica de Shangri-La, perdida en las montañas del Himalaya. Se sumaba a esta aura el romanticismo que desprendía la aventura de Heinrich Harrer relatada en su libro *Siete años en el Tíbet* (1952), en la que se reflejaba la vida de los monjes budistas.

Y para caldear más el ambiente, en 1956 cayó el bombazo editorial de *El tercer ojo,* la supuesta autobiografía de un lama tibetano llamado Lobsang Rampa, que se convirtió en un fenómeno de ventas, puso de moda la espiritualidad oriental y contribuyó al fenómeno de la *New Age.* Claro que Harrer y otros verdaderos expertos en el Tíbet descubrieron enseguida la superchería. Todo era una invención de un fontanero inglés llamado Cyrill Hoskins que nunca había estado en el Tíbet y ni siquiera tenía pasaporte. Por si no resultaban bastante increíbles las proezas mágicas que relataba, describía también, como no podía ser menos, un encuentro con el yeti. Cuenta el protagonista de la biografía-novela en primera persona que, estando recogiendo hierbas medicinales, como a 9 m de distancia «se hallaba el extraño ser del que tanto había oído hablar». Relata: «Nos quedamos mirándonos fijamente, inmovilizados por el miedo, durante un tiempo que me pareció eterno. Me estaba señalando con una mano mientras emitía un curioso maullido». El protagonista hizo algún movimiento y el yeti se volvió y se alejó dando saltos. Si esto ya era raro, más tarde vio otros yetis. Un lama le dijo que los yetis eran «precedentes de la raza humana que habían tomado un camino diferente en la evolución».[45] Qué bonito si todo esto hubiera sido cierto.

En los años cincuenta, de plena excitación por la figura del abominable hombre de las nieves, el tema tenía por necesidad que ser llevado al cine. En 1954, coincidiendo con la primera expedición al Himalaya en busca del yeti, se realizó la película *The Snow Creature*, dirigida por W. Lee Wilder, que trata el clásico secuestro de la chica por el monstruo, la captura del yeti, su transporte a Estados Unidos y su fuga (como en *King Kong*, qué original). Pero en esta película se plantea la disyuntiva de si el yeti es animal o humano, lo que no importa mucho porque al final el monstruo es eliminado. Con más calidad —aunque fuera un pequeño fracaso para la productora Hammer—, se estrenó en 1957 la película británica *The Abominable Snowman*,[46] dirigida por Val Guest. Como si fuera una predicción, en el argumento aparecen momentos de codicia y dudosa ética científica que se iban a reproducir en la realidad de las expediciones de Tom Slick, como el afán del personaje del científico que quiere cazar a toda costa a un ejemplar del abominable hombre de las nieves, el tópico de siempre.

El criptozoólogo Loren Coleman recuerda que cuando era niño, en 1960, asistió a la proyección de la película japonesa-americana *Half Human: The Story of the Abominable Snowman* (1958), sobre la búsqueda de un yeti en las montañas de Asia, y que aquella fue la mecha que encendió en él la pasión para dedicarse a estudiar a los homínidos peludos.[47] Cuántos más se habrán dejado seducir por imágenes míticas como las que transmitía el cine de un ser que nos figurábamos como un repositorio de la sabiduría antigua del Tíbet violada por la irrupción de la civilización.

Una muestra de la influencia del yeti que ha quedado como un clásico de la cultura contemporánea la tenemos en el famoso personaje del cómic Tintín. Entre septiembre de 1958 y noviem-

45. Lobsang Rampa. *El tercer ojo*. Destino, 1976, pp. 190-191.

46. En Estados Unidos se estrenó con el título de *The Abominable Snowman of the Himalayas*.

47. Loren Coleman. *Bigfoot: The True Story of Apes in America*. Paraview Pocket Books, 2002.

bre de 1959, en plena búsqueda del yeti, el dibujante belga Hergué publicó en forma de serial el cómic *Tintín en el Tíbet,* en cuyo argumento el yeti tiene un papel protagonista. Fue Bernard Heuvelmans, amigo y colaborador de Hergué, quien le sugirió introducir al yeti en una de sus historietas y le regaló su libro *On the Track of Unknown Animals* para documentarse. Además, le dio la idea de dibujar la cabeza del yeti igual que la cabellera que él había recibido de Nepal, con la cresta picuda. Ya desde la portada de este volumen se nos presenta una hilera de huellas del yeti en la nieve semejantes a las de las fotos de Shipton de 1951. En el argumento el yeti, o *migou,* rescata al personaje Chang de un avión estrellado y le salva la vida alimentándolo en una cueva, con lo que se demuestra que el yeti no es una bestia. En la última viñeta, Chang dice: «Tintín, por la manera en que me cuidó, no puedo evitar preguntarme si en su interior no tenía un alma humana». No cabe duda de que ese mensaje conectaba entonces, y más ahora, con el espíritu de los tiempos sobre el hombre salvaje.

En 1988 una compañía de teatro alemana representó una obra titulada *Yeti, el hombre salvaje,* que dramatizaba a través de encuentros con la criatura cómo la civilización está terminando con el mundo natural. Y en los últimos años hemos asumido al yeti como una mascota más de la fantasía infantil. En 2018 y 2019 se produjeron las películas de animación *Smallfoot* y *Abominable* respectivamente, que transmiten un mensaje sobre la protección de las especies y la aceptación del otro.

Y qué mejor aproximación al yeti que aprender su lengua, así que una academia alemana ofreció hace años un curso de «lengua yética». «No se requieren conocimientos previos», decía la propaganda. La clase introductoria se dio un 1 de abril, el Día de los Inocentes del mundo anglosajón.

Cómo llegó a España el «Abominable hombre de las nieves»

A España las noticias sobre el «abominable hombre de las nieves» llegaron tarde, y solo como consecuencia del revuelo provocado por las fotos de Shipton de 1951. A veces lo que se publicaba era lo más sensacionalista, como el testimonio de un montañero, en 1953, de que los pobladores de las alturas de la India habían capturado vivo a un hombre de las nieves y le tenían en un zoológico. O aquella en que un lama tibetano declaraba que un compañero había meditado con un yeti de 2,40 m de altura en lo alto de una montaña. En otra noticia, tribus remotas de la India se habían comido al abominable hombre de las nieves, que medía la friolera de 3 m de altura, y sin ningún empacho. Y en otra se había vendido un yeti en Katmandú a un comprador anónimo.[48]

Resulta curioso comprobar cómo rumores y noticias sin contrastar de zonas tan alejadas del mundo como Mongolia, China o Siberia podían seguir alimentando el mito del hombre salvaje. En 1961, el entonces joven prehistoriador y antropólogo español José Manuel Gómez-Tabanera escribía en un artículo de la revista *Blanco y Negro:*[49]

> El profesor Kou Wai Lu establece una distinción entre el hombre primitivo del Himalaya (que considera inferior al más viejo hombre fósil conocido de China, Sinantropus) y los hombres salvajes de las montañas del sur del Chensi, que no difieren físicamente de los hombres modernos más que por su abundante pilosidad. Estos hombres salvajes viven desnudos en las montañas, pese al riguroso clima, y no disponen siquiera de los más elementales útiles. Desconocen el fuego e incluso el lenguaje.

Gómez-Tabanera no daba ninguna referencia del tal profesor Kou Wai Lu, que suponemos chino, y no he conseguido encontrar ninguna referencia sobre él. Todo suena, como en muchos relatos procedentes de Asia, a rumores de tercera mano a los que ciertos académicos asiáticos han venido dando un marchamo de

---

48. Efe. *ABC*, 17 de noviembre de 1953; Efe. *La Vanguardia*, 5 de enero de 1954; Efe. *ABC*, 19 de enero de 1956; y Efe. *ABC*, 24 de enero de 1957.

49. José Manuel Gómez-Tabanera. «El abominable hombre de las nieves.» *Blanco y Negro*, 25 de noviembre de 1961.

credibilidad sin haberse molestado en indagar sobre las leyendas de aquellos vastos territorios. En ese resumen todo suena legendario: esos salvajes desconocen el lenguaje y el fuego, tienen pelo, no manejan ni siquiera instrumentos. Parece que estás leyendo a Plinio. Es la categorización del otro en términos subhumanos, como el «hombre salvaje» del mito. El mismo Gómez-Tabanera reconocía en su artículo al salvaje como «un mitologema». Y tal falta de espíritu crítico llama la atención de la pluma del que fue uno de nuestros antropólogos más abiertos a todos los temas. Eso sí, lo mismo hablaba de ciencia que de elucubraciones fantásticas.

Hace pocos años hemos visto cómo el mito del yeti sigue alimentando la fantasía popular. Aunque todos sabemos que el yeti no existe en Europa, en 2016 pareció que teníamos nuestro caso Shipton. Entre el 30 de enero y el 10 de febrero de 2016, la prensa española y las redes sociales bulleron con rumores sobre un yeti fotografiado y filmado en la zona de la estación aragonesa de esquí de Formigal, y en unos días se hizo noticia internacional. El asunto empezó el 29 de enero de 2016 en ForoCoches, un popular foro de internet, cuando un usuario de sobrenombre Kangaroo publicó una foto de algo parecido a un yeti, pidiendo la opinión del colectivo con la pregunta: «¿Qué puede ser esto?», al estilo de los *freak-shows* de Barnum. El diario *ABC* del 2 de febrero dio la noticia de que unos esquiadores fuera de pista habían visto un «animal enorme que caminaba sobre dos patas», y muchos otros periódicos abrazaron la noticia reproduciendo lo que se publicaba en ForoCoches sin más comprobación de la fuente, en un ejercicio invernal de amarillismo de serpiente de verano. De manera imprevista la noticia saltó a los medios internacionales y se publicó hasta en el *New York Times*.

Para hacerlo breve, resumiré diciendo que la revista de paraciencias *El Ojo Crítico* descubrió que se trataba de una campaña de *marketing* viral como alguna otra que se había promocionado en España con temáticas paracientíficas, en este caso promovida por la empresa Marketing Directo para la marca Hawkers. El yeti era un instructor de esquí de Formigal llamado Giner con un disfraz de pelo blanco, como el tópico yeti.[50]

Así se construyó un mito

En aquel clima de aventura en las nieves de la primera mitad del siglo XX, sobrecalentado de magia y espiritualidad oriental, creció la leyenda del yeti, cuyos primeros pasos he relatado hasta aquí. Messner dijo que lo que ha mantenido viva la leyenda del yeti es la fascinación que nos produce su relación con la larga historia de cómo nos convertimos en humanos. Para Daniel Taylor, el yeti es «un símbolo de una idea tanto como un animal real», es una «cuestión de la relación de la humanidad con lo salvaje», es decir, «un icono de la humanidad salvaje».[51]

Algunos antropólogos se han dado cuenta de que el yeti tiene una doble existencia, con una dimensión real y otra fabulosa. Los miembros de la etnia lepcha de Sikkim cuentan historias de encuentros con el mi go, como llaman a su yeti, pero también narraciones fantásticas sobre él. «Le adoran como el espíritu de la caza y le contemplan como al maestro y protector de los animales.»[52] Igualmente cuentan leyendas sobre el «hombre-oso» que secuestra a personas y las mantiene en una cueva durante años hasta que estas consiguen escapar, o historias de una hembra yeti, que secuestra a un hombre, lo mantiene retenido durante años y tiene hijos con él. Es folklore puro, pero mientras que los folkloristas occidentales han prestado siempre mucha atención a las creencias de sus sociedades locales tradicionales en seres como las hadas, los goblins, etcétera, el yeti no mereció su atención durante mucho tiempo, quizá, como ha señalado Joshua B. Buhs, porque no es una creencia de una población aislada y anclada en la tradición, sino una figura popular conocida en Oc-

50. EOC. «El caso del yeti de Formigal.» *El Ojo Crítico*, n.º 80-81, julio de 2016.
51. Taylor, 2017, p. 7.
52. Sawerthal y Torri, *op. cit.*, p. 135.

cidente a través de los medios de comunicación modernos. «La cultura de masas y sus productos parecían la antítesis de la autenticidad: la cultura de masas era falsa *(fake)*»,[53] escribe Buhs. Cuando el folklore (tradición popular) se transmitía por los medios de comunicación parecía *fakelore* (falsa tradición). El concepto de folklore ha cambiado desde los años cincuenta, particularmente en los países anglosajones, pero ha habido que esperar a las primeras décadas del siglo xxi para ver los primeros estudios sobre la cultura popular del yeti y otros seres homínidos, como el libro de Buhs, *Bigfoot. The Life and Times of a Legend* (2009), que se enfoca en la manera como el debate sobre aquellas criaturas encajó en la cultura norteamericana del siglo xx.

Si hacemos un análisis de todo lo que he contado hasta aquí, vemos que el yeti surgió del encuentro de varias culturas: la sherpa del Himalaya, la cultura religiosa de los monjes tibetanos y la cultura moderna. Y en ese contacto desequilibrado de fuerzas se imponían colonos, montañeros, geógrafos, naturalistas y periodistas occidentales, como parte esencial de una práctica de dominación. Ese encuentro de culturas se dio cita en una zona que funcionó como núcleo de creación y difusión de la leyenda del yeti, la comprendida por Sikkim y el Himalaya oriental, el punto de acceso principal al monte Everest y al Tíbet. Allí se dio «un patrón de interacción entre narrativas distintas y formaciones discursivas que interactuaron y se entremezclaron entre sí»,[54] en palabras de Sawerthal y Torri. En las culturas locales, como hemos visto, había mitos y leyendas de hombres salvajes y criaturas enormes de los bosques y las nieves, y en esas narraciones se repetían temas tradicionales: los yetis raptaban gente, imitaban a las personas, tenían los pies invertidos... En el fondo de esas historias queda siempre una ambivalencia entre el ser vivo y el fantasma, el oso y el mono, la deidad y el demonio. Por encima de aquellos mitos locales, los occidentales impusieron su marco de conocimientos, imponiendo sus propias narrativas de una criatura puramente zoológica, conforme a nuestra cultura científica.

53. Buhs, 2009, pp. 18-19.
54. Sawerthal y Torri, *op. cit.*

En unas relaciones asimétricas de poder entre la tradición y la modernidad, el choque de sistemas de conocimiento solo podía producir la imposición de un modelo colonial de representación del hombre salvaje como un monstruo físico, un críptido como se dice ahora, depurado de los elementos sobrenaturales que estaban en su origen. En aquella relación de intereses políticos, geográficos, científicos y deportivos que he mencionado es como llegó a formarse la idea actual del yeti: un producto transcultural.

¿Es real el yeti? Este es uno de los casos en que se puede contestar sí y no a la misma pregunta, según la visión del mundo desde la que se responda.

* * *

Cuando la virtualidad del yeti se desvanecía en los años sesenta, otras tradiciones asiáticas sobre hombres salvajes y hombres de las nieves estaban aún por descubrirse al haber quedado fuera de las corrientes de comunicación occidentales. Empezarían a salir a la luz a partir de los años setenta, y las vamos a conocer en el capítulo siguiente. En ellas se iba a descubrir una rica mitología que diría mucho sobre lo que es el yeti y otros hombres salvajes de la tradición.

Capítulo 8

LOS OTROS «HOMBRES DE LAS NIEVES» Y SUS MITOS

ORGULLO Y PREJUICIOS

Mi padre le vio antes de que él viera a mi padre. Si el yeti hubiera visto a mi padre primero, mi padre no habría sido capaz de andar. El yeti puede hacer que la gente no pueda andar. Entonces se los come.

ANG TSERING SHERPA Y BOB PEIRCE.
«LA VEZ QUE MI PADRE VIO AL YETI.»[1]

El «hombre salvaje» en la tradición soviética

Mientras que el yeti de los sherpas se hizo famoso en el mundo gracias a las expediciones y a los escaladores británicos, las leyendas sobre hombres salvajes de otras zonas de Asia no colonizadas por Occidente apenas eran conocidas y solo se habían realizado sobre ellas investigaciones parciales. Esas otras tradiciones populares iban a despertar con el nacimiento de la criptozoología. La información de ellas ha llegado de manera fragmentaria e indirecta a través de unos pocos investigadores, a veces con contradicciones entre las fuentes en cuanto a terminologías e interpretaciones.

---

1. «The Time My Father Saw a Yeti.» *Himalayan Research Bulletin*, vol. 17, n.º 2, 1997.

La historia de la investigación sobre el hombre de las nieves ruso (actualmente, la prensa rusa lo denomina «bigfoot») se remonta al 31 de enero de 1958, cuando el tema se discutió en una reunión del Presidium de la Academia de Ciencias de la URSS, en vista de las noticias que llegaban de Occidente sobre el yeti del Himalaya. En la reunión se presentó un informe científico del doctor Boris K. Porchnev y un mensaje del hidrólogo A. G. Pronin, que fue testigo de una criatura llamada almasti en la cordillera de Pamir. Vamos a conocer la personalidad de Porchnev, el pionero de una escuela rusa de estudio del «hombre de las nieves» a la que allí se ha llamado «hominología».

BORIS PORCHNEV Y LA «HOMINOLOGÍA» RUSA

Boris Fedorovich Porchnev (1905-1972) fue historiador y sociólogo, autor de varios libros de historia y una autoridad mundial sobre el feudalismo y la Revolución francesa. A diferencia de otros investigadores de monstruos, lo que se encuentra de Porchnev en internet es sobre su contribución a la historiografía, y no a la criptozoología.

Al margen de su carrera académica, y ciñéndonos a su estudio de los yetis asiáticos, Porchnev fue el primero en publicar un artículo sobre este tema en el periódico *Komsomolskaya Pravda*, en julio de 1958, y promovió que se constituyera una «Comisión sobre el Hombre de las Nieves» en el seno de la Academia de Ciencias de la Unión Soviética. La primera decisión de la Comisión ese mismo año fue organizar una expedición de nueve meses en busca del almasti por las montañas de Pamir en su zona de Tayikistán, dado que es una zona cercana al Himalaya donde el hidrólogo Pronin había observado a una extraña criatura bípeda. Al no conseguirse ningún resultado de interés, la Comisión fue disuelta inmediatamente después. La prensa soviética justificó la medida diciendo que la ciencia comunista había demostrado que el hombre de las nieves no existía, y que las expediciones occidentales no eran más que una tapadera para actividades de espionaje y otras intrigas capitalistas.[2] Un tiempo más tarde Porchnev criticó aquella expedición al Pa-

2. Regal, 2011, p. 143.

mir por no haberse dirigido a la zona adecuada, no haber incluido a ningún primatólogo y, sobre todo, porque el objetivo de la misión no fue realmente el estudio del hombre de las nieves, sino que se concentró en la biogeografía e historia del Pamir. La misma crítica hizo Marie-Jeanne Koffman,[3] a la que vamos a conocer a continuación.

A pesar de este revés, Porchnev organizó desde 1960 un seminario mensual de estudio del almasti en el que durante seis décadas participaron tanto científicos como aficionados. En 1963 publicó en una pequeña edición su monografía *Estado actual de la cuestión. Acerca de los homínidos relictos*,[4] que se sigue reeditando hoy en Rusia. En 1974 publicó con Heuvelmans *L'Homme de Néanderthal est toujours vivant*.

Lo que Porchnev pretendía con su investigación sobre el almasti era sentar las bases de una teoría evolucionista y materialista del comportamiento humano. Partía de la base de que el socialismo podía explicar los rasgos de la evolución a través del trabajo. El almasti había tenido, según la tradición, una interacción benigna con el campesinado, a diferencia de sus parientes el yeti y el bigfoot, y por esta razón el almasti no era tan corpulento como aquellos. Si se conseguía demostrar la existencia del almasti, sería la confirmación de su enfoque socialista, pensaba Porchnev. Pero a pesar de sus desvelos, fue objeto de ridículo entre el estamento académico y no consiguió nunca el aval institucional suficiente para que sus estudios sobre el homínido apareciesen en publicaciones científicas.

A la muerte de Porchnev, y ya bajo el nombre de «hominología», sus continuadores en la investigación del almasti —Igor Bursev, Dmitry Bayanov y Mikhail Trachtengerts— dedicaron todos sus esfuerzos a intentar demostrar que existen pruebas de la supervivencia de un Neandertal en el Cáucaso. La hominología soviética pudo organizarse formalmente en 1988 como Aso-

---

3. Marie-Jeanne Koffman. «En los orígenes de una nueva ciencia.» *Mediana*, n.º 6, 2004, Zelenograd, región de Moscú (original en ruso). <http://www.alamas.ru/rus/publicat/Kofman_Istoki.htm>.

4. Boris Porchnev. *Estado actual de la cuestión. Acerca de los homínidos relictos* (original en ruso). Viniti, Moscú, 1963: <http://alamas.ru/rus/publicat/porshnev_book3/Index.htm>.

ciación de Criptozoología, aprovechando la perestroika (reforma) de Gorbachov. En un comunicado dirigido a la International Society of Cryptozoology, Dmitry Bayanov (1932-2020) se lamentó de las dificultades que habían tenido que superar hasta obtener el reconocimiento del régimen para su actividad.[5] A partir de aquella *glasnost* (transparencia) de lo paranormal, y, sobre todo, después de la disolución de la Unión Soviética, los investigadores rusos se abrieron más a Occidente.

En 1964 Dmitry Bayanov organizó una expedición a la república rusa de Kabardino-Balkaria, en el Cáucaso, y allí conoció a mucha gente que había visto «diablos» a los que llamaban por distintos nombres, como shaitan, almasty, mozylkh, kaptar o gul. Bayanov se quejó en un periódico ruso de haber encontrado más interés hacia su trabajo en Estados Unidos que en su propio país.[6]

El almasti del Cáucaso y del Pamir

En Rusia, los países de la cordillera del Cáucaso y los de la cordillera del Pamir, en el Asia Central, se dan historias sobre un hombre salvaje conocido por almasti (o almasty) y otros nombres. No es un monstruo del tipo hombre-mono, sino que en las tradiciones locales es un ser híbrido entre una bestia y un demonio, un espíritu maligno que forma parte de la vida cotidiana de la gente.

En la cordillera del Cáucaso la primera referencia conocida a una criatura homínida es la de un zoólogo ruso llamado K. A. Satunin, que a finales del siglo XIX vio una hembra de un biaban-guli, según el nombre local que se daba al salvaje. En 1941 los soldados soviéticos capturaron vivo a un hombre salvaje en Dagestán, pero cuando se vieron acosados por enemigos, dispa-

---

5. ISC. «Soviets Form Crytozoology Society.» *The ISC Newsletter*, vol. 7, n.º 3, otoño de 1988.
6. <https://aif.ru/society/science/nayti_yeti_kak_sovetskie_uchyonye_snezhnogo_cheloveka_lovili>.

raron sobre él y lo mataron. El cadáver pudo ser examinado por un coronel llamado Karapetyan, quien lo describió como totalmente humano, pero cubierto en la parte superior de pelo marrón. En los años cincuenta un antropólogo llamado Y. I. Merezhinski —que hacía investigación de campo en Azerbaiján— oyó hablar de una criatura delgada y cubierta completamente de pelo blanco a la que llamaban kaptar, que vivía en las montañas boscosas. Puesto al acecho, Merezhinski consiguió ver un kaptar, pero en vez de fotografiarlo disparó sobre él sin acertar en el blanco y el kaptar huyó.

MARIE-JEANNE KOFFMAN, LA MÁS PERSISTENTE BUSCADORA DEL ALMASTY

Marie-Jeanne Koffman, la gran especialista en el almasty, descendía de una familia francesa instalada en Rusia. Su padre había participado en 1905 en el suceso revolucionario del acorazado Potemkin, por lo que fue arrestado. Tras fugarse, consiguió llegar a Francia, y allí nació en 1919 nuestra protagonista, Marie-Jeanne Koffman. Establecida en la Unión Soviética con sus padres en 1935, Maria-Zhanna Koffmann, por su nombre ruso, se graduó en Medicina y Cirugía en la Universidad en Moscú, sirvió en la Segunda Guerra Mundial como comandante de un equipo de instructores de montañismo y participó en las batallas del Cáucaso. Por un intento de huida de la Unión Soviética, estuvo internada seis años en un campo de trabajo, de donde salió en 1954.

Tras conocer al doctor Boris Porchnev, este la promocionó, y en 1958 participó en la primera expedición oficial soviética a las montañas de Pamir en busca del «hombre de las nieves». Además, Zhanna Koffmann ingresó como miembro de pleno derecho de la Sociedad Geográfica de Rusia. En 1984 emprendió una expedición en busca del almasty del Cáucaso por Armenia, Georgia y el sur de Rusia. En 1987 fundó la Asociación Rusa de Criptozoólogos, de la que fue presidenta y después presidenta honoraria. En 1992 dirigió una nueva expedición al Pamir en busca de pruebas de la existencia del almasty, pero como de costumbre, solo se recogieron muestras de pelos y excrementos y se hicieron moldes de huellas, nada convincente.

En el informe de la expedición describió al almasty como un primate homínido, pero su impresión sobre su supervivencia era pesimista. Escribió: «Llegando tarde por 30 o 40 años, somos testigos del fin del humanoide del Cáucaso. Los restos de una población recientemente numerosa consisten solo en individuos separados que vagan en solitario entre fragmentos de su hábitat».[7] Llegaba a esta conclusión a partir de testimonios de las personas más mayores, que estaban desapareciendo junto con la criatura, por lo que se hacía urgente para ella recoger los relatos de los ancianos. En dos artículos que publicó en francés en la revista *Arquéologia*, definió al almasty como un Neandertal superviviente, siguiendo al pionero de la hominología, el doctor Porchnev. En el primero de ellos describió con todo detalle la anatomía del homínido como extraordinariamente coherente, de acuerdo a los testimonios que había recogido en el Cáucaso.[8] En el segundo artículo describió el modo de vida del almasty como quien relata un día en la vida de un personaje familiar, como cuando dice que «a veces, forma apresuradamente un lecho de trapos y hierba. Cuando hace mucho calor, une las puntas de las hierbas altas (además, la fabricación de nudos es una de sus ocupaciones preferidas...)».[9] Sea lo que sea el almasty, lo que traslucían las palabras de Koffman era una tradición popular aún viva en la zona del Cáucaso.

Marie-Jeanne Koffman falleció en París en julio de 2021 a punto de cumplir ciento dos años de edad.

En los años setenta el lingüista John Colarusso acumuló datos etnográficos y lingüísticos sobre los pueblos del Cáucaso, y encontró referencias a criaturas «medio hombre medio bestia» que vivían en los bosques de montaña. Este salvaje, para la población

---

7. Marie-Jeanne Koffman. «Brief Ecological Description of the Caucasus Relic Hominoid (Almasti) Based on Oral Reports by Local Inhabitants and on Field Investigations.» En Vladimir Markotic y Grover Krantz (eds.). *The Sasquatch and Other Unknown Hominoids*. Western Publishers, Calgary, 1984.

8. Marie-Jeanne Koffman. «L'Almasty, yeti du Caucase.» *Archéologia*, 269, junio de 1991.

9. Marie-Jeanne Koffman. «L'Almasty du Caucase. Mode de vie d'un humanoide.» *Archéologia*, 276, febrero de 1992.

local, no era de ninguna manera un ser del folklore ni llevaba asociado ningún mito, sino que era considerado un animal del mundo físico. Su talla no era mayor que la humana y estaba cubierto de pelo, lo que apuntaba al oso.[10]

En la cordillera de Pamir el primer relato conocido del hombre salvaje es de 1925, cuando un militar soviético llamado Mijail Topilski supo de una criatura como un hombre con pelo largo que había resultado muerto de un disparo. Topilski pudo encontrar el cadáver y lo examinó. Al principio le pareció un mono, pero no había monos en el Pamir, y su estatura y aspecto eran los de un hombre. Solo llegó a la conclusión de que no era un ser humano.[11] Relatos sobre criaturas bípedas se han recogido en los diferentes países que abarca la cordillera de Pamir, donde recibe distintos nombres: golub-yavan en Tayikistán, ksygyik en Kazakistán y barmanu en Afganistán y Pakistán, aunque se suele englobar a todos ellos bajo la categoría de almasti.

El chuchunaa de Siberia y los prejuicios

El nombre que se ha dado al hombre de las nieves de Siberia es chuchunaa, una criatura de unos 2 m de altura de la que informaron hace mucho tiempo las tribus nómadas tungus y yakut. *Chuchunaa* significa «fugitivo» o «desclasado» en la lengua yakut, mientras que el equivalente altaico, *mulen*, significa «bandido»,[12] lo cual nos puede dar una primera idea para su interpretación. Aparentemente, el chuchunaa ocupaba hace más de un siglo un amplio territorio de Siberia, lo que hace difícil comprender que no haya sido conocido en la literatura científica o histórica si de lo que se trataba era de un «homínido», como lo llama la criptozoología. Pero lo más llamativo es que este «críptido» vestía ropas de pieles y botas, usaba cuchillo y arco, y construía

10. John Colarusso. «Ethnographic Information on a Wild Man of the Caucasus.» Halpin y Ames (eds.), 1980.
11. Shackley, 1983, pp. 117-119.
12. Eberhart, 2002.

cobertizos como vivienda. ¿Es esto un homínido? Desde los tiempos del zar se dice que muchos chuchunaa fueron rodeados y masacrados, y sus cuerpos enterrados en secreto. ¿No suena a purga? Durante la guerra civil rusa de 1918 a 1921 una parte de la población se desplazó a nuevos territorios altaicos y esta población recién llegada mató a muchos mulen (recordemos que significa «bandido»), es decir, que se eliminó a la población preexistente en la zona. Otras matanzas se produjeron durante la Segunda Guerra Mundial.

La existencia del chuchunaa fue tenida en consideración por primera vez en la Unión Soviética en 1928, cuando se presentó un informe a la Sociedad Geográfica Rusa recomendando su estudio antes de que se extinguiera. En 1933 el profesor Dravert hizo una llamada para que el gobierno aboliera la caza de esta «gente» con el argumento de que todos «los soviéticos» merecían igual protección. Desconocemos cuál debía ser la lamentable situación de aquella «gente» a la que se considera «soviética», y no se conoce ninguna acción al respecto. Pues bien, a pesar de lo que se trasluce del lenguaje sobre el chuchunaa, que parece referirse a gente, para la arqueóloga Myra Shackley sería un Neandertal superviviente.[13]

El geólogo Vladimir Pushkarev[14] recogió en los años setenta en la enorme extensión de Yakutiya, en el norte de Siberia, historias del chuchunaa, y cuantas más oía más clara se hacía su imagen como algo casi real. A diferencia de otras historias que tenían rasgos sobrenaturales, esta «poseía las más diversas características humanas». Y cita al historiador y etnógrafo soviético G. V. Ksenofontov, según el cual: «El chuchunaa es un humano. Se alimenta de ciervos y come la carne cruda [...] Vive en una guarida como el oso». Su cara era negra. A 5.000 kilómetros de distancia en el este de Siberia, Pushkarev recogió entre 1974 y 1975 relatos y testimonios sobre otro «salvaje de los bosques» al que llamaban tungu, del que los mayores contaban encuentros

13. Shackley, 1983.
14. Vladimir Pushkarev. «New Testimony.» *Soviet Life*, n.º 3, marzo de 1979, pp. 54-58.

de hacía mucho tiempo, poco después de la Revolución rusa. Pero los alumnos del colegio también habían oído hablar de un salvaje, o bien lo habían visto sus mayores. Incluso alguno de los alumnos lo había visto personalmente. Lo describían como un hombre alto, como de 2 m, descalzo y vestido con pieles. Era muy rápido y no tenía habla, solo silbaba. Los pastores de renos referían que no se había visto al tungu en las dos últimas décadas. Pushkarev llegaba a la conclusión de que era una especie desconocida.

Todos estos testimonios suenan, más que a la descripción de un homínido, a las típicas narraciones tradicionales de hombres salvajes de territorios fronterizos de la civilización que se han hecho en distintos continentes. Se ha descrito al chuchunaa como incapaz de hablar, solo de emitir silbidos, pero ¿no es este un prejuicio que las leyendas desde la Antigüedad han atribuido a otras etnias o minorías que no hablan nuestra lengua? ¿No está la criptozoología, al hablar de homínidos, o al lanzar hipótesis sobre supervivencias de neandertales, perpetuando prejuicios etnocéntricos al no ofrecer interpretaciones alternativas de los relatos en términos, tal vez, de marginados, bandidos, desclasados, o simplemente personas diferentes? Ahí dejo la reflexión.

El yeren chino en tiempos de apertura

En China se encuentran desde la Antigüedad relatos sobre hombres salvajes, a los que actualmente se llama yeren, además de otros nombres locales. En el periodo de los estados en guerra, alrededor del siglo III a. C., el poeta Qi Yuan escribió un poema sobre los shangui (ogros de las montañas) en la provincia de Hubei. Durante la dinastía Tang (años 618-907) el historiador Li Yanshou describió una banda de «hombres peludos» observados en la misma zona. Durante la dinastía Ming (siglos XIV a XVIII), el farmacólogo Li Shizhen escribió que la gente de la provincia de Sichuan despellejaba y se comía a los hombres oso llamados feifei, y en la provincia de Fujian había gigantes llamados shandaren, de 3 m de alto. Y el poeta del siglo XVIII Yuan Mei escribió sobre unas criaturas observadas en la provincia de Shaansi que eran «como monos, pero que no eran monos».[15] Otra tradición trata de relatos sobre «hombres-oso», que se encuentran en un libro titulado *Compendio de materia médica,* de Li Shizen.

Los casos de observación de «hombres salvajes» en China en el siglo xx son semejantes a los de otras zonas de Asia y muchos recuerdan a su vez al folklore del sasquatch norteamericano. Son relatos sobre salvajes que se comen a la gente y que son cazados a su vez utilizando distintos trucos.[16] En 1957 la prensa contó que una bestia cubierta de pelo y parecida a un mono intentó robar el bebé de una mujer, pero fue golpeada hasta que soltó su presa. En 1961 los trabajadores de la construcción de una carretera mataron a un hombre salvaje de 1,20 m de altura, pero la Academia de Ciencias china negó la noticia declarando que había sido un gibón. Zhou Guoxing, sin embargo, afirma que entrevistó a un periodista que vio a la criatura y negó que fuera un simio.[17]

Hay también informes sobre «extraños animales» parecidos a la vez a hombres y a simios en los que han intervenido científicos. La primera observación de un científico chino fue la del biólogo Wang Zelin (que había estudiado su carrera en Estados Unidos) mientras viajaba en coche en 1940 por la zona de Gansu. Tras oír unos disparos, se acercó al lugar de donde procedía el ruido y pudo ver muerta a un lado de la carretera a una hembra de unos 2 m de altura que tenía el cuerpo cubierto de pelo espeso de color marrón grisáceo, y cuya cara semejaba el cráneo del Hombre de Pekín.[18] Otro científico, el geólogo Fan Jingquan, y sus guías pudieron ver en 1950 en la provincia de Shanxi a dos «hombres salvajes», madre e hijo, aunque a cierta distancia.

Tras las expediciones occidentales de los años cincuenta en busca del yeti en el Himalaya, el Estado chino organizó su propia

15. Shackley, *op. cit.,* p. 79.
16. Zhou Guoxing. «The Status of Wildman Research in China.» *Crypto-zoology,* vol. 1, 1982.
17. *Ibid.*
18. Shackley, 1983, pp. 79-82; Zhou, *op. cit.*

expedición al Tíbet en 1959, de la que se obtuvo un mechón de pelo que era diferente a los de animales conocidos, sin que se pudiera identificar su origen. En 1977 la Academia China de Ciencias organizó una expedición a los montes Shennongji, en la provincia de Hubei, en busca del yeren, que es como se llama al hombre de las nieves chino. El equipo científico fue dirigido por Zhou Guoxing, paleontólogo que fue director del Museo de Historia Natural de Pekín. En todo un año de búsqueda solo se pudieron recoger los habituales pelos, heces y huellas, cuyos análisis no fueron nada concluyentes. Zhou cree que pertenecían a monos o a osos.[19]

Cuando empiezan a publicarse con mayor frecuencia noticias en China sobre encuentros con bestias homínidas es a partir de 1979, con la apertura política a Occidente promovida por el nuevo líder Deng Xiaoping. Quizá la llegada de noticias del exterior sobre el yeti y la difusión de las paraciencias pudo haber impulsado esta nueva tendencia a registrar sucesos sobre bestias bípedas, algo que no ha sido suficientemente investigado desde el punto de vista sociológico. El caso es que 1980 marca un punto de inflexión en la información sobre el yeren, igual que en otros temas del mundo del misterio como los ovnis, sacando a la luz pública historias del pasado que habían quedado silenciadas en su época. Algunos relatos seguían el patrón «folklórico» que antes he mencionado. Por ejemplo, el periódico oficial *Guangming* informó de que en 1939 una mujer fue secuestrada durante un mes por una familia de «hombres salvajes» y meses después, a pesar de que la mujer negó haber tenido «contacto» con ellos, dio a luz a un «niño simio»[20] (no un niño mono, que eso lo son todos). Lo extraordinario en estos relatos no solo era cualitativo, sino también cuantitativo (como en los chistes de chinos de nuestra infancia): en 1947 dos mil soldados del ejército rojo persiguieron a ocho bestias de pelo rojizo durante diez días, hasta arrinconarlas en una ermita. Todas las bestias consiguieron romper el cerco de los soldados y huir, excepto una cría, que fue al-

---

19. Zhou, *op. cit.*
20. *Daily Telegraph,* 2 de diciembre de 1980.

canzada y descuartizada por los perseguidores.[21] Todo a lo bestia.

Otra iniciativa de ese año 1980 de apertura política y económica fue impulsar un plan de investigación a cinco años de la Academia China de Ciencias sobre «hombres salvajes» en el noroeste de la provincia de Hubei. Entre las huellas y otras trazas recopiladas, encontraron en una escuela de la provincia de Zheyang las manos y los pies de un hombre como un mono que el maestro local conservaba en sal.[22] Pero cuando se consigue la prueba material la cosa se desinfla. Una filmación hecha en 1994 de un supuesto yeren no representaba más que a un hombre con una deformidad.[23]

La Reserva Natural de Shennongjia es el eje de las noticias sobre el hombre salvaje en China. Se encuentra en la provincia central de Hubei, cuna de las primeras narraciones históricas sobre hombres salvajes (y origen de la COVID-19, por cierto). Los aldeanos de la zona creen que la criatura vive entre ellos. A la entrada de la reserva forestal hay un cartel en inglés que dice: «Beware of Bigfoot!» (¡Cuidado con el bigfoot!). Suena muy orientado a atraer al turista norteamericano, no cabe duda. A pesar de esta promoción del maoren, como llaman allí al hombre salvaje, los científicos y funcionarios de la reserva son escépticos sobre su existencia. Zhou Guoxing, al que he mencionado más arriba, ha manifestado que lo que busca el gobierno local de Hubei es aumentar los ingresos con paquetes turísticos con la excusa de la búsqueda del maoren.[24]

Entre las hipótesis para explicar al monstruo, la estudiosa clásica de los homínidos asiáticos Myra Shackley parece que se dejó influenciar por el romanticismo de la búsqueda del monstruo cuando propuso que durante la construcción de la Gran Muralla china hubo gente que huyó del trabajo forzoso y se ocultó en los

---

21. *Peking Evening News,* 19 de enero de 1981. En Shackley, pp. 86-87.
22. Messner, 1998, p. 39.
23. Newton, 2009, p. 68.
24. Zhou, *op. cit.*

bosques, y que después de generaciones sus descendientes se volvieron salvajes con pelos largos.[25]

Mi impresión es que falta mucha investigación antropológica por hacer para entender de verdad al yeren más allá del tópico comercial sobre el bigfoot chino.

El almas de Mongolia

En Mongolia la bestia homínida es el alma, o almas. El término no parece tener un significado único; significa tanto «hombre salvaje» como «especie extraña entre hombre y mono».[26] El lingüista mongol Yöngsiyebü Rinchen fue el primero en analizar testimonios y pruebas físicas sobre él, entre ellas un cuerpo y varios cráneos, aunque en la actualidad no se conserva rastro alguno de todo ello.[27] Rinchen llegó a la conclusión de que, debido al avance de la civilización, el área en la que había quedado recluido el almas se limitaba a 400 km^2 en las montañas de Altai y el Gobi. Escribe Shackley: «Los almas, no están dotados de poderes sobrenaturales y la gente local no les teme. Son vistos como formas diferentes, más primitivas, de hombre cuya presencia en un área apenas es causa de atención»,[28] y añade que para los etnólogos mongoles el mito estaría fundado en hechos reales sobre bípedos peludos de aspecto humano.

La referencia más antigua sobre una criatura simiesca en Asia la encontró el antropólogo checo Emanuel Vlcek durante la expedición arqueológica y antropológica a Mongolia organizada por la Academia de Ciencias de Checoslovaquia en 1958. Según dio a conocer en la revista de antropología *Man*,[29] encontró en una universidad lamaísta un libro en largas tiras de papel sobre la historia natural del Tíbet cuyo título, traducido, es *Dicciona-*

25. Shackley, 1983, p. 90.
26. *Ibid.*, p. 92.
27. Sykes, 2016, p. 65.
28. Shackley, 1983, pp. 92-93.
29. Emanuel Vlcek. «Old Literary Evidence for the Existence of the "Snow Man" in Tibet and Mongolia.» *Man*, vol. 59, agosto de 1959.

rio anatómico para reconocer variadas enfermedades, cuyos autores fueron Lovsan-Yondon y Tsend-Otcher. En una edición publicada en Pekín en el siglo XVIII se tratan en detalle una serie de animales, y entre las ilustraciones se encuentra la de un primate escalando una montaña. A su lado hay un nombre escrito en lenguas tibetana, china y mongola que significa «hombre salvaje». En una edición del libro realizada un siglo más tarde en Urga, actual Ulan Bator, aparece otra ilustración diferente del mismo ser escalando, y se lee en el texto: «El hombre salvaje vive en las montañas, su origen es cercano al del oso, su cuerpo parece el del hombre y tiene una fuerza enorme». Esta mención a un hombre salvaje era totalmente desconocida hasta entonces, y lo interesante es que el libro es una descripción de animales reales, no mitológicos. Vlcek se pregunta en su artículo si este dibujo tendría algo que ver con el almas que estaba siendo estudiado por aquel entonces por el investigador Yöngsiyebü Rinchen.

Dibujo del hombre salvaje a partir de las ilustraciones encontradas por el antropólogo Emanuel Vlcek en su expedición a Mongolia.

Algunos de los relatos que presenta Myra Shackley sobre el almas de Mongolia se asemejan más a leyendas contemporáneas que a informes de hechos reales. Su contenido es una vez más un cuadro folklórico como el que hemos visto sobre criaturas salvajes en otros lugares. Por ejemplo, un caso reportado por el médico Ivan Ivlov —sin citar nombres, fechas ni lugares— dice que un maestro local fue capturado por dos hembras almas y entregado a un grupo de criaturas que vivían en una cueva, donde fue examinado con gran curiosidad y alimentado durante dos semanas hasta que los almas perdieron interés en él y lo dejaron marchar. Shackley dice que «este es el más significativo de todos los relatos del almas o un fraude».

Para Myra Shackley, a pesar de haberse encontrado menos evidencias del almas de Mongolia que, del yeti, la primera sería una criatura más convincente. La razón de que no se haya demostrado su realidad es, según esta autora, lo remoto de las regiones donde se informa de su presencia, y que las pruebas que existen, como las supuestamente acumuladas por el científico mongol Zhamtsarano, se encuentran en archivos inaccesibles. Sin embargo, han pasado cuatro décadas desde el libro de Shackley, se ha avanzado en la apertura informativa en todo el mundo y, sin embargo, no ha salido a la luz ninguna prueba mejor sobre el almas que las que había cuando escribió su libro.

El migoi de Bután y otras leyendas del Himalaya

Uno de los países donde más historias circulan del hombre de las nieves es Bután. «Los relatos del yeti se cuentan junto con los de los yaks como si no hubiera diferencia entre el tiempo mítico y el presente»,[30] ha escrito Messner. En Bután el yeti es conocido como migoi. Sobre él parece haberse producido una dinámica parecida a la del yeren chino, pues es desde la apertura de Bután, que era un país prohibido al turismo hasta 1974, que se escribe y se fomenta la figura del migoi. Y veremos cómo el reino de este es una mezcla de lo legendario y lo sobrenatural.

La escritora butanesa Kunzang Choden escribió en 1997 un libro de leyendas titulado *Bhutanese Tales of the Yeti*.[31] En el

30. Messner, 1998, p. 103.
31. Kunzang Choden. *Bhutanese Tales of the Yeti.* White Lotus, Bangkok, 1997.

prólogo dice la autora que «el migoi es tan real y tan antiguo que en algunos rituales Bon prebudistas los textos arcaicos requieren la sangre de un migoi que haya sido matado con un arma afilada». Añade que en Bután hay dos tipos de seres bípedos. El primero es el mechume, o mirgola, con aspecto de mono, de un metro de alto y que vive en los bosques de altura. Encontrarlo trae mala fortuna e incluso la muerte. El segundo, el migoi (o yeti), es tan grande como un yak y medio, tiene labios de mono y el cuerpo peludo de color marrón rojizo. Vive en las grandes alturas donde pastan los yaks, de ahí que sean pastores de yaks y cazadores los que lo han visto. El encuentro se produce durante las tormentas de nieve, cuando el migoi se ve forzado a descender en busca de comida y abrigo, y se aproxima a los acampados buscando el calor de la hoguera. Se dice que desprende mal olor y que vive en cuevas, donde hace su nido. Verlo trae mala suerte. Si uno se encuentra con el migoi hay que postrarse ante él y tratarlo con reverencia. Se contaba que tiene la espalda hueca, y por eso a los niños se les amenazaba con que, si se portaban mal, el migoi se los llevaría en el hueco de la espalda. Dicen que lleva debajo del brazo un amuleto llamado dipshing que le confiere el poder de la invisibilidad.

Las leyendas recogidas por Kunzang Choden tratan temas tradicionales, como, por ejemplo, el secuestro de la mujer por el monstruo para convertirla en su amante, lo que incluye un punto de picaresca por parte de la mujer. Otro es que al migoi le pierde su curiosidad por las costumbres humanas y su tendencia a la imitación, porque lo hace vulnerable, como en esta historia: una chica sale hacia un lugar remoto buscando a su hermano perdido y se ve obligada a pasar la noche en una cueva. Entonces descubre que en la cueva vive un migoi. Para aplacarlo, la chica le habla de manera amable mientras hace un fuego y calienta agua en un caldero para preparar una masa de cebada con manteca. Luego se cubre el cuerpo con la manteca, y como el migoi es un imitador, hace lo mismo. La chica se pasa por el cuerpo un palo ardiendo y el mogoi la imita, pero con tan mala fortuna que prende fuego en la manteca y, ardiendo, sale corriendo para perderse en el bosque. Otro tema es el enfrentamiento entre el migoi y el tigre en una lucha de titanes. Al parecer, se siguen contando historias de personas raptadas por el migoi, la última tan reciente como en 2001.

El tema de la mujer secuestrada por un yeti para convertirla en su pareja es un tema recurrente de las tradiciones asiáticas, que tiene relación con leyendas de secuestros por hombres salvajes en todo el mundo. Algunas historias tienen la intriga de los mejores cuentos populares. Una de estas historias fue publicada en los periódicos de Nepal en 1968 y en un libro titulado *On the Yeti Trail,* de dos autores nepalíes, M. Gupta y T. Nath. La historia es así: una joven llamada Noma Dima es secuestrada por un yeti, «un monstruo horrible», lo describe la desdichada. Es transportada hasta una cueva, donde es alimentada y cuidada por la bestia. «Para el día siguiente me había convertido en la esposa de mi raptor, que era un yeti», cuenta la mujer. Un tiempo después Noma es liberada y seis meses más tarde da a luz a un bebé que parece humano, pero cuyo cuerpo está totalmente cubierto de pelo, y su cara es la de un mono. Pero el bebé tiene un padre responsable, que lo visita para traerle frutos. Una noche que el yeti se encuentra de visita a la familia, una multitud airada portando antorchas asedia la casa. El yeti consigue huir quemado y golpeado, y cae por un precipicio, pero sale con vida y retorna a la casa queriendo llevarse al niño. Cuando Noma se lo niega, él hace pedazos al pequeño. Dice Noma: «Antes de que pudiera pronunciar una palabra, él escapó. Yo había perdido a mi hijo y a mi marido». A la mañana siguiente le llega la noticia de que se ha encontrado el cuerpo quemado y golpeado de un yeti.[32]

Un relato muy parecido al anterior se lo contaron a Reinhold Messner en las montañas del Karakorum, al borde del Tíbet. Una joven es raptada por un dremo, el yeti local, y llevada a una cueva. Años más tarde la mujer es encontrada por su familia, pero tiene dos bebés con el dremo y no quiere volver a su casa. Los hermanos

---

32. M. Gupta y T. Nath. *On the Yeti Trail.* UBSPD Publishers, Nueva Delhi. Citado en David Hatcher Childress. *Yetis, Sasquatch & Hairy Giants.* Adventures Unlimited Press, Kempton, Illinois, p. 89.

la fuerzan a regresar. De vuelta a su aldea, al cruzar un puente, los hermanos arrojan los bebés al río. Días después el dremo aparece en la aldea buscando a la mujer, momento que aprovechan los lugareños para dar caza al salvaje. La mujer muere poco después.

Desde que Bután se abrió al turismo, el migoi se ha convertido en un icono de la cultura nacional y del turismo. El Departamento de Bosques ha creado el Santuario de Vida Salvaje Sakteng, que está dedicado en parte al migoi. La «Visión y Misión» del parque es la conservación tanto del ecosistema como del patrimonio cultural, y aquí es donde entra la preservación del migoi como tradición. A la entrada al parque, igual que habíamos visto en China, los visitantes son recibidos por un cartel que compara al migoi con el famoso bigfoot americano: «Entra en el Valle del Bigfoot Megoe (migoi), tome solo fotos, deje solo huellas».[33] Además, las agencias de viajes ofrecen el ya famoso «Snowman Trek», que es un *treking* que utiliza como gancho la denominación del hombre de las nieves. De qué manera la aculturación de una población tan pequeña (800.000 habitantes) —en un territorio del tamaño de una región española— puede dar lugar a una alteración de la tradición sobre el migoi está aún por ver.

JORDI MAGRANER, LA VIDA POR EL BARMANU

En la criptozoología internacional, para citar a la bestia homínida de Pakistán hay que referirse obligatoriamente a Jordi Magraner,[34] hijo de un republicano español exiliado en Francia y residente en Marruecos, que terminó su vida en 2002 asesinado en Chitral, Pakistán, donde vivía en los últimos años dedicado a su pasión por la búsqueda del yeti local, allí llamado barmanu. Magraner era zoólogo, y desde los diecinueve años, cuando leyó el libro de Heuvelmans y Porchnev *L'Homme de Néanderthal est toujours vivant,* se entusiasmó con la idea de buscar al homínido superviviente de un pasado lejano. En 1987 pudo cumplir su sueño y viajar a Pakistán para investigar en la provincia de Chitral durante cinco

---

33. Hoyland, 2018, p. 108.
34. Web biográfica de Jordi Magrané: <http://www.jordimagraner.com/biografia.html>.

meses. De vuelta en Francia, preparó nuevas misiones y una estancia más prolongada en Asia para el estudio del barmanu.[35]

Magraner escribió en 1992 un informe de sus investigaciones titulado *Les hominidés reliques d'Asie Central*,[36] que contiene sus entrevistas a testigos y la metodología aplicada por él. Utilizaba como herramienta de ayuda en la investigación un cuestionario y a continuación elaboraba un retrato robot de la criatura, guiándose de modelos de seres que enseñaba al testigo para que indicara a cuál de ellos se parecía lo observado. Seguía en esto una metodología muy típica de los ufólogos, con el consiguiente peligro de influir al testigo con modelos estereotipados. Había descubierto en su experiencia en el terreno que los testigos del barmanu entre la tribu kalash eran solo pastores que frecuentaban las alturas de las montañas. Estos describían al barmanu con forma entre humana y simia, pero lo consideraban un hombre salvaje *(jangali mosch)* de los bosques. La población del valle, por el contrario, no había tenido ninguna observación del ser, que asimilaba a los espíritus.

A finales de los noventa Magraner consiguió culminar su sueño de establecerse en Chitral, que se encuentra cerca de la frontera con Afganistán y de las zonas tribales de Pakistán, áreas que se volvieron muy peligrosas por el terrorismo islamista al iniciarse el milenio. Al parecer, debido a su difícil carácter y a su defensa de las tradiciones de la tribu kalash, que no es musulmana, sus relaciones con los musulmanes de la zona se volvieron tensas, lo que se vio agravado cuando los talibanes empezaron a ejercer una mayor influencia en la región tras el atentado de las Torres Gemelas de Nueva York. En los primeros días de agosto de 2002 su cuerpo fue encontrado degollado, sin que se haya conseguido conocer el motivo ni los autores del asesinato.

Magraner no dejó una obra escrita que consolidara sus investigaciones sobre el barmanu, que han quedado en el informe citado y en algunas páginas web.[37] El periodista Gabi Martínez ha contado su vida en la

35. Fernando Soto Roland. «Las ensoñaciones de la criptozoología.» <https://issuu.com/fernandojorgesotoroland/docs/enso_aciones_de_la_criptozoo-log_a_->.

36. Jordi Magraner. *Les hominidés reliques d'Asie Central*. Pakistán, 1992.

37. <http://criptonatura.blogspot.com/2015/01/jordi-magraner.html>.

novela *Solo para gigantes,* que se ha publicado también en cómic con dibujos de Tyto Alba.

Otro español que se ha adentrado en las repúblicas centroasiáticas en los últimos años en busca de yetis es el zoólogo canario Gustavo Sánchez Romero. Mediante una colaboración con la Fundación para la Protección del Leopardo de las Nieves de Kirguistán, pasó un año en ese país. Ha mapeado en Google Earth más de 60 casos registrados en Kirguistán y otros tantos en Tayikistán, y lo que ha encontrado es que los avistamientos casan con el área de distribución del oso pardo *(Ursus arctos isabellinus).*[38]

El escritor que ha realizado un seguimiento más largo del yeti sobre el terreno es, sin duda, Daniel C. Taylor, que creció en los límites de las selvas del norte de la India y en quien nació la pasión por el hombre de las nieves desde 1956. En el libro que publicó en 2017, *Yeti. The Ecology of a Mystery,* narra sus expediciones a lo largo de 55 años. Cuenta que, en la última, realizada en 2010 al valle de Barun, en Nepal, supo que en las selvas impenetrables de ese valle es donde la gente del lugar piensa que es más probable encontrar al hombre de las nieves, al que allí llaman shockpa. Para unos es un animal y para otros un fantasma. Pocos coinciden en su descripción, pero todos han oído historias sobre él. Taylor, que trabajó en Nepal como miembro del Programa de Cooperación Norteamericana para el Desarrollo (USAID), dice que los hablantes de lengua hindi a los que ha conocido en Nepal creen en un tipo de yeti llamado bun manchi (hombre de la jungla), más pequeño que una persona y con mucho pelo, que vive en los valles selváticos. Sus informantes confiesan que nunca lo han visto, pero es un hecho que se come las cosechas de maíz. Creen que «es mejor dejar a los bun manchi solos, porque si les molestas pueden robar a tus hijos».[39] De nuevo el monstruo actuando como un mecanismo de control social.

38. <https://criptozoologos.blogspot.com/search?q=hombre+salvaje>.
39. Taylor, 2017, p. 98.

REINHOLD MESSNER TRAS LA LEYENDA DEL YETI

Reinhold Messner no necesita presentación para los amantes de las alturas. Es simplemente el mayor escalador de la historia, el único ser vivo que ha ascendido en solitario todos los ochomiles. Messner es una leyenda tan grande como el yeti; su huella es alargada entre los montañeros. Pues bien, Messner ha sido también un apasionado del yeti desde que penetró en el Himalaya. En 1998 publicó un libro titulado *My Quest for the Yeti. Confronting the Himalaya's Deepest Mystery*,[40] en el que relata su búsqueda de muchos años por conocer y, sobre todo, por entender la leyenda. Y su conclusión es que el yeti es el oso. Pero antes de llegar a esa conclusión tuvo su propia experiencia de contacto con la criatura. Cuenta que, en 1986, siguiendo la ruta migratoria histórica de los sherpas en el Tíbet, observó en un bosque, de noche, la figura erguida de algo grande y oscuro, cubierto de pelo, que se movía tras el ramaje. Por la mañana encontró unas huellas de lo que su guía llamó chemo, que era como se llamaba al yeti en el este del Tíbet. «Es como un oso, pero también como un hombre[41] —le dijo el guía—. Estaba claro que el chemo era un animal imbuido de características humanas, pero no de rasgos humanos»,[42] escribe Messner. Este contó su experiencia a un amigo en Nepal, y las consecuencias de su confidencia son dignas de destacar. El rumor de que el gran Messner había visto al yeti corrió de forma viral, que diríamos hoy, y cuando dio una rueda de prensa después de haber ascendido el monte Makalu, en vez de interesarse los periodistas por su último logro, le preguntaron si era verdad que había visto al yeti. Él prefirió no contestar y atenerse al tema del día. La sorpresa que se llevó al día siguiente fue que la noticia de que había visto un yeti había opacado su hazaña montañera. Él sabía que sus palabras habían sido malinterpretadas, pero ya no tenía solución; a su regreso a Europa le tomaron por loco. Él se queja a lo largo de su libro de no haber sido comprendido. «¿Qué escalador sería tan tonto como para comprometer sus mayores logros de montaña con vagos comentarios sobre un encuentro con un

40. Messner, 1998.
41. *Ibid.*, p. 16.
42. *Ibid.*, p. 39.

yeti?»,[43] protesta. Su única intención con la búsqueda de tantos años, dice él, era llegar al fondo del misterio del hombre de las nieves. Y hay que concederle que es uno de los que más se han acercado a él.

Durante sus estancias en el Himalaya, los sherpas le hablaron de tres animales diferentes: el más grande y terrible dzu-teh, que camina a cuatro patas y puede erguirse sobre dos, ataca a los rebaños de yaks y recuerda al oso tibetano; el más pequeño chu-the o thelma, del tamaño de un niño, que camina sobre dos patas y vive en los bosques de Sikkim y Nepal, recuerda al gibón; y el tercero, el meh-teh (o mih-teh), el más representado en los muros de los monasterios como el genuino hombre de las nieves, es del tamaño de un hombre y ataca a los humanos. Este último sería el que los sherpas consideran que es el auténtico yeh-teh, o yeti. Según Messner, estos tres tipos podrían referirse al mismo animal en tres estadios de desarrollo: «Un hombre de las nieves y un demonio todo en uno, una mezcla de cuento de hadas, realidad y pesadilla».[44] Pero se dio cuenta de que los relatos que le contaban los sherpas se referían a osos, y que el yeti es un término colectivo para todos los monstruos del Himalaya, una composición mítica de varios animales. En una ocasión acompañó a unos tibetanos a la guarida del chemo y descubrió que era una guarida de osos. Él no cree en la teoría de la supervivencia de un antropoide del pasado. Sostiene que el yeti es «una criatura viva, no un producto de la imaginación, que se corresponde con el oso pardo (Ursus arctus)».[45]

Para Messner, «la clave para resolver el misterio del yeti yace no en separar la leyenda de un animal específico, sino en intentar conectar dos modos completamente diferentes de percepción». Ve que los occidentales y los habitantes de las montañas del Himalaya se han hablado durante un siglo, pero sus visiones del yeti son más divergentes que nunca. «El yeti vive en la oposición entre la civilización y lo salvaje.» Cuenta Messner que, en su búsqueda del migoi (o mygio) de Bután, se detuvo en un pequeño monasterio y allí vio un extraño objeto. Preguntó a los monjes lo que era y le dijeron que la cabeza y la piel de una cría de yeti. Pero él se dio cuenta de que la cabeza era, en realidad, una más-

43. *Ibid.*, p. 65.
44. *Ibid.*, p. 62.
45. *Ibid.*, p. 156.

cara manufacturada. Se trataba de un muñeco usado para expulsar a los malos espíritus o para mantener la leyenda del yeti viva. «Solo una cosa me quedaba clara: el yeti no encajaba en el mundo racional, tangible, y solo se podía haber originado aquí, bien como un producto de la imaginación o como un emblema de algún animal raro»,[46] añade.

En varios momentos de su libro confiesa Messner su confusión ante los testimonios que recibía en los más variados lugares de Asia. En Nepal, por ejemplo, las historias que le contaban parecían más propias de una criatura mítica. En la capital, Katmandú, la cultura del yeti lo dominaba todo, los relatos abundaban como en ningún otro sitio. «Es imposible decir cuáles están basados en observaciones reales y cuáles son fantasías o viejos cuentos»,[47] escribe. En algunos relatos el yeti rapta a una joven hasta su guarida, conviven juntos y ella da a luz hijos de él (tema tradicional en el folklore). Hay una leyenda sherpa de un mono que se convierte al budismo y vive como un ermitaño en la montaña, donde desposa a un demonio y juntos conciben a yetis.

Messner piensa que la leyenda del yeti —el ser mitad animal y mitad humano— partió del territorio de los sherpas, los pobladores de las montañas de Nepal, y estos la trajeron al Tíbet y al Himalaya hasta permear cada aldea y cada casa. Una vez que la contaron a los viajeros occidentales, en menos de un siglo la leyenda se expandió por el mundo entero. En Occidente, señala Messner: «Materializa el anhelo de una imagen de nuestro pasado prehistórico, un espejo en el que nos podemos mirar y estremecernos de asombro y horror».[48]

El orang pendek de Sumatra

En la isla de Sumatra no podemos hablar de un hombre de las nieves, sino de un ser de los cocoteros, pero traigo aquí su homínido oculto emparentándolo de alguna manera con los del Asia

46. *Ibid.*, p. 101.
47. *Ibid.*, p. 35.
48. *Ibid.*, p. 6.

continental en su génesis legendaria. Existe en Sumatra la creencia en la existencia de un primate de pequeño tamaño que vive en el suelo y camina siempre erguido, a diferencia del orangután, que vive en los árboles. Llaman a este desconocido orang pendek, que significa «hombre bajito» en lengua local. La primera noticia sobre él fue un informe sobre unas huellas en 1915, y en 1917 el zoólogo Edward Jacobson obtuvo testimonios de pobladores locales que habían visto a una criatura con aquella descripción. En 1923 el explorador holandés Van Herwaarden estaba cazando jabalíes en la isla de Poleloe Rimau, anexa a Sumatra, cuando vio a un primate diferente a los conocidos. Vio que era una hembra y pudo hacer una detallada descripción de ella para una revista de la naturaleza. Entre otras cosas dijo que no parecía en absoluto una mona. Herwaarden pensó en aquel momento en disparar sobre ella, pero se dio cuenta de que se sentiría como un asesino si mataba a una criatura tan humana.

Se dice que el orang pendek es un simio de color rojizo, pero las descripciones varían. Se le supone cercano al orangután, es decir, que sería un pongino (o póngido). Pero hay un aspecto preocupante para aceptar su realidad, y es que, aparte de la falta total de pruebas, en algunos relatos se le describe con los pies hacia atrás, que es un rasgo típico del folklore. No ha hecho mucho para favorecer su credibilidad la serie de falsificaciones que se han perpetrado sobre él. En 1932 unos cazadores presentaron el cadáver de un supuesto orang pendek, pero resultó ser un mono langur al que habían afeitado todo el cuerpo para que pareciera más humano.

Aparte de huellas y testimonios, ninguna otra prueba se consiguió hasta que en 1990 la periodista británica Deborah (Debbie) Martyr, que ha estado muchos años en Sumatra trabajando para Fauna & Flora International, afirmó haberse encontrado con un ejemplar cerca del lago Gunung Tujuh, llamado «el lago de las siete montañas», en el Parque Nacional de Kerinci Seblat, Sumatra, que es el centro de las observaciones del orang pendek. Debbie Martyr describió a un animal con una parte superior del torso inmensamente fuerte, «como un boxeador», pero muy grácil, es decir, que era muy diferente a los simios conocidos. Otros expertos en los primates indonesios han puesto en duda la observación de Martyr, pensando que se dejó llevar por sus deseos.[49]

En 2001 se encontró una huella fresca y unos pelos. El científico australiano Hans Brunner analizó su ADN, con el resultado de que ni era humano ni encajaba con las muestras de ningún mamífero de Indonesia, y el primatólogo australiano Colin Groves afirmó que las huellas eran «únicas». En 2003 el criptozoólogo Richard Freeman —de la organización británica Centre for Fortean Zoology (CFZ)— dirigió una expedición al mismo lago Gunung Tujuh en busca del orang pendek. En base a su investigación, lo ha definido como un pongino con algunas características de gibón, orangután, chimpancé y humano. En 2009, Dave Archer y el guía Sahar Didmus, miembros de una expedición del CFZ al mismo lugar, dijeron haberse topado con una criatura como un chimpancé, pero de espaldas anchas y cabeza grande, que escapó corriendo sobre dos piernas antes de que pudieran fotografiarlo. Por eso la prensa española ha dicho que el orang pendek es lo contrario que Isabel Preysler: infotografiable.[50]

Inicialmente el primatólogo Osman Hill conjeturó que el orang pendek podría ser un descendiente del *Homo erectus,* pero el reciente descubrimiento en la vecina isla de Flores de un fósil, al que se ha llamado familiarmente «Hobit» por su pequeña estatura de, apenas, un metro —que al parecer representa a una nueva especie homínida registrada como *Homo floresiensis* u «hombre de Flores»— ha hecho a algunos pensar que pudiera ser un antecesor de este hipotético orang pendek. Sin embargo, Brian Sykes ha analizado el ADN de una muestra que se atribuye al orang pendek y ha descubierto que pertenece a un tapir malayo.[51] A pesar de la creencia de los criptozoólogos, tan largamente sostenida, de que esta sí podría ser una especie real y que estaría próxima su confirmación, sus esperanzas siguen sin verse satisfechas. Se ha sugerido que las observaciones sobre esta cria-

49. Frenz, 2000, p. 92.

50. <>https://elpais.com/diario/2009/10/04/domingo/1254627032 _850215.html.

51. Sykes, 2016.

tura podrían referirse más bien a gibones, siamangs, orangutanes u otros primates.[52]

El yowie australiano: el monstruo de un solo autor

Australia es un país cortado a cuchillo en seis trozos como una empanada, y en los de la derecha, Nueva Gales del Sur y Queensland, hay una tradición entre los aborígenes de un homínido al que llaman yowie. O eso es lo que cuentan los criptozoólogos. Pero si en sus libros se encuentran simplificaciones, la del yowie es una de las más clamorosas. Uno puede leer casos de observación del yowie e historias sobre su tradición como si hubiera existido siempre. La realidad es que hasta los pasados años setenta ni siquiera se había oído hablar del yowie en Australia. Como suele suceder con los críptidos, se mezclan tradiciones con invenciones modernas como el término *yowie,* hasta crear una nueva leyenda en la que resulta difícil distinguir lo genuino de la fantasía pura y simple. Será necesario hacer una labor retrospectiva para aclararnos sobre el significado del supuesto yowie, buscando más allá de las enciclopedias y libros al uso.

Desde 1789, pero, sobre todo, a partir de 1840, se produjeron noticias en Australia de un hombre salvaje al que se llamó yahoo (no yowie), con el cuerpo peludo como un animal, con los pies vueltos hacia atrás y a veces descrito como un gorila o un orangután. La primera referencia sobre ese monstruo yahoo se halla en un relato de viajes que un tal J. Holman escribió en 1835, en el que dijo: «Los nativos están enormemente aterrorizados por la visión de una persona con una máscara a la que llaman "diablo" o yahoo, que significa espíritu maligno». Como vemos, hasta aquí, poco de homínido. El primer texto amplio sobre la criatura se encuentra en una revista de 1842 en la que se lee:

52. John Conway, C. M. Kosemen y Darren Naish. *Cryptozoologicon. The Biology, Evolution and Mythology of Hidden Animals,* vol. I. Irregular Books, 2011.

Los nativos de Australia no tienen, hablando con propiedad, ni idea de ningún ser sobrenatural; al mismo tiempo, creen en la existencia imaginaria de una clase que, en número singular, llaman YAHOO, o, cuando desean decirlo en inglés, Diablo-Diablo.

Describen a este ser como parecido a un hombre, de casi la misma altura, pero más delgado, con pelo blanco y largo colgando de la cabeza sobre su cuerpo hasta casi taparlo entero.[53]

Entre las características de este yahoo, dice la revista que tiene los pies hacia atrás, de manera que por sus huellas se diría que camina en dirección contraria. Y sigue: «En conjunto, se le describe como un monstruo repulsivo, como que no es de este mundo y de apariencia como un simio». Le atribuyen el rapto de niños y mujeres, de los que luego no vuelve a saberse, lo que causa mucho miedo. Ejerce una influencia nefasta sobre la vida de los hombres, se añade. Vemos que, por una parte, se dice que tiene pelo largo en la cabeza, y luego que parece un simio. Otros relatos posteriores confirmaron el terror que el yahoo provocaba a los aborígenes.

El nombre *yahoo* procede de una de las razas que aparecen en la novela de Jonathan Swift *Los viajes de Gulliver,* lo que significa que fueron los europeos quienes le pusieron ese nombre con el sentido de espíritu malo. Pero el yahoo de Swift era una parodia de los europeos: egoístas, materialistas y elitistas, y entró en el lenguaje común para denotar a la gente ignorante. El nombre yahoo empezó a aplicarse al salvaje australiano porque antes se había usado en Inglaterra para describir al orangután cuando este animal llegó por primera vez a Inglaterra.

No solo los aborígenes, también los blancos informaron haber visto al yahoo. En 1881 varias personas vieron a un «enorme mono o babuino» más grande que un hombre, y en 1894 tres personas vieron a un «hombre salvaje o gorila». En 1903 un hombre afirmó haber visto cómo los aborígenes mataban a un yahoo que era «como un hombre negro», pero cubierto de pelo. En

---

53. *Australian and New Zealand Monthly Magazine,* febrero de 1842, p. 42. <https://www.yowiehunters.com.au/historical-articles/1486-aust-and-nz-monthly-magazine-article-1842>.

1912, en Nueva Gales del Sur, un hombre llamado Charles Harper y sus compañeros vieron a la luz de la hoguera de su campamento un hombre muy alto, como un animal, cubierto de pelo marrón y que se golpeaba el pecho. Se quedaron más tranquilos cuando se marchó, lógicamente.

El historiador Graham Joyner ha compilado la información histórica sobre el yahoo y piensa que fue un marsupial aún no descubierto en el siglo xix. Joyner cree que el yowie es una ficción reciente que empezó en 1975 y que no tiene historia, aunque se está inventando una nueva para él.[54]

REX GILROY, INVENTOR DE PALABRAS

Fue el investigador de lo paranormal Rex Gilroy quien a mediados de los años setenta empezó a sacar publicaciones sobre un monstruo tradicional de los aborígenes al que llamaba yowie, y siguiendo a otros autores lo consideró un homínido superviviente de la extinción, que estaría relacionado con el bigfoot norteamericano. Gilroy dijo tener 3.000 casos de observaciones históricas del yoowie hasta 1978, y él mismo informó haber sido testigo de la bestia en dos ocasiones, aparte de otras experiencias raras. Como no podía ser menos, se han encontrado desde entonces las sempiternas huellas atribuidas al yowie, de las que se han hecho moldes de yeso.[55]

Sin duda, ha sido Gilroy, él solito, el que ha conseguido crear un fenómeno nacional y hacer del yowie una figura ya familiar para los australianos. A ver quién niega ahora al yowie.

Paul Cropper y Tony Healy, autores del libro *The Yowie. In Search of Australian Bigfoot* (2015), han sido más prudentes que Gilroy y dicen tener 300 casos de los últimos 200 años. Incluso así, algunos de los casos recopilados suenan bastante extravagantes. En 1977 veinte estudiantes que estaban de campamento

---

54. Graham Joyner. «Scientific Discovery and the Place of the Yahoo in Australian Zoological History.» *Cryptozoology*, vol. 9, 1990.
55. Rex Gilroy. *Mysterious Australia*. Nexus Pub., Mapleton, 1995.

vieron repetidamente, y de día, al yowie. Uno de ellos dijo que lo que vieron no era como un gorila, sino como Chewbacca, el personaje peludo de *La guerra de las galaxias*, y medía 2,5 m. No es necesario relatar los casos que se han informado del yowie en las últimas décadas, que confirman la descripción original del bípedo peludo ya conocido por la cultura popular. Vale más preguntarnos cómo se explican esas observaciones y las huellas encontradas, pero, sobre todo, cómo es posible sostener racionalmente que en un continente en el que no ha existido nunca otro primate que el ser humano se hable de un gran homínido que ha escapado hasta ahora a la observación de los naturalistas.

El paleontólogo Darren Naish empieza por descartar los moldes de huellas del yowie porque no parecen en absoluto huellas de un pie, sino solo algo moldeado a mano,[56] y aduce que Australasia ha estado aislada durante más de 70 millones de años, de manera que hubo muy pocas oportunidades para que los primates colonizaran el territorio y, aparte del ser humano, llegaron solo roedores. ¿Cómo se explican las observaciones, pues? El antropólogo australiano Colin P. Groves piensa que la gente ve simplemente lo que espera ver.[57] La cruda realidad es que no existen más pruebas del yowie que unos testimonios poco consistentes frente a una imposibilidad biológica. Pensemos mejor que a partir de leyendas del siglo XIX sobre hombres salvajes, se generó en la década del *boom* de las paraciencias, los años setenta, un producto de consumo del misterio al que se dio un nombre propio de dibujos animados, yowie, que tal vez por la simpatía hacia todo lo que tenga que ver con la recuperación de las tradiciones, se está constituyendo en un nuevo folklore en formación. En un país que sigue siendo en gran parte frontera de la colonización y de lucha contra la naturaleza salvaje, es más que probable que surjan leyendas sobre lo que se oculta en lo desconocido de su territorio agreste, y que historias como la del yahoo-yowie se multipliquen. No necesitan ser creíbles para imponerse y perdurar.

56. Naish, 2016, p. 110.
57. Clark, 1999, p. 532.

Los «hombres de las nieves» y los mitos

Los pueblos asiáticos conservan en sus tradiciones narraciones sobre encuentros con «hombres salvajes» que reciben nombres diferenciados en cada lugar. Algunos relatos los presentan con el cuerpo cubierto de pelo como los simios, pero otros describen a hombres con el pelo largo, a veces vistiendo con pieles, viviendo en casas en comunidad. Una escuela de «hominología» soviética deseosa de encontrar supervivencias de especies homínidas del pasado ha tendido a crear una especie de nuevo mito sobre los yetis unificando creencias locales sobre cosas muy distintas, naturalizándolas en un animal oculto. Pero lo que encontramos detrás de algunas de estas leyendas parecen prejuicios hacia el otro, hacia el que habla diferente o no es de nuestra cultura, estigmatizándolo como una bestia, con todos los atributos que los mitos del pasado han asignado al hombre salvaje: estar cubiertos de pelo, emitir gruñidos y no conocer la civilización.

ZANA, EL MONSTRUO EN EL ESPEJO DEL QUE MIRA

Alguna de las historias que se ha pensado que proceden del folklore del Cáucaso sobre el almasty podría descubrirse a través de la biología como real, aunque de un signo diferente al previsto, según la investigación llevada a cabo por el biólogo Bryan Sykes. La de Zana es una de las leyendas de «hombre-mono» —o más exactamente mujer simio— más extrañas que se conocen, y, de hecho, la más real. Hablamos de un personaje de carne y hueso.

Según las narraciones al uso, Zana fue una «mujer salvaje» que vivió en la segunda mitad del siglo xix en el Cáucaso. Su caso fue investigado por primera vez por los rusos Mashdovtsev y Porchnev en los pasados años cincuenta, y Marie-Jeanne Koffman obtuvo numerosos testimonios del caso durante sus estancias en el Cáucaso entre los años sesenta y setenta. Como ha narrado Dmitri Bayanov en su libro *In the Footsteps of the Russian Snowman*,[58] a mediados del siglo xix fue capturado en

---

58. Dmitri Bayanov. *In the Footsteps of the Russian Snowman*. Crypto-Logos, 1996. En <http://www.bigfootencounters.com/creatures/zana2.htm.>

288

Abhhazia (una república autónoma de Georgia, en el Mar Negro) un ejemplar femenino de almasty, a la que se puso el nombre de Zana. Se la describió como mitad humana y mitad simia, con piel oscura y cubierta de pelo, medía alrededor de 2 m y se dice que tenía una gran fuerza muscular. Fue encontrada desnuda y así permaneció toda su vida, sin vestir nunca una prenda de abrigo. No hablaba y nunca aprendió a pronunciar una palabra. Zana fue mantenida encerrada, luego vendida a un noble local como esclava y finalmente dejada en libertad. Murió alrededor de 1890. Se sabe que tuvo al menos cuatro hijos con distintos hombres, lo que puede hacer dudar de su aspecto animalesco.

Si, de acuerdo a la hipótesis de Heuvelmans y Porchnev,[59] Zana fue una Neandertal superviviente, sus hijos deberían mostrar parte de sus características genéticas. En 1971 Igor Burtsev localizó la tumba del más joven de los hijos de Zana, llamado Khwit. Sus restos fueron desenterrados y analizados. Su cráneo tenía unas dimensiones inusuales y unos rasgos entre modernos y arcaicos. En el año 2013 el biólogo Bryan Sykes pudo examinar el cráneo de Khwit, y afirma que un análisis multivariable de 29 dimensiones «pone al cráneo fuera del rango de la variación humana moderna».[60] Era un cráneo anómalo, pero ¿hasta dónde? Contra la hipótesis de Heuvelmans y Porchnev, el ADN mitocondrial extraído de un diente no es Neandertal, sino de un humano moderno de origen africano. Se ha llegado a localizar a seis descendientes vivos de Zana y se han obtenido muestras de saliva, confirmando los nuevos análisis el origen africano de Zana, y más concretamente del África occidental. Pero Sykes piensa que Zana podría haber sido la superviviente de una antigua raza humana que emigró desde África al Cáucaso. Quizá Sykes haya acertado en lo biológico, pero ha ignorado lo cultural. Tiende a creer en la existencia de especies que han sobrevivido a la extinción, y eso lo lleva a tomar al pie de la letra los testimonios antiguos y plantear una hipótesis arriesgada.

El problema que veo a la interpretación de Sykes es que pasa por alto una variedad de factores psicológicos, sociales y culturales que pudieron haber intervenido en este caso, entre ellos la poca fiabilidad

59. Bernard Heuvelmans y Boris F. Porchnev. *L'homme de Néanderthal est toujours vivant*. Librairie Plon, 1974.

60. Sykes, 2016, p. 284.

de los relatos y de la memoria, los prejuicios locales contra una mino-
ría étnica no conocida en el lugar, la escasa comprensión de la gente
sobre una posible anormalidad anatómica o mental y, permeándolo
todo, la persistencia de leyendas populares sobre hombres salvajes en
el Cáucaso. Pienso que todo esto intervino para que Zana, un posible
caso de discapacidad física o intelectual, o, simplemente, una mujer
negra africana normal, fuera convertida en un monstruo en base a
prejuicios y mitos. Me parece pertinente el comentario del lingüista
John Colarusso con respecto a los relatos del folklore sobre supuestos
homínidos: «Muchas culturas "primitivas" llaman a los extranjeros "demonios" o "diablos". Para estos pueblos, los extraños son realmente
demonios porque violan las costumbres de la tribu, costumbres que
se usan para definir la humanidad frente a lo inhumano».[61]

Si tras la leyenda de Zana hay una mujer real, fue víctima del racismo
y la explotación, y se me ocurre que quizá la población que la esclavizó
justificó su actitud añadiéndole rasgos de la «otredad», convirtiendo a
una mujer negra en un monstruo. ¡Ay, mujer incomprendida!

Las sucesivas expediciones al Himalaya, al Pamir y al Cáucaso en busca de otras especies de homínidos nunca produjeron
ninguna prueba de su existencia, pero el mito del «hombre salvaje de las nieves» no se deja vencer. En eso los científicos rusos y
las poblaciones locales comparten una misma creencia, aunque
sea desde dos concepciones distintas: naturalista y mítica; aunque al final lo que buscan los científicos resulte ser también una
criatura mítica.

En las palabras finales de Daniel Taylor en su libro *Yeti. The
Ecology of a Mystery*, hay una explicación racionalista al homínido de las nieves al mismo tiempo que una mística de lo natural.
«Hay dos yetis —escribe—. Cada uno tiene una identidad diferente. El que hace las huellas es un oso; esa identidad es segura. Más
allá del que hace huellas, sin embargo, hay un segundo yeti, que
hace preguntas existenciales sobre la relación del *Homo sapiens*

---

61. John Colarusso. «Further Notes on the Role of Folklore in Hominolo-
gy.» *Cryptozoology*, vol. 2, 1983.

con la naturaleza salvaje, y a esas preguntas cada persona debe responder individualmente.» Este yeti, según Taylor, no es un animal físico, ni vive en las nieves, sino en el deseo humano, es un símbolo y un icono para descubrir nuestra propia huella ecológica sobre la naturaleza. «La gente cree en este yeti como una encarnación de la conexión humana con la naturaleza salvaje.»[62] Como naturalista y conservacionista, Taylor ha encontrado el lado positivo del enigma del yeti y un mensaje de esperanza: gracias a él se crearon los parques nacionales de Nepal y del sur de China con un enfoque de compromiso de la gente en su gestión, rompiendo con las barreras de casta y riqueza, y la naturaleza se está recuperando a pesar del aumento de la población. Dicho en otras palabras, esos espacios protegidos se han convertido en refugio para esa necesidad humana de conexión con la naturaleza y con eras pasadas.

El tiempo ha pasado y aquellos rastros de las huellas en la nieve nunca llevaron a ningún destino. Pero, aunque el yeti —los distintos yetis— parezcan ya un misterio de otra época, no pierden del todo su actualidad, y hasta hoy mismo las redes sociales y la prensa siguen recogiendo noticias sensacionales sobre ellos.

* * *

Hemos visto hasta aquí la creación y expansión de una leyenda universal sobre hombres salvajes y su impacto en la cultura, y cómo las pruebas físicas del yeti se derrumbaban ante el análisis de la ciencia. A partir de 1960 nada volvería a ser igual. El yeti casi desapareció de la prensa en la década de los años sesenta después de la descalificación de las pruebas traídas por las expediciones al Himalaya, y su renacer solo llegaría en los setenta con la invasión de las paraciencias. Pero para entonces una nueva figura del imaginario monstruoso, el sasquatch, redenominado bigfoot, el hombre-mono de Norteamérica, iba a opacar al abominable hombre de las nieves. El misterio se desplazaría de las montañas nevadas de Asia a los bosques de la costa pacífica de Canadá y Estados Unidos. Estos monstruos bípedos, que se em-

---

62. Taylor, 2017, pp. 321-322.

pezarían a llamar críptidos a partir de los ochenta, tomarían nueva vida al adquirir significados renovados, como símbolos de la naturaleza que se estaba perdiendo.

Capítulo 9

EL SASQUATCH Y EL BIGFOOT

DEL SALVAJE AL HOMBRE-MONO

El elemento esencial del mito del monstruo es lo remoto.[1]

JOHN NAPIER. *Bigfoot: the Yeti
and Sasquatch in Myth and Reality*

La amplia cobertura que la prensa dio al yeti en los años cincuenta se hizo sentir en aquellos lugares como Canadá y el noroeste de Estados Unidos donde existían leyendas de salvajes de los bosques, e inspiró el fenómeno popular del sasquatch y más tarde del bigfoot. Este último acabaría por penetrar en todos los hogares a partir de la década de los setenta gracias a la dominación por Estados Unidos de los medios de comunicación de masas. Mientras que el yeti iba quedando en el limbo de los misterios rancios, el bigfoot ha resistido a los embates de los escépticos, a la descalificación de las pruebas de su existencia (huellas, filmaciones, etcétera) y a la más elemental lógica zoológica y ecológica para convertirse en algo más que un «animal oculto»: en el icono del hombre-bestia. Al bigfoot podemos ponerle un genuino marchamo de «Made in USA». Es más, gracias a la invasión cultural que nos llega del centro del imperio, el bigfoot se ha hecho la bestia homínida seguramente más popular y más ubicua. Este monstruo estaba originalmente muy localizado geográficamente

1. John Napier. *Bigfoot: the Yeti and Sasquatch in Myth and Reality*. Dutton, Nueva York, 1972.

293

en la zona de densos bosques de la costa pacífica norteamericana, concretamente en la provincia canadiense de la Columbia Británica y en el noroeste de Estados Unidos (Estados de Washington, Oregón y norte de California), pero su casuística múltiple y diversa se ha extendido con el tiempo a todos los Estados de la Unión excepto las islas Hawái, y se ha dado la paradoja de que se informen visiones del hombre salvaje de los bosques en el estado de Nueva York, en la tropical Florida o en el desértico Arizona.

Para entender lo que es el bigfoot nada mejor que conocer su historia, para lo que tenemos que empezar por su precedente, el sasquatch. Su nacimiento tuvo lugar en 1929, y su creador fue John W. Burns.

JOHN BURNS Y EL SASQUATCH: RECICLANDO EL FOLKLORE INDÍGENA

John W. Burns trabajaba como maestro en la reserva india de Chehalis, en la Columbia Británica, y allí recopiló relatos que le contaron los indígenas sobre encuentros, a veces violentos, con «hombres salvajes de los bosques» o «gigantes con mucho pelo», a los que llamaban por varios nombres. Burns publicó en el número de abril de 1929 de la revista *MacLean's* un artículo cuyo título, traducido, era: «Presentando a los gigantes peludos de la Columbia Británica», con el subtítulo «Una colección de extraños relatos sobre el hombre salvaje de la Columbia Británica tal como han sido contados por los que dicen que los vieron».[2] Posteriormente publicó otros artículos sobre el mismo tema. Uno de los informantes de Burns había llamado a la criatura sàsq'ets, el nombre indígena salish para «hombre peludo», que Burns reprodujo como sasquatch, y con ese nombre se consagró.

Los relatos recogidos por Burns difieren sustancialmente del estereotipo del críptido hombre-simio que se maneja hoy. Uno de los testigos del sasquatch dijo que «nada lo distinguía del resto de nosotros», y Burns se refiere en ocasiones a «la tribu de los sasquatch». Los indios

2. J. W. Burns. «Introducing B.C.'s Hairy Giants», *MacLean's,* abril de 1929. En línea: <https://archive.macleans.ca/article/1929/4/1/introducing-b-cs-hairy-giants>.

describían a hombres salvajes peludos y de gran estatura, pero hombres, a fin de cuentas, ya que vestían ropa, utilizaban el fuego y las herramientas, vivían en familia en aldeas y se comunicaban con los indígenas. Cuando un indio disparó a un pequeño sasquatch, una hembra sasquatch le increpó salvajemente en la lengua de aquel gritando «has disparado a mi amigo».

Las historias que contaba Burns sobre las creencias de los indios abundaban en secuestros y contactos violentos con criaturas salvajes. El testimonio transmitido por un misionero decía que en 1928 un indio de la tribu nootka llamado Muchalat Harry fue secuestrado por un grupo de veinte criaturas peludas gigantes, pero consiguió huir. Otra historia trataba de una mujer que había sido secuestrada por «gente salvaje» y había vivido con ellos en una cueva durante un año, tiempo en que aprendió algo del dialecto de aquellos gigantes, que no era muy diferente del suyo. Cuando se encontró enferma, la joven fue devuelta con su familia, y contó: «Apenas conseguí arrastrarme hasta la cama y aquella noche di a luz a un niño. El pequeño solo vivió unas pocas horas». Entre los escritores que han recogido este caso no he encontrado ningún comentario al hecho de que la joven tuviera un hijo con un sasquatch, ¡algo digno de un tabloide! Este detalle del embarazo nos indica que no se consideraba entonces al sasquatch una especie diferente a la humana. Lo importante del caso es que Burns había creado una especie de estereotipo, reduciendo la complejidad de las narraciones a un salvaje llamado sasquatch con forma de un gigante de pelo negro que vivía en las montañas.

Las narraciones de Burns fueron recibidas con tal regocijo en la ciudad de Harrison Hot Springs que durante años se organizó allí el Festival «Día del sasquatch». Durante la celebración de la fiesta en 1938 sucedió una anécdota curiosa. Cuando un cargo gubernamental afirmó que la criatura era meramente un monstruo legendario y ningún hombre blanco lo había visto jamás y ya no existía, el jefe indio Águila Voladora, enfurecido, tomó el micrófono y replicó: «Algunos hombres blancos han visto al sasquatch. Muchos indios le han visto y hablado con él. El sasquatch está aquí todavía. ¡He hablado!».[3] A conti-

3. T. S. Mart y Mel Cabre. *The Legend of Bigfoot: Leaving His Mark on the World*. Red Lightning Books, p. 121.

nuación, tomó el micrófono John Burns para corroborar las palabras del jefe indio, añadiendo que, aunque el número de sasquatch había declinado, este aún habitaba los territorios inexplorados de la Columbia Británica.

Burns siempre se resistió a la idea de hacer del sasquatch un monstruo como el hombre-mono que se haría popular dos décadas más tarde bajo el nombre bigfoot.

Burns es la primera referencia ineludible en la creación del monstruo, pero no la única. La historiografía canónica de esta criatura refiere siempre la experiencia de un hombre llamado Albert Ostman, quien en 1924 fue secuestrado por una familia entera de sasquatchs en el interior de una cueva. Al parecer, el padre de familia sasquatch arrebató una lata que tenía Ostman en su mochila y se comió su contenido de una sentada, lo que le produjo un acceso de tos convulsiva que el reo aprovechó para escapar. No les ha importado mucho a los escritores del monstruo lo absurdo o fantástico que esta historia pueda sonar, con tal de incluirla en la saga. El problema es que Ostman solo dio a conocer su experiencia tres décadas después de los supuestos hechos, cuando el sasquatch era ya un fenómeno popular. Pero volveremos a ello un poco más adelante.

A lo largo de los años treinta y cuarenta las historias sobre el sasquatch fueron pasando de moda, pero en 1957, con motivo de la celebración del centenario de la Columbia Británica, el gobierno provincial anunció la financiación de proyectos conmemorativos. El Ayuntamiento de Harrison Hot Springs decidió presentar un proyecto de búsqueda del sasquatch como promoción turística de la leyenda que tan felices los había hecho. Aunque el proyecto no se financió, la propuesta del municipio consiguió la publicidad que pretendía. El Comité del centenario ofreció un premio de 5.000 dólares al que consiguiera «traer vivo al hombre peludo», y para no perjudicar al turismo, la prensa animó a la gente local a no hacer visible su escepticismo ante los visitantes. Y no tardaron en hacer su aparición las falsas huellas sobre el terreno y otros fraudes, una constante de todos los

casos de la criptozoología. A quien no gustó nada la representación del sasquatch como un monstruo fue al inventor de la leyenda, John Burns. Él insistía en que eran seres humanos de gran
estatura de descendencia salish, «gente inofensiva de los bosques».[4]

A la publicidad sobre la búsqueda del monstruo siguieron testimonios de personas que dijeron haberlo visto. Un montañero
vio a una criatura hembra de más de 1,80 m de estatura, pero el
testimonio más sensacional fue el ya mencionado de Albert Ostman haciendo pública su experiencia de haber sido secuestrado
por una familia sasquatch, testimonio que firmó en una declaración jurada. Se trataba de un relato al viejo estilo del folklore,
pero Ostman se subía al tren de la popularidad del sasquatch y
su relato quedaría para la posterioridad. Aparte de la credibilidad que pudiera tener el testimonio —que según escépticos como
Joe Nickell fue un invento—, los relatos en retrospectiva de sucesos ocurridos mucho tiempo atrás deben tomarse con todas las
cautelas por lo contaminado que pudiera estar el recuerdo debido a la amplia difusión del fenómeno.

La creación del hombre-mono de los bosques

Como vemos, hasta los años cincuenta, las narraciones sobre el
sasquatch hablaban de un indio gigante con mucho pelo. Pero
esto cambiaría pronto. La publicidad del sasquatch en la prensa
motivó a un individuo llamado William Roe a declarar a algún
medio de comunicación (no se conoce cuál) que dos años antes
había observado una criatura medio humana medio animal acercarse hacia él hasta solo 6 m de distancia. El investigador John
Green escribió una carta a Roe y consiguió de él una declaración
jurada ante notario. Conseguir declaraciones juradas fue una
práctica común de los primeros investigadores, como John Green
y René Dahinden, igual que lo había sido en el siglo xix en los
casos de la gran serpiente marina, como si por este procedimien-

4. Loxton y Prothero, 2013, p. 51; Buhs, 2009, p. 56.

to se certificara la veracidad del testimonio. Pues bien, esto es lo que declaró Roe:

Mi primera impresión fue de un hombre enorme de 1,80 m de estatura y 90 cm de ancho, y probablemente de más de 130 kg de peso. Estaba cubierto de pies a cabeza de pelo castaño oscuro tirando a plateado. Pero cuando se acercó vi por sus pechos que era una hembra.

Añadió, en una detalladísima descripción, que tenía un cuello corto y ancho, «inhumano». Aunque Roe tenía un rifle, no disparó porque, dice: «Sentí ahora que era un ser humano y sabía que nunca me perdonaría si lo mataba», una frase que ya se va haciendo tópica. Y terminaba: «Si esto fue un sasquatch no lo sé. Siempre será un misterio para mí, a menos que se encuentre otro».[5]

Es la primera descripción del hombre salvaje de los bosques como un primate, presentando ya el estereotipo que hoy conocemos sobre una criatura peluda y simiesca. Green fue el primero en escribir sobre el caso y en introducir la idea del hombre-mono en el público. Como ha destacado Joshua Buhs, «Green minimizó aquellos elementos de la historia que hacían al sasquatch parecer una raza de indios gigantes y se enfocó en lo mundano, en los detalles anatómicos». Forzó las narraciones «a través de una apertura estrecha como había hecho Burns, pero con un filtro diferente».[6] A partir de aquí las fotos y filmaciones del sasquatch se iban a conformar al tipo del humanoide-simio peludo relatado por Roe.

Como suele suceder, los libros sobre monstruos se copian unos a otros sin comprobar las fuentes, y en este caso sin que nadie se preguntara por la personalidad y la credibilidad del testigo Roe. En el año 2004 David Loxton contactó con John Green y este le confirmó que nadie conoció ni entrevistó en persona a

5. John Green. *On the Track of the Sasquatch*, p. 10; Sanderson, 1961, pp. 105-107.
6. Buhs, 2009, p. 64.

William Roe, de manera que todo lo que se sabe de su encuentro con el sasquatch es la carta recibida por Green y la declaración jurada, con lo que la identidad de uno de los testigos más importantes es un misterio tan grande como el de la bestia. Como ha apuntado Loxton, si el testimonio de William Roe fue un engaño, ¿no se infiere de ello que las fotos y filmaciones posteriores del hombre-mono, como la de Patterson que veremos a continuación, son igualmente un fraude?[7]

Dibujo de I. Cabria del sasquatch observado por William Roe según el artículo de Ivan Sanderson «A New Look at Americas's Mistery Giant».

Las huellas de Bluff Creek: nace el bigfoot

En los años cincuenta el sasquatch era una historia más del folklore local de la Columbia Británica, pero lo que sucedió en 1958 en un lugar llamado Bluff Creek, en Humboldt County, en el norte de California, lo catapultó al mundo. El 3 de octubre de ese año Jerry Crew, conductor de un bulldozer de una empresa que estaba construyendo una carretera, se presentó en la

7. Loxton y Prothero, 2013, p. 55.

redacción del periódico *Humboldt Times* y preguntó por el redactor Andrew Genzoli. Traía una historia que contar y una prueba. Desde hacía dos meses se venían encontrando en el lugar de las obras unas huellas de pie de gran tamaño de alguien que debía de ser muy pesado a juzgar por su profundidad. Además, las instalaciones de trabajo habían sido atacadas la noche anterior, y alguno de los trabajadores vio a alguien peludo merodeando. Crew enseñó al periodista un molde de escayola que había sacado de una de las huellas, y con él en las manos se dejó fotografiar. Dijo que los trabajadores ya llamaban al visitante misterioso *big foot* (pie grande). El *Humboldt Times* del 5 de octubre de 1958 publicó la noticia sobre las huellas gigantes, y allí se calificaba al autor como «Big Foot». Como ilustración se reproducía la fotografía de Jerry Crew sosteniendo entre las manos el molde de la huella.

Del apelativo «Big Foot» a *Bigfoot* y el nombre comercial, por decirlo así, quedaba registrado. La criatura de Bluff Creek fue una sensación mediática, porque aquellas huellas constituían la primera prueba material de la existencia de un gigante. Esto suponía un cambio fundamental en la historia del bípedo de la leyenda. Si hasta entonces los encuentros con el sasquatch eran historias del folklore indio, de pronto aparecían evidencias materiales de la existencia de un ser desconocido que producía efectos en el entorno (y destrozos). Genzoli sacó otros 17 artículos sobre el bigfoot, y naturalmente aparecieron otros testimonios de gente que había visto las huellas. Pero, como los investigadores Green y Dahinden llegarían a descubrir, encontrar huellas se convertiría en una broma recurrente entre los leñadores de aquellos territorios fronterizos.

Si nos fijamos en los precedentes en la cultura local quizá se pueda entender la situación un poco mejor. Los madereros y tramperos del noroeste habían contado desde el siglo XIX historias de encuentros con bichos diversos, habían construido su mitología particular hecha de exageraciones e ironía. Una de las criaturas del bestiario americano con un toque de humor era el *Hidebehind* (que significa «esconde atrás»), que según Borges «siempre lo tenía detrás y por eso nadie lo ha visto».[8] Para los que vivían lejos de la civilización, inventar cuentos de sus capturas de animales fantásticos era una manera de rendir tributo al poder de la naturaleza, de aliviar ansiedades y de mostrar masculinidad, repitiendo el legado de los pioneros de la frontera. Las revistas de aventuras para hombres, como *True*, animaban incluso a los lectores a que enviaran sus experiencias extrañas a la redacción, aunque fueran inventos. En este ambiente, las bromas sobre huellas en el terreno habían sido moneda corriente, aunque era una tradición que estaba muriendo cuando estalló el caso Bluff Creek. Así, no es de extrañar que después de la publicación de la noticia del *Humboldt Times* empezaran a descubrirse huellas por el Pacífico Noroeste.[9]

RAYMOND WALLACE, BROMISTA VOCACIONAL

Quienes estudiaron los hechos de Bluff Creek de 1958 no prestaron suficiente atención al jefe de la empresa constructora Wallace Construction, Raymond Wallace, a pesar de que la prensa dio a conocer el 14 de octubre que la policía le había citado en la comisaría para «explicar la broma». Ray Wallace negó categóricamente tener nada que ver con las huellas, pero la citación significaba que la sospecha de que todo fuera un fraude montado por él y sus hermanos, socios de la empresa, estaba en boca de todos, porque Wallace tenía fama de bromista. Nuestro personaje de este texto resaltado fue un personaje peculiar. Después del caso inaugural del fenómeno bigfoot, encontró muchas más huellas, y llegaría a afirmar haber capturado un ejemplar vivo, que puso a la venta por un millón de dólares. Cuando se le ofrecieron 5.000 dólares para poder ver el espécimen, se negó a mostrarlo, y al dilatarse las negociaciones, dijo que había tenido que liberar a la bestia por no poder mantenerla solo con Kelloggs.

Un historiador local llamado Max Rowley contó a Michael McLeod una anécdota reveladora: en un momento en que los hermanos Wallace estaban teniendo problemas de robos de combustible en la zona de

8. Borges y Guerrero, 1983, p. 74.
9. McLeod, 2009, p. 178; Buhs, 2009, p. 70.

trabajo, plantaron huellas por el lugar para asustar a los ladrones. Ya se ve que el truco los inspiró. McLeod conoció a un amigo de la infancia de Wallace llamado Rant Mullens, y este le contó que cuando eran jóvenes andaban por los montes muy enfrascados en la cultura de los simios de la montaña e hicieron lo que pudieron para mantener vivo el juego. Cuando McLeod visitó a Wallace en su casa obtuvo la curiosa confidencia de que este había conseguido filmar al bigfoot, sin que nadie haya sabido nunca nada de esa película. Además, había grabado el aullido de un joven bigfoot que estaba escondido en una cueva, y no se le ocurrió nada más raro que incorporar esos aullidos como coro de fondo en un disco de música country. No solo eso, aprovechó la grabación de los aullidos para sacar copias en discos y venderlos en una tienda.

Pasaron los años y no se prestó más atención a Wallace hasta que después de su muerte en el año 2002 se destapó la gran sorpresa. Sus hijos revelaron a los medios de comunicación que su padre tenía guardados en su casa varios moldes de madera con los que había fabricado las famosas huellas de Bluff Creek y otras muchas.[10] Era solo una evidencia más de que Ray Wallace había sido siempre un bromista de tomo y lomo al que siempre le encantó tomar el pelo a todo el mundo.

A pesar de que en 1958 se sospechaba ya de las marrullerías de Ray Wallace, su posible intervención en el caso Bluff Creek pasó desapercibida, o silenciada, por aquellos investigadores pioneros de la criptozoología que primero investigaron en la zona, como John Green y René Dahinden. Algún otro, como Ivan Sanderson, en el artículo que dedicó al caso, alabó a Wallace como una persona seria y de carácter, aun conociendo las sospechas que circulaban y sabiendo que un año antes del caso Bluff Creek habían aparecido huellas en otra de sus obras de construcción. Curiosamente, hasta los científicos profesionales que simpatizaban con la bestia anómala rechazaron que las huellas de Bluff Creek fueran un fraude. El primatólogo John Napier, de la

10. Bob Young. «Lovable trickster created a monster with Bigfoot hoax.» *Seattle Times*, 5 de diciembre de 2002. <https://archive.seattletimes.com/archive/?date=20021205&slug=raywallaceobit05m>.

Smithsonian Institution, y Grover Krantz, de la Washington State University, tuvieron la ingenuidad suficiente para rechazar que un bromista tuviera el talento suficiente para imitar la anatomía del pie de la criatura (algo muy común), y Jeff Meldrum, de la Idaho State University, aún hoy prefiere pensar que las huellas de Bluff Creek no se corresponden con el modelo de pie de madera encontrado en la casa de Wallace. Incomprensiblemente, los criptozoólogos clásicos basaron sus principales argumentos a favor del bigfoot en las huellas de Bluff Creek evitando algunos citar siquiera a la personalidad detrás del suceso, en una conveniente selección de la información. Después de la muerte de Wallace muchos criptozoólogos admiten el fraude. El más popular de ellos, Loren Coleman, ha reconocido en su blog que Wallace hizo huellas fraudulentas durante años.[11] El escéptico Michael McLeod ha explicado que las huellas profundas en el terreno se hicieron utilizando la maquinaria pesada de la obra de construcción. Y no se quedó ahí el genio de Wallace. Durante años después del caso Bluff Creek siguieron apareciendo huellas que eran iguales a aquellas que habían dado origen al fenómeno.[12] Genio y figura hasta la sepultura.

La «Expedición del Pacífico Noroeste»

Cuando las noticias del bigfoot se propagaron, grupos de buscadores de misterios llegaron a Humboldt County y empezaron a patrullar las carreteras de Bluff Creek día y noche en busca de la bestia. Un guía llamado Ivan Marx se presentó hasta con perros de caza, ese sí era un *bigfoot hunter*. La nueva criatura saltó a la fama y nadie hizo más para ello que Ivan Sanderson, que publicó en diciembre de 1959 en la revista de aventuras para hombres más popular del momento, *True*, un artículo cargado con toda su retórica entre la fantasía y la ciencia: «La extraña historia del abominable hombre de las nieves america-

11. <http://cryptomundo.com/index.php?s=Ray+wallace>.
12. McLeod, 2009, pp. 177-179.

no». Sanderson fue también quien informó del caso Bluff Creek al magnate del petróleo Tom Slick, que estaba desalentado por los pobres resultados de las expediciones que había enviado al Himalaya en busca del yeti. Al saber del bigfoot, Slick se dio cuenta de que no era necesario irse al otro lado del mundo para encontrar un monstruo, cualquiera podía dar con él cerca de casa, en California, y no hacían falta grandes medios. Halló así un nuevo aliciente para la aventura y se lanzó a organizar lo que se llamó la «Expedición del Pacífico Noroeste», para la que fichó de nuevo a los miembros más prominentes de la comunidad de *monster hunters,* al mando del taxidermista Bob Titmus.

La búsqueda de pruebas por parte de la Expedición del Noroeste no dio los resultados apetecidos, y volvió a decepcionar igual que las del Himalaya. Los excrementos y la piel que se encontraron en el terreno resultaron ser de un alce, que no es natural de California, por lo que empezaron las sospechas de fraude dentro del equipo, especialmente de alguien que fuera taxidermista, como Titmus. Al poco tiempo la mitad del equipo abandonaba la expedición por desacuerdos sobre la estrategia y todo quedaba en un nuevo fracaso.

Cuando Tom Slick se estrelló en 1962 con su avioneta, las expediciones de búsqueda de homínidos misteriosos quedaron como un recuerdo del pasado, y el material acumulado desapareció con él, no se sabe dónde.

Los 53 segundos más analizados de la historia

Si hay que mencionar «la» prueba por antonomasia de la existencia del bigfoot —y la que ha levantado más polémica en la historia de este fenómeno—, es, sin duda, la filmación realizada en 1967 por Roger Patterson y Bob Gimlin de un antropoide peludo que camina por el bosque. Se crea o no en la autenticidad del hombre-mono que ahí se ve, la filmación es notable por el aura de misterio que transmite y por la misma realización técnica de aparente espontaneidad, como han puesto de manifiesto hasta sus mayores críticos. Pero no se trata de una toma obtenida de manera improvisada. Nada de eso. El autor principal, Roger Patterson, no era un testigo casual del fenómeno.

En octubre de 1967 Patterson y Gimlin viajaron a Bluff Creek, el lugar donde nació el bigfoot, con la intención de filmar unas huellas de las que les habían informado sus amigos del lugar. Patterson quería hacer un documental y alquiló para ello una cámara de filmación. Se dedicaron a explorar el área a caballo durante siete días, y entonces, el 20 de octubre de 1967, vieron a una sasquatch hembra. El caballo de Patterson se asustó y este cayó al suelo. Precipitadamente agarró su cámara y, corriendo hacia la criatura, filmó cómo caminaba alejándose de él. Por un momento aquel ser se volvió y lo miró, tras lo cual siguió su camino imperturbable.

Los 53 segundos de filmación son seguramente los más analizados y desmenuzados de la historia, y pasadas cinco décadas el caso sigue levantando discrepancias. Al principio Patterson quiso dirigirse a los medios de comunicación para vender la película, cosa que horrorizó a los divulgadores del misterio, que tenían una seria intención de que los científicos se involucraran en la investigación del sasquatch. No obstante, Patterson llegó a apa-

Dibujo de I. Cabria del bigfoot a partir del fotograma 352 de la filmación de Patterson y Gimlin.

recer en varios programas de televisión y ante un panel de científicos convocados por la revista *Life*. Ante las opiniones escépticas de los científicos sobre la película, *Life* renunció a su interés en ella. Los periódicos más importantes tampoco se dejaron impresionar por el resultado.

Patterson hizo entonces una exhibición de la película ante científicos de la Universidad de la Columbia Británica canadiense, ante la desconfianza de todos. El naturalista Frank Beebe dijo que: «El hombre salvaje era impresionante solo si no sabías biología, en cuyo caso empezaba a parecer una imposibilidad».[13] El verdadero impacto lo consiguió Ivan Sanderson, una vez más con un artículo en *Argosy*,[14] la revista en la que él actuaba como asesor científico. Igual que había hecho antes con Wallace, presentó a Patterson como una persona honorable, en vez de como el artista del engaño que se descubriría en él, y así vendió un millón de ejemplares de aquel número.

Entre los científicos de la época que se dedicaron a la investigación del bigfoot hubo división de opiniones sobre la filmación. Grover Krantz, antropólogo de la Washington State University, se convirtió en su principal defensor, diciendo que ningún humano tiene las dimensiones de aquella figura, unos 2,10 m de altura. Del estudio de la cinemática del sujeto dedujo que los movimientos y la zancada no eran humanos, el movimiento de los músculos parecía anatómicamente exacto y los brillos de la piel no podrían ser replicados en un disfraz.[15] En cambio, otros escépticos han querido calibrar las dimensiones de la criatura y piensan que no es posible saberlo, y que la zancada es fácilmente reproducible por una persona.[16] Las afirmaciones de Krantz podían ser puestas en duda, pero a su favor estaba que nadie ha hecho una réplica creíble de la película uti-

13. Buhs, 2009, pp. 140-141.
14. Ivan T. Sanderson, «First Photos of "Bigfoot", California's Legendary "Abominable Snowman"». *Argosy*, febrero de 1968. <http://pattersonfilm.com/styled-8/index.html>.
15. Krantz, 1992.
16. David Daegling y Daniel O. Schmitt. «Bigfoot's Screen Test.» *Skeptical Inquirer*, vol. 23, n.º 3, mayo-junio de 1999.

lizando un disfraz. Al contrario que Krantz, otro antropólogo de prestigio como John Napier pensaba que la parte inferior del monstruo era demasiado humana y que todo era un fraude, aunque no podía probarlo. Tanto Napier como Heuvelmans estaban convencidos de que aquello que caminaba en el bosque no era más que un hombre vestido con un disfraz de gorila, y que la escena se había basado en la ilustración del artículo que Sanderson escribió sobre el caso Roe.

Jeff Meldrum, un promotor del bigfoot, ha realizado más recientemente un amplio análisis de la locomoción de la criatura filmada y piensa que «después de casi cuatro décadas, la película sigue siendo la más intrigante filmación de historia natural».[17] Pero el periodista Mark Chorvinsky dio a conocer que los profesionales de efectos especiales de Hollywood estaban convencidos de que la película mostraba a un bromista vestido con un traje hábilmente fabricado, y sospechaban que el autor había sido John Chambers, el artista que creó los disfraces de *El planeta de los simios,* con los que consiguió un Óscar de Hollywood en 1968, aunque Chambers negó siempre haber tenido nada que ver con el simio de Patterson y Gimlin. Es decir, no sería un bigfoot, sino un *bigsuit* (un traje grande).

Hay otra forma de investigar una prueba fundamental como esta que no pasa por analizar los fotogramas de la película, sino por conocer al hombre que había detrás de la cámara.

ROGER PATTERSON: PASIÓN POR EL BIGFOOT

Roger Patterson era ya antes de la filmación de su famosa película, y desde temprana edad, un fanático del sasquatch. Desde 1958 hacía escapadas con su amigo Bob Gimlin al estado de Washington para conocer avistamientos de la criatura, y en 1966 se había autopublicado un librito titulado *Do Abominable Snowmen of America Really Exist?*

Hace dos décadas el investigador Greg Long realizó una amplia investigación en torno a la personalidad de Ray Patterson, cuyo resultado

17. Meldrum, 2006, p. 110.

publicó en 2004 en el libro *The Making of Bigfoot*.[18] Long llegó a la conclusión de que Patterson fue un personaje mentiroso, estafador y reconocido charlatán, pero también un genio creativo, cuya mente estaba siempre trabajando. Tenía, además, sus rarezas. En cierto momento imitó los alaridos de un bigfoot desde el campanario de una iglesia y los grabó, luego se escondió dentro de una caja en la noche y emitió los alaridos con un altavoz para atraer a la bestia. Pero lo más importante es que Patterson no solo era antes de aquella película un fanático del bigfoot, sino que además había filmado cortos sobre él. Según Long, la película fue un fraude perpetrado por Patterson con la ayuda de Gimlin y otro personaje, Bob Hieronymus, quien confesó a Long haber sido él mismo quien interpretó el papel de bigfoot enfundado en un traje de gorila readaptado.

El libro de Greg Long ha sido duramente criticado por los criptozoólogos, pero también por algunos escépticos. Entre estos últimos, Naish ve contradicciones entre la versión de Hieronymus y quien supuestamente elaboró el disfraz. De hecho, Hieronymus era la cuarta o quinta persona en decir que había sido «el hombre del disfraz». «Decir "yo fui el bigfoot" seguramente hace que tu vida parezca más interesante.»[19] Naish piensa que no deben asumirse afirmaciones que no son mejores que las anécdotas de los creyentes. Y según Brian Regal, Long «tenía la misma calidad de evidencias contra la autenticidad de la película como tenían los que la apoyaban».[20] Lo paradójico, como también ha destacado Regal, es que en este caso las posiciones de creyentes y escépticos se daban la vuelta. Mientras los creyentes habían acusado al otro bando de no tener una mente abierta a las nuevas pruebas, ahora eran los entusiastas del bigfoot los que no querían escuchar las pruebas de fraude.

Desde luego Patterson no era la personalidad intachable que Sanderson presentó en su artículo en *Argosy*, ni era un ingenuo buscador del bigfoot. El año anterior había hecho un esbozo de una escena que, casualmente, se iba a parecer mucho a lo que conseguiría filmar en el campo, y ambas composiciones repetían con mucha aproximación la

18. Greg Long. *The Making of Bigfoot: The Inside Story*. Prometheus, Amherst, 2004.

19. Naish, p. 90.

20. Regal, 2011, p. 123.

ilustración del caso Roe contenida en el artículo de Sanderson antes mencionado. Y, curiosamente, en los dos casos se trataba de un sasquatch hembra. Se ha dicho que Patterson hizo el fraude para hacerse rico con los derechos de la película, pero siempre tuvo deudas, y los pocos ingresos que consiguió de ella los invirtió en continuar con su afición de buscar al pie grande, del que parece que siempre fue un genuino creyente. Su ambición era llegar a filmar una película comercial sobre el bigfoot, pero la llamada de Hollywood que él esperaba no se produjo nunca. Como ha escrito McLeod, es difícil conciliar la idea de que Patterson falsificara la filmación y se fuera a la tumba creyendo ciegamente en el bigfoot. Parece una disonancia mental, pero quizá no incompatible con la personalidad de Patterson. Como dice McLeod con cierto humor, «más destacable que Patterson filmara al bigfoot sería que no lo hubiera hecho».[21] Sin duda, Patterson tenía el talento suficiente para cometer el fraude, y los escépticos están convencidos de que no hay nada en su filmación que no pueda ser replicado por un ser humano. Pero al final, con Patterson muerto prematuramente en 1972 a los treinta y nueve años de edad, y Gimlin sin haber hecho declaraciones, la mayoría de los analistas están en la posición de que la película no ha sido definitivamente refutada, en parte por la baja calidad de la toma, porque el disfraz nunca ha sido encontrado y, sobre todo, porque, pasados tantos años, es una cuestión de creer o no creer en el testimonio de la estrella principal.

La criatura filmada por Patterson ha quedado consagrada popularmente en su honor como Patty (tiene gracia que este fuera también el nombre de su mujer). Sea cual fuere la realidad de los acontecimientos, la importancia de la filmación Patterson-Gimlin fue la de asentar en el imaginario popular la imagen del bigfoot como un hombre-mono, un eslabón perdido de la humanidad, el superviviente de una especie homínida de la prehistoria, en vez del hombre salvaje con que se había originado la leyenda del sasquatch.

Si no somos demasiado severos, tenemos que reconocer en personajes como Wallace y Patterson, dejando a un lado el diagnóstico del

21. McLeod, 2009, p. 87.

309

psiquiatra, una talla fuera de lo común para un «arte popular» poco reconocido, consistente en la creación de las huellas del bigfoot y de un simulacro de avistamiento, y de paso para dar vida a un fenómeno social. Las herramientas de Wallace eran un par de pies de madera de 40 cm, y el juego y la broma como forma de expresión de una nueva «cultura material». Patterson puso la pasión y las maneras de un cineasta. Wallace y Patterson fueron falsificadores, no cabe duda, pero con el talento especial de los creadores de mitos.

A ellos se sumaría otro personaje que llevaría la falsificación a los últimos extremos de la representación de feria. Hasta ahí estuvieron dispuestos a llegar los científicos.

El «Hombre de hielo de Minnesota»: la debacle científica del bigfoot

En 1968 un individuo llamado Terry Coolen llamó por teléfono al pionero de la criptozoología americana Ivan Sanderson para hacerle saber que en Minnesota se estaba exhibiendo en una feria el cadáver de un homínido. Sanderson se encontraba acompañado aquellos días por Bernard Heuvelmans, que estaba de visita en su casa; ambos tomaron el máximo interés en el asunto y se pusieron inmediatamente en contacto con el exhibidor del hombre de hielo, Frank Hansen. Conozcamos al hombre y a la bestia.

FRANK HANSEN Y EL «HOMBRE DE HIELO DE MINNESOTA»

Esta ficha tiene dos protagonistas. Diría que son el creador y su personaje. Frank Hansen y el «Hombre de hielo de Minnesota» fueron una pareja perfecta y un ejemplo de simbiosis adaptativa para el éxito.

Frank Hansen se ganaba la vida en 1968 exhibiendo una atracción de feria titulada «¿Es un hombre o una bestia?». Lo que mostraba, a 35 centavos la entrada, era el supuesto cadáver de un ser parecido a un simio que yacía congelado en un bloque de hielo, a su vez dentro de una urna cerrada. Cuando Sanderson y Heuvelmans lo llamaron con el interés de ver el cadáver, Hansen les dijo que el cuerpo pertenecía a un rico propietario californiano, y les explicó que había sido encontrado por unos pescadores rusos en el hielo y vendido en Hong Kong, de donde fue sacado de contrabando.

Durante once horas pudieron Sanderson y Heuvelmans realizar un detallado examen de la criatura a través del hielo y del vidrio de la urna, pero sin abrirla. A pesar de que el hielo estaba traslúcido, fueron capaces de discernir que el ser no pertenecía a ninguna especie conocida, y que había muerto de dos disparos en la cara.

A fin de que se hiciera un análisis científico del hombre de hielo, Sanderson se puso en contacto con el primatólogo John Napier, de la Smithsonian Institution. John Napier se dio cuenta de algunos detalles incómodos en relación con el cuerpo congelado: el espécimen combinaba las características menos adaptativas de simios y de humanos, las manos eran una mezcla rara de las dos especies y el patrón de distribución de los pelos era de una alta improbabilidad.[22] Pero, aun así, se lo comunicó al director de la Smithsonian, Dillon Ripley, que tomó el asunto en sus manos. Escribió a Hanson interesándose por estudiar el cuerpo, pero lo que recibió fue una respuesta evasiva de que el dueño había retirado el espécimen. Dado que se suponía que este había muerto de dos disparos, Ripley dio a conocer el caso a Edgar Hoover, el jefe del FBI, por si hubiera responsabilidades por la muerte de la criatura, pero Hoover se inhibió del asunto, ya que no había prueba alguna de que el cuerpo fuera humano.

Al conocer esto, Hansen desapareció de escena. Ya fuera por las posibles responsabilidades legales que comportaría tener un cuerpo humanoide que aparentemente había sido matado a tiros, o porque todo fuera una farsa, el asunto es que cuando Hansen apareció de nuevo dijo que el dueño del espécimen lo había guardado, y que se habían hecho dos copias de látex del cuerpo para exhibición pública. Cuando se pudo ver de nuevo al «hombre de hielo», el cuerpo parecía el mismo, aunque algo cambiado de posición. Además, Hansen apareció con una versión diferente de cómo se había encontrado, haciéndolo proceder de Vietnam.

Desconfiando de todo el asunto, Napier investigó y localizó un Museo de Cera de California al que Hansen había encargado dos años antes poner pelo sobre una figura de látex. A la vista de las evidencias, Napier declaró que el «hombre de hielo» no era más real que una figura de un museo de cera, y que el «original» y el «sustituto» eran exactamente el

22. Napier, *op. cit.*

mismo. La Smithsonian Institution lanzó entonces un comunicado de prensa en el que anunciaba que se retiraba de la investigación, al haber quedado probado que todo era un fraude.

Hansen daría otra vuelta de tuerca al asunto publicando en 1970 un artículo en la revista *Saga* en el que ofrecía otra versión más: él mismo había cazado al bigfoot en 1960 en Minnesota en una partida de caza.[23] Bryan Sykes ha desacreditado el caso diciendo: «Es completamente ilógico para mí que un *showman* muestre un espécimen en una feria a 35 centavos la visualización, cuando poniéndolo a disposición de la ciencia conseguiría un millón de dólares, podría hacerse inmortal o las dos cosas a la vez».[24] Su deducción es que nunca hubo tal homínido.

Al final, Hansen se llevó sus secretos a la tumba. Los investigadores más rigurosos tienden a pensar que nunca existió más que un modelo de látex que se utilizó como atracción de feria, pero que no fue la intención de Hansen engañar a los científicos, sino·que fue la publicidad no deseada sobre su atracción lo que le hizo buscarse la coartada del dueño desconocido y la excusa de la réplica de látex para evitar que se descubriera la verdad de que nunca hubo un homínido real.

En el carnaval de personajes ilustres del mito, Hansen tuvo el lugar de honor de dar «cuerpo» (nunca mejor dicho) a la leyenda del bigfoot como hombre-mono en la última gran farsa: el «hombre de hielo de Minnesota».

Bernard Heuvelmans creía que el «hombre de hielo» era un ejemplar de hombre de Neandertal, mientras para Sanderson representaba una nueva rama de la familia de los homínidos. Cada uno por su lado, se precipitaron a los medios escritos para dar a conocer el descubrimiento. Heuvelmans publicó en febrero de 1969 una descripción del espécimen en una revista científica belga,[25] donde propuso darle el nombre científico de *Homo pongoi-*

23. Frank Hansen. «I Killed the Ape-Man Creature of Whiteface.» *Saga*, julio de 1970. <https://www.museumoftheweird.com/2013/06/30/frank-hansens-story-of-the-minnesota-iceman/>.

24. Sykes, 2016, p. 91.

25. Bernard Heuvelmans. «Notice on a specimen preserved in ice of an unknown form of living hominid: Homo pongoides.» *Bulletin of the Royal Belgian Institute of Natural Sciences*, febrero de 1969.

des (por «hombre como mono»), lo que provocó incomodidad entre los científicos por lo prematuro de esta declaración sin una comprobación adecuada. Sanderson, por su parte, escribió un artículo sobre el caso en la revista de ciencia ficción *Argosy*,[26] y luego hizo su descripción del ejemplar en la revista científica italiana *Genus*,[27] especializada en estudios de población. En este artículo se lamentaba de que la publicación del artículo de Heuvelmans había hecho que Hansen pusiera el cuerpo fuera de circulación. En cambio, Heuvelmans pensaba que la forma fantasiosa de divulgar de Sanderson era un obstáculo para la respetabilidad científica del caso. Las diferencias de criterio entre ellos sobre la publicación de la investigación provocaron su ruptura definitiva. No se volvieron a ver nunca, pues Sanderson moriría poco después, en 1972.

El Hombre de hielo de Minnessota.

26. Ivan Sanderson. «Is This the Missing Link Between Man and the Apes?» *Argosy*, abril de 1969.
27. Ivan Sanderson. «Preliminary Description of the External Morphology of What Appeared to Be the Fresh Corpse of a Hitherto Unknown Form of Living Hominid.» *Genus*, vol. 25, n.° 1/4, 1969.

Heuvelmans continuaría convencido de la realidad del «Hombre de hielo» y en 1974 publicaría un libro en coautoría con el ruso Boris Porchnev titulado *L'homme Néanderthal est toujours vivant,* en el que cambió su definición del espécimen y optó por describirlo como un hombre de Neandertal.

Nada se volvió a saber del «hombre de hielo» hasta que en 2013 el dueño del Museum of the Weird (Museo de lo Extraño) de Austin (Texas) lo compró para su colección de rarezas. El criptozoólogo Ken Gerhard, que pudo ver en los años sesenta la exhibición de feria del Hombre de Hielo, ha escrito que la figura que vio entonces es la misma que ahora se expone en el Museo de Austin, pero opina que lo exhibido es obviamente un modelo de látex. Se pregunta, entonces, si los dos expertos pioneros de la criptozoología, Sanderson y Heuvelmans, pudieron ser engañados tan fácilmente, o si pudo existir realmente un original de carne y hueso.[28]

Basta hasta aquí para tener una panorámica comprensible de la creación de la leyenda del homínido misterioso de los bosques en el contexto del debate científico que provocó. Como hemos visto en los últimos capítulos, hasta los años sesenta algunos científicos se habían involucrado en el análisis de las pruebas sobre el yeti y el bigfoot, pero los fracasos con las pruebas materiales que venían del Himalaya y algunos episodios rocambolescos que rodeaban al fenómeno hicieron que los científicos dejaran de participar en la investigación a partir de 1970. Y mientras los monstruos iban generando más interés popular, el interés científico iba declinando. El mundo académico dedicaba cada vez menos atención al asunto debido al descrédito de las pruebas y a la falta de adecuación de las propuestas del bigfoot con la teoría de la evolución.

28. Ken Gerhard. *A Menagerie of Mysterious Beasts: Encounters with Cryptid Creatures.* Llewellyn Publications, Woddbury, Minnesota, 2016.

El bigfoot en la cultura contemporánea

Tras aquellos casos tan mediáticos de finales de los años sesenta, los avistamientos del bigfoot menudearon, y este se hizo tan popular en el noroeste americano que, ante el flujo incesante de investigadores y cazadores armados con armas letales, el condado de Skamania, en el estado de Washington, proclamó en abril de 1969 una ordenanza por la que matar premeditadamente a un bigfoot sería sancionado con una multa de hasta 10.000 dólares.[29]

La fama del críptido alcanzó hasta al mundo del espectáculo. En 1970 se estrenó en Broadway una obra de teatro titulada *Bigfoot*, y se hicieron películas de culto sobre la criatura, «tan malas que eran buenas», en palabras de Joshua Buhs.[30] Pero una se convertiría en película de culto para los amantes del monstruo peludo y haría época.

El «monstruo de Fouke» y «La leyenda de Boggy Creek»

El «monstruo de Fouke» es uno de los fenómenos locales de visiones repetidas de una bestia homínida que adquirieron «denominación de origen». Pero a ello contribuyó no tanto el monstruo como la película que lo catapultó a la fama: *The Legend of Boggy Creek*. Empecemos por conocer qué pasó en 1971 en el pueblo de Fouke, Arkansas.

El 3 de mayo de 1971, un periódico de la cercana ciudad de Texarkana informó de que un monstruo de 2,10 m de altura había intentado entrar en plena noche en la casa de la familia Ford forzando la puerta. Tenía unos ojos como carbón candente, dijeron. El monstruo llegó a agarrar a uno de los jóvenes de la familia, que sería llevado al hospital para ser tratado por araña-

---

29. Texto de la ordenanza: <http://www.bigfootencounters.com/articles/skamania-ordinance.htm>.

30. Joshua Blu Buhs. «Camping with Bigfoot: Sasquatch and the Varieties of Middle-Class Resistance to Consumer Culture in Late Twentieth-Century North America.» *The Journal of Popular Culture,* vol. 46, 2013.

zos y un *shock*. Los habitantes de la casa dispararon a la criatura con una escopeta, pero no acertaron y aquella cosa desapareció en la oscuridad. Quedó un mal olor que no pudieron describir, y por la mañana encontraron alrededor de la casa unas grandes huellas de pies con tres dedos.

El 24 de mayo el *Texarkana Gazette* dio la noticia de que, cerca del puente de Boggy Creek, tres personas que viajaban en coche por la noche vieron una gran criatura peluda que cruzaba la carretera balanceando sus brazos. Lo describieron alto y peludo como un simio, con ojos refulgentes. Según dijeron, desprendía mal olor. Era como el bigfoot, pero más delgado, y daba más miedo. El 2 de junio tres individuos informaron haber visto en la noche, iluminada por una linterna, «una criatura peluda con ojos rojos», que escapó hacia el bosque. El día 5 la policía recibió una llamada de un niño que también lo vio. Días después se encontraron huellas de 35 cm.

Se supo entonces que no era la primera vez que se veía al monstruo. Desde 1946 se había visto a una extraña figura alrededor de la aldea de Jonesville, cerca del pueblo de Fouke. Para los vecinos, la creencia de que una criatura viva rondaba la zona formaba parte de la vida ordinaria. Hasta el *sheriff* adjunto llegó a ser testigo del monstruo. En cierto momento, veinte vecinos de la localidad se pusieron a rastrear con armas y perros toda el área en busca de algún animal, pero no encontraron nada.

Cuando el periodista que había contado estos hechos, Jim Powell, llamó a la criatura «monstruo de Fouke» sabía que el apelativo tenía gancho. Las crónicas locales llegaron a las agencias de noticias, que lo propagaron por toda la prensa de Estados Unidos, y el «monstruo de Fouke» saltó a la fama. Una emisora de radio ofreció 1.000 dólares de recompensa a quien capturara al monstruo, y eso provocó una auténtica cacería, ante la preocupación de las autoridades porque hasta 500 cazadores con ganas de apretar el gatillo merodeaban por los bosques cercanos. Tuvieron que prohibirse las armas en el municipio por el peligro que aquello representaba. «Mirando atrás, es asombroso que nadie resultara herido. "Era un caos"», contó un testigo de aquella locura al investigador Lyle Blackburn.[31] Y tras los cazadores llegaron los investigadores espontáneos con sus grabadoras y cámaras tratando de capturar el aullido del monstruo o de conseguir una foto.

Con todo aquel ruido, el monstruo lógicamente no apareció. Pero los vecinos empezaron a hacer negocio. Uno vendía moldes de huellas de tres dedos autografiados por los testigos, otro abrió el Boggy Creek Café y un vecino organizó visitas guiadas sobre el incidente de la casa de la familia Ford. Con el tiempo la gente empezó a asaltar las fincas por donde había andado el monstruo, que tuvieron que ser valladas para evitar más estropicios. Cuenta Blackburn:

> La gente estaba tan abrumada por la fiebre del monstruo que cuando pasaban por la huerta de detrás de la casa veían un tallo de maíz aplastado y creían que el monstruo debía haber sido seguramente el culpable. Perry simplemente sonreía, sabiendo que, en realidad, lo habían hecho los mapaches.[32]

CHARLES B. PIERCE, EL «ED WOOD» DEL BIGFOOT

Charles B. Pierce, un joven publicista de la ciudad vecina de Texarkana aficionado al cine presentó a un cliente rico la idea de hacer una película semidocumental, o «docudrama», sobre las apariciones del monstruo de Fouke, que llevaría por título el nombre del arroyo donde se lo había visto, Boggy Creek. El medio era el adecuado para una película de terror, porque el sur de Arkansas es boscoso y cenagoso. Entrevistando a los testigos, Pierce consiguió que se prestaran a representar su propio personaje para la película, y contó con otros voluntarios locales. El mismo Pierce escribió el guion, la música y la balada central, y él mismo la cantó. Se agenció un disfraz de gorila; unos arreglos aquí y allá, y el monstruo de Fouke estaba listo. La narración que ha hecho Blackburn

31. Lyle Blackburn. *The Beast of Boggy Creek: The True Story of the Fouke Monster.* Anomalist Books. San Antonio y Charlottesville, 2012, p. 47.
32. *Ibid.,* p. 48.

sobre el proceso de filmación recuerda a *Ed Wood,* la película de Tim Burton sobre el director de la aclamada «peor película de la historia», *Plan B from Outer Space.* La misma falta de medios y la misma inventiva para superar las limitaciones. Era lo que los americanos han llamado «cine guerrilla».

Pierce encargó una canción de promoción, «Fouke Monster», que interpretó un grupo llamado Billy Cole and the Fouke Monsters, y con ella se lanzó un disco sencillo de 45 rpm, que puede oírse en YouTube. Suena genuinamente a rock de terror, en todos los sentidos.[33]

Una vez terminada la filmación, Pierce buscó distribuidor en Hollywood, pero no consiguió impresionar a nadie con la idea de una película del bigfoot. Así pues, alquiló un cine de Texarkana que estaba cerrado, lo limpió él mismo y celebró el estrenó de *The Legend of Boggy Creek* el 18 de agosto de 1972. Y así siguió estrenando por otros cines de Luisiana, hasta que un distribuidor se interesó por su película pensando que podía ser un caballo ganador. Y así fue. *The Legend of Boggy Creek* causó sensación por todos los cines y autocines de Estados Unidos, recaudando más de 25 millones de dólares.

The legend of Boggy Creek se ha convertido con el tiempo en una película de culto del cine B. La novedad, y por lo que Pierce se adelantó a su tiempo, fue que hizo una de las primeras películas de terror en estilo docudrama, con relatos de los testigos directos, que convertían una historia increíble en algo real. Eran aquellos los primeros días del «punto de vista de la cámara», que canaliza el miedo del personaje hacia el espectador. Se ha dicho que una famosa película de los noventa con este concepto, *The Blair Witch Project,* se inspiró en *The legend of Boggy Creeck.* Quizá un factor importante en el éxito de la película de Pierce fue esa figura sombría y siniestra que aparece en el cartel. Este corrió a cargo nada menos que de Ralph McQuarrie. Si decimos que fue el diseñador de personajes de *La guerra de las galaxias* como Darth Vader, Yoda o Chewbacca está todo dicho. Pero los que habían pensado que McQuarrie diseñó a Chewbacca pensando en el bigfoot quedarían decepcionados, porque este personaje fue una idea de George Lucas.[34] Aunque

---

33. <https://www.youtube.com/watch?v=CfpyIk2awxw&ab_channel= VariousArtists-Topic>.

34. Blackburn, op. cit., p. 115.

Lucas bien podría haberse inspirado en el famoso críptido de los bosques.

A *The legend of Boggy Creeck* siguieron otras películas con un título parecido que intentaron capitalizar el tirón comercial de la primera, pero ni la calidad ni las ventas acompañaron el intento. El mismo Charles Pierce llegó a realizar una secuela de aquella en 1985, ya en forma de ficción, pero con unos resultados tan malos como los de otras películas precedentes. Parece que esto no hizo mella en su consideración del caso. Según su familia, Pierce llegó a creer que el monstruo de Fouke era real.

Interpretación de I. Cabria del monstruo de la película *The legend of Boggy Creek*, a partir del cartel de Ralph McQuarrie.

Si antes había habido cientos de visitantes a Fouke por el monstruo, tras el éxito de la película se contaban por miles. Se llegaron a ofrecer 10.000 dólares de recompensa a quien lo capturara vivo. El Boggy Creek Café empezó a ofrecer especialidades como «Sándwich Tres Dedos» o «Desayuno Boggy Creek», un vecino organizó una venta de variados *souvenirs* y otra persona vendía réplicas de las huellas donde ponía «Recuerdo de Boogy Creek».

El caso no cayó en terreno baldío. Desde el siglo XIX se conocían en Arkansas casos de encuentros con hombres salvajes o

319

animales parecidos a hombres cubiertos de pelo. El Departamento de Parques y Turismo de Arkansas informa de leyendas sobre distintas criaturas cuyo origen podría estar, según su folleto, en la necesidad de aquella gente aislada en un medio hostil «de entretenerse contando relatos tradicionales que habían oído o que ellos habían inventado. También, en un esfuerzo para mantener a los niños lejos de acantilados, ríos y cuevas, los padres, a menudo, inventaron historias de miedo sobre aquellos lugares peligrosos».[35]

Los críticos de la casuística de la zona han apuntado a casi seguros fraudes en las huellas debido a la popularidad del monstruo y a la presencia de turistas, pero gracias a todo eso el «monstruo de Fouke» figura entre los fenómenos más famosos relacionados con el bigfoot. Fouke ha aportado a la fenomenología del hombre-mono un sabor particular, del «sur profundo», sobre un monstruo amenazante de las ciénagas cálidas, a diferencia de la criatura benigna de los bosques fríos del noroeste. Según algunos, la película fue lo que hizo del bigfoot una estrella nacional de Estados Unidos, aunque quizá exageran un poco. En todo caso, hoy la carretera 71, donde sucedieron los acontecimientos de Boggy Creek, lleva el nombre oficial de Autopista del Monstruo, lo que indica su impacto.

A partir de los hechos relatados, y durante los años ochenta y noventa, las visiones del monstruo iban disminuyendo y su popularidad se desvanecía. «Parecía que la película había hecho al monstruo famoso, pero al mismo tiempo eclipsó su propia posible realidad»,[36] escribe Blackburn. Esto lo podemos comprobar en otros casos de fama de un monstruo. El de Fouke quedó más asociado a la ficción que a la posibilidad de que hubiera una criatura real en las ciénagas boscosas del sur de Arkansas.

El siglo XXI, con los actuales medios audiovisuales e internet, parece haber hecho revivir la leyenda de Fouke y Boggy Creek. Nuevos grupos de rock interpretan canciones de homenaje al monstruo y se editan libros recordando toda esta cultura en tor-

35. *Ibid.*, p. 27.
36. *Ibid.*, p. 116.

no a Boggy Creek. Y los avistamientos no han cesado. En 2017 una pareja vio la figura que ya conocemos. Ese mismo año un periodista solicitó al Ayuntamiento de Fouke —ateniéndose a la Ley de Libertad de Información— que se liberara cualquier información oficial sobre el caso.[37] El monstruo se resiste a quedar reducido a la ficción.

La «huella» del bigfoot en la cultura popular

Los setenta fueron la década de los primeros documentales sobre el bigfoot. Como ha resumido Fernando Soto Roland, fue «iniciada en 1971 con *Man or Beast*, alcanzó su punto más alto con *Monsters!* (1974), se instaló con *The Mysterious Monsters* (1975/1976) e inició su lenta decadencia con el documental de Alan Landsburg *Manbeast: myth or monster?* en 1978».[38]

La visión popular de un monstruo familiar quedó plasmada en la película de 1987 *Harry and the Hendersons* (con el mismo título en España). Una familia vuelve de un viaje a los montes Cascade (origen del bigfoot) cuando chocan con algo que resulta ser un sasquatch. La criatura, a la que ponen por nombre Harry, sobrevive al accidente, convive con la familia y estos acaban por descubrir en Harry un ser amable y amistoso.

Pero mientras el bigfoot crecía como un icono nacional americano, a partir de los ochenta el monstruo homínido se convertía en la comidilla de la prensa sensacionalista (los tabloides) con titulares como «Me casé con un Bigfoot», ridiculizando a los perseguidores de monstruos como personas con problemas mentales, mentirosas o raras. Los entusiastas del monstruo han calificado este rechazo como «la cortina de la risa».[39] Y, sin embargo, la pasión por el bigfoot no disminuye. En el nuevo milenio se

37. Jason Offutt. *Chasing American Monsters*. Llewellyn Publications, Woodbury, Minnesota, 2019, p. 30.

38. Fernando Jorge Soto Rolland. «Documentando monstruos. La televisión, los documentales criptozoológicos y la construcción del imaginario», <https://independent.academia.edu/FernandoJorgeSotoRoland>.

39. Buhs, 2009, p. 202.

han organizado exposiciones,[40] convenciones y congresos sobre
la criatura. En una convención realizada en Harrison Hot Springs
(la cuna del sasquatch) sobre el tema «La película Patterson-Gimlin cinco décadas después», Michael McLeod comentó
al veterano John Green que le extrañaba que aún hubiera público para escuchar hablar sobre un caso tan antiguo. Green le con-
testó que era el tercer evento anual que se realizaba sobre aquella
filmación y que el interés iba en aumento.[41] Y una de las formas
como se ha orientado en los últimos años el acercamiento del
fenómeno bigfoot al público ha sido la creación de pequeños
museos privados especializados, o micromuseos. Son ya cinco
los dedicados al bigfoot en Estados Unidos. Carissa Kepner escribe en su tesis sobre este tema[42] que es necesario revisar la definición de museo para incluir a estas pequeñas instituciones.

Pero donde más vida ha cobrado el bigfoot es en la televisión.
En 2001 el productor e investigador de la naturaleza Doug Haji-
cek realizó el documental *Sasquatch: Legend Meets Science*,[43] en
el que varios científicos proponentes de la veracidad de las pruebas las analizaban ante las cámaras. Como limitación, en el documental no intervino ningún escéptico. Jeff Meldrum, que era el
punto fuerte, publicó en 2007 su libro con el mismo título como
complemento al documental. Entre 2011 y 2018 se estuvo emitiendo en Estados Unidos en el canal Animal Planet el programa
Finding Bigfoot. Se trataba de seguir en cada episodio a un equipo de cuatro miembros del grupo aficionado Bigfoot Field Re-
searchers Organization (BFRO) en sus correrías en búsqueda de
la bestia, día y noche, con tecnología de visión infrarroja y otra
parafernalia. Nunca han encontrado nada, como era de esperar.
A fin de cuentas, la búsqueda frustrada es lo que se espera del

40. Los amantes de la tradición visual pueden visitar el catálogo en línea de
la exposición Murphy's Sasquatch/Bigfoot Exibit: <https://www.sasquatchcna-
da.com/uploads/9/4/5/1/945132/catalog_pdf_-_dec_29-2017.pdf>.

41. McLeod, 2009.

42. Carissa Kepner. *Looking Through the Trees: An Anthropologist, a
Museum, and the Sasquatch*. Tesis de máster, Facultad de Artes y Humanidades, Denver University, 2018.

43. Sitio oficial del documental: <http://www.bfro.net/lms/lms.asp;>.

show. *Finding Bigfoot* extendió sus emisiones en temporadas sucesivas para perseguir al yeti en Nepal, al yowi en Australia, al orang pendek en Indonesia, al «hombre salvaje» de Vietnam y al yeren chino, completando nada menos que 100 emisiones de infructuosa búsqueda. Según algunos, el nombre adecuado para el programa debería haber sido «Not Finding Bigfoot».

Los sociólogos Bader, Mencken y Baker han realizado un estudio sociológico de las paraciencias, entre las que incluyen el estudio del bigfoot, a partir de la encuesta Baylor Religion Survey, y su primera conclusión es que lo paranormal se ha extendido en la sociedad americana en las últimas décadas con la expansión de internet y de los modernos canales de televisión por cable, yendo la creencia en estos temas de la mano del interés creciente de los medios de comunicación por introducirlos en sus programaciones, hasta el punto de que «lo paranormal es lo normal».[44] Según la encuesta, los que creen «absolutamente» en el bigfoot son solo el 3,1 %, y un 13 % lo cree «probable». Entre los que creen en la realidad del bigfoot, el 41 % son «creyentes informales», es decir, que conocen el tema por la televisión, pero no han leído ningún libro sobre él. «Para ellos el Bigfoot es, simplemente, un asunto más añadido al carro de la compra paranormal que incluye ovnis, fantasmas y fenómenos psíquicos.»[45]

* * *

Si los casos fundacionales del fenómeno bigfoot —los que lo describen como un hombre-mono— han sido muy probablemente fraudes, los criptozoólogos se encuentran en dificultades para mostrar la verdadera morfología del monstruo, y habría que atender a factores sociológicos como los propiciadores de la difusión del estereotipo del hombre-mono y su éxito en el imaginario colectivo. Desde ese punto de vista no sería siquiera necesario atribuir un origen zoológico al bigfoot como un oso u otro animal para explicar el fenómeno social y cultural originado. El

---

44. Bader, Mencken y Baker, 2010, p. 107.
45. *Ibid.*, p. 106.

hecho de que el monstruo haya sido observado por todo Estados Unidos debería llevar a buscar, más que un animal que esté en el origen de muchos avistamientos, los mecanismos de producción y comunicación de los testimonios a través de los cuales la leyenda del monstruo se generó, se expandió y sigue evolucionando.

Una vez tenemos el relato sobre el monstruo, nos falta conocer los argumentos científicos de los proponentes de la realidad de la criatura y el contexto cultural de las creencias en las que surgió el «hombre salvaje de los bosques» y su versión moderna de hombre-mono. Vamos a poner el discurso criptozoológico y el científico al lado del cultural, buscando los discursos que den sentido a esas figuras de lo imaginario. Al final, esperemos tener un panorama más comprensible del monstruo homínido.

Capítulo 10

CIENCIA, TRADICIÓN Y CULTURA DEL HOMÍNIDO ANÓMALO

CHOQUE DE PARADIGMAS

> Sasquatch: Me han hecho una herida,
> se abre un agujero en mi carne verde;
> veo que me pueden romper... Matar mis pinos,
> mis cedros es matarme.[1]

MARGARET ATWOOD. «ORATORIO FOR SASQUATCH, MAN, AND TWO ANDROIDS.»

Como hemos visto a lo largo del libro, la colonización y los viajes de exploración del mundo dieron a conocer pueblos primitivos que vivían en estado de naturaleza. El descubrimiento en 1911 por antropólogos americanos de Ishi, el último superviviente de la tribu yahi, y el descubrimiento de numerosas especies nuevas de animales o que se creían extinguidas, ha sido utilizado como argumento de que hay muchas especies ocultas o aún por descubrir, entre las cuales estarían las que son objeto de este libro. Uno de los principales desafíos para la demostración de la existencia de los críptidos está en la ecología. ¿Cómo es posible, por ejemplo, que no hayan sido observadas aún esas especies de grandes homínidos que se pretenden en el Himalaya o en Norteamérica? Y si existieran,

---

1. Traducción propia de: «Sasquatch: A wound has been made on me, / a hole opens in my green flesh; / I see that I can be broken... to murder my pines, my cedars / is to murder me».

¿cómo han podido sobrevivir a climas hostiles y a los cambios ecológicos provocados por el desarrollo, y cómo han llegado hasta hoy sin dejar una huella fósil de su presencia a lo largo de la historia reciente?

La hipótesis de la supervivencia de un homínido del pasado

Cuando los primeros escaladores del Everest informaron de grandes huellas del hombre de las nieves, parecía que se trataba de un gran antropoide, quizá un descendiente de algún antecesor del hombre. Un descubrimiento de la paleoantropología vino a proporcionar a los confundidos investigadores una posible respuesta. En 1934, Gustav von Koenigswald había encontrado en una farmacia china de Honk-Kong, entre distintos «dientes de dragón», unos molares enormes de lo que parecía un antropoide desconocido de gran tamaño. En base a estas muestras, Von Koenigswald llegó a la conclusión de que pertenecían a una nueva especie homínida, a la que llamó *gigantopitecus* (por simio gigante), el más grande de los homínidos conocidos.

Se sabe muy poco del gigantopitecus por la ausencia de otros restos de dientes y trozos de mandíbula. Lo que es seguro es que era muy grande y, según parece, un pariente lejano del orangután, es decir, del grupo de los *ponginos* (la otra subfamilia homínida diferente a los *homininae*). Pero lo poco que se sabía en los años cincuenta bastó para que Bernard Heuvelmans y el antropólogo físico Carleton Coon presentaran la hipótesis de que el yeti y otros monstruos simiescos podrían ser antropoides supervivientes del Pleistoceno, y específicamente del *gigantopitecus,* basándose en que esta especie tuvo su hábitat en Asia. Pero el *gigantopitecus* desapareció hace casi un millón de años. ¿Cómo explicar este contrasentido? Pues bien, tanto Heuvelmans como Carleton Coon estaban convencidos de que ejemplares de gigantopitecus podrían haber escapado a la extinción de la especie en bolsas de población aisladas en territorios inaccesibles. Heuvelmans llegó a proponer un primer nombre científico para el yeti,[2] pero la tarea de crear una nueva especie de homínido no era tan sencilla, se requerían pruebas extraordinarias de su existencia y Heuvelmans solo contaba con testimonios y huellas dudosas, y fracasó en su propósito.

Grover Krantz tomó en sus manos a partir de los años sesenta la tarea de demostrar que el sasquatch es real y un descendiente de los homínidos del pasado. Estudiando la mandíbula más completa que se ha podido componer del gigantopitecus, Krantz extrapoló su forma al cráneo completo y dedujo que era una criatura bípeda, más parecida al hombre que al simio. Y de ese castillo de naipes dedujo que el sasquatch era una supervivencia del gigantopitecus, proponiendo para aquel el nombre científico de *Gigantopithecus canadensis*.[3]

Otra hipótesis alternativa es la supervivencia de especímenes del hombre de Neandertal. El ruso Boris Porchnev fue el primero en proponer que el almasti ruso pudiera ser un Neandertal superviviente, y presentó esta hipótesis en el libro en coautoría con Heuvelmans *L'Homme de Néanderthal est toujours vivant* (1974). Igualmente, Myra Shackley apoyó esta hipótesis en su libro *Wildmen* (1983) para explicar el almas de Mongolia. Pero la idea que estos autores tenían del Neandertal, algo así como un bruto peludo y primitivo equiparable a un yeti, está muy obsoleta. En las últimas décadas esa concepción de un ser retrasado ha sido revisada por la paleoantropología, que ve hoy en el Neandertal una especie mucho más cercana al hombre moderno de lo que se pensaba, y, posiblemente, con una inteligencia equiparable. Una estrategia de los criptozoólogos para mantener la hipótesis Neandertal es suponer que el yeti sería el producto de un proceso de deshominización, un paso atrás en la evolución, vamos. Pero esto es un evolucionismo especulativo que no tiene ningún agarradero en base a los fósiles que se conocen. No tenía mejor destino la sugerencia de Ivan Sander-

2. Heuvelmans, 1965, p. 124.
3. Krantz, 1992.

son de que los homínidos ocultos pudieran ser descendientes del *Homo erectus*.

Los universitarios tras el sasquatch

A partir de 1980 el entorno universitario se mostraba más escéptico de lo que nunca había estado con respecto a los homínidos anómalos, con la excepción de Grover Kratz, el único universitario que se encerró en una defensa a ultranza de la realidad del sasquatch.

GROVER KRANTZ: EL CIENTÍFICO A LA CAZA DEL MONSTRUO

Grover Krantz (1931-2002) fue el científico profesional por antonomasia dedicado al estudio del sasquatch, desde su convencimiento de que este es un descendiente del gigantopitecus, una especie homínida de la que solo se han encontrado rastros en Asia y que desapareció hace cientos de miles de años. Para consolidar su heterodoxa hipótesis necesitaba demostrar la continuidad evolucionista en el registro fósil de Norteamérica de un antropoide que hubiera podido llegar hasta el presente, así que especuló con que el gigantopitecus habría podido pasar de Asia a América cruzando los hielos del estrecho de Bering. A la pregunta de por qué no existen restos fósiles del sasquatch, él replicó que tampoco se encuentran restos de osos. Si hay cien osos por cada sasquatch, esto haría imposible encontrar sus restos, desde su punto de vista.

Tal como había intentado Heuvelmans, Grover Krantz pretendió también dar un nombre científico al sasquatch incluso antes de que se probara su existencia, porque, según Regal, tenía el delirio de grandeza de que, si se encontraba un espécimen, él pasaría a la historia como el descubridor científico de la nueva especie.[4] Y ya que el requisito para poder establecer oficialmente una nueva especie animal es contar con un ejemplar, promovía la polémica idea de salir al terreno armado con escopetas y con perros para dar caza a la criatura. Para tal fin, se hizo con un helicóptero con el que poder sobrevolar los bosques, rastrear al bi-

4. Regal, 2011.

328

cho y disparar sobre él. Este enfoque agresivo sobre la captura del sasquatch le provocó una profunda grieta con los entusiastas del bigfoot y con la comunidad de «buscadores de monstruos».

Krantz ocupó una posición única de bisagra entre los aficionados buscadores de monstruos y la ciencia académica, pero sin ser aceptado por ninguna de las dos partes. Sus teorías heterodoxas, en general, y su crítica a los dos lados del espectro le granjearon el descrédito entre sus colegas universitarios y el odio de algunos criptozoólogos.

Su teoría de la descendencia del gigantopitecus para explicar al bigfoot chocó con el mundo académico de tal manera que la Washington State University consideró su trabajo un descrédito para la institución y puso problemas a su promoción. Pero algunos analistas, como Regal, han señalado que el rechazo hacia él no fue tanto por sus teorías sobre la anatomía del bigfoot como por su falta de rigor en las fuentes que utilizaba, las afirmaciones que hacía sin evidencia empírica ni soporte documental y otros fallos metodológicos que cometió a lo largo de su carrera académica.[5]

Tampoco fue Krantz mejor aceptado por los aficionados, al haber defendido como auténticas algunas pruebas que eran claramente fraudulentas, haciéndolo además poniendo por delante su carácter arrogante. Pero es sabido que el mundo de la criptozoología norteamericana ha estado siempre plagado de tensiones y rencillas.

Para Krantz, una prueba fundamental de la realidad del sasquatch era que algunas huellas de pies en el barro mostraban crestas semejantes a huellas dactilares,[6] afirmando de paso que muchos expertos en este campo (sin citarlos) han considerado que esas crestas de la piel son reales. Pero no llegó a mostrar las diferencias que habría entre ellas y las de un pie humano o el de un simio. Fue tan obsesivo en el análisis de las huellas en el terreno que manifestó haber encontrado las claves para detectar cuándo una huella era auténtica y cuándo falsa. Pero era a la vez

---

5. *Ibid.*, p. 133.
6. Grover Krantz. «Anatomy and Dermatoglyphics of Three Sasquatch Footprints.» *Cryptozoology*, vol. 2, 1983.

tan desconfiado que pensaba que si daba a conocer esas claves eso permitiría que los tramposos hicieran fraude, por lo que jamás reveló sus conocimientos. Su obsesión por el secretismo llegaba al punto de escribir muchas de sus notas en código para que nadie pudiera entenderlas.

En su libro *Big Footprints* (1992) Krantz admitía que se producen numerosos fraudes, pero descartaba que esta fuera una explicación válida para el fenómeno en su totalidad, aduciendo un argumento que es típico de las paraciencias: falsificar tantas pruebas requeriría de sus autores un número poco razonable de horas de dedicación y una vasta conspiración (no tenía en cuenta lo que tantas mentes desocupadas son capaces de maquinar). Para él no importaba la fiabilidad de la persona que daba testimonio de un encuentro o el origen de las pruebas, lo importante eran las pruebas materiales en sí mismas. Pero, a pesar de lo convencido que estaba de que nadie podía engañarlo, cayó presa del fraude. En 1969 se descubrieron en Bossburg, en el estado de Washington, más de mil huellas. Lo extraño de este caso es que la forma de las huellas de un pie parecía denotar que la criatura estaba coja. Para Grover Krantz, esta característica descartaba que las huellas hubieran sido falsificadas. Pero el caso presentaba un punto débil, y era la persona que estaba vinculada con el hallazgo, un individuo notorio en la criptozoología como falsificador llamado Ivan Marx, que como suele suceder con los que se crecen, acabó pasándose con los hallazgos de pruebas. Marx encontró diversas huellas de manos del bigfoot y consiguió filmarlo varias veces, aunque nadie se creyó tantas casualidades, excepto Krantz. En 1990 este recibió por correo un molde de una huella de bigfoot, y certificó que era auténtica. Pero el escéptico Michel Dennett[7] siguió el rastro del autor del molde hasta dar con él. Era un obrero de la construcción crítico con los creyentes, y su testimonio fue demoledor, porque confesó que había fabricado el molde para burlarse de la arrogancia de Krantz por estar tan

---

7. Michael Dennett. «Bigfoot Evidence: Are These Tracks Real?» *Skeptical Inquirer,* vol. 18, n.º 5, otoño de 1994.

seguro de descubrir cualquier fraude. Una de las mejores pruebas de Krantz se había derrumbado.

El fraude, como habremos visto hasta aquí, ha estado en el origen y el corazón mismo de la tradición del sasquatch/bigfoot, y no es posible ignorarlo. Esta realidad quedó trágicamente en evidencia en agosto de 2012 cuando un individuo llamado Randy Lee Tenley, vestido con un traje de camuflaje militar con apariencia de follaje, fue atropellado cuando saltó frente a un coche que circulaba por la autopista 93, en el estado de Montana, mientras intentaba provocar un susto al conductor. El bromista resultó muerto. Las noticias dijeron que intentaba producir rumores sobre avistamientos del bigfoot.

JEFF MELDRUM: EL CIENTÍFICO CRIPTOZOÓLOGO DEL SIGLO XXI

Desaparecidos los referentes científicos de la era de las grandes expediciones en busca del yeti y el bigfoot, otro universitario, Jeff Meldrum (1958), se ha convertido en el adalid de la defensa de la realidad del sasquatch (nunca utiliza el término bigfoot, en atención a la denominación indígena). Meldrum es un antropólogo físico especializado en biología evolucionista de los primates y en locomoción humana, lo que lo convierte en una autoridad a la hora de dictaminar sobre huellas de criaturas bípedas. Colaboró en el guion del documental *Legend Meets Science (La leyenda se encuentra con la ciencia)*, de Discovery Channel, que en 2006 convirtió en libro con el título *Sasquatch: Legend Meets Science*.

Meldrum ha tomado el clásico papel del sabio contra corriente que se muestra indignado por la pereza de sus colegas universitarios que responden a la realidad del bigfoot con un «enséñame un cuerpo». En una crítica a su libro se dice que lo que Meldrum pretende «no es que aceptemos la realidad del bigfoot o que compitamos en la búsqueda de un espécimen, sino que hagamos honor a su propio compromiso a esa búsqueda como una empresa genuinamente científica».[8] Cuando se publicó su libro, Meldrum dejó claro que debía estar «categorizado

8. Matt Cartmill. Crítica de Meldrum (2006). *American Journal of Physical Anthropology*, n.º 135, 2008.

como una obra de ciencia natural, con un sitio en el estante al lado de los libros de Jane Goodall sobre los primates»[9] (lo más apropiado, dado que la portada lleva su apoyo). Pero para su desánimo, su libro acabó en la sección de Misterios y Paraciencias.

Vamos a ver a continuación sus teorías sobre la supervivencia de especies homínidas del pasado como explicación para el sasquatch.

Jeff Meldrum cree firmemente en la supervivencia de especies que vivieron sobre la Tierra en la prehistoria. Su hipótesis es que el yeti y el bigfoot son, como defendía Krantz, descendientes del primate del Mioceno llamado gigantopitecus, de ahí que prefiera la denominación de «homínido superviviente» *(relict hominoid)* a sasquatch, pues *homínido* es un término coloquial para referirse a un ser «como humano». Este es un marco teórico que denomina «Hipótesis de las Multiespecies persistentes», lo que significa que podría haber varias especies supervivientes del pasado coexistiendo con el *Homo sapiens,* algo difícil de tragar por el resto del estamento académico. El reciente descubrimiento del llamado Hombre de Flores *(Homo floresiensis)* —una especie homínida de pequeño tamaño que vivió en el Sudeste Asiático hasta una fecha tan cercana como 15.000 años atrás— le da una base a su esperanza de que algún homínido haya llegado vivo hasta hoy. Es consciente Meldrum, sin embargo, de que nunca se ha encontrado al «eslabón perdido» capaz de ligar a los fósiles del pasado con el sasquatch. Pero desde su punto de vista, «la ausencia de un registro fósil no es necesariamente evidencia de extinción», o, como se suele decir, «la ausencia de evidencia no es evidencia de la ausencia». A la pregunta de por qué no se han encontrado rastros del sasquatch en el pasado, una explicación de Meldrum es que el registro fósil es solo un mapa de puntos sobre el territorio, es decir, que solo se ha excavado hasta ahora en unos pocos lugares. Y pone un ejemplo: «De no ser por un par de fragmentos de mandíbulas y un cierto número de dientes ais-

9. Jeff Meldrum. «Sasquatch & Other Wildmen: The Search for Relict Hominoids.» *Journal of Scientific Exploration,* vol. 30, n.º 3, 2016.

lados, no habría evidencia fósil de la existencia en el pasado del gigantopitecus».[10] Igual que había alegado Krantz con respecto a los restos de osos, Meldrum pone el ejemplo de la falta de evidencia fósil hasta hace unos años de animales actualmente existentes como el orangután, el chimpancé o el gorila. Otra razón que ofrece para la ausencia de fósiles del sasquatch en Norteamérica serían las difíciles condiciones de la costa pacífica para la conservación de huesos.

Pero si del gigantopitecus solo se han encontrado restos fósiles en Asia, ¿cómo asociarlo con el sasquatch americano? La presencia de restos de gigantopitecus en el extremo norte de Asia y el gran tamaño de esta especie han hecho concebir a Meldrum la idea de que el homínido podría haber extendido su alcance hasta la latitud del estrecho de Bering y haber cruzado el puente entre Asia y América, como antes había propuesto Krantz. Los primates de gran tamaño habrían estado mejor preparados que los pequeños para alcanzar las regiones más frías. En este sentido Meldrum cita la tendencia al incremento del tamaño de los animales cuanto más cercanos a los polos están sus hábitats, lo que se conoce como la «ley de Bergman». A mayor tamaño corporal, menor es la ratio de superficie corporal contra masa. Es decir, el animal tiene menos superficie expuesta al frío y conserva mejor el calor.

David Daegling[11] ha respondido que, antes de aceptarse aquella línea filogenética de un gigantopitecus a un bigfoot debería poder demostrarse que hay una historia evolutiva de un primate de gran tamaño en el registro fósil de Norteamérica, que simplemente no existe. El paleontólogo Darren Naish considera al gigantopitecus un improbable origen para el yeti o el sasquatch, y cree que la propuesta de Krantz era demasiado radical de acuerdo a lo que se conoce sobre la evolución de los homínidos. Significaría que la adaptación humana no ha sido única y que las presiones evolucionistas que llevaron hasta el hombre actuaron

10. *Ibid.*, p. 50.
11. Daegling, 2004.

en otros linajes homínidos, lo que implicaría repensar desde el principio la evolución de los primates.[12]

La atribución de los críptidos a supervivencias del pasado puede tratarse por la reducción al absurdo, como en la anécdota que cuenta Karl Shuker: cuando en 1997 se halló el cuerpo de un animal misterioso en una playa de Masbate (Filipinas), algún «científico» sugirió que se trataba de un animal superviviente de la prehistoria, y que, por tanto, debía ser datado mediante el carbono-14.[13] Shuker se ha visto obligado a recordar que el animal que había muerto recientemente, no era prehistórico.

La criptozoología, como ha dicho un antropólogo, «puede leerse como una incansable reacción nostálgica contra la modernidad, un aferrarse a lo que se asume como perdido».[14] Nada lo demuestra más que el apego a la supervivencia de dinosaurios y antropoides en nuestros días. La conclusión más contundente sobre la «teoría de la supervivencia» la han dado los escépticos Conway, Kosemen y Naish:

Estamos cansados, aburridos y frustrados con la idea de que los monstruos vagamente reptiles de la literatura criptozoológica se interpreten constantemente como supervivientes del lejano Mesozoico. Estas ideas siempre se basan en una visión incorrecta y anacrónica de las criaturas en cuestión, son incompatibles con nuestro conocimiento de la evolución y el registro fósil, y son, argumentamos, perezosas y poco inventivas.[15]

12. Naish, 2016, pp. 114-115.
13. Karl Shuker. *The Beasts that Hide from Man.* Paraview Press, 2003, p. 223.
14. John Miller. Reseña de *Anthropology and cryptozoology: exploring encounters with mysterious creatures.* En *Green Letters. Studies in Ecocriticism,* vol. 22, n.º 4, 2018.
15. John Conway, C. M. Kosemen y Darren Naish. *Cryptozoologicon. The Biology, Evolution and Mythology of Hidden Animals,* vol. I. Irregular Books, 2011.

Las pruebas del sasquatch

Uno de los argumentos preferidos en las paraciencias para demostrar la realidad de un fenómeno es la consistencia interna de los datos acumulados, en este caso en cuanto a descripción anatómica y comportamiento del bigfoot. El investigador canadiense John Green fue el primero, en 1976, en meter en un ordenador los datos de 1350 informes de observación del sasquatch con la intención de extraer una descripción de la criatura, pero, como explicó en su libro *Sasquatch: The Apes Among Us* (1978), quedó frustrado por la ausencia de un patrón coherente. Mientras que las observaciones antiguas se producían en pleno día, a partir de los años setenta pasaron a ser nocturnas, y lo más frecuente era que se produjeran mientras se conducía en coche. Y, sin embargo, Green pudo hacer un retrato robot del sasquatch: altura media de 2,30 m, cubierto de pelo, de complexión robusta y aspecto primitivo. El encuentro tipo era casi siempre en solitario, la mitad de las veces por la noche. Otras características generales eran: un olor nauseabundo, gritos extraños, se oía rotura de ramas, y un dato especial: la criatura se quedaba de pie mirando al testigo durante segundos, tras lo cual continuaba su camino indiferente al observador.

Otros compendios más recientes del sasquatch/bigfoot intentan encontrar una consistencia interna, pero los datos son más variables de lo que desearían. Eberhart describe al bigfoot con una estatura entre 1,80 y 2,80 m, con el cuello ancho, la cabeza ligeramente apuntada, y la cara y nariz planas.[16] Todas estas caracterizaciones nos lo presentan como una especie taxonómica reconocida y estable, un objeto de estudio de la zoología a secas. Pero también se dice que emite un olor nauseabundo, un rasgo propio de los seres legendarios. Por lo general, los testimonios sobre el bigfoot muestran tal variabilidad que hacen difícil una composición única de él en términos taxonómicos. Ante esta dificultad, los *monster hunters* (buscadores de monstruos) han hecho un filtrado de los testimonios a través de los prejuicios de su

16. Eberhart, 2002.

subcultura que ha dado como resultado la aceptación de un estereotipo del hombre-mono gigante, que es el que conocemos.

Para justificar el alto número de observaciones que se han producido, Green estimó que tenía que haber una población de miles de sasquatch. El hecho de que no hubiera sido observado aún solo significaba, para él, que la criatura tenía un fuerte sentido de autoprotección.[17] Muy aventuradamente, Loren Coleman, basándose en las localizaciones de los avistamientos del bigfoot por todo Estados Unidos, ha estimado el número de especímenes vivientes de esta pretendida especie en unos 1.500.[18]

¿Qué número calza un Pie Grande?

Los criptozoólogos acumulan centenares de moldes de yeso de huellas extraídas de lugares de aparición del bigfoot. Estos moldes vienen a ser las sagradas reliquias sobre las que descansa la fe criptozoológica en esos templos de culto a la criatura de los bosques que son los «museos del bigfoot» que proliferan por Estados Unidos. Los moldes de pisadas del bigfoot nunca consiguieron convencer a los escépticos por la facilidad con la que fueron falsificadas a lo largo de más de seis décadas de historia de la criatura. Para demostrar su autenticidad se han buscado dos vías: la estadística y el análisis microscópico de las huellas.

En materia de huellas del bigfoot, el tamaño importa. Si al principio lo que las hacía anómalas era su gran tamaño, luego se comprobó lo fácil que era falsificarlas. Una clave para discriminar entre lo bueno y lo falso estaría en la consistencia de las medidas. El zoólogo retirado Henner Fahrenbach estudió los patrones de frecuencia de las dimensiones de 706 huellas,[19] ya que esta es la prueba física sobre la que se puede obtener un mayor

17. John Green. «What Is the Sasquatch?» Halpin y Ames (eds.), 1980.

18. Loren Coleman. *Bigfoot! The True Story of Apes in America*. Simon & Schuster, Nueva York, 2003.

19. <https://www.sasquatchcanada.com/uploads/9/4/5/1/945132/sasquatch_statistics_-_fahrenbach_findings.pdf>.

grado de objetividad, y obtuvo una gráfica. El valor más frecuente en la longitud se acumulaba en las 15,6 pulgadas (39,6 cm, o sea, que el bigfoot calzaría unos zapatos de la talla 56 más o menos). Lo que significa este dato estadístico es que, en vez de distribuirse las medidas de las huellas al azar entre distintos valores, tienden a un patrón. Lo mismo sucedía con las gráficas de la anchura de las huellas, el tamaño del talón y otras variables. Fahrenbach quedó convencido de que había una diferencia radical entre su gráfica y la que resultaría del azar o de casos de fraude. En su opinión, si la casuística fuera fraudulenta, «la producción de datos ficticios durante 40 años por cientos de personas de forma independiente habría generado una distribución con muchos picos»,[20] pues habría recogido seres con muy diversas características.

¿Demuestran estas distribuciones de frecuencia de las huellas que fueron dejadas en el terreno por un animal de carne y hueso? Antes de responder, habría que preguntarse si se ha tenido en cuenta en la estadística la gran cantidad de fraudes y bromas que se hacen de huellas del bigfoot, y si se ha considerado que los fraudes quizá se ajusten también a la misma distribución de frecuencia por la sencilla razón de que la gente que quiere engañar sigue un prototipo conocido de bigfoot y de huellas. La objeción que se puede hacer a las gráficas de Fahrenbach es que lo mismo podrían representar al bigfoot que los preconceptos que manejan los falsificadores de huellas sobre cómo es el pie del Pie Grande.

Para superar este aspecto subjetivo hacía falta una huella dactilar del bigfoot, su carné de identidad. Y ahí aparecieron las crestas epidérmicas, las auténticas huellas dactilares del monstruo, la prueba entre las pruebas. En 1982 el patrullero del Servicio de Bosques Paul Freeman encontró en Mill Creek, Oregón, unas huellas grandes, de las que extrajo un molde de yeso. Cuando Grover Krantz lo analizó encontró unas crestas dérmicas, que serían auténticas huellas dactilares del pie de un homínido desconocido. También halló poros y otras pequeñas estructuras en los moldes. El resultado de su análisis contó con el apoyo de dos

20. En Meldrum, 2006, p. 136.

antropólogos, un dermatólogo e incluso algunos investigadores escépticos. Pero el colaborador del *Skeptical Inquirer* Michael Dennett no se contentó con el análisis de la muestra, quiso ir al suceso mismo en que se produjo el hallazgo de las huellas y al origen del molde de yeso. Se enteró así de que el Servicio Forestal envió a un biólogo llamado Rodney Johnson a investigar en el lugar donde aparecieron las huellas, y este vio que el suelo había sido limpiado para implantar las huellas, y estas eran iguales en los terrenos lisos que en los inclinados, algo inconsistente. Llegó, pues, a la conclusión de que eran un fraude. Por otra parte, el patrullero de Fronteras Joel Hardin, un experto en seguimiento de rastros, se dio cuenta de que las huellas no tenían continuidad, que desaparecían de pronto en un determinado sitio. Las sospechas conducían a su descubridor, el patrullero antes mencionado, Paul Freeman. Indagando se supo que Freeman había falsificado huellas del bigfoot antes de encontrar estas de Mill Creek y después encontró otras. Pero es que además consiguió grabar el aullido del bigfoot y fotografiar a la criatura en dos ocasiones. Hasta se topó frente a frente con el monstruo. Para rematar su carrera de éxitos, Freeman quería abrir un museo del bigfoot. En base a todo esto, Dennett criticó la pretensión de Krantz de que solo las pruebas materiales fueran lo importante, y no el descubridor y el contexto del descubrimiento, cuando se ha evidenciado una tendencia al fraude. Para añadir más, Freeman había trabajado antes para una empresa de zapatos ortopédicos, y Dennett se informó de que en esa empresa podían hacerle por 25 dólares un molde de pie.[21]

Jeff Meldrum mantiene que las citadas crestas dérmicas no coinciden con las de un ser humano, sino que serían de otro primate, y ha hallado, además, una línea de «ruptura medio tarsal» en la huella del pie. Contra esta prueba, el investigador Matt Crowley ha demostrado en experimentos con yeso que dependiendo de la manera en que se seca, puede producir crestas simi-

21. Michael R. Dennett. «Evidence for Bigfoot? An Investigation of the Mill Creek "Sasquatch Prints".» *Skeptical Inquirer,* vol. 13, n.º 3, primavera de 1989.

lares, y Naish añade que lo que parece una ruptura medio tarsal en la huella podría producirse por una presión intensa sobre el suelo, por ejemplo, al utilizar un objeto pesado para imitar una huella de bigfoot.

Ecología del bípedo anómalo

El principal argumento de los escépticos contra la posibilidad de que exista un bípedo de gran tamaño en los bosques de Norteamérica es de tipo ecológico. Donald Prothero alega esta imposibilidad ecológica: el sasquatch necesitaría ocupar al menos 100 millas cuadradas (259 km²) para poder obtener suficiente comida y sobrevivir como especie, porque cuanto más grande es un animal más espacio vital necesita, pero resulta que las áreas salvajes de Norteamérica han sido divididas en pequeñas reservas y en zonas madereras separadas por carreteras. Si esto está contribuyendo a hacer desaparecer especies enteras de animales, ¿cómo no iba a afectar a una especie tan grande como suponen al sasquatch? Para Prothero, en este caso sí se puede afirmar que «la ausencia de evidencia es evidencia de su ausencia».[22] Además, Prothero opone serios argumentos contra la posibilidad de que puedan descubrirse aún nuevas especies del tipo de los grandes críptidos. En primer lugar, casi todas las especies recientemente descubiertas son de pequeño tamaño y están muy relacionadas con otros animales conocidos, de manera que ha sido fácil confundirlos hasta ahora, y todos se encuentran dentro del rango normal de la zoología. Ninguno ha roto los esquemas de la evolución como haría el descubrimiento de un sasquatch. El segundo argumento es que los nuevos descubrimientos se han hecho en África o en el Sudeste Asiático, en áreas selváticas o remotas, no en el oeste de Estados Unidos. Por poner el ejemplo de los animales marinos, el ritmo de descubrimientos de especies grandes ha caído en las últimas décadas a cantidades cercanas a cero, y los animales descubiertos en el siglo XX, como el celacanto o el

22. Loxton y Prothero, 2013, p. 41.

tiburón boquiancho *(Megachasma pelagios)* habitan en grandes profundidades.

El escéptico militante Michael Shermer escribió en 2002 un artículo de desafío a los que creen en la realidad del bigfoot titulado «Show me the Body» («Enséñame el cuerpo»).[23] Decía, como otros escépticos, que para nombrar una nueva especie es preciso un holotipo, un espécimen tipo, del que se pueda hacer una descripción detallada, insistiendo en que «las anécdotas no hacen ciencia». Aunque no es necesario tener un espécimen en una vitrina para registrar un descubrimiento con el Código Internacional de Nomenclatura Zoológica, la Comisión Internacional responsable descarta los «conceptos hipotéticos», es decir, los que proceden solo de la apreciación de un autor. Y los críptidos encajan entre los conceptos hipotéticos.[24] Para los escépticos, la certificación de la existencia real de un bípedo desconocido para la zoología debería apoyarse sobre dos patas, nunca mejor dicho: restos en el registro fósil de los que se pueda determinar su historia evolutiva y pruebas materiales de su existencia, igual que las que se encuentran de cualquier otro animal en la naturaleza. Para la inmensa mayoría de los científicos, el monstruo bípedo de los criptozoólogos no se sostiene sobre ninguna de estas patas.

La genética contra las pruebas del bigfoot

En el año 2000, cuando los miembros del grupo criptozoológico BFRO se encontraban en expedición de búsqueda del bigfoot por el estado de Washington, tuvieron un hallazgo asombroso. En una trampa de barro que habían creado en un lugar llamado Skookum encontraron una impresión de la mitad de un cuerpo de lo que creyeron que era un sasquatch, y tomaron un molde en escayola. Loren Coleman lo ha llamado «las huellas del siglo».

23. Michael Shermer. «Do Mythic Creatures Exist? Show Me the Body.» *Scientific American,* mayo de 2003.
24. Rossi, *op. cit.*

De ser auténtico, supondría la prueba más importante de las últimas décadas. Por entonces no había manera de demostrar si aquella prueba era o no definitiva, pero esto ha cambiado radicalmente.

En las últimas décadas el desarrollo de la genética ha permitido analizar las muestras de supuestos homínidos anómalos con resultados reveladores. Bryan Sykes, profesor de Genética Humana de la Universidad de Oxford, se ha especializado en la utilización de la técnica del ADN en la exploración del pasado humano. En su libro *Bigfoot, Yeti and the Last Neanderthal. A Geneticist's Search for Modern Apemen,* cuenta que en el año 2000 recibió desde Bután tres muestras atribuidas al yeti nacional de este país, el migoi, a fin de que fueran analizadas a través de test de ADN. Las muestras eran: una piel de migoi, un tronco donde la criatura se rascaba y un pelo. Como parte de un documental de televisión sobre el migoi, el equipo de Sykes analizó las pruebas y encontró que las dos primeras pertenecían a dos especies de osos, pero no se pudo determinar el origen de la tercera muestra, el pelo.[25] Como era de esperar, el documental se centró en el pelo no identificado y terminó por calificarlo como «de una especie sin identificar», tergiversando la conclusión y convirtiéndolo en un misterio de la criptozoología. Sykes cuenta que nunca ha recibido tantas consultas en su larga carrera profesional como las relacionadas con ese pelo. Aun así, los análisis de ADN de muestras de supuestos homínidos anómalos han sido desalentadores para los creyentes en estas criaturas. Michel Milinkovitch analizó una muestra de un supuesto yeti de Nepal y encontró que pertenecía, en realidad, a un caballo. Y una muestra de pelo encontrada en el lugar del avistamiento de un sasquatch en Yukon, Canadá, pertenecía, en realidad, a un ungulado, probablemente un visón.[26]

Un rayo de esperanza parecía brillar para los creyentes cuando la veterinaria Melba Ketchum, que promovió en 2012 el Proyecto Genoma del Sasquatch, desveló una secuencia de ADN

25. Sykes, 2016, pp. 12-13.
26. *Ibid.,* pp. 142-146.

nuclear que parecía pertenecer a un homínido híbrido entre el ser humano y otra especie. Pero tras comprobarse que la investigación fue dada a conocer en una página web y no en una publicación científica, Sykes ha revisado los resultados y sostiene que: «Los datos no apoyan lo que teóricamente es el más que improbable origen híbrido del sasquatch».[27]

El «Proyecto Colateral Homínido Oxford-Lausana» es una colaboración entre la Universidad de Oxford y el Museo de Zoología de Lausana (Suiza) para el análisis de las pruebas sobre homínidos anómalos, que se lanzó en 2011 por iniciativa de los representantes de ambas instituciones: Bryan Sykes y Michel Sartori. Con el objetivo señalado, se analizaron 37 muestras de pelo de supuestos yetis, de los cuales se pudo extraer ADN en 30. El resultado es que 5 pertenecían a osos, 4 a cánidos (lobos o perros), 3 a vacas y el resto eran de caballo, ciervo, oveja, mapache, puercoespín y oveja. Pero según Sykes, dos pelos no parecían ser de un oso pardo normal, sino de una especie aparentemente extinguida. ¿Podría verse en este último hallazgo la proclividad del investigador a dejarse llevar por el deseo de encontrar una supervivencia? Otro estudio del ADN de las dos muestras en duda fue realizado en 2015 por Eliécer Gutiérrez y Ronald Pineha, con la conclusión de que «no hay razón para creer que las dos muestras provengan de otra cosa que osos pardos».[28]

El 19 de noviembre de 2017 la Universidad de Buffalo informó sobre los resultados de un análisis de ADN llevado a cabo por la bióloga Charlotte Lindqvist y cols.[29] sobre nueve muestras del yeti recogidas en el altiplano tibetano, el estudio más completo llevado a cabo sobre muestras de este tipo. Del análisis de un hueso, un diente, piel, pelo y heces se dedujo que una de las muestras procedía de un perro y las otras ocho del oso pardo del Himalaya *(Ursus isabellinus)* y del oso negro *(Ursus laniger)*. Se-

---

27. *Ibid.*, p. 152.
28. Eliécer Gutiérrez y Ronald H. Pine. «No need to replace an "anomalous" primate (Primates) with an "anomalous" bear (Carnivora, Ursidae)»: <https://zookeys.pensoft.net/articles.php?id=4885>.
29. <https://royalsocietypublishing.org/doi/full/10.1098/rspb.2017.1804>.

gún el equipo, los fundamentos de la leyenda del yeti pueden estar en los osos.[30]

Darren Naish ha resumido las teorías de la supervivencia en los siguientes términos:

> Han divisado un animal que piensan que existe, han inventado un escenario evolucionista hipotético que busca «explicarlo» y le han atribuido detalles específicos de comportamiento y ecológicos.
>
> En pocas palabras, se han entregado a una «construcción de la criatura» especulativa que es ubicua en la literatura criptozoológica.[31]

El gran escritor Jorge Luis Borges tomó de un tal William T. Cox un texto que me sirve de metáfora final con su toque de humor sobre la evanescencia de las pruebas que manejan los criptozoólogos. Empieza diciendo que el misterioso animal llamado squonk, cuando lo sorprenden y lo asustan se deshace en lágrimas. Un señor de Pensilvania llamado Wentling tuvo una triste experiencia: «Había remedado el llanto del squonk y lo había inducido a meterse en una bolsa, que llevaba a su casa, cuando de pronto el peso se aligeró y el llanto cesó. Wentling abrió la bolsa; solo quedaban lágrimas y burbujas».[32]

El sasquatch en la tradición

El criptozoólogo Preston Dennett ha escrito: «La existencia del Bigfoot ha sido aceptada como hecho por numerosas tribus nativas americanas a lo largo de Norteamérica por siglos».[33] En esta frase se trasluce un deseo de legitimar a una criatura creada en el siglo XX adjudicándole el pedigrí de la tradición. Cuando

30. <http://www.buffalo.edu/news/releases/2017/11/037.html>.
31. Naish, 2016, p. 124.
32. Borges y Guerrero, *op. cit.* [1957] 1983, p. 138.
33. Preston Dennett. *Bigfoot, Yeti, and Other Ape-Men.* Chelsie House, Broomall, 2008, p. 47.

los escritores sobre el bigfoot dan datos de sus precedentes históricos, cuentan narraciones del folklore indígena americano en el
que introducen el nombre bigfoot (que fue inventado en 1958)
como si trataran de la misma criatura, en un abusivo anacronis-
mo. Los factores históricos y culturales parecen no importar con
tal de instalar a la criatura moderna en las tradiciones. Por ejemplo, el mismo Dennett añade: «Muchas tribus atribuyen poderes
mágicos a las criaturas, tales como invisibilidad o la habilidad de
leer las mentes. Otros creen que encontrarse al sasquatch es un
presagio de mala suerte». Lo que Preston Dennett está describiendo no es al bigfoot, sino a los espíritus que forman parte de
las mitologías de los indios americanos y de otras muchas culturas por todo el mundo. Esta utilización fuera de contexto de los
mitos es generalizada en la criptozoología porque constituye una
parte de su metodología.

Cuando en los años setenta el investigador John Green llamó
la atención del mundo académico sobre la existencia de tradiciones orales de los indios americanos sobre espíritus de los bosques, Roderick Sprague, editor de la revista académica *North-
west Anthropological Research Notes,* de la Universidad de
Idaho, invitó a la presentación de artículos científicos que trataran sobre el fenómeno sasquatch. El antropólogo Wayne Suttles,
experto en las culturas indias del noroeste americano, presentó
un trabajo en el que concluyó que era imposible separar lo natural de lo sobrenatural en el pensamiento de los indios salish.[34]
Como en otras partes del mundo, entre los pueblos indígenas de
Norteamérica existían antes de la conquista por los europeos
leyendas sobre gigantes y hombres salvajes con forma y carácter
de entidades malignas y caníbales. El misionero pionero del estado de Washington Elkanah Walker escribió en su diario que los
indios spokane creían en una raza de gigantes que habitaban en
las nieves perpetuas de uno de los grandes montes de la región, y
que bajaban a los poblados por la noche a secuestrar gente. Los
que estaban despiertos percibían su olor insoportable, y por la

---

34. Wayne Suttles. «Sasquatch: The Testimony of Tradition.» En Halpin y
Ames, 1980.

mañana encontraban sus enormes huellas. En los relatos observamos varios elementos típicos del folklore de todos los pueblos: el secuestro de mujeres o niños, el mal olor de la bestia y la presencia de huellas. Algunas de estas historias se asemejan a cuentos europeos del *hombre del saco* para asustar a los niños. ¿Es esto el bigfoot? Pero sigamos.

En la mitología de los indios ojibwa, cree, manitoba y otras tribus de lenguas algonquinas de Canadá y Estados Unidos existe el wíndigo (también conocido por otros nombres), un ser con poderes sobrehumanos y destructivos, siempre descrito como un caníbal, maligno, aborrecible. Como resume el antropólogo David Gilmore,[35] el wíndigo puede adquirir múltiples formas, incluso como un «gigante de piedra». Se han escrito numerosos libros y artículos antropológicos sobre el wíndigo, muchos de ellos dedicados a una especie de enfermedad mental llamada «psicosis del wíndigo», una «psicopatología culturalmente determinada (es decir, específica de esa cultura), que se describe por episodios de pánico colectivo provocados por la presencia de este ser. Al wíndigo se le hace responsable de las calamidades naturales y de las desgracias personales, incluida la depresión. En el wíndigo parecen mezclarse caracteres como el brujo y el vampiro. Además, cualquiera puede ser poseído por el wíndigo y convertirse en uno de ellos, es decir, en caníbal. En estas creencias puede leerse una forma de hacer frente a comportamientos antisociales, actuando la creencia en el wíndigo como una forma de control social.[36]

Pero el wíndigo también personifica los fenómenos ambientales, principalmente las tormentas de nieve. En el primer trabajo de campo antropológico que se hizo sobre esta creencia, Irving Hallowell encontró esa asociación del wíndigo con las tempestades de hielo. Narra que en una ocasión: «Los indios creyeron firmemente que el caníbal había pasado sin hacerles daño y par-

---

35. Gilmore, 2003.
36. Richard J. Preston. «The Witiko: Algonkian Knowledge and White-Man Knowledge.» Halpin y Ames (eds.), 1980.

te de la evidencia que adujeron fue la furia del viento, que fue interpretada como signo de su presencia».[37]

El mismo miedo a la transformación que hemos visto entre los algonquinos se da entre la tribu dunne-za de la Columbia Británica, del tronco de lenguas atabascanas. Los dunne-za creen que, si una persona viola ciertos tabúes corre el riesgo de convertirse en un *wechuge,* un ser gigante maligno, lo que sirve como sanción contra comportamientos antisociales. En su cultura «el mito, el sueño y la visión se articulan en un mosaico de significado que subyace a la realidad de la fenomenología en estado de vigilia»,[38] ha escrito el antropólogo Robin Ridington. Michael McLeod ha descubierto en su investigación sobre la región del río Klamath, en el norte de California, que los indios hupa creen en un hombre salvaje de los bosques conocido como *Oh-Mah,* que forma parte de su espiritualidad, habita en los márgenes del mundo físico, actúa como el coco de nuestra tradición de miedos infantiles y para ordenar las relaciones humanas. «Ayudan a la gente a alcanzar un equilibrio psicológico y armonía con la naturaleza»,[39] según McLeod.

Ochenta años después de la extinción de la etnia beothuck de Terranova, James Howley compiló en 1915 informes orales y escritos sobre aquel pueblo, y el recuerdo que había de ellos era el de una raza alta y robusta. Un relato oral dijo que uno de aquellos salvajes medía 2,10 m de altura, y los tramperos recordaban que las huellas de los beothuck eran gigantes. Un pescador le contó que mató de un disparo a un indio desnudo cuyo cuerpo estaba cubierto de pelo y medía 2,70 m de altura. El antropólogo Michael Taft especula con que el pescador hizo uso de la imagen y características del hombre salvaje que estaba ya implantada en su visión del mundo.[40] Y Taft piensa que en los rela-

37. En Gilmore, 2003, p. 76.

38. Robin Ridington. «Monsters and the Anthropologist's Reality.» Halpin y Ames (eds.), 1980.

39. McLeod, 2009, p. 77.

40. Michael Taft. «Sasquatch-Like Creatures in Newfoundland. A Study in the Problems of Belief, Perception, and Reportage.» Halpin y Ames (eds.), 1980, p. 86.

tos más recientes sobre los beothuck se ha tomado la imagen popular del sasquatch de la cultura popular. Lo que nosotros llamaríamos «el coco», que sirve para asustar a los niños, toma en Terranova la forma de una bestia medio humana cubierta de pelo que representa el miedo a la naturaleza salvaje, y que podría ser el oso, según Taft.

Algunas historias sobre «hombres salvajes» siguen muy vivas en el extremo norte del continente. En 1992 una aldea de Alaska fue abandonada por la aparición del «hombre de los bosques».[41] Y en el suroeste, los indios navajo mantienen una tradición sobre brujos que se transforman en diferentes animales. Se dice que «caminan en la piel de animales», de ahí su nombre de *skinwalkers* (pieles caminantes).[42] Lo mismo sucede con los críptidos bípedos de otras zonas geográficas.

El «hombre salvaje de los bosques» entra en la cultura moderna

En un determinado momento los mitos de las tribus nativas sobre «hombres salvajes» llegaron a la prensa norteamericana relatándose como auténticos encuentros con el bigfoot de hoy. Ya en 1784 se encuentra una noticia en el *London Times* de la captura por los indios de Canadá de un homínido cubierto de pelo, y en un despacho del *Boston Gazette* de 1793 se refería la visión de una criatura en Carolina del Norte a la que los residentes locales llamaron yahoo (por un pueblo maligno de la novela *Los viajes de Gulliver*, nombre que luego se va a repetir en el yowie australiano, como veremos), pero que los indígenas llamaron con un término local con diferentes significados, uno de ellos «hombre peludo». En el siglo XIX a las criaturas observadas por los indígenas se las calificó en la prensa de «hombres salvajes».

41. Pyle, 2017, p. 14.
42. Colm A. Kelleher y George Knapp. *Hunt for the Skinwalker. Science confronts the unexplained at a remote ranch in Utah.* Pocket Books, Nueva York, 2005.

En 1818 se publicó en el *Exeter Watchman* que en el estado de Nueva York se observó un «hombre salvaje de los bosques» que dejó unas huellas de pies que mostraban unos dedos abiertos. La revista *Scientific American* de marzo de 1846 mencionó que se encontraron huellas enormes de un «monstruoso hombre salvaje» en las zonas pantanosas de Arkansas. En 1851 el *Menphis Enquirer* describió a una criatura que se había observado como un gigante con el pelo por los hombros y que dejaba unas huellas de 35 cm. Hay otros muchos relatos de hombres salvajes en aquellos periódicos que nos hablan de contactos entre los indios con otros que ellos consideraban salvajes, con todas las prevenciones que hay que tomar en relación con la prensa de aquella época.

Algunas noticias se han convertido en clásicos de la criptozoología. Se suele citar una anécdota que Teddy Roosevelt (que llegaría a ser presidente de Estados Unidos) incluyó en su libro de aventuras en la naturaleza, *The Wilderness Hunter* (1893). En una ocasión supo de un cazador alemán cuyo compañero de aventura había sido matado por una bestia desconocida. En 1901 un leñador llamado Mike King quiso organizar una partida de trabajadores a la isla de Vancouver (Canadá), pero no pudo encontrar ningún guía. Todos rechazaban ir a la zona porque allí vivía un «hombre salvaje de los bosques», así que King se internó solo y vio a una criatura como un hombre cubierto de pelo rojo-marrón lavando raíces, el cual huyó hacia el bosque dejando unas huellas «fenomenalmente grandes».[43]

Y ya es hora de advertir de que, al analizar las crónicas de la prensa norteamericana del siglo XIX debemos tener muy en cuenta que no podemos compararla con la de hoy. En aquellos tiempos abundaban las crónicas de fenómenos y descubrimientos sensacionales en tierras fronterizas, y los periódicos eran proclives a la creatividad con tal de arrebatar lectores a la competencia. No existía lo que hoy llamamos rigor informativo. Una muestra de ello es la historia del monstruo llamado Jacko, que se puede leer en cada libro de criptozoología.

43. Dennett, P., *op. cit.*, p. 19.

JACKO, EL MONSTRUO QUE NUNCA EXISTIÓ

En este texto resaltado traigo a un personaje que ha hecho historia en la criptozoología, pero no es un escritor ni un testigo, sino un «monstruo». Como no conocemos al creador de la historia de Jacko, el monstruo mismo puede ser el protagonista de esta nota, representando a todos los periodistas de lo fabuloso.

El periódico *Daily Colonist* del 4 de julio de 1884 contó, bajo un titular que arrancaba como los carteles de las curiosidades de feria, «What is it?» (¿Qué es esto?), que unos trabajadores de la obra de un túnel en la Columbia Británica habían encontrado una pequeña criatura desconocida junto a las vías, a la que consiguieron atrapar y llevar a la ciudad de Yale, donde la encerraron en la prisión. La criatura, a la que se llamó Jacko, era como un pequeño gorila. Nada más se volvió a informar sobre Jacko.

Tuvieron que pasar 75 años para que el escritor John Green entrevistara a una persona que recordaba haber oído hablar del incidente, que Ivan Sanderson incluyó en su libro *Abominable Snowmen* dándole visos de verosimilitud y fama mundial. A partir de entonces no ha habido libro ni programa televisivo sobre los homínidos misteriosos que haya evitado la historia de Jacko. Pero John Green no se contentó con lo anecdótico del suceso. Continuó persiguiendo la realidad del caso en los periódicos de aquellos días de julio de 1884, y encontró que en el *Mainland Guardian* del 9 de julio un reportero dejó escrito que aquella curiosidad sobre Jacko era tema de conversación en la ciudad, y que no se sabía cómo se había originado la historia. Su conclusión era que «no fue capturado ningún animal, y cómo el *Colonist* fue engañado de tal manera, y con tal historia, es extraño». Dos días después, el periódico *British Columbian* dijo que doscientas personas se acercaron hasta la prisión donde supuestamente habían encerrado a Jacko, pero allí «el único hombre salvaje era Mr. Purphy, gobernador de la prisión, que tenía completamente agotada su paciencia» contestando las preguntas sobre la bestia inexistente.[44] Green se dio cuenta de que el *Colonist* no había intentado negar el patinazo cometido con aquella noticia. Parecía que el periódico había sido víctima de una broma tanto como los lectores.

44. Clark, 1999, p. 561.

Aunque esta conclusión se sepa desde hace décadas, casi nunca se publica, y Jacko sigue siendo protagonista fijo de los libros de monstruos y programas de televisión como *Ancient Mysteries, In Search Of...* y otros, sin que los autores se molesten en dar la versión completa del suceso con tal de no desbaratar una buena historia, porque lo es.

Para darnos cuenta de hasta qué punto cualquier historia puede ser buena para engrosar el historial del bigfoot quedémonos con esta, uno de los relatos más extraños que se han podido vincular al sasquatch. Lo narró el mayor S. E. Ingraham en el libro que escribió sobre sus exploraciones en el noroeste de Estados Unidos.[45] En el capítulo «El viejo del cráter» cuenta que en 1895 descendió a un cráter del monte Rainier —un volcán activo en el estado de Washington— y allí cayó bajo la influencia de un «resplandor misterioso», y sintiendo «extraños presentimientos» vio una figura de apariencia grotesca, «de un carácter muy diferente al de las especies humanas». Entonces un resplandor cubrió el cuerpo y aquel ser empezó a comunicarse con el explorador telepáticamente. «Durante una hora recibí impresiones del Hombre Viejo del Cráter —escribió Ingraham, añadiendo—: El viejo me dijo que en el interior habitaba otra raza a la que él pertenecía.»[46] Cuando Ingraham rompió el hechizo escapó hacia la superficie. Esto, que los criptozoólogos han interpretado como la visión de un bigfoot, el escéptico Joe Nickell lo ha interpretado como un ser mítico, que vive en el interior del volcán como el inframundo. Entre otras interpretaciones simbólicas del relato, Nickel piensa que Ingraham, que era masón, pudo haber creado aquí una alegoría de la Bóveda Secreta, un repositorio de secretos fundamentales como la muerte, ya que los masones enseñan que la muerte es un camino hacia la perfección.[47]

45. *The Pacific Forest Reserve and Mount Rainier,* de 1895. Resulta curioso que el monte Rainier haya sido el lugar de origen del bigfoot ¡y de los «platillos volantes»!

46. T. S. Mart y Mel Cabre. *The Legend of Bigfoot: Leaving His Mark on the World.* Red Lightning Books, 2020. Dennett, P., *op. cit.,* p. 19.

47. Joe Nickell. «Bigfoot at Mount Rainier?» *Skeptical Inquirer,* vol. 38,

¿Un «Pie Grande» en los bosques españoles?

A diferencia de Estados Unidos, donde las mitologías indígenas han derivado en las creencias modernas del sasquatch o bigfoot, que son monstruos que se aparecen a la gente en los bosques, nuestros personajes de los mitos locales han quedado enterrados en manuales polvorientos de folklore o, con suerte, en historias de viejas que nadie cree ya. Bueno, quizá haya que hacer una excepción. El prolífico escritor Miguel Aracil, especializado en la Cataluña mágica y misteriosa, ha comparado la leyenda de los simiots, que mencioné antes, con observaciones de criaturas simiescas en los Pirineos.[48] Vamos a ver la más citada.

La prensa española dio a conocer en 1979 el relato de un encuentro con lo que se llamó el «hombre mono del Pirineo aragonés». El 30 de abril de ese año se encontraban trabajando unos leñadores del ICONA en la Peña Montañesa, en la provincia de Huesca, cuando oyeron algo parecido al balido de un cabrito, y a unos 90 m vieron sobre una roca a alguien completamente desnudo y con el cuerpo cubierto de pelo negro. Aquel ser emitió un ruido que puso los pelos de punta a los leñadores. A continuación, se bajó de la roca y les lanzó un tronco de árbol. Llenos de miedo, los leñadores se subieron al Land Rover y salieron disparados hacia el pueblo. Días antes estas mismas personas habían encontrado dañada la maquinaria que dejaban en el monte, como si alguien la hubiera vandalizado. Los periodistas encontraron a un hombre de la comarca llamado José Vallejo que dijo haber tenido un encuentro con una figura que describió de la misma manera que los leñadores, como un hombre cubierto de pelo oscuro. Aunque estaba aterrado por la visión, Vallejo consiguió sacar varias fotos del hombre. En el reportaje que dedicó el semanario *Lecturas* a estos sucesos se reproduce una foto movida y borrosa de las que sacó el señor Vallejo, pero en ella se distingue claramente a un hombre blanco desnudo, y no se ve el pelo negro del que habló el testigo. Sobre estos testimonios, la

---

n.º 5, septiembre-octubre. de 2014.
48. Miguel Aracil. «El yeti de los Pirineos.» *Más Allá*, octubre de 2008.

gente de la zona no se ponía de acuerdo en si aquello era un animal o un hombre que pudiera estar perturbado en sus capacidades mentales. También se contó que un cazador, al oír el mismo balido como de cabrito, lanzó a sus perros de caza y estos volvieron «presas de un pánico indescriptible».[49]

Se ha querido comparar este caso con las leyendas de gigantes del norte de España. Entre ellos está el *basajaun,* el «señor del bosque», un monstruo del folklore de Euskadi. Los antropólogos-folkloristas vascos José Miguel de Barandiarán y José María Satrústegui describieron en sus obras al basajaun como un salvaje peludo de gran altura, bondadoso, protector de los rebaños, capaz de controlar las fuerzas de la naturaleza, del que los hombres aprendieron la agricultura. El sonido al unísono de los cencerros del ganado anunciaba su presencia, y él mismo se hacía oír a grito pelado anunciando las tormentas. Barandiarán aseguraba que aún había algún basajaun en los alrededores de Azkoaga, en la provincia de Guipúzcoa, y Satrústegui dio fe en su libro *Mitos y creencias* de que varios pastores de Valcarlos y Ondarrola afirmaban haber visto al energúmeno. Un anciano le contó que el basajaun visitaba su caserío de Aitzurre, aunque hacía tiempo que ya no lo veía, y alguien dijo haber visto una cría a la entrada de la cueva de Mailuxe.

En Cantabria tuvimos nuestro gigante legendario: el ojáncano, que tenía un ojo en la frente como los cíclopes y derrochaba fuerza bruta.[50] Pero mientras que en Estados Unidos se produjo la conversión de los hombres salvajes de las mitologías indígenas en el sasquatch y luego en el bigfoot, en Cantabria el ojáncano quedó en los cuentos populares o en memorias rurales recogidas por unos pocos folkloristas. A nadie se le ocurriría decir hoy que ha visto un ojáncano mientras paseaba por el monte. Si acaso, lo más parecido que hemos tenido en Cantabria a un monstruo de

49. Tony Chacón. «Las únicas fotos del "hombre mono" del Pirineo de Huesca.» *Lecturas,* 8 de junio de 1979.

50. Adriano García-Lomas. *Mitología y supersticiones de la Cantabria montañesa.* Diputación Provincial de Santander, 1964.

ese porte han sido los «humanoides gigantes» que se observaron en la segunda mitad de la década de los setenta en varios pueblos de la región (Escalante, Puente San Miguel, Isla, etcétera), casos de cuya «investigación» participé como joven ufólogo junto al grupo CIOVE de Santander.[51] El término *humanoide* tenía una asociación con el tema ovni, y, efectivamente, desde el principio quedaron vinculados aquellos casos con los ovnis, tanto por los propios testigos como por los periodistas y los ufólogos, a pesar de que no se hubiera visto objeto volante en ningún caso. Aquellas cosas o seres no parecían, de hecho, humanoides en sentido estricto, sino masas o formas vistas en la noche que los testigos interpretaron como formas humanas, con todas las reservas por lo ambiguo de las situaciones en que se vieron. Podríamos preguntarnos entonces por qué una visión de algo indeterminado produce en un contexto concreto una observación del bigfoot y en otro un caso ufológico.

Creo que la respuesta a esta disyuntiva está en la tradición popular en la que un fenómeno se inserta. Hemos podido ver que cualquier estímulo ambiguo en la superficie del lago Ness era invariablemente tomado por signo de la presencia de un monstruo como un plesiosaurio, mientras un estímulo visual en un bosque del noroeste de Estados Unidos será seguramente interpretado como un bigfoot. En España no ha habido una tradición de monstruos, mientras sí la ha habido de visión de ovnis desde 1950, y es en este marco de referencia, el de la nave extraterrestre y sus tripulantes, en el que es más probable que se circunscriba cualquier visión anómala en las circunstancias propicias, como sucedió aquellos días.

LA «OSA DE ÁNDARA», MONSTRUO CON NOMBRE Y APELLIDOS

En el capítulo sobre los «hombres de las nieves» asiáticos vimos el caso de Zana, la mujer tomada por monstruo. Traigo aquí un caso que encuentro parecido, este muy cercano, en los Picos de Europa, en Canta-

---

51. Ignacio Cabria. *Historia Cultural de los ovnis en España*. Reediciones Anómalas, 2021.

bria. Entre las narraciones fabulosas del último tercio del siglo xix se encuentra una sobre una mujer considerada salvaje o monstruo que vivía en el macizo de Ándara (o Andara). La primera referencia a ella está en un libro del escritor Joaquín Fusté y Garcés publicado en Madrid en 1875 con el título *La Osa de Andara,* que es una novela-documento en la que se dice que la «Osa» era la última descendiente de una tribu de vaqueros, que vivía en las cuevas y comía frutos del bosque, pero también tenía un pequeño rebaño y se comía crudos a los cabritos recién paridos. Casi la describía con rasgos primitivos: con frente aplastada y estrecha, y unos pómulos prominentes. Para llamar al ganado aullaba como un lobo.

Hubo otras referencias a la osa de Ándara, pero fue el folklorista Adriano García-Lomas quien le dedicó más atención, en un capítulo de su obra *Mitología y supersticiones de la Cantabria montañesa.*[52] En su juventud se interesó vivamente por el caso, y en 1924 preguntó por él a algunos vecinos de los pueblos de La Hermida y Espinama que habían oído de esta «errabunda mujer de ciudadanía silvestre», un «error de la naturaleza», escribió. Según lo que pudo extraer de sus informantes, la mujer era sumamente forzuda y brava, vivía en cuevas, vestía con retazos de pieles y había perdido el trato de gentes, pero no tenía atributos bestiales. En la descripción que García-Lomas hizo de ella se entrevén una serie de prejuicios, ya fuera transmitidos por los pobladores de la zona o de su verbo sobrecargado. Después de comer «se le enrojecían los ojos como si con ellos fuera a morder», dice, o bien: «Este ser anormal con lacras cerebrales, que quizá fue el último personaje representante de una tribu troglodita».[53]

El ingeniero de las minas de la zona José Antonio Odriozola encontró en los Picos de Europa en 1966 a una anciana llamada Crescencia González que dijo haber conocido a la mujer cuando esta tenía ya unos sesenta años. Dijo que se llamaba Joaquina López, y había nacido entre 1818 y 1826 en el pueblo de Bejes. Era muy velluda, llegó a tener la cara cubierta de pelo (padecería hirsutismo), por lo cual se retiró a vivir en las cuevas del macizo de Ándara. Pero también dijo la informante que la

---

52. Adriano García-Lomas. *Mitología y supersticiones de la Cantabria montañesa.* Diputación Provincial de Santander, Santander, [1964], 3.ª edición, 1971.

53. *Ibid.,* p. 105.

mujer volvió al pueblo, se casó y tuvo una numerosa descendencia, y que las muchachas de Tresviso y Bejes subían al monte a ayudarla con su rebaño, algo totalmente contradictorio con lo anterior. Según un testimonio que recogió en 1969 la antropóloga Mercedes Cano, «creían que al final se casó con un paisano que consiguió amansarla, y que no sabían qué había sido de ella ni de su familia».[54]

Francisco Renedo Carrandi, investigador de los misterios de Cantabria, encuentra incongruente que si aquella historia es verdadera nadie en aquellos valles sepa nada de Joaquina López ni de sus descendientes. En 2003 entrevistó a ancianos de aquellos pueblos que daban por cierta la historia de esta mujer, a la que calificaron de «medio bestia medio humana», y decían que ella misma se esquilaba junto a las ovejas. Entre las posibilidades que se han planteado, Renedo señala la de una niña asilvestrada, o la de que fuera descendiente de un Neandertal.[55]

En la era de internet se ha tendido a insertar a la «osa de Ándara» entre los seres de la mitología de Cantabria al lado del ojáncano y las anjanas, describiéndola igualmente en tiempo presente, llegando a relacionarla con el bigfoot o el yeti, hasta tal punto nos ha influenciado la cultura de masas de la criptozoología.

A estas alturas, cuando ha pasado un siglo y medio desde que la historia de la osa de Ándara surgió a la luz, no hay modo de saber si hay un hecho real detrás de la leyenda. Quizá, como en el caso de Zana en el Cáucaso, lo que había detrás del monstruo era una mujer, y puede que sus complejos, los prejuicios de los otros, la marginación y los rumores la deshumanizaran para convertirla en lo que hoy parece: un monstruo de la mitología. Pero también puede ser que la leyenda sea mucho más antigua y esté relacionada con el simbolismo animal de una deidad femenina de procedencia céltica que se caracterizaría por su aspecto montaraz, como defiende la arqueoetnóloga Marina Gurruchaga.[56]

---

54. Mercedes Cano Herrera. *Entre anjanas y duendes. Mitología tradicional ibérica*. Castilla Ediciones, Valladolid, 2007, p. 96.

55. Fran Renedo Carrandi. «El caso de la Osa de Ándara». *Los Cántabros*, n.º 3, 2004.

56. Marina Gurruchaga. *La serpiente y el pastor. Y otros estudios de arqueoetnografía de Cantabria*. Mortera de Piélagos, 2022.

Aun sin la tradición de hombres peludos de otros lugares, seguramente por influencia de las noticias sobre yetis y bigfoot, ha habido algún caso de observación en España de una criatura de este pelaje. El criptozoólogo español Javier Resines me ha hecho conocer algunos casos de avistamientos de seres salvajes en el norte de España que compara a aquellos personajes americanos, como el que se ha llamado del «yeti de Irún». Un rumor dice que en 2011 un hombre llamado Joxan y su hija de catorce años vieron en el bosque de Arkitutza, cerca de San Sebastián, a un hombre cubierto de pelo y con «una especie de poncho de piel» que corría monte arriba emitiendo fuertes silbidos, que parecían ser respondidos desde otro lugar. Al aproximarse al sitio notaron un olor «como a corral de vacas». Joxan sacó una foto en la que se ve en la lejanía al «ser» como una forma oscura y borrosa.[57] Resines y sus colaboradores han intentado localizar al testigo de este rumor con resultado infructuoso. Tres aficionados franceses han analizado la foto del tal Joxan y han llegado a la conclusión de que podría haber sido manipulada. Lo curioso es que el caso llegó a ser conocido en otros países a través de las redes sociales y, por lo que se dice, originó cierto debate.

La perspectiva cultural sobre el homínido

Hemos visto el nacimiento del sasquatch como «hombre salvaje» de los indígenas del noroeste de Norteamérica y su conversión en el hombre-mono que ahora llamamos bigfoot, todo un trayecto cultural. Pero la leyenda empieza antes, con relatos de colonos blancos y noticias de periódicos que traducían a un lenguaje occidental experiencias espirituales de las tradiciones indígenas. Esa cultura norteamericana del siglo XIX estaba poblada por criaturas gigantes de los mares y de los bosques, sucesos extraños y creencias sobrenaturales. Todo encajaba en la mentalidad de frontera durante la expansión colonial hacia el salvaje

57. <https://criptozoologos.blogspot.com/2012/07/buscamos-al-testigo-del-yeti-de-irun.html>.

Oeste. Más allá del territorio conocido, se pensaba en una *terra incógnita* en la que el miedo a lo desconocido hacía plausibles criaturas fabulosas. La ciencia vino a acompañar esas fantasías con el descubrimiento de esqueletos de criaturas gigantes que habitaron en el pasado de la Tierra. Y cuando no eran descubrimientos genuinos eran fraudes de gigantes. Todo tendía a aumentar la credulidad de la gente. Pero no debemos pensar que eran los ingenuos los que comulgaban con la idea de los monstruos. También las mentes preclaras de Thomas Jefferson y Benjamin Franklin creyeron que los territorios inexplorados de Norteamérica estaban habitados por monstruos. De esta apertura al asombro surgieron los *sideshows* y *freak shows,* los espectáculos de feria en los que se mostraban animales exóticos o imposibles, y seres humanos deformes, «monstruosos», todo aderezado de engaños.

Una vez hechas las comparaciones entre los relatos tradicionales y la moderna casuística del sasquatch, podemos preguntarnos si es intelectualmente lícito apropiarse de las mitologías sobre seres sobrenaturales convirtiéndolas en animales misteriosos de carne y hueso. Con todo mi respeto hacia los que sostienen esta idea, me atrevería a decir que, en el fondo de este pensamiento subyace un cierto paternalismo etnocéntrico de la cultura occidental con respecto a las creencias de los otros, que solo se asimilan desvirtuándolas bajo el microscopio de los prejuicios naturalistas de la actualidad. Es como si el investigador se presentara en una cultura tradicional diciendo a los indígenas cómo deben interpretar sus mitos, que, por supuesto es en los términos que nos dicta la cultura científica contemporánea, perdiendo con ello las características espirituales y simbólicas que definen el universo de creencias de cada pueblo. Este ejercicio es una apropiación cultural que no puede ser fácilmente entendida por los participantes en aquellas culturas. Cuando los buscadores de monstruos se topan con mitos indígenas que encajan en sus esquemas del críptido, lo que hacen es confirmar sus propios prejuicios culturales.

El folklorista Michel Meurger[58] ha estudiado los contextos y las formas de transmisión y modificación de las tradiciones, y critica tanto a los criptozoólogos como a los escépticos por su estricta sujeción a los «hechos», que les impide preguntarse sobre el origen de esos mismos hechos. Según Meurger, el afán de Heuvelmans era desmitificar leyendas naturalizándolas en un inventario de fauna oculta, mientras que el objetivo de los escépticos es tomar las leyendas como ecos de una experiencia objetiva y material, a fin de explicarla. Para unos y otros, en la naturaleza está la solución, sea en una naturaleza oculta o en confusiones con objetos naturales. La idea que comparten es que existe algo «ahí afuera» digno de ser registrado o identificado. Así, según Meurger, ambos sectores reducen la narración sobre el monstruo a un caso aislado de su contexto sociocultural, como si el testimonio fuera impermeable a las creencias, mitos y saberes colectivos. Pierre Lagrange ha criticado también la apropiación por parte de los criptozoólogos de los rasgos materiales de los relatos, mientras dejan a un lado los aspectos inmateriales y mágicos, tratando estos como supersticiones locales, separando así lo que consideran detalles verosímiles de los inverosímiles.[59]

Margaret Atwood recogió en 1970 el sentimiento mágico del mundo que representa el bigfoot en un poema titulado «Oratorio for Sasquatch, Man, and Two Androids» (en el encabezamiento de este capítulo), donde refleja la violación del entorno natural mientras el hombre, el indio americano, quiere vivir en el mundo salvaje representado por el sasquatch.[60] Lo mismo podemos decir del cuento de Doris Lessing «The Thoughts of a Near-Human»,[61] en el que un bigfoot narra en primera persona el encuentro amistoso con los humanos y la incom-

---

58. Meurger y Gagnon, 1988.

59. Pierre Lagrange. «Les monstres cryptozoologiques.» *Anomalies,* n.º 1, octubre de 1996.

60. Robin Elliot. «Margaret Atwood and Music.» *University of Toronto Quarterly,* vol. 75, n.º 3, 2006.

61. Contenido en *The Temptation of Jack Orkney. Collected Stories Volume Two.* Flamingo Modern Classic, Londres, 2002. Versión en español en <https://www.literatura.us/idiomas/lessing/near.html>.

prensión de la que es víctima cuando otros humanos le dan caza.

Como ha destacado Joshua Blue Buhs, «el sasquatch se convirtió a partir de los noventa en un símbolo del movimiento ambiental, un mito creado para reencantar el mundo y hacer de su preservación una tarea sagrada».[62] El sasquatch/bigfoot ya no es tanto un enigma zoológico como un misterio del campo de lo paranormal y un icono de la cultura popular, al mismo tiempo que representa para los creyentes una serie de valores sobre la comunión con la naturaleza, la protección de las especies amenazadas, el rechazo del urbanismo, el retorno a un modo de vida natural y, sobre todo, un cuestionamiento de la lógica científica y de su autoridad intelectual. Hasta el día de hoy sigue sin capturarse un espécimen ni demostrarse la autenticidad de una huella, pero no cabe duda de que el sasquatch o bigfoot ha dejado ya una huella imborrable en la cultura americana y mundial de nuestra época.

Mientras se le siga buscando, el monstruo existirá.

62. Buhs, 2009, p. 234.

TERCERA PARTE

Animales fantasma, ilusiones colectivas o leyendas contemporáneas

Capítulo 11

ANIMALES ESPECTRALES Y MITOS

MONSTRUOS Y PÁNICOS SOCIALES

Ni en el sueño delirante de un cerebro trastornado
podría concebirse nada más salvaje, más espantoso,
más infernal, que aquella oscura forma y salvaje rostro
que se precipitó sobre nosotros desde el muro de niebla.[1]

ARTHUR CONAN DOYLE. *El sabueso de los Baskerville*

Si contemplamos la amplitud del «cripto-zoológico» que es la enciclopedia *Mysterious Creatures* (2002) de George Eberhard nos daremos cuenta de la profusión de los animales hipotéticos. Hasta aquí habíamos tratado con observaciones individuales de monstruos en paisajes extremos como las nieves del Himalaya, los océanos o los densos bosques americanos, donde habitan los grandes monstruos como el yeti, la gran serpiente marina o el sasquatch (o bigfoot), alejados de la civilización, esquivos y cuestionados en su realidad evanescente. Para encontrar al monstruo había que realizar una expedición a otros territorios, o vislumbrar las profundidades marinas y lacustres. Pero ahora entramos en un nuevo reino de lo posible, el de los monstruos que se presentan como una intrusión en nuestro propio mundo humano, o con los que nos topamos en espacios liminales, en la frontera entre la civilización y lo salvaje: el bosque, el cruce de caminos,

---

1. Original: «Never in the delirious dream of a disordered brain could anything more savage, more appalling, more hellish be conceived than that dark form and savage face which broke upon us out of the wall of fog».

el cementerio, etcétera. Si antes la observación del monstruo nos devolvía algo del sentido de maravilla del retorno a un mundo primigenio y natural, ahora vamos a penetrar en un espacio de animales fantasma que se aparecen en nuestro entorno familiar. Algunas de las criaturas de las que voy a hablar aquí se encuentran en el linde entre la criptozoología y lo paranormal. Pero otras veces se trata de encuentros con lo numinoso, la manifestación de un poder mágico, una experiencia del monstruo casi sobrenatural, que puede adquirir tintes demoníacos, como vamos a ver en el caso del «Perro Negro». También, a diferencia de aquellas observaciones solitarias anteriores, ahora vamos a conocer casos en los que encuentros traumáticos con bestias extrañas se han multiplicado en una determinada comunidad o región generando crisis de pánico colectivo. Conocemos la importancia del lobo en la cultura europea, que ha dado lugar a tantos sucesos de espanto, hasta el punto de que el lobo de *Caperucita roja* sea uno de los miedos ancestrales encastados en la memoria infantil.

Mitos y leyendas nos hablan del Diablo de Jersey, la bestia de Gévaudan, el Perro Negro de las islas británicas y otras criaturas amenazantes, normalmente, habitantes de la noche, que han provocado muertes y han dado lugar a episodios que se han calificado de «histeria colectiva», «psicosis de masas» o «pánico social». En la primera parte de esta sección voy a tratar sobre las bestias que han estado asociadas a situaciones de ansiedad social o pánico ante situaciones que son percibidas como una «amenaza inmediata a la comunidad». El sociólogo Robert Bartholomew utiliza para estas situaciones el concepto inglés *social delusion,* que podríamos traducir por «ilusión colectiva» o «delirio social», que no es un concepto psiquiátrico ni implica una patología psíquica. La «ilusión colectiva» consiste en la expansión de creencias falsas o exageradas de manera espontánea y temporal entre una población determinada, y, por lo general, no implica trastornos psíquicos.[2]

2. Bartholomew y Radford, 2003, p. 234; Robert Bartholomew y Peter Hassall. *A Colorful History of Popular Delusions.* Prometheus, Amherst, 2015, p. 5.

Las crisis sociales por visión de monstruos se difunden por rumores, es decir, historias que se perciben como importantes y que se producen en circunstancias ambiguas. A ello se añade el sensacionalismo de la prensa, que agranda los miedos. El mecanismo que dispara una situación de crisis suele ser una noticia sensacional, que hace que la gente se ponga en alerta, vigilando el entorno en espera de alguna señal que denote una amenaza. En ese estado es fácil redefinir cualquier estímulo, objeto o suceso sin importancia como si fuera una evidencia de la presencia del monstruo. En esos casos los rumores se propagan de una manera desorganizada y espontánea. Como señalan Bartholomew y Radford, los delirios sociales «contienen mensajes simbólicos poderosos sobre creencias predominantes, actitudes y estereotipos que deben ser cuidadosamente atendidos».[3] Estos sucesos no ocurren de una manera arbitraria, sino en contextos determinados que hay que descodificar para entenderlos; son barómetros del estado de una sociedad. Cada cultura tiene sus «cocos» u «hombres del saco» que aparecen en la noche aterrorizando a los buenos ciudadanos, actuando como demonios de la imaginación, que normalmente proceden de las tradiciones. A veces, circunstancias externas, crisis ecológicas o cambios sociales conducen a ilusiones colectivas que dejan una profunda huella en el recuerdo y en el imaginario social, y se convierten en leyenda.

La bestia de Gévaudan

Entre 1764 y 1765 al menos sesenta personas, sobre todo, mujeres y niños, murieron en la región francesa de Gévaudan, en el Languedoc, presas de lo que se creyó que era una bestia que atacaba salvajemente en el campo. Los supervivientes de los ataques sostuvieron que no fueron obra de lobos, sino de una criatura monstruosa del tamaño de un toro, con el morro alargado y ojos saltones. Había habido ataques de lobos en Gévau-

---

3. Bartholomew y Radford, *op. cit.*, p. 234.

dan durante siglos, pero las circunstancias hicieron este episodio único. El pánico empezó en junio de 1764, y los rumores convirtieron a la bestia casi en un mito, pues se le atribuían cualidades extraordinarias, como una gran fuerza o la habilidad para desaparecer en la noche. En alguna ocasión se le disparó a corta distancia y la bestia escapó indemne. En otra, la bestia atacó a un grupo de ocho personas, pero estas permanecieron unidas y consiguieron herir al animal y ahuyentarlo. Este suceso llegó a oídos del rey Luis XV, que premió a aquellos hombres por su esfuerzo y prometió que el Estado haría lo posible por matar a la bestia. Hasta cuatro compañías de dragones se movilizaron, sin que consiguieran ningún resultado. Se contrató a cazadores profesionales, pero una búsqueda de cuatro meses no dio con la bestia, lo que hizo pensar que los ataques eran obra de lobos.

Representación propia de la bestia de Gévaudan que fue presentada ante el rey de Francia.

Ante el fracaso en la captura y la continuidad de los ataques, en junio de 1765 el rey envió a Gévaudan a la persona encargada de las cacerías reales, François Antoine. Este cazó tres lobos, y comunicó que no había ninguno más grande que uno de los que él había cazado, así que lo hizo pasar por la bestia que perseguía. Lo disecó, lo envió a la corte y recibió una cumplida recompensa. El rey organizó el 1 de octubre en los jardines de Versalles la presentación del cuerpo disecado de la bestia con todo el boato de la corte.

Cuando se reanudaron los ataques de la bestia en 1766, no se quiso reconocer que había vuelto, ya que había sido oficialmente cazada, y se minimizó el problema como ataques de simples lobos. La bestia había dejado de ser noticia y, por tanto, ya no era un problema social. Al año siguiente otro cazador, Jean Chastel, dio caza de nuevo a otra bestia. La hizo disecar y llevar a París, pero para cuando llegó, el animal estaba en estado de putrefacción y olía tan mal que en Versalles se ordenó deshacerse del cadáver. El naturalista Buffon pudo hacer un reconocimiento del espécimen y dictaminó que era un lobo, pero no existe una declaración sobre ello. Con el tiempo la creencia popular decidió que la bestia cazada por Chastel era la verdadera, porque después no hubo más muertes.

El historiador Jay M. Smith[4] denuncia en *Monsters of the Gévaudan* cómo en la mayoría de los libros que se han escrito sobre el caso se perpetúa la noción de que fue la superstición campesina y la «psicosis colectiva» de las clases populares lo que se convirtió en materia de leyenda. Desmiente la idea de que la Ilustración hubiera «racionalizado» la Francia del siglo XVIII y muestra cómo, desde las élites hasta los campesinos, todos estaban fascinados por los monstruos y los animales exóticos y cada uno sacó algo de este episodio. Por ejemplo, sin la implicación de la alta nobleza en generar esta historia, la fama de la bestia de Gévaudan nunca hubiera sobrepasado las fronteras de la región; el obispo de Mende utilizó el caso en apoyo de sus ideas jansenitas de que Dios había utilizado a la bestia para ejecutar su justicia por las faltas espirituales de los campesinos; los periodistas hicieron fortuna con las noticias de las muertes atribuyendo los ataques a una sola bestia en vez de a manadas de lobos, poniendo en práctica nuevas formas de periodismo sensacionalista; el impulso empresarial del *Courrier d'Avignon* a nivel local y la difusión de *La*

4. Jay M. Smith. *Monsters of the Gévaudan: The Making of a Beast.* Harvard University Press, Cambridge, 2011.

Gazette de France a nivel nacional hicieron que el caso se convirtiera en un fenómeno de fama internacional. Y el rey también jugó sus cartas. Cuando el fusilero real François Antoine afirmó haber dado caza a la bestia, Luis XV lo utilizó como propaganda en favor de la defensa de sus súbditos rurales ante una amenaza casi sobrenatural. Tras la gran humillación de Francia por la derrota en la guerra de los Siete Años, el caso de Gévaudan no solo sirvió para desviar la atención de los problemas del país, sino que, además, los militares se valieron de la caza de la bestia para demostrar su concepto del honor y hacer olvidar su comportamiento en el campo de batalla.

Hasta en el extranjero se instrumentalizó políticamente a la bestia. Los enemigos de Francia ironizaron con la debilidad del Ejército francés para matar a un simple animal, tratando así de socavar a la monarquía francesa. Y los periódicos extranjeros, especialmente los británicos, hicieron la labor de airear cada muerte que se producía. Gracias a las postas, las noticias llegaban a Londres en 24 horas. Como ha escrito el periodista Guillermo Altares, la historia del monstruo de Gévaudan fue «la primera historia de terror de un mundo que empezaba a caminar hacia la globalización».[5]

Los intelectuales franceses estigmatizaron la creencia en monstruos como una superstición de campesinos iletrados, pero el naturalista Buffon estaba preocupado por las líneas divisorias entre los animales, las hibridaciones y la monstruosidad, y creyó realmente que en Gévaudan la naturaleza había experimentado con formas monstruosas. Como ha señalado Jay Smith, en un esfuerzo por dar sentido y respuesta a lo que estaba pasando en una región remota de Francia, la Iglesia, los militares, las autoridades, la Corona, las élites intelectuales y el pueblo sucumbieron a la fuerza de la imaginación sobre una bestia todopoderosa y pusieron en marcha todo el oportunismo para salir beneficiados de ello. El historiador no ha intentado explicar al monstruo, sino mostrar cómo se operó la «construcción» de la «bestia de Gévaudan» bajo unas condiciones determinadas.

5. <https://elpais.com/elpais/2016/07/29/eps/1469743518_146974.html>.

Pero la fascinación francesa con la bestia de Gévaudan no desapareció, ni ha desaparecido en el siglo XXI, y los nuevos medios masivos se siguen sirviendo de su misterio. En 1997 se descubrió que en el Museo Nacional de Historia Natural de París se había mantenido desde 1766 a 1819 un animal disecado que podía responder a la bestia de Gévaudan, que había sido identificado como una hiena. History Channel y otros medios han especulado con que la bestia fuera una hiena asiática introducida, o bien una criatura híbrida creada y utilizada por humanos. Se ha especulado también con que el pretendido cazador de la bestia, Jean Chastel, hubiera creado una falsa historia para tapar los rumores de que un miembro de su familia había sido un asesino en serie, porque los Chastel tenían fama de brujos.

La película francesa de 2001 *Le Pacte des loups* (en España *El pacto de los lobos*), que es una versión libre de este caso, fue un gran éxito de taquilla en Francia. En ella se ofrece la idea de que la bestia era un león africano convenientemente disfrazado. Teniendo en cuenta que la película era un batiburrillo de gore, artes marciales y videojuego, todo bastante disparatado, la hipótesis no es para tener muy en cuenta.

En España se publicó en 2019 un libro monográfico sobre este caso, *Tras la bestia de Gévaudan,* de Xavier Bonet.[6] Como se ve, la leyenda sigue viva.

El Diablo de Jersey y las «fake news»

El «Diablo de Jersey» es dos cosas diferentes: una leyenda sobre un fantasma y un fenómeno que algunos han definido de «histeria social», y ambos han tenido su origen en momentos diferentes. Lo que no es el diablo de Jersey es con seguridad un animal anómalo, y, sin embargo, se encuentra en todos los compendios de monstruos de la criptozoología, con la descripción de una criatura híbrida, un engendro de canguro con cara de camello y

---

6. Xavier Bonet. *Tras la bestia de Gévaudan: La bestia que se come a la gente.* Editorial Guante Blanco, 2019.

con alas. En esos escritos se dice que la leyenda es antigua, que viene desde el siglo XVIII, aunque existen distintas versiones de ella. La más popular dice que en 1735, en Pine Barrens, Nueva Jersey, una mujer conocida como Madre Leeds quedó embarazada del que iba a ser su decimotercer hijo, y exclamó: «¡Que este sea el diablo!». Su deseo se vio cumplido cuando nació un bebé con alas, cuernos y rabo. La madre lo encerró en un armario durante años, y un día aquel hijo escapó volando por la chimenea convertido en un diablo en toda regla, que a partir de entonces sería repetidamente observado en la zona. Otra versión hace nacer a la criatura durante la Revolución norteamericana, en 1778. Una chica de Leeds Point (Leeds ahora es un lugar y no una señora) se enamoró de un soldado británico, lo que fue considerado una traición que trajo consigo una maldición. Sea cual sea el inicio de la historia, se dice que el diablo de Jersey trajo sequías y otras desgracias para la economía local, y que fue un mal presagio de guerras.

El otro fenómeno es el del «pánico social» de 1909, cuando el diablo de Jersey fue visto por distintas personas, algunas de ellas policías y jueces, y corrieron rumores sobre gallinas desaparecidas y encontradas descuartizadas, y otras cosas igual de macabras. Se dijo que todo era causado por un animal prehistórico, como un pterodáctilo volando, no en vano era la época de la dinomanía, la obsesión con los dinosaurios. La criptozoología dice que el diablo de Jersey ha sido observado por 2.300 testigos en tres siglos,[7] uno de los cuales sería el mismísimo José Bonaparte. Sí, nuestro rey Pepe Botella. Se dice que, en 1820, mientras vivía en Nueva Jersey, vio a la criatura durante una partida de caza (no existe ningún documento de la época que lo confirme).

Ese es el relato asumido. Ahora vamos a ver qué hay detrás de él.

Brian Regal y Frank J. Esposito[8] han rastreado sus orígenes y han puesto en evidencia que muchos «investigadores» se han limitado a ir repitiendo una serie de clichés a partir de un libro de Henry Carlton Beck de 1945 titulado *Jersey Genesis* en el que se

---

7. Newton, 2009, p. 155.
8. Regal y Esposito, 2018.

tergiversa la historia. Nadie comprobó otras fuentes, y, por tanto, se inventó una historia totalmente ficticia. Regal y Esposito han llevado el arranque de la leyenda hasta Daniel Leeds, un inglés que viajó a América del Norte en la década de 1670 y se estableció en lo que entonces era West Jersey, un área dominada por una secta cristiana radical llamada Sociedad de los Amigos, más conocidos como cuáqueros. A diferencia de los puritanos y otros colonos, los cuáqueros establecieron buenas relaciones con los indígenas lenape (más tarde llamados *delaware*). En el universo de creencias de los lenape-delaware existía un panteón de espíritus del bosque, entre los que destacaba un dios con forma de ciervo con alas, M'sing. Por otra parte, los colonos de Norteamérica estaban inmersos en una obsesión por las brujas y por los monstruos (recordemos las brujas de Salem), así que consideraron al dios M'sing como Lucifer y a los lenape como «salvajes adoradores del diablo». Otra inspiración para el origen de la leyenda vino de un caso de nacimiento de un bebé monstruoso, que se interpretó como que la madre había provocado la ira de Dios. El protagonista principal, Daniel Leeds, tenía ambiciones intelectuales y publicó un almanaque en el que, además del calendario, las lunas y las recomendaciones prácticas, incluía una sección de astrología, algo demasiado pagano para los cuáqueros, que en asamblea lo condenaron. En respuesta, Leeds escribió un libro en el que, siguiendo al místico alemán Jacob Boehme, conectó las estrellas con aspectos de Dios. En 1698 Leeds fue declarado «maligno» y siervo de Lucifer por los cuáqueros, y en poco tiempo era la persona más odiada en la ciudad de Burlington. Su hijo, Titan Leeds, continuó el almanaque de su padre, entrando en competencia con el que publicaba nada menos que Benjamin Franklin, quien utilizó todas las artimañas para desacreditar a Leeds como astrólogo y como diablo. Con el tiempo la familia Leeds quedó olvidada, borrada de la historia intelectual de Nueva Jersey, convertida en la figura de un «Diablo de Leeds».

Como he dicho antes, el fenómeno popular de las visiones del diablo de Jersey se dio en 1909, pero esto solo resultará comprensible si tenemos en cuenta que en 1885 ya se habían propagado por Nueva Jersey rumores sobre un asaltante fantasma con ojos brillantes y con cuernos, que saltaba las vallas y caminaba por las paredes, un acosador que perseguía a las mujeres para abrazarlas y besarlas. Se le llamó igual que al famoso Spring Heeled Jack de Londres (que significa «Jack el de los tacones de muelle»), que ya era bien conocido en la prensa americana. Asaltantes nocturnos se prodigaron al mismo tiempo en distintas ciudades americanas, y a todos se les llamó Jack con algún sobrenombre añadido. En 1893 un ingeniero de ferrocarriles afirmó que su tren había sido atacado «por el diablo de Leeds», al que describió como un mono. El periódico que publicó esta noticia ya introdujo la idea del hijo maldito, y según otra noticia de 1899, «el Maligno» había sido erradicado durante cien años, pero había vuelto.

En un libro de mitos y leyendas americanas de 1903 escrito por Charles Skinner es donde aparece por primera vez el «diablo de Leeds» como una tradición, pero al viejo estilo de los portentos como premoniciones de graves acontecimientos. En un artículo del periódico *Trenton Times* de 1905 aparece la maldición de la «Madre Leeds» al recién nacido, con la historia de que el niño vivió con la familia durante varios años antes de escaparse por la chimenea. El artículo incluía unos dibujos cómicos de una figura como un dragón con pezuñas de caballo.

Y, de pronto, estalló el fenómeno. El 16 de enero de 1909 se encontraron unas misteriosas huellas de pezuñas en la nieve de Pine Barrens, incluso sobre los tejados. Al día siguiente una persona vio un monstruo resplandeciente volando, al que describió con una cabeza de carnero con cuernos retorcidos y con alas, y que emitía alaridos. Un policía también lo vio y disparó sobre él, suponemos que sin acertar. El día 18 se publicaron en varios periódicos las primeras noticias sobre huellas en la nieve y viñetas que mostraban una especie de dragón con alas. Alguien dijo haber visto un «jabberwock», término inventado por Lewis Caroll en un poema sinsentido. Se organizaron batidas en busca del monstruo y se llegaron a presentar dos supuestos monstruos cazados. Para el día 21 de enero los negocios y las escuelas habían cerrado por la histeria, y periódicos y zoos ofrecieron recompensa por la captura del «diablo», seguramente con pocas expectativas de tener que pagar. Ese día aparece un titular al estilo de los espectáculos de feria: «What-Is-It» (¿Qué es esto?), expresión que quería decir rareza o cosa extraña. Los periódicos destacaron que la gente de South Jersey vinculaba aquellas visiones con la antigua leyenda del diablo de Leeds. El mismo día los bomberos vieron a la criatura sobre un tejado y le lanzaron agua, y a partir de entonces dejó de verse al diablo de Jersey, aunque volvería periódicamente en las décadas siguientes.

Dibujo de I. Cabria de la imagen clásica del diablo de Jersey, según el periódico *Philadephia Evening Bulletin*.

Los casos registrados de aquel momento son de lo más variado, pero casi nunca la prensa hizo un seguimiento de los rumores publicados. Como se ha señalado, los estándares periodísticos eran por entonces muy laxos, y «los periodistas, a menudo, hacían favores que eran correspondidos con comidas gratis o entradas para el teatro o botellas de alcohol en Navidad», además de que, «frente a una competencia feroz, los periódicos buscaban igualar las historias de las publicaciones rivales a cualquier costo, incluso si el precio era la verdad».[9]

Todo aquello inspiró a un asesor del espectáculo con pocos escrúpulos, Norman Jeffries, para idear un modo de hacer dinero. Jeffries y el New Dime Museum de Filadelfia, que más que museo era un espectáculo de feria de rarezas, se pusieron a propagar historias en la prensa local sobre el diablo de Leeds, como quien planta una semilla. Un ejemplo pionero de *fake news* que se hace viral. Aparecen así titulares como «El diablo de Jersey tiene asustada a la gente de Jersey» o «Encontrado el diablo de Jersey». Esto era solo calentar el ambiente.

La siguiente jugada fue encargar a un taxidermista que creara algo parecido a la supuesta criatura. Dicho y hecho. Un tal profesor Edwards les entregó un canguro vivo al que había pintado rayas de tigre y le había pegado unas alas. Después el museo contrató a un payaso de circo para que saliera en «expedición» a los bosques actuando como cazador de monstruos, en una operación muy espectacular. Tras desaparecer en el bosque, se oyeron gritos, disparos y gruñidos de un animal. Acto seguido los cazadores aparecieron con una jaula cubierta por una manta tras la que se oían ruidos. Los periódicos clamaron que el diablo de Jersey había sido capturado y estaba en exhibición en el New Dime Museum. En el espectáculo en el que se mostraba al monstruo, un niño con un largo palo con un clavo pinchaba desde atrás al canguro para que este saltara y emitiera sonidos.

Algunos periódicos estaban felices de participar en aquel *show* por las ventas que reportaba, y parece que participaron en falsear testimonios, mientras otras columnas ironizaban sobre la cantidad de alcohol que los pobladores de Pine Barrens habían bebido, considerándolos gente primitiva y crédula. Al final los periódicos acabaron denunciando que la exhibición del museo era un fraude colosal y que Jeffries era un «agente de prensa diabólico». El recurso se agotó pronto, así que Jeffries empaquetó el canguro y se lo devolvió al taxidermista.

9. <https://www.inquirer.com/news/new-jersey/jersey-devil-history-fake-news-norman-jeffries-20190123.html>.

Regal y Esposito advierten: «El peligro de estas noticias es que los entusiastas posteriores, no entendiendo la naturaleza espuria, satírica y oportunista de estas historias, las toman por reales».[10] Para Jerome Clark, todo fue una leyenda o una simple broma en circulación. Jeremiah Sullivan, un periodista que entrevistó décadas después a los testigos, dijo que el episodio fue «uno de los pocos incidentes no explorados de histeria de masas en la historia de Estados Unidos conectado con el folklore».[11] En los años cincuenta y sesenta hubo un resurgimiento del diablo de Jersey, que para entonces era ya una leyenda acrisolada sobre una figura como un canguro con cuerpo de ciervo. Pero aquello duró poco y desde entonces el fenómeno ha pasado a la historia. Regal y Esposito concluyen de todo esto que «el diablo de Jersey es un producto de los medios de comunicación más que folklore genuino».[12]

Así es el fenómeno que ha incorporado la criptozoología como un animal anómalo. Lo de menos ya es si hubo alguna vez una criatura anómala detrás de la leyenda, lo importante es el fenómeno y la leyenda misma. Aunque el fenómeno de las apariciones del diablo de Jersey se ha desvanecido hace décadas, su fama sobrevive en el nombre del equipo de hockey del estado de Nueva Jersey: los New Jersey Devils.

Thunderbird, el pájaro del trueno

Los pájaros ocupan un sitial privilegiado en las mitologías porque su don de volar los hizo mensajeros de las deidades, cuando no dioses y diosas en sí mismos. Los grandes pájaros existen en leyendas como la del ave Roc persa y de *Las mil y una noches,* que podía transportar un elefante con sus garras, y el ave Fénix de las culturas árabe y grecolatina, que resurgía de sus cenizas. Y hay aves que, según se dice, traspasan la barrera de la mitología

10. Regal y Esposito, 2018, p. 90.
11. En Clark, 1999, p. 564.
12. Regal y Esposito, 2018, p. 78.

para aparecerse ante la gente, como el thunderbird, el pájaro que produce el rayo y el trueno.

El *thunderbird* (pájaro del trueno) es un ave de la mitología de los indios norteamericanos asociado a las tormentas, que está representado en pinturas en las rocas con la forma de un pájaro junto con un rayo. Esta criatura tenía tal magia que sus ojos brillantes producían el rayo, era tan grande que el aletear de sus alas provocaba el trueno, y tan poderoso que era capaz de atacar y capturar ballenas. Tenía también la capacidad de calmar los vientos. Si lo traigo aquí es porque, más allá de la mitología, se suelen citar casos de observación de un ave muy grande que se ha asociado al thunderbird, lo que lo convierte en uno de nuestros críptidos.

El fenómeno moderno de visión de aves gigantes empezó, curiosamente, en coincidencia temporal con el inicio del fenómeno de los platillos volantes, en 1947, y en enero de 1948 empezó una pequeña oleada de observaciones de aves en Illinois que se extendió a otros estados de la Unión. El primero en verlas, en enero de 1948, fue el niño de doce años James Trares, que avisó a su madre de algo muy grande que volaba moviendo sus alas: «¡Hay un pájaro afuera tan grande como un B-29!»,[13] dijo. Otros testimonios posteriores menos exagerados compararon el tamaño del pájaro con el de una avioneta.

De nuevo en 1970 volvieron a aparecer grandes aves sobre Illinois, y en el verano de 1977 las noticias sobre este fenómeno llegaron diariamente a los periódicos, en parte motivadas por un caso sensacional que parece sacado de las narraciones del folklore. El niño Marlon Lowe, de diez años, fue agarrado por un ave gigante y transportado por el aire; lo dejó caer varios metros más lejos debido a los gritos de su madre. A pesar de lo fantástico que parece, el suceso fue investigado inmediatamente tanto por el *sheriff* del condado como por el hermano del criptozoólogo Loren Coleman, Jerry, que entrevistó a los protagonistas,[14] aunque hay que decir que el caso no tiene nada que ver con aves gigan-

13. Bord y Bord, 1980, p. 117.
14. Coleman, 2002.

tescas, pues la madre comparó aquella ave con un avestruz o un cóndor.

Las narraciones sobre niños arrebatados por un pájaro gigante entre sus garras y transportados por el aire forman parte del folklore de todos los tiempos. En el siglo xix se cuentan variadas historias de este tipo. Según el divulgador científico francés Félix Pouchet, una niña de cinco años llamada Marie Delex estaba jugando con sus amigos en los Alpes suizos cuando un águila la arrebató en los aires y se la llevó; dos meses después se encontró su cadáver horriblemente mutilado. En el estado norteamericano de Virginia un *sheriff* vio en 1895 cómo una gran ave se llevaba a un cervatillo, un cazador de osos fue atacado por un pájaro gigante que se llevó a su perro, y se creía que el mismo pájaro fue el responsable de la desaparición de un niño de diez años. Otro pájaro con el cuerpo tan grande como un hombre y unas alas de 5 m capturó por el aire a una oveja. Créanse o no estas historias, de lo que no cabe duda es de que constituyen parte del folklore de las aves misteriosas. Un relato que fue investigado por el zoólogo Hartvig Huitfeldt-Kaas en 1932 fue el de una niña noruega de cinco años que fue arrancada de entre sus padres por una gran ave y transportada más de una milla de distancia. Tras estudiar el caso durante un mes, Huitfeldt-Kaas consideró que era la única historia de rapto por un águila remotamente convincente.

Estas son solo algunas de las narraciones, con más o menos pruebas, que circulan sobre este fenómeno en particular. Aunque llevar a un niño por los aires no sea la hazaña que relató Marco Polo de un pájaro que era capaz de levantar a un elefante en vuelo, igual que el ave Roc de *Las mil y una noches,* resulta igualmente inverosímil para los expertos en aves.

El descubrimiento del pterosaurio en el siglo xix, que abrió todo un mundo maravilloso de grandes animales del pasado, dio alas a la imaginación de los editores de periódicos, y así, aprovechando el filón, se publicaron noticias sensacionales para entretenimiento de los lectores. Una de las más divertidas, publicada por el *Illustrated London News* en 1856, cuenta que cuando unos obreros que construían un túnel de ferrocarril en Francia hicieron una voladura en la roca, emergió súbitamente un ser vivo de forma monstruosa, el cual poco después expiró. Según la noticia, los paleontólogos reconocieron que pertenecía al género Pterodáctilo, y había sobrevivido en la piedra durante millones de años.[15] Naturalmente, no hubo continuidad a esta noticia y del espécimen no se supo más, como era lo habitual.

Pero la historia más pintoresca, que se ha hecho clásica en la criptozoología, sucedió en ese pueblo legendario del oeste americano que se llama Tombstone (que significa «Lápida sepulcral»). Fue publicada por el periódico *Tombstone Epitaph* («Epitafio de lápida sepulcral», ¡eso es humor negro!). Su edición del 26 de abril de 1890 contaba que unos vaqueros vieron revoloteando una enorme criatura como una serpiente con alas de murciélago y la derribaron a tiros. Tenía unos dientes afilados como navajas, sus alas eran de una membrana traslúcida, sin plumas, y el cuerpo era liso. Medía de una punta a otra de sus alas más de 30 m. Los vaqueros cortaron una punta de un ala y la mostraron en Tombstone. Y ahí se pierde el hilo, no hay más seguimiento de la noticia. John Keel suponía, con ironía, que la punta del ala de este thunderbird se guarda en el mismo museo que el pterodáctilo que salió vivo de entre las piedras en Francia.

Bien, todo esto forma parte de las historias extraordinarias con las que los periódicos de los territorios de frontera entretenían a los lectores de la época, pero a diferencia de otras narraciones ya olvidadas, esta no termina ahí, pues ha dado lugar a una pequeña leyenda. En 1930 el escritor Horace Bell resucitó aquel cuento en un libro sobre el Oeste, y treinta años más tarde Jack Pearl escribió en la revista sensacionalista *Saga* que en 1886 el *Epitaph* de Tombstone había publicado una fotografía de un gran pájaro de 12 m clavado a un muro. Le añadió toda una aventura posterior en busca de aquellos pájaros gigantes, uno de cuyos rocambolescos detalles era que una gran ave se llevó a un hombre volando por las alturas. El tema procedía de una de las ficciones del siglo xix, pero esta publicación en *Saga* dio pie a

15. En Keel, 1981, p. 194.

otras intervenciones de lectores en revistas paracientíficas en las que se añadían nuevos datos sobre el suceso.[16]

Una bonita noticia, pero... ¡ay!, el propio periódico *Tombstone Epitaph* hizo una búsqueda en su hemeroteca tras conocer este relato y no encontró ningún ejemplar en el que hubiera aparecido nunca tal foto. Y, sin embargo, hay personas que juran y perjuran haberla visto, aunque nadie sepa decir a ciencia cierta dónde. John Keel dio detalles de ella en sus entrevistas, e Ivan Sanderson dijo haber tenido incluso una copia, que prestó a alguien y no la volvió a ver. El episodio era tan sugerente que pudo crear en algunos una imagen muy poderosa. Pero en mentes imaginativas como las de Keel y Sanderson no es de extrañar que el deseo se haya mezclado con el recuerdo produciendo una realidad alternativa. La foto del thunderbird de Tombstone se ha convertido en una pequeña leyenda en sí misma y constituye una prueba palpable del síndrome del falso recuerdo.

Con el tiempo han aparecido artículos en revistas que pretenden mostrar la famosa foto del *Epitaph,* pero todas se han demostrado fraudes. El tema era demasiado tentador para las mentes inquietas.

Para los criptozoólogos, el thunderbird del folklore se supone un ave real aún no conocida, sea alguna clase de pterosaurio, como el pterodáctilo, que hubiera sobrevivido a la extinción, o un animal conocido. «El cóndor de California puede ser la base de la mayoría de las leyendas de los grandes pájaros espirituales»,[17] piensa Linda Godfrey.

Los analistas críticos oponen a creencias como la del thunderbird que los observadores de pájaros tienen perfectamente catalogado todo lo que vuela y el thunderbird simplemente no existe. Se han querido explicar los relatos sobre él por confusiones con grullas, garzas, pavos y otras especies aladas, aunque el ufólogo y criptozoólogo Jerome Clark opone que «es más fácil creer en la pura invención que en honestas falsas identificaciones».[18]

16. Clark, 1999, pp. 590-593.

17. Linda Godfrey. *American Monsters: A History of Monster Lore, Legends, and Sightings in America.* Tarcher, 2014, p. 40.

18. Clark, 1999, p. 517.

En muchos libros se relaciona al thunderbird con otra criatura supuestamente de las tradiciones indias americanas, el piasa, sin darse cuenta quizá de que no es sino una invención. La historia del piasa que nos transmiten los criptozoólogos comienza por la mención que el jesuita francés Jacques Marquette hizo en su diario de la exploración por el río Mississippi junto con Louis Jolliet en 1673. Marquette narra en el diario el descubrimiento en las rocas de un acantilado de unas pinturas murales de un monstruo horrible, y la imaginación ha volado alto desde entonces.

A partir de esa mención, un imaginativo profesor de Lenguas Clásicas llamado John Russell publicó en 1836 un artículo en el que inventó el nuevo ser, el piasa.[19] Según Russell, mucho antes de la llegada de los colonos blancos, los indios de aquella región habían sido aterrorizados por un demonio alado al que llamaban Piasa, que en la lengua de los indios illinois significaría «el pájaro que devora hombres». Esta criatura era tan poderosa que podía transportar ciervos con sus garras. Una vez que se acostumbró a la carne humana, no quería nada más, de tal manera que poblados enteros quedaron abandonados por el miedo. El jefe Ouatoga pidió ayuda al Gran Espíritu y este se le apareció en sueños para dirigirlo en el combate contra el monstruo acompañado de sus guerreros. Consiguieron matarlo e hicieron una pintura mural para conmemorar la victoria. Russell terminaba el relato diciendo que, orientado por un guía, él mismo penetró en una cueva, en la que encontró los huesos de las víctimas del piasa. Años después Russell volvió a publicar esta historia en una versión diferente. Mucho tiempo después admitió que esta historia había sido un invento suyo, para la que se inspiró en distintas fuentes que no viene al caso citar aquí. La narración de Russell tuvo tal éxito que en las décadas siguientes otros autores la hicieron suya con versiones diferentes y cada vez más complicadas. El piasa, al final, se ha convertido de tanto manoseo en una leyenda en sí mismo. Qué vueltas da la vida.

19. John Russell. «The Piasa: An Indian Tradition of Illinois.» *The Family Magazine. The Monthly Abstract of General Knowledge,* agosto de 1836, reimpreso en varios periódicos.

Si situamos la noticia de Tombstone y las del piasa en el contexto de las informaciones sensacionales que aparecieron en el siglo xix en la prensa americana no nos resultarán tan extrañas. Entre otras noticias de la época, en 1873 se vio volando una enorme serpiente como un poste del telégrafo, primero en Texas y luego en Kansas. En 1857 y 1888 hubo oleadas de observaciones de serpientes voladoras, según la prensa. Y en 1877 aparece otro fenómeno: se vio en Nueva York a un hombre alado. En 1880 se vio volar sobre Kentucky a un hombre con unas alas adheridas a su espalda que manejaba mecánicamente, y sobre Coney Island se vio a otro hombre con alas de murciélago que volaba como con movimientos de rana.[20] Estas son solo algunas de las noticias, algunas aparecidas en periódicos tan reputados como el *New York Times*. Lo que nos encontramos en todos estos casos es la misma tradición creativa desplegada por la prensa de la época, que ha sido adoptada con entusiasmo por los criptozoólogos sin atender al contexto en que aparecía.

Por mencionar brevemente otra ave hipotética que se ha asentado entre las leyendas de la criptozoología, el kongamato es la versión africana del thunderbird. Las referencias a esta bestia anómala están en relatos que en las primeras décadas del siglo xx transmitieron los colonos británicos de la entonces Rodesia del Norte, hoy Zambia, sobre las creencias de los nativos en algo como una gran lagartija con alas de murciélago, es decir, parecido a un antiguo pterodáptilo. El kongamato era un ser maligno, que tenía poderes espirituales para causar grandes daños. Según los informantes, nadie vio de cerca un kongamato y vivió para contarlo. Así es fácil creer en él sin necesitar testimonios.

En el fondo, todas estas historias tienen más que ver con el viejo sueño humano de volar que con criaturas supervivientes, zoológicas o paranormales.

20. Coleman, 2002.

El Mothman: entre la ufología, la criptozoología y el conspiracionismo

Hoy todos los aficionados a la ufología y lo paranormal conocen al Mothman. Es menos conocido que este fenómeno había sido precedido años antes por algunas raras observaciones de «hombres alados» en Estados Unidos. En 1953 fue visto en Houston un hombre con un traje como un paracaidista y con alas de murciélago. En 1956 vieron en Alabama un «ángel» plateado volando y batiendo sus alas. Y en 1961, en Virginia, una mujer vio en mitad de una carretera cómo un hombre muy alto desplegaba sus alas y salía volando.[21] Y entonces llegó el Mothman.

El 15 de noviembre de 1966, en Point Pleasant, Virginia Occidental, dos jóvenes parejas declararon ante el *sheriff* del condado que, cuando se encontraban por la noche en un área conocida como TNT —un polvorín abandonado desde la guerra que era usado para encuentro de parejas—, vieron en las sombras una extraña figura observando al lado de la carretera. «Fueron aquellos ojos lo que nos sobrecogió —declaró una de las chicas—.Tenía dos grandes ojos rojos, como faros de automóvil.»[22] Aquella figura se dio media vuelta y se fue arrastrando los pies. Los testigos cogieron el coche y salieron a toda velocidad hacia Point Pleasant. Entonces vieron a aquel individuo de pie sobre una colina y pudieron verle bien. Tenía la forma de un hombre alto, pero parecía que no tenía cabeza. Tenía unos ojos rojos en lo alto del pecho y dos grandes alas plegadas a la espalda, como un ángel. Entonces aquello abrió sus alas como de murciélago y voló. «¡Nos sigue!», gritó una de las chicas. Aunque ellos viajaban como a 150 km por hora, el ser «parecía seguir al coche sin esfuerzo, a pesar de que no agitaba las alas». Emitía un sonido como el chillido de un ratón grande o «como un disco a alta velocidad». Se fueron directos a declarar a la oficina del *sheriff* del condado y contaron su experiencia. Inmediatamente después la policía fue al

21. Bord y Bord, 1980.
22. Keel, 1981, p. 212.

lugar de los hechos, pero aparte de unas interferencias en su radio, no encontró nada anormal.

Al día siguiente hubo una conferencia de prensa en la que los chicos declararon lo que habían visto, y el suceso apareció en las noticias locales. Un periodista llamó a la criatura «Mothman» (Hombre polilla), por el villano de una serie que daban en la televisión. En las semanas siguientes se produjeron otros avistamientos de criaturas aéreas en Point Pleasant y sus alrededores, y se dieron a conocer otros casos ocurridos días antes. En poco tiempo, tal como había aparecido, el fenómeno del hombre volador desapareció.

El ufólogo John Keel tomó declaraciones durante un año a numerosos testigos en cinco visitas a Virginia, pudiendo afirmar que al menos cien personas habían visto al mothman. Los detalles que más impactaron de su descripción del mothman fueron sus ojos «terroríficos», su tamaño y que ascendía en vertical sin batir sus alas, como si fuera un helicóptero, tal como dijo un testigo. En varios de sus escritos Keel relacionó aquella criatura con las observaciones de ovnis que se daban por aquellas fechas. Como ha encontrado Fernando Soto Roland,[23] cuando John Keel escribió por primera vez sobre el mothman en su libro *Strange Creatures from Time and Space* (1970), lo relacionó con el fenómeno ovni, pero aún no estaban presentes los supuestos dones proféticos del fenómeno, que inventaría después por influencia del fantasioso escritor Gray Barker. Es así que, en su obra más conocida, *The Mothman Prophecies*,[24] Keel relacionaría al hombre polilla una serie de coincidencias que creyó significativas, creando un fenómeno con connotaciones ocultas, fenómenos paranormales y conspiraciones. Keel manifestó que durante sus investigaciones para el libro recibió extrañas llamadas de contactados que le hicieron ominosos presagios, como el del

23. Fernando Soto Roland. «El hombre polilla (mothman) 1966-2016. 50 años sobrevolando el imaginario.» *La Razón Histórica*, n.º 36, 2017. <file:///C:/Users/USUARIO/Desktop/LRH%2036.11.pdf>.

24. John Keel. *The Mothman Prophecies*. Saturday Review Press, Nueva York, 1975.

hundimiento del puente llamado Silver Bridge, que se produjo el 19 de noviembre de 1967, en el que murieron 46 personas. Así pues, Keel relacionó toda una serie de fenómenos reales o imaginarios, como conspiraciones, hombres de negro y seres interdimensionales, por lo que no es de extrañar que él mismo dijera en cierto momento que la paranoia era solo un nivel razonable de alerta. Con toda esa mezcla de elementos, Keel compuso un fenómeno único en la ufología. En el fondo, entender al mothman implica conocer al que se puede considerar genuinamente el «autor».

JOHN KEEL Y EL MOTHMAN

La biografía de John Keel (1930-2009), de nombre verdadero Alva John Kiehle, no es fácil de conocer, porque él alimentó el misterio sobre sí mismo y hay momentos de su vida desconocidos incluso para los que fueron sus amigos, como Coleman. «El verdadero Keel puede seguir siendo un misterio para siempre»,[25] ha dicho este. Lo que contó, por otra parte, resulta incierto. Dijo haber estudiado guerra psicológica en el ejército y haber investigado al yeti en el Himalaya, entre otras cosas. Durante años vivió de producir programas de radio y televisión sobre fenómenos extraños y de escribir hasta 30 libros sobre temas diversos.

Hay casos en que un fenómeno queda indisolublemente unido a una personalidad que lo hace suyo, y este es el caso de John Keel con el mothman. Los sucesos de Point Pleasant de noviembre de 1966 sobre el «hombre polilla» nunca hubieran constituido más que una leyenda local de Virginia de no haber sido por aquel periodista casi desconocido que apareció por Point Pleasant buscando testigos: John Keel. Durante más de un año, en cinco visitas a la zona, se dedicó a entrevistar a todos los que tenían algún fenómeno que contar. Después publicaría una serie de artículos, capítulos de libros y en 1975 la obra que es ya un clásico del misterio: *The Mothman Prophecies*. Keel relacionó las visiones con el fenómeno ovni, y por su influencia el mothman ha quedado más asociado a la ufología que a la criptozoología.

John Keel fue un ufólogo carismático, contradictorio, iconoclasta de las ideas establecidas, paranoico y absolutamente original. Se ha dicho

25. Coleman, 2002, p. 115.

que su éxito se debió a que fue incapaz de escribir una frase aburrida. Con sus ideas, a veces extravagantes, Keel creó con la más conocida de sus criaturas, el mothman, el «hombre polilla», un fenómeno popular distintivo a partir de un nombre afortunado que no fue suyo. Aun así, la personalidad de Keel ha quedado de tal manera unida a su criatura que mencionar su nombre es pensar en el mothman. Él lideró la respuesta paranormal y ocultista a los animales extraños, relacionándolos con toda una compleja fenomenología *forteana* (por Charles Fort). En su característico estilo grandilocuente, oscuro y paranoide nos advierte de que países enteros han sido tomados por la «manía de los monstruos», pero las teorías mundanas no sirven para explicar esos fenómenos, sino que hay que abrir la mente a lo paranormal. Su solución para los críptidos tiene mucho que ver con sus conocidas teorías sobre los ovnis, que estarían dirigidos por criaturas extradimensionales que podían manipular la materia y la energía a voluntad y controlar nuestras mentes. En su opinión, extraños sucesos y criaturas son recurrentes en las mismas áreas año tras año. Esas localizaciones son algún tipo de ventana a otro mundo, es decir, que estas criaturas traspasan de su mundo al nuestro por esos «puntos ventana». «Los platillos volantes están lanzando monstruos peludos por todo el paisaje»,[26] dirá de forma provocadora. Y con su prototípica ambigüedad, dice que los monstruos son solo parte de ese «algo más». Son parafísicos y pueden asumir cualquier forma. Quiere decir que son solo una de las manifestaciones de algo más amplio. Con lo que estamos tratando es con «moradores de algún mundo invisible que nos rodea».[27]

El periodista Luis Alfonso Gámez escribió como necrológica en 2009 que Keel navegaba entre la credulidad y el escepticismo, porque en el epílogo de uno de sus libros consideraba que se habían tirado al retrete muchos millones investigando a Nessie o al chupacabras. Dice Gámez: «Dudo mucho de que el autor de ese epílogo se creyera al final de su vida la mayoría de las cosas que había escrito en sus libros. Más bien, pienso que John A. Keel jugaba a creérselo, a la ambigüedad como una manera de no mentir abiertamente, pero tampoco desentrañar el mis-

26. Keel, 2014, p. 59.
27. *Ibid.*, p. 273.

terio».[28] Es decir, recreaba la realidad al estilo *forteano*. Eso, la ambigüedad, fue su marca de autor.

La naturaleza del Mothman como un animal anómalo ha sido puesta en duda por el sector de la criptozoología tendente al estudio zoológico, pues consideran esta clase de visiones un fenómeno de otro orden, más paranormal o ufológico, o bien confusiones con búhos, lechuzas u otras aves. También habría que considerar que los casos del mothman recuerdan a ciertos sucesos de pánicos sociales de corta duración sobre visiones de bestias malignas, en los que las percepciones se ven alteradas por el miedo hacia una figura amenazante difundida por los medios de comunicación. Incluso un creyente en el factor paranormal como Loren Coleman admite que englobar todos los informes de aquellos días bajo el paraguas del «mothman», como hizo Keel, fue inadecuado. «Mientras cualquiera de nosotros, en retrospectiva, puede ahora ver claramente que *algunos* de los informes fueron observaciones de pájaros totalmente mundanos, Keel se encontraba en el centro de un vórtice»,[29] con lo que ha querido decir que debió de resultar difícil para él separar el grano de la paja cuando fue él quien construyó el fenómeno mothman como una categoría distintiva de lo paranormal. Otros críticos son menos magnánimos. Fernando Soto Roland cree simplemente que el hombre polilla es «*una burda mentira* con la que solo se buscó hacer dinero»,[30] pues pone en evidencia la invención por parte de Gray Barker de las características paranormales que Keel haría famosas.

Si pensábamos que el mothman era un mito apolillado al finalizar el siglo, la película *The Mothman Prophecies,* que se estrenó en 2002 (en España se tituló *Mothman: la última profecía*), lo relanzó de una manera imprevista. La película sacaba partido

28. Luis Alfonso Gámez. «Muere John A. Keel, el padre del hombre polilla.» <https://magonia.com/2009/07/07/muere-john-a-keel-padre-del-hombre-polilla/>.
29. Coleman, 2002, p. 48.
30. Soto Roland, *op. cit.*

Monumento al mothman en Point Pleasant.

a los aspectos más oscuros y paranormales del libro homónimo de Keel. En la película, Keel es representado por dos personajes: el que interpreta Richard Gere como periodista obsesionado y el experto que conoce todo sobre el mothman. Y con el impulso de la película, Point Pleasant se ha reinventado como «punto ventana» del turismo de lo anómalo, con un Festival Mothman, un Museo del Mothman y la inauguración de una estatua del bicho en bronce, aprovechando todo el potencial económico del invento.[31] Y desde 2016, con el viento de cola de la publicidad mediática por el 50 aniversario de su aparición, el hombre polilla se hace mayor, se emancipa de su pueblo y vuela lejos para hacerse global.

El «Perro Negro», fantasma de la noche

El Perro Negro *(Black Dog)* así, en singular y con mayúsculas como se suele escribir, es un ser mítico de la noche. Pero, a veces, aunque sea en la oscuridad, alguien lo ve. El «Black Dog» de las leyendas británicas parece una historia de fantasmas; es una

---

31. Fernando Soto Roland. «El hombre polilla —Mothman— y su permanente reinvención»; y «Regreso a Point Pleasant. Mothman: la restauración de la leyenda». <https://independent.academia.edu/FernandoJorgeSotoRoland>.

suerte de criatura sobrenatural, a veces interpretada como el mismo demonio, aunque también puede aparecer en forma benigna.[32] En su versión negativa, viejas leyendas dicen que es un espectro que se aparece en forma de perro a quienes están cercanos a la muerte, o bien como mal presagio. Verlo vagar cerca de casa por la noche es un mal augurio. Pero también se puede presentar como un acompañante nocturno que el caminante percibe como su protector. La folklorista Ethel H. Rudkin escribió en 1938 un artículo en la revista *Folklore*[33] sobre el fenómeno de las visiones del Black Dog con el que inició la investigación social de esta figura legendaria de la ruralidad británica. Ella descubrió que en su condado de Lincolnshire el Perro Negro ni era temido ni era considerado un mal presagio, como en otras zonas del país, sino una criatura amable, que en algunos casos protegía a la persona que lo veía. Ella misma fue testigo de él en 1926. Continuando su investigación, veinte años después otro folklorista, Theo Brown, descubrió 39 casos de visiones del Perro Negro documentadas y con testigos fiables, pero con una variabilidad que hacía casi imposible entenderlo. Unas veces parecía un perro sin cabeza, otras un animal diferente, hasta con forma de hombre. ¿Por qué entonces lo llamaban perro? «Cuando más pensamos solo en este fenómeno, más inexplicable se hace», escribía Brown.[34]

Aunque muy mutable de unas regiones a otras y con diferentes nombres, el Perro Negro se suele presentar como un animal más grande de lo ordinario, emite mal olor (rasgo típico de los críptidos), a veces descrito como del tamaño de un ternero, y quizá su característica más remarcable sean sus ojos, unos ojos refulgentes y fieros. Se da la circunstancia de que algunos testigos solo vieron dos ojos brillando «como unas ascuas encendidas», nada más. A veces el perro no es visto, solo oído. Y en ocasiones parece un espectro. Se cuentan toda una serie de casos en que el

32. Jacqueline Simpson y Steve Roud. *A Dictionary of English Folklore.* Oxford University Press, Nueva York, 2000.

33. Ethel H. Rudkin. «The Black Dog.» *Folklore,* vol. 49, n.º 2, junio de 1938.

34. Theo Brown. «The Black Dog.» *Folklore,* vol. 69, n.º 3, 1958.

testigo intentó golpear al perro con un bastón, un hacha u otro instrumento, y este pasó a través del perro sin tocarlo, o bien fue el perro el que cruzó un portón o una pared como si fuera inmaterial. Otras veces el perro se desvanece sin más en el aire. Naturalmente no existe ninguna prueba de todo esto, salvo que consideremos prueba una foto que Janet y Colin Bord presentaron en su libro *Alien Animals,* en la que se ve supuestamente cómo se desvanece la cabeza del «perro fantasma de Tingewick». Pero es una foto antigua, probablemente tomada en larga exposición, de manera que al mover el perro la cabeza esta no salió en la foto.[35]

Se sabe que las leyendas sobre el Perro Negro, en particular las del folklore de la punta suroccidental de Inglaterra, los condados de Cornualles y Devon, inspiraron a Arthur Conan Doyle para idear el perro de aspecto terrible y sobrenatural de su novela *El sabueso de los Baskerville,* con cuyo texto correspondiente al encuentro final con la bestia he encabezado este capítulo. De hecho, ese capítulo repetía alguno de los elementos comunes a la leyenda, como en «Los ojillos crueles, muy hundidos en las órbitas, aún daban la impresión de estar rodeados de fuego».

En el último medio siglo el Perro Negro se ha desvanecido; algunos dicen que se ha transformado en otra cosa: el «gran felino fantasma», el más exitoso de los llamados «animales fuera de sitio».

Perros fantasma en España

En el año 2017 algunos colaboradores del programa de radio *Cantabria Oculta* informaron de encuentros con animales extraños que estaban sucediendo en la comarca de Cabuérniga, en el interior de Cantabria. Antonio Gutiérrez Rivas[36] recogió fielmente las entrevistas que hizo a los testigos, y comprobó que resultaban bastante coincidentes en la descripción de un animal blanco con aspecto de oso o de cánido de gran tamaño, y con movimientos muy ágiles, aunque una mujer dijo que le recordaba más a un go-

35. Bord y Bord, 1980, pp. 87-88.
36. Antonio Gutiérrez-Rivas. «El perro del inframundo.» *Aguanaz,* n.º 1, 2018.

rila. Algunos de los testigos son buenos conocedores de la fauna local, y, aun así, invariablemente dijeron que nunca habían visto nada igual. Un detalle curioso es que dos personas coincidieron en la sensación de que lo que vieron no era un animal como lo entendemos, sino un demonio, «algo sobrenatural e incluso maligno». Una observación más extraña sucedió cerca de Santillana del Mar. Un padre y su hijo vieron venir corriendo algo a dos patas, pero se acercaba como planeando o levitando. Sobre estas observaciones el veterinario jefe del Parque de la Naturaleza de Cabárceno, Santiago Borragán, solo pudo pensar como posible explicación, entre la fauna autóctona, la visión de un ciervo o un corzo, y menos probable un lobo o un oso albinos porque un animal así habría sido visto por mucha gente. Como animal alóctono pensó en un mastín de gran tamaño que hubiera quedado suelto. Gutiérrez-Rivas compara estos casos con una serie de leyendas sobre lobos o perros blancos, como el Gos Nonell del Pirineo catalán, o bien monstruosos, como el Dip, un perro negro vampírico, que figura en el escudo del pueblo catalán de Pratdip.

El urco gallego y asturiano es uno más de los mitos de perros salvajes que abundan en distintas regiones de Europa. En Galicia se habla del urco como de un perro oscuro con cuernos, con características demoníacas, que sale de noche del mar y se pasea por las encrucijadas arrastrando cadenas. Se le distingue por su aullido fuerte y lastimero, que hiela la sangre. Como los perros británicos, ver al urco, incluso oír sus ladridos, es señal de mala suerte. Pero, sobre todo, el urco es anunciador de muerte o desgracias. Casa en la que se para, raro es que al despuntar el día no haya llanto, se dice. También se le achaca llevarse a los niños, como cualquier monstruo que se precie, pero este se los lleva al mar. A menudo va acompañado por una jauría de perros detrás. Y como a toda creencia el vulgo le saca punta, un atrevido vecino de Pontevedra llamado Andrés Muruais se vistió un día de 1876 con pieles y una máscara de animal en la cara, y dando aullidos se paseó por las calles entre exclamaciones de «¡o urco!, ¡o urco!». Este hecho tan pintoresco inspiró la inclusión de la leyenda del urco entre las celebraciones del entroido, el carnaval gallego, con el nombre de Rey Urco.

Capítulo 12

ANIMALES FUERA DE SITIO Y LEYENDAS CONTEMPORÁNEAS

FELINOS, SERPIENTES Y OTRAS RAREZAS

La jirafa es un caballo alargado por la curiosidad.

RAMÓN GÓMEZ DE LA SERNA. *Greguerías*

Vamos a tratar ahora con criaturas que han invadido la tranquilidad de nuestro mundo cotidiano. Son animales conocidos que se salen de su hábitat natural y se presentan en un espacio que no es el suyo, sino el nuestro. Diríamos que es una irrupción de lo salvaje en la civilización. La criptozoología define a este objeto de estudio como animales «fuera de sitio» *(«out-of-place»)*. Es el caso de los grandes felinos o las serpientes observadas en Europa. De todas las partes del mundo, hasta de las ciudades, llegan noticias o rumores de apariciones de criaturas misteriosas y no naturales al lugar. ¿Son animales escapados de un zoo o liberados por alguien, o son fruto del rumor y de la leyenda urbana? Nos encontramos en un terreno ambiguo entre lo natural y lo legendario, en la frontera entre la ecología de las especies introducidas, la criptozoología y el folklore. La misma falta de detalles comprobables de este tipo de observaciones hace que el fenómeno de los animales fuera de sitio quede en una nebulosa propia de las leyendas contemporáneas, categoría a la que al final terminan reducidas estas observaciones criptozoológicas por falta de pruebas fehacientes.

Terminaré el capítulo con otros animales desubicados, pero estos fuera de su tiempo, porque pertenecieron al pasado y parecen resurgir de la extinción, si hemos de hacer caso a los informes sobre las observaciones de los testigos.

Voy a recoger solo algunas muestras representativas de las criaturas fuera de su lugar y tiempo, ya que el tema daría para un libro monográfico.

Grandes felinos fantasma y leyendas contemporáneas

En agosto de 1962 empezaron una serie de avistamientos en el sur Inglaterra de lo que la prensa llamó «el puma de Surrey», que se ha hecho un clásico, de tal manera que tiene su propia entrada en la Wikipedia. El periodo álgido fue entre los veranos de 1964 y 1966, en que la policía de Surrey registró 362 observaciones de lo que provisionalmente se calificó de «pumas», de las cuales 42 fueron consideradas válidas o creíbles.[1] Que esto sucediera a apenas 30 km del centro de Londres no parecía afectar a estas visiones. Desde entonces, los británicos han consolidado ya un fenómeno propio que llaman *alien big cats* (ABC) o felinos fantasma *(phantom cats)*, es decir, observaciones de grandes felinos como panteras, leopardos, etcétera. Algunos serían como gatos grandes del tipo del lince. Las visiones de felinos se dan, normalmente, de forma espacialmente localizada, pero repetida en el tiempo, como la del «puma de Surrey», o bien se presenta como un episodio local de corta duración, como un león observado en Nottingham por primera vez el 29 de junio de 1976 cuya publicidad en la prensa motivó que se reportaran la siguiente semana más de 60 avistamientos. En este caso la policía creía al principio que había una fiera suelta, pero cuando no se encontró nada se acabó convenciendo de que todo era un error de percepción, y el fenómeno desapareció.

En 1983 el puma de Surrey quedó eclipsado por un nuevo fenómeno localizado que se ha llamado la «bestia negra de Exmoor», un supuesto depredador que ha sido visto en el parque

---

1. Michael Goss. «Alien Big Cat Sightings in Britain: A Possible Rumour Legend?» *Folklore*, vol. 103, n.º 2, 1992.

nacional de Exmoor, en la costa de Devon, Inglaterra, desde los años setenta, pero que saltó a la fama en 1983 cuando un granjero denunció que algo había atacado y dado muerte a cien ovejas en tres meses. De hecho, el número de animales matados requeriría más de un animal, pero estos fenómenos se tienden a individualizar en una criatura como si fuera un asesino en serie, lo que tiene algo de sobrenatural. El caso fue muy llamativo mediáticamente porque se desplegaron comandos de marines en puestos de observación en Exmoor para encontrar a la fiera. Algunos testigos dijeron haber visto un felino como un leopardo negro, aunque otros vieron un canino, sin que quedara ninguna prueba de ello. A los seis meses la operación de los marines terminó sin que se hubiera encontrado al culpable de las matanzas de ganado.

En el páramo de Bodmin, tierra de pastos de ganado en el condado inglés de Cornualles —con tradición de religiones paganas, creencias mágicas y leyendas artúricas—, se encuentran a menudo ovejas muertas, mutiladas o destrozadas por algún animal feroz al que se ha puesto el nombre de «bestia de Bodmin». A diferencia de otros monstruos, este tiene connotaciones mitológicas. Para empezar, es polimorfo; lo mismo se puede presentar como una pantera negra que como un león, aunque las observaciones a veces se limitan a ser de un par de ojos brillantes y una sombra en la oscuridad, con la connotación de ser un espectro anunciador de la muerte. El Ministerio de Agricultura británico realizó en 1995 una investigación de seis meses sobre las muertes de ganado en Cornualles y no se pudo probar la existencia de ningún gran felino asociado a ellas. Poco después de hacerse público el informe, un adolescente encontró en el páramo un cráneo de un gran felino y lo facilitó al Museo de Historia Natural de Londres para su verificación. El museo confirmó que el cráneo pertenecía a un leopardo, pero se descubrió que se le había quitado la carne con un cuchillo y había sido meticulosamente limpiado. El animal no había muerto en el páramo, sino que alguien había colocado allí el cráneo. Con toda probabilidad, había formado parte de una alfombra de piel de leopardo.[2] Otros

2. Coleman y Clark, 1999, pp. 31-32.

fraudes del mismo tipo aparecieron por la misma época. El Departamento de Medio Ambiente británico no cree que exista un gran felino en el sur de Inglaterra, pero lo más probable es que la bestia de Bodmin siga existiendo en el imaginario de la gente mientras se sigan encontrando ovejas despedazadas y alguien siga observando una sombra en la noche.

¿Por qué se ve esta clase de animales salvajes? Nadie conoce la respuesta, pero su éxito popular en Gran Bretaña podría deberse a que los lobos fueron exterminados allí hace tres siglos y no existe ningún animal de cierto tamaño (el único carnívoro de Gran Bretaña que podría confundirse con un gran felino es el tejón), lo que hace la idea de un gran predador más excitante. El fenómeno de los grandes felinos, aunque relativamente reciente, ya forma parte de la tradición popular contemporánea, como lo prueba su entrada en los manuales de folklore. Según el *Dictionary of English Folklore* de Simpson y Roud, solo en el año 1997 se produjeron en el mundo 304 noticias de prensa de grandes felinos en 34 países.[3] Y los avistamientos de grandes felinos han levantado tal interés entre los británicos que en 2001 se creó una sociedad dedicada específicamente a este tema, The British Big Cat Society, que en su primer año y medio de actividad registró más de mil casos solo de Inglaterra, mientras que la sociedad homónima escocesa recogió otros mil de Escocia.[4] El fenómeno de los *alien big cats,* o ABC, consiste normalmente en avistamientos fugaces, de ahí que las raras pruebas materiales que hay de ellos sean fotos borrosas y filmaciones muy dudosas. En el libro *Alien Animals,* de Janet y Coling Bord,[5] la prueba que se presenta de un ABC es una foto en la que se ve a un felino mirando a la cámara. Fue un «puma» fotografiado por el expolicía Ian Pert en Worpresdon, Surrey, desde una distancia de 30 m. A juzgar por el tamaño del edificio que se ve detrás, es más que patente que lo que nos mira es un gato doméstico. Así que al fi-

---

3. Jacqueline Simpson y Steve Roud. *A Dictionary of English Folklore.* Oxford University Press, Nueva York, 2000.

4. Newton, 2009.

5. Bord y Bord, 1980.

nal todo lo que nos queda sobre los ABC son testimonios. Pero hay una diferencia con algunas otras criaturas como los «perros negros». Como ha hecho notar Brian Regal, los ABC no son entidades espectrales ni están asociados a significados esotéricos. Se los considera animales en el pleno sentido de la palabra.[6]

Entre las especulaciones más salvajes que se han dado a los ABC está la que los hace descendientes de grandes felinos que sobrevivieron a la última glaciación, hace diez mil años. Otras explicaciones son más mundanas. Se han querido explicar algunos casos como animales escapados de circos o liberados por particulares, diciendo que los felinos se hicieron más frecuentes en el Reino Unido tras la aprobación de la Ley de Animales Salvajes Peligrosos de 1976, que prohibía la posesión particular de panteras, leones y otros animales peligrosos. Pero solo se conoce un caso que se pueda adaptar a esta explicación. En 1980, un puma manso escapado fue capturado por un campesino en Cannich, Escocia. El animal pasó el resto de su vida en un parque de vida silvestre y luego su cuerpo disecado quedó en exhibición en el Museo de Inverness.

Los expertos ambientalistas han puesto como objeción a la existencia de grandes felinos en el sur de Inglaterra que una sola pantera habría necesitado matar 250 ciervos al año para alimentarse, y las cifras dicen que no se da una reducción en las cifras de la fauna local. Otros datos parecen demostrar lo improbable de los ABC. Alrededor del año 1965 se estaba registrando un avistamiento diario de un puma o algo parecido, pero de esas observaciones solo una décima parte tenía un fundamento sólido. En ocasiones se estaba avistando a un felino en dos lugares a la vez, y en una semana en concreto se reportaron observaciones en diez lugares diferentes.[7] Se ha dicho que el número de observaciones de ABC sobrepasa con mucho lo que sería razonable esperar de una población de felinos sueltos, y que la gente cree en ellos porque quieren algo mágico en su entorno o reflejan los

6. Brian Regal. *Pseudoscience. A Critical Encyclopedia*. Greenwood Press, Santa Bárbara, 2009.
7. Coleman, 2002, p. 228.

deseos inconscientes de la gente. Como comenta el periodista Mark Wilding, independientemente de que estén o no merodeando los campos, «es intrigante preguntarse por qué muchos de nosotros queremos que lo estén».[8]

A diferencia de la tradición británica de los *alien big cats,* en Francia los medios de comunicación no han dedicado mucha atención a apariciones de bestias y gatos misteriosos, cuando ecológicamente sería más factible verlos en el continente europeo. ¿Por qué? La socióloga experta en leyendas contemporáneas Véronique Campion-Vincent ha señalado que «esta indiferencia francesa se basa en la ironía del periodista hacia la población local a quien fácilmente declarará atrasada y estúpida».[9] En un estudio que realizó (con la colaboración de Pierre Lagrange) a finales de los años ochenta sobre relatos de animales salvajes, afirma que, aunque hay casos reales en que estos animales han sido liberados por sus dueños, cuando se realiza una investigación oficial la explicación que se suele dar de las apariciones se refiere a perros abandonados. En todo caso, «lo que causa una emoción colectiva es la intrusión de lo salvaje» en nuestra sociedad. La frecuencia de estos casos ha aumentado con la aprobación de políticas de protección animal y con la reintroducción de especies —lo que provoca un rechazo popular— desde un nuevo concepto de convivencia ecológica. Según Campion-Vincent, estas historias movilizan un repertorio cultural antiguo sobre felinos y lobos, debido a que la lucha contra los lobos ha dejado una impronta perdurable en la cultura popular francesa. Los ABC simbolizan, para la autora, la ferocidad y la codicia, pero también la belleza, la seducción y el poder, de ahí que los felinos hayan aparecido en la heráldica.

En Italia empezó en 1990 un fenómeno de este tipo tras la visión por un joven de dieciocho años, en pleno día, de una pantera que cruzaba la carretera delante de su coche en los alrededo-

---

8. <https://www.theguardian.com/global/2019/apr/14/britains-big-cats-are-pumas-running-wild-or-is-it-our-imagination>.

9. Véronique Campion-Vincent. «Appearances of Beasts and Mystery-Cats in France.» *Folklore,* vol. 103, n.º 2, 1992, p. 170.

res de Roma. La prensa nacional trató la noticia con titulares sensacionales, lo que seguramente influyó para que se reportaran nuevas observaciones del mismo animal, aparecieran huellas y se tomara alguna foto de un felino, todo lo cual dio lugar a una auténtica psicosis de la pantera. El fenómeno se fue desplazando después a otras zonas. Cuando se encontraron ovejas muertas, se atribuyó al felino. En 1992 se dio otra ola de apariciones de la pantera (o un león, o un leopardo) en distintas regiones de Italia, y se llegó a movilizar a carabineros, bomberos y guardabosques en la búsqueda del animal. Nuevas visiones se repitieron en los años siguientes, con algún episodio localizado de psicosis. Paolo Toselli[10] descubrió que se había empezado a hablar de una pantera incluso antes de que se hubiera descrito al animal, y este prejuicio pudo haber influido sobre otros observadores, que quizá solo vieron perros errantes. Según Toselli, estas apariciones utilizan la ensoñación de los grandes temas de lo maravilloso para camuflar una angustia tangible. Su hipótesis es que todo fue producto de una epidemia psíquica alimentada por la imaginación. En el imaginario colectivo se encuentra el lobo, pero este es un animal en extinción en Italia, mientras que hay un millón de perros errantes a los que se debe el 90 % de los daños que se han informado sobre el ganado. En el imaginario actual de la vida urbana, las panteras, los tigres y los leones tienen un fuerte contenido simbólico y han sustituido a la clásica figura del lobo para encarnar los miedos, pero también «el deseo de libertad y armonía con la naturaleza».

Las panteras fantasmales volvieron con fuerza a Italia durante la pandemia de la COVID-19. En abril de 2020 se produjeron fenómenos localizados de visión de felinos, como «la pantera de Campania», y sucesos esporádicos en las provincias de Avellino y Benevento, que duró desde abril a junio. Todo empezó el 21 de abril con la difusión de una filmación de alguien que dijo haber visto una pantera negra. Era una filmación muy pobre de algo como un gato grande, pero a las pocas horas otras personas es-

10. Paolo Toselli. «La panthère fantôme: Les apparitions italiennes.» *La Gazette Fortéenne,* vol. II, 2003.

taban comunicando haber visto a la «pantera». Hubo muertes de animales de granja, por lo que las autoridades tomaron el asunto en consideración, y como señalan Sofia Lincos y Giuseppe Stilo,[11] se produce un mecanismo bien conocido en las paraciencias: la asunción de un problema inusual por algunas autoridades es presentado por los medios de comunicación como un respaldo, como prueba de la realidad. El hecho es que los resultados del análisis de ADN de los cadáveres de animales supuestamente matados por el «felino fantasma» apuntaban más bien a la autoría de uno de los cientos de perros abandonados que deambulan. Y con ello terminó el problema y la leyenda se desinfló.

La última oleada de panteras en Italia ha sido a principios de 2021 en la región de la Apulia, en plena pandemia del coronavirus. Las primeras observaciones se produjeron a principios de enero entre las provincias de Bari y Brindisi, y, aunque los expertos dedujeron por las huellas que no eran de un felino, la idea de la pantera caló enseguida. El inicio de una especie de psicosis por la presencia de una pantera se dio de lleno en la localidad de Castellana Grotte a partir del 6 de febrero, con noticias de una bestia «negra como un gato, pero más grande». Empiezan los rastreos de carabineros forestales y policías locales, hasta con helicóptero. Algún alcalde prohíbe las actividades deportivas al aire libre. Y comienzan los rumores, como el que dice que se trata de una pantera de un capo mafioso que se ha escapado. A mediados de febrero se produce el pico del «pánico», pues los casos se acercan a las zonas urbanas. La Prefectura de Bari convoca una reunión de organismos competentes en la que se aprueba un «decálogo» de normas a tener en cuenta por la población, dando por sentada la presencia del animal, lo que no contribuye a tranquilizar precisamente. Según algunos comentarios en las redes, las noticias eran un truco para hacer permanecer a la gente en casa durante el confinamiento por la pandemia. Como dicen los investigadores

---

11. Sofia Lincos y Giuseppe Stilo. «La pantera campana del 2020.» <https://www.leggendemetropolitane.eu/post/la-pantera-campana-del-2020>.

Lincos, Stilo y Toselli,[12] «esta no es una pantera como cualquier otra: es internacional, urbana, una fuente de historias sobre jefes de pandillas, comentarios en las redes sociales y memes». Las fuentes tradicionales de las leyendas urbanas, los periódicos importantes de tirada nacional, han perdido su relevancia en esta narrativa, en favor de las redes sociales. La pantera de la Apulia no quedará como un caso más de felinos salvajes.

¿Animales extintos aún vivientes? El mapinguarí, el tilacino y el leopardo de Zanzíbar

Uno de los seres míticos de los indígenas del Amazonas emerge a la «realidad» en relatos de personas que dicen haberlo observado: el mapinguarí. La leyenda dice que el mapinguarí es una criatura homínida, pero toma otras formas diferentes. Es mucho más grande que un hombre, está cubierto de pelo, pero también de una piel gruesa y escamosa, y tiene un solo ojo. Y lo más extraordinario de todo: tiene una boca u hocico en la panza que le permite apresar a sus víctimas, y por ella emite un olor nauseabundo. Los indios dicen que es una criatura dañina que ataca al ganado. Si todo suena a animal fabuloso, el biólogo David Oren ha recogido más de cien testimonios de personas que lo han observado personalmente, así que Oren cree que se trata de un animal desconocido, una especie de perezoso gigante de 2 a 3 m de altura. El perezoso gigante fue un animal prehistórico de Sudamérica llamado milodón, que se extinguió hace casi 10.000 años, pero Oren cree que habría sobrevivido y estaría oculto en la selva amazónica. En seis expediciones por la selva en busca del que sería el mayor mamífero de Sudamérica, Oren filmó troncos rotos por alguna bestia imponente y grabó el sonido de bramidos aterradores, pero sigue sin ninguna pista fehaciente del fabuloso mapinguarí.

12. Sofia Lincos, Giuseppe Stilo y Paolo Toselli. «Il Grande Panico pugliese della pantera.» <https://www.leggendemetropolitane.eu/post/il-grande-panico-pugliese-della-pantera>.

Soto Roland[13] refiere que desde 1526 se ha hablado en la Patagonia de una criatura con cara de león y larga cola llamada Sú (o Succarath), y otras referencias a una bestia cruel y rapiñera que soltaba terribles bramidos. En 1895 se encontró en una cueva un trozo de cuero fresco. El paleontólogo sueco Einar Lönnberg lo examinó y dijo que pertenecía a un milodón. Florentino Ameghino aprovechó para afirmar que el milodón seguía vivo en las llanuras de la Patagonia, y añadió que el político Ramón Lista le había contado que se había topado con uno y que llegó a disparar sobre él sin alcanzarlo. Esto no se pudo corroborar porque para el momento en que Ameghino contó esto, Llista llevaba un año muerto.[14] La popularidad del caso, independientemente de la poca credibilidad de Ameghino, motivó al diario londinense *Daily Express* a enviar una misión a Argentina para la caza del monstruo, sin ningún resultado.

Quizá no haya habido un animal que haya sido más perseguido hasta que se extinguió en 1936 y que sea más deseado cuando ya no existe: el tilacino o «tigre de Tasmania» *(Thylacinus cynocephalus)*. Este lobo marsupial de pequeño tamaño era ya escaso cuando los primeros europeos se establecieron en 1803 en la isla de Tasmania, ya que era sometido a caza por los aborígenes, y luego sufrió persecución porque molestaba a los tramperos y a los ganaderos, hasta el punto que se ofrecieron recompensas por su caza. En 1930 se abatió por última vez a un tilacino salvaje, y el último ejemplar conservado en un zoológico murió en 1936, desapareciendo así la especie. Y, sin embargo, como señala Frenz, el tilacino es «uno de los animales extinguidos más frecuentemente avistados del mundo».[15] Se han comunicado más de dos mil avistamientos del tigre. ¿Cómo se puede entender esto? Quizá la explicación está en la fuerza del deseo de volver a poseer un animal que está en el escudo de Tasmania.

13. Fernando Jorge Soto Roland. «Jorobas, cuellos largos y fantasías. La leyenda de "Nahuelito", la bestia lacustre del lago Nahuel Huapi.» <https://independent.academia.edu/FernandoJorgeSotoRoland.>

14. Frenz, 2014.

15. *Ibid.*, p. 154.

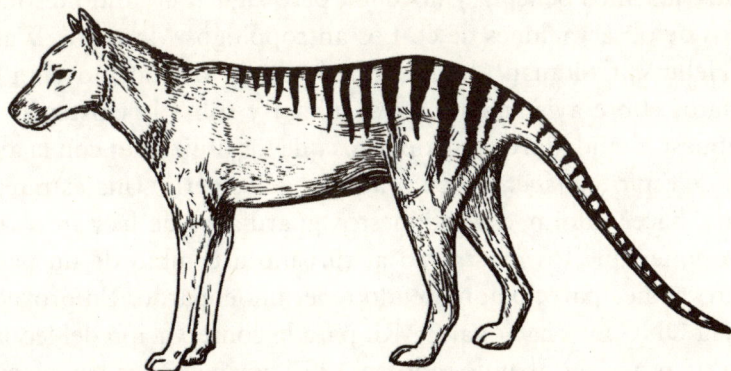

El tilacino o tigre de Tasmania.

La situación ahora en Tasmania es muy diferente de la que había hace más de un siglo, cuando se perseguía al tilacino. La moderna apreciación sobre la conservación de la biodiversidad, la importancia del turismo de medio ambiente y el cambio de percepción sobre el patrimonio natural han atraído la atención de la criptozoología sobre el tigre de Tasmania, y, sin duda, han jugado un papel esencial en la multiplicación de observaciones del mismo en la segunda mitad del siglo xx, precisamente cuando ya no existía.

El llamado «leopardo de Zanzíbar» no es un animal fantástico, sino real; lo fantástico es su supervivencia actual. Por ello entra en una categoría especial de críptidos: los animales reales que se han extinguido recientemente. En la isla de Zanzíbar, perteneciente al estado de Tanzania, la leyenda de que el leopardo autóctono *(Panthera pardus adersi)* era utilizado en el pasado por los brujos para causar daño hizo que el animal fuera temido por la población. En la revolución que siguió a la independencia de Zanzíbar en diciembre de 1963, y en el caos que se produjo,[16] hubo un movimiento de caza de brujos y de exterminio de leopardos. Se supone que el último leopardo autóctono se extinguió

16. Zanzíbar se independizó en diciembre de 1963, tras lo cual hubo un periodo de caos en la isla unido a la matanza de la población árabe. En 1964 se unió al territorio de Tanganika para formar el actual Estado de Tanzania.

401

entre los años ochenta y noventa, pero siguen llegando testimonios de observaciones de él. Los antropólogos Martin T. Walsh y Helle V. Goldman[17] han estudiado desde los años noventa los relatos sobre avistamientos del animal y sobre la existencia de supuestos cuidadores de leopardos que los utilizarían con la ayuda de espíritus *(shetani)* en prácticas de brujería. Una estrategia para hacer aflorar esos supuestos guardianes de leopardos fue proponer que los mostraran al turismo a cambio de un pago, pero nadie apareció admitiendo tener un leopardo. Un proyecto de la ONG internacional CARE para la conservación del leopardo tuvo que ser abandonado en 1997 porque todas las búsquedas emprendidas resultaron infructuosas y no se pudo demostrar la supervivencia de la especie. En 2003 el Ministerio de Recursos Naturales presentó a la Cámara de Representantes una propuesta de compra de leopardos que estuvieran siendo guardados privadamente, pero de nuevo nadie se presentó para vender uno.

Walsh y Goldman se dieron cuenta de que toda la narrativa sobre los leopardos era demasiado fantástica para ser real, y que equivalía a otras creencias sobre la brujería. Tanto los leopardos como los brujos eran entes imaginarios. Incluso los cazadores y especialistas piensan que las creencias hacen que la gente tienda a interpretar como un leopardo cualquier pequeño carnívoro de la isla, como la civeta o la jineta. Según los antropólogos, la pregunta de si el animal existe o no carece de sentido si no es desde la óptica de la cultura en la que se manifiesta. La creencia persistente entre la población rural de que el leopardo sigue vivo lleva a un conflicto de percepciones entre los creyentes y los conservacionistas, que no han encontrado qué proteger.[18] El leopardo de Zanzíbar es aún generalmente temido por la población rural,

---

17. Martin T. Walsh y Helle V. Goldman. «Killing the king. The demonization and extermination of the Zanzibar leopard» y «Cryptids and credulity. The Zanzibar leopard and other imaginary beings». En Samantha Hurn (ed.). *Anthropology and Cryptozoology: Exploring Encounters with Mysterious Creatures.* Routledge, Nueva York, 2017.

18. Martin T. Walsh y Helle V. Goldman. «Chasing imaginary leopards: science, witchcraft and the politics of conservation in Zanzibar.» *Journal of Eastern African Studies,* vol. 6, n.º 4, noviembre de 2012.

aunque según los antropólogos citados se estaría viendo una tendencia parecida a la que ha tenido la apreciación del tilacino en Tasmania, al menos entre las autoridades zanzibarís.

Encuentros con lo inesperado en España: serpientes, panteras y otros sustos

En 2020, durante el confinamiento por la pandemia de la COVID-19, vimos imágenes en televisión de jabalíes o lobos caminando tan campantes por pueblos y pequeñas ciudades españolas. Eso sí que eran animales fuera de sitio. Parecía que la naturaleza reclamaba sus posesiones. Se trataba de animales que todos conocíamos, pero a los que nunca habíamos visto compartir nuestro espacio cotidiano. Si eso, después de todo, era lo esperado cuando abandonábamos las calles y las carreteras, lo que no podíamos esperar era que la jungla africana se nos metiera en casa. Eso al menos parecía cuando vecinos de Ventas de Huelma, provincia de Granada, dijeron haber visto a un gran felino. Luego otra persona consiguió fotografiarlo y se comprobó que solo era un gato. Falsa alarma, pero en las últimas décadas parecen haberse asentado en España los rumores sobre grandes felinos extraños, que antes parecían un fenómeno genuinamente británico. No podemos presumir de la cantidad de casos del Reino Unido, pero algunos se han dado aquí. Y tal vez a imitación de otros lugares, hemos tenido nuestras leyendas contemporáneas sobre distintos monstruos. Vamos a hacer un repaso.

Serpientes y cocodrilos en España

Todos hemos oído leyendas urbanas sobre visiones de serpientes. No es extraño, porque su lugar de origen es el folklore. En el legendario vasco se encuentra, según el etnólogo padre Barandiarán, una sierpe terrorífica que vivía en las laderas de la peña de Orduña, que tenía una lengua de fuego, echaba veneno por los ojos y se comía a las personas. Un ángel le cortó la cabeza. También recogió una leyenda que decía que en una cueva de Azalegui vivía antiguamente una serpiente de siete cabezas que atraía al ganado y lo devoraba. Un conde llenó un pellejo de pólvora, la serpiente se la comió y ahí se acabó el cuento.[19]

En la cornisa cantábrica en general existe una serpiente mítica llamada cuélebre (también cúlebre o culebre, según los sitios), cuyo cometido era custodiar valiosos tesoros y a personajes encantados. Antonio Gutiérrez-Rivas y Alberto Martínez Beivide han tomado testimonio de la gente mayor en su rastreo de la provincia de Cantabria persiguiendo tradiciones, y han encontrado perlas como esta, reflejada en su habla espontánea:

> Entonces contaban que en una de las cuevas pues que salía mucha niebla y que habían visto pues un cúlebre, una culebra enorme. Y desapareció una chica y entonces se dijo que había pasado por allí por la cueva, que además era un torco, no era una cueva. Que habían visto cómo había salido el cúlebre y que se había comido a la chica y que lo único que quedaba allí eran los zapatos.[20]

Menos conocido que la leyenda del cúlebre es que a lo largo de la geografía española han sido vistas serpientes de gran tamaño por la población rural, historias que han quedado olvidadas en pequeñas noticias de periódico. Antonio Gutiérrez-Rivas ha cribado las hemerotecas digitales desde mediados del siglo XIX y ha encontrado en periódicos españoles referencias a serpientes o grandes culebras de 5, 6 y hasta 8 m de largo, que me ha facilitado. En la sierra de Enguera (Comunidad Valenciana) unos campesinos dieron muerte en 1859 a «una portentosa culebra», que pesó «tres arrobas y algunas libras», es decir, unos 40 kg (la arroba valenciana equivalía a 12,78 kg).[21]

En la *Revista de Gandía*[22] se publicó en el verano de 1923 una

---

19. Jesús Callejo. *Bestiario mágico*. EDAF, Madrid, 2000, pp. 62 y 78.
20. Emitido en el programa de radio *Cantabria Oculta*, en Arco FM.
21. Diario *La Paz*, Murcia, 18 de julio de 1859.
22. El Tío Pepe. «La serpiente de Els Marells.» *Revista de Gandía*, 18 de agosto de 1923.

crónica que da todo su sentido al término «serpiente de verano».
«¡Atiza! La órdiga! Mi mare!» *(sic)*, empezaba con desparpajo el
reportero que firmaba como El Tío Pepe la narración de una
misión especial encomendada por su periódico en busca de la
serpiente que había aparecido en Els Marells. Una vez en el lugar, un informante le contó de «una serpiente que, cuando menos lo hemos pensado, ha aparecido en el río y ha llenado *tots els
Marells* del mayor de los sentimientos». Las mujeres, para ir al
Grao, preferían dar un rodeo de una hora por Gandía antes que
acercarse al río. Afirmaba el testigo que faltaban muchos conejos
y muchas gallinas de los corrales, que las ranas del río ya se las
había terminado la serpiente. Sobre si había testigos, contesta el
informante: «Han sido lo menos seis; y no criaturas, sino hombres bragados que han tenido que echar a correr a más que paso
de galgo». «Será muy grande», inquiere el reportero. «Como que
tiene de veinte a veintidós palmos», contesta el lugareño. «¡Pero
hombre!», replica el periodista. Más adelante el campesino describe a la serpiente: «De gorda es más gorda que ese poste». A la
pregunta de si se la ha intentado cazar, responde: «Esa sabe más
que un abogado. Primero le puso *su casero* una cazuela de leche
envenenada y se la zampó sin que el arsénico la hiciese mella alguna». Tres cazuelas se le pusieron, y la serpiente aún mató tres
gallinas y al perro, y seguía sin aparecer. El dueño de la finca
había ofrecido cuarenta duros al que la matara, pero nadie se
atrevió. Como es propio del género periodístico de la serpiente
de verano, de la bestia no se supo más.

En el pueblo asturiano de Restiello y otros de la zona de Sal-
cedo se hablaba en 1927 de la existencia de una «enorme culebra» de 7 m, que tenía la particularidad de que su cuerpo era
aplanado en vez de cilíndrico. Cuenta el reportaje por capítulos
de Villamil en el diario *Región*[23] que primero la vieron unos aldeanos, y «el terror que se apoderó de su ánimo no es para descrito». Salieron dando grandes gritos que atrajeron a los vecinos.
«Las mujeres empezaron a persignarse y todos echaron a correr

---

23. Villamil. «En una pradería, en Restiello...» y otros dos titulares. *Diario
Región*, Oviedo, 16, 19 y 23 de agosto de 1927.

como una exhalación.» Por la noche, cuando los jóvenes volvían
de cortejar, oían unos silbidos en esas horas de sosiego que siguen al día. No faltó quien desconfió de los rapaces y pasó algunas noches en vela, hasta convencerse de que era verdad. Saltó la
noticia fuera de la comarca cuando vieron la serpiente...

> [...] unos cazadores forasteros, los cuales dicen ser más larga de lo
> que se dice y tener un cuerpo que no andará muy lejos de un metro
> de ancho.
>
> Trataron los cazadores de hacerle frente, pero se iba en direc-
> ción a ellos arrastrándose con suma ligereza y sin que le hicieran
> mella los ocho o diez disparos que hubieron de hacerle, optaron
> por retirarse poseídos de verdadero miedo.

En los dos siguientes capítulos de la crónica crece la intriga,
Villamil se lanza a buscar a la serpiente en su terreno acompañado por el testigo Pacholo, y llega el momento culminante. Allí
estaba la enorme culebra, «a 2 m de nosotros, enroscada como
si fuera un mazapán», escribe el aguerrido reportero. Empezó la
culebra a deslizarse hacia ellos, y Pacholo grita: «¡Auxilio, vecinos, que somos muertos!». Al poco rato estaba allí todo el vecin-
dario de Restiello armado de palas, hoces, guadañas y azadones.
Todos a una se abalanzaron hacia la culebra, pero esta huyó
veloz hacia el arroyo. Y ahí quedó la historia, con final abierto
como para una secuela, que decimos ahora. Pero nunca se produjo.

En 1955 se publicó una noticia en el *ABC* sobre un extraño
animal que había causado el terror en Écija. Tenía forma de perro
lobo con cuernos y hocico afilado, y cuando se le intentaba cazar
a tiros se ocultaba en el río. Se creía que era un manatí.[24] Pues
bien, aquello motivó a un por entonces joven escritor y exdirector
del *ABC* Torcuato Luca de Tena a dedicarle un artículo, y el tema
no era más que una excusa para recordar que los cronistas de Indias ya escribieron sobre el descubrimiento del manatí como un
extraño mamífero «medio buey medio pez» que presentaba un

24. *ABC*, 25 de noviembre de 1955.

problema a la hora de ingerirlo sin incumplir la vigilia: no se sabía si era carne o pescado.[25]

Javier Resines incluye las visiones de serpientes en España en la categoría legendaria del saetón, el «dragón de Sierramorena». Su descripción es la de una serpiente como de 2 m, cabeza abultada y —detalle legendario donde los haya— capacidad de volar y de hipnotizar a sus víctimas.[26] Si vamos a la memoria histórica, encontramos casos, o rumores, sobre visiones de serpientes. En 1970 circularon comentarios en Orihuela (Alicante) sobre una serpiente con la cabeza «del tamaño de un niño» que aterrorizaba la zona. En 1973 varias personas vieron en Aceuche (Cáceres) una enorme serpiente con la cabeza «del tamaño de un bebé». Y en 1979 varios testigos informaron de una serpiente de hasta 6 m de largo en Alanis (Sevilla). En ninguno de estos casos se llegó a encontrar y capturar a tales ofidios.

Entre los animales que más, han dado que hablar en los noticiarios y en la rumorología está el cocodrilo. En distintas ocasiones se han avistado cocodrilos en zonas habitadas de nuestro país, alguna muy reciente, y cuando esto sucede ahí tenemos movilizada a la Guardia Civil, casi siempre para nada. En alguna rara ocasión se ha encontrado un cocodrilo que había escapado de una granja de cría, pero en la mayoría de las ocasiones se trata de rumores sin fundamento o fruto de un error de apreciación. Es verdad que algunas denuncias son verdaderas, aunque no tengan nada que ver con cocodrilos ni serpientes. Se refieren a animales exóticos introducidos, como el coipú, un roedor de Sudamérica parecido al castor que, llegado desde Francia, se ha convertido en una plaga en Cataluña.

Pero no dejemos aún las serpientes porque vale la pena revisitar un caso que tuvo en jaque a la prensa hace más de medio siglo. El 17 de marzo de 1970 el diario *ABC* daba la noticia de que, en un remoto pueblo del interior de la entonces

25. Torcuato Luca de Tena. «El monstruo testigo.» *ABC*, 26 de noviembre de 1955.

26. <http://criptozoologos.blogspot.com/2014/07/saeton-dragon-of-sierra-morena-articulo.html.>

provincia de Santander, hoy Cantabria, se había visto un enorme «monstruo», una serpiente que daba silbidos. Dice el periódico que los vecinos «viven atemorizados porque desde el verano se aparece a algunos de ellos un enorme "monstruo", que ha proporcionado graves sustos». Los que lo vieron identificaron al monstruo «como una gran serpiente que da silbidos». Decían que anidaba en una cueva situada en la peña de las Espinas.

La prensa local de principios de ese año había publicado ya los detalles de las observaciones, que empezaron en el verano de 1969. La primera persona en observar al monstruo fue la señora Constancia Setién. Cuando se disponía a segar la hierba junto a un arroyo en el fondo de una garganta oyó un silbido extraño, como un siseo agudo, tan penetrante que producía eco en las peñas cercanas. Al levantar la vista vio una serpiente que se lanzaba desde unos 20 m de altura entre las rocas de la peña de las Espinas, cayendo en el prado cerca de ella. Era una serpiente de más de 5 m, con una extraordinaria cabeza, y ojos rojos y brillantes. En un rápido movimiento la serpiente se lanzó al arroyo y desapareció haciendo eses río arriba con su cabeza erguida sobre el agua y emitiendo silbidos. La mujer salió despavorida en dirección al pueblo, donde contó su encuentro a los vecinos. En los días siguientes otras personas del pueblo afirmaron haber visto también al monstruo. Decían que su cabeza tenía el tamaño de la de una vaca y que tenía incluso unas protuberancias en el lomo con las que se desplazaba a saltos o volando. Todo esto sucedía en las inmediaciones de la peña de las Espinas.

El espeleólogo Virgilio Fernández Acebo comparó estos testimonios con relatos «de dragón o culebre; es decir, una serpiente voladora con la específica misión de custodiar un tesoro»,[27] según los relatos tradicionales. De este cúlebre se decía que habitaba en una cueva de la peña de las Espinas, desde donde se lanzaba en busca de una oveja o un ternero. En esta cueva es donde

27. Virgilio Fernández Acebo. «El monstruo de la Cueva de Valdició y otras tres leyendas de serpientes y dragones». *Boletín Cántabro de Espeleología*, n.º 8, diciembre de 1987.

cuentan que se escondía el legendario maquis El Cariñoso después de la Guerra Civil.

Los investigadores de misterios de Cantabria Francisco Renedo Carrandi y Juan Gómez Ruiz[28] pudieron charlar décadas después con un sobrino de doña Constancia Setién, y este les confirmó que en aquella época los vecinos de la aldea no se atrevían a caminar por el camino viejo, donde fueron los avistamientos. Esto fue hasta que se construyó la carretera, pues los derrumbes producidos por las obras taparon los pozos del arroyo en la zona de Los Infiernos, donde se decía que estaba «la bicha», y no se la volvió a ver. Renedo y Gómez pudieron entrevistar a testigos directos del monstruo. Don Manuel Pérez vio en Los Pozos del Infierno a una serpiente de más de 5 m un cuerpo «grueso como un poste de la luz» y una cabeza achatada enorme que sobresalía más de un metro sobre el agua. Don Manuel salió corriendo de miedo. Según su testimonio, en aquella época la gente oía al pasar por el lugar los silbidos de aquel «culebro, como muchos comenzaron a llamarle»,[29] y confirmó que doña Constancia no volvió a segar aquellos prados. Otro testigo, don Esteban Abascal, vio al monstruo mirándole fijamente a sus espaldas. Le ha descrito igualmente con una cabeza descomunal, achatada, y un cuerpo larguísimo. Mientras corría lleno de miedo, solo pudo ver al volverse su cuerpo gordo como un poste y su color pardo negruzco. No volvió a pasar por aquel lugar en una temporada. Si algo se percibe en los testimonios es una cierta coincidencia en los motivos monstruosos, quizá por haberse producido un largo intercambio entre los vecinos a lo largo de los años, que puede haber tendido a una estandarización de los relatos.

Se ha hablado en la prensa reciente de «la bestia del Espinar», una especie de pantera «de seis varas y media» de largo que un día de 1847, mientras se celebraba misa en el pueblo de tal nombre, entró en la iglesia y causó una matanza. El asunto es que varios periodistas han buscado la fuente informativa de este he-

28. Francisco Renedo Carrandi y Juan Gómez Ruiz. *Cantabria incógnita y misteriosa*. Librucos, Torrelavega, 2014.

29. *Ibid.*, p. 53.

cho y la única referencia que se ha encontrado es un artículo que se publicó en el semanario *Alrededor del Mundo* del 20 de octubre de 1903, firmado por un desconocido Miguel Medina. Trataba sobre fieras y monstruos legendarios, entre ellos este del pueblo de El Espinar, sin más señas. Pero existen varios pueblos en España con ese nombre, y los periodistas que han buscado una fuente anterior de la noticia no han encontrado nada. En los últimos años se ha publicado más sobre la bestia del Espinar en prensa, libros y blogs de lo que se publicó en el siglo y medio anterior. Paradójicamente, si todo era un bulo, quizá estemos generando una nueva leyenda en escritos como este mío.

En la prensa española del siglo XIX tenemos las primeras noticias difundidas de forma masiva sobre encuentros con leopardos, pumas y otros monstruos o animales fuera de sitio. Leyendo aquellos recortes uno se pregunta cómo podía saber la población rural española de 1888 lo que era un puma o un leopardo. A ver si conseguimos entender algo en la siguiente noticia. Unos pastores del Maestrazgo, entre Castellón y Teruel, presenciaron un animal nunca visto en el país, que se alimentaba de reses que cazaba. Pero el cura párroco de Fredes lo vio a corta distancia y supo que era un tigre. El alcalde, que no se fiaba del cura, se puso al acecho para juzgar por sí mismo. Observó hasta que lo vio. Y sí, era un tigre. Entonces dio parte a la superioridad, y ahí se acabó la historia.[30] ¿Sabían el cura y el alcalde de Fredes cómo era un tigre a distancia?

En el invierno de 1923 se estaban reportando matanzas de ganado en las inmediaciones de Corvera (Murcia), que se atribuían a mastines sueltos. Uno de aquellos días, los agricultores de Fuente Álamo encontraron veinte ovejas muertas y dieron parte al funcionario del catastro. Este vigiló con unos prismáticos y pudo ver a un animal raro. Salió con otros vecinos a caballo tras la fiera y pudieron comprobar que era una leona. Como dice el periódico, unos creían cierta la noticia y otros no,[31] y como nosotros no tenemos a estas alturas cómo juzgarla, pues ahí queda.

30. *La Palma de Cádiz,* 9 de agosto de 1988.
31. *El Diario Palentino,* 23 de febrero de 1923.

En el pueblo aragonés de Alfamen se informó de la muerte de reses y aves por un animal que penetraba en los corrales y que mató hasta al perro que los custodiaba, que amaneció con la cabeza arrancada. Al principio la chapuza se pensó obra de un perro rabioso, pero algunos vecinos que vieron al animal a la luz de la luna dijeron que era una pantera, por la forma como atacaba a los perros. Otros vieron a la pantera cerca de Longares, y pensaron que tenía que ser una fiera escapada de un circo. El periódico informaba que los hombres habían salido con escopetas a perseguir a la fiera, y tenemos que suponer que nunca la encontraron, porque no hay más.[32]

Según Luis Alfonso Gámez,[33] la primera aparición reciente de grandes felinos fue en la serranía de Ronda en el año 2002, cuando un conductor dijo haber visto un puma enfrente de su coche. En 2003 alguien sacó una filmación en Vizcaya de un felino negro, y en 2005 alguien dijo haber visto otro a 5 m de él. A cada aviso de este tipo, el Servicio de Protección de la Naturaleza (SEPRONA) de la Guardia Civil, la policía autonómica, en su caso, y las policías municipales han buscado la pantera anunciada, pero nunca se ha conseguido encontrar nada. En el año 2018 se habló de «la pantera de Jadraque». Pues bien, cuando fue capturada por agentes del SEPRONA resultó que era un perro asilvestrado. A menudo se ha rumoreado que las panteras observadas podrían ser animales salvajes escapados de circos o liberados por sus dueños, pero esto al final resulta ser una leyenda urbana igual que la pantera misma.

El «monstruo de Viloví», o cómo se crea un rumor

Quizá el relato más internacional de un monstruo en España sea el de una extraña criatura vista en Viloví y la comarca de La Selva en 1968, que dio a conocer al mundo ufológico la revista *Flying*

---

32. *El Día de Palencia,* 9 de marzo de 1928.
33. Luis Alfonso Gámez. «Una pantera anda suelta.» *Muy Interesante,* marzo de 2021.

Saucer Review —en su número de julio-agosto de 1968— reproduciendo la noticia del diario *Arriba* del 27 de febrero de ese año. Pero quien hizo el caso más popular fue el famoso autor de las paraciencias John Keel, que lo incluyó en su libro *El enigma de las extrañas criaturas* tomando la información resumida por aquella revista. Unos niños vieron en Viloví (Gerona) una criatura gigante peluda bebiendo de un estanque, y cuando se marchó dejó en el suelo arcilloso una serie de huellas de cuarenta centímetros de largo, parecidas a las de un plantígrado. Pocos días antes un hombre llamado Ruperto Juher había visto mientras conducía su coche cerca de Hostalrich un animal con un gran cuerpo peludo y brazos largos que cruzaba la carretera frente a él caminando lentamente.[34] Pero parece que Keel añadió parte de su propia cosecha.

Lo que informó la prensa española empezó ya el día 21 de febrero con una nota de la agencia Europa Press que decía que en varios pueblos de la comarca gerundense de La Selva vivían atemorizados por «un extraño ser, grande y peludo» que había repetido su aparición durante varios días, según decían los habitantes de las masías. Mientras en Viloví de Oñar se hablaba de un orangután agresivo que había sembrado el pánico —porque un tractorista lo había tomado por «el mismo demonio»—, unos niños se subieron a un árbol para huir de él y un labrador perdió el conocimiento al golpearse cuando intentaba huir de aquella «visión tremenda». Decían que se observaron unas huellas de «un ser gigantesco y feo, de características semejantes a King Kong». Pero en una nota de última hora el corresponsal en Gerona aclaraba que todo había empezado cuando unos niños de Bruñola vieron al salir de la escuela una zorra de buen tamaño, y corrieron a informar a sus padres. «Los comentarios de unos y otros aumentaron el tamaño de la alimaña hasta adquirir esta las características de un monstruo», decía la nota.

Pero la cosa no terminó ahí. El 27 de febrero *El Correo Catalán* informó que se había capturado en la zona a un oso hormi-

---

34. John Keel. *The Complete Guide to Mysterious Beings*. Tom Doherty, Nueva York, [1970], edición 2002, p. 65. Versión española: *El Enigma de las extrañas criaturas*, pp. 124-125.

guero, pero aún después se vio otro oso en Viloví. Para primeros de marzo se había hablado de un gorila, un oso hormiguero, un tejón o un jabalí «de proporciones descomunales». El 8 de marzo Europa Press ya había creado el nombre de «el monstruo de La Selva», pero dice que es un jabalí y que un centenar de escopetas de la comarca de La Selva llevan 36 horas en la mayor batida que se recuerda en la provincia de Gerona. No se conoce cuál fue el resultado final de la cacería.

No parece necesario añadir mucho más para darnos cuenta de cómo nacen los rumores sobre monstruos, que, si las condiciones lo permiten, se convierten en una típica leyenda (no urbana en este caso, sino rural).

El «ave gigante» de Barcelona, rumor mediático

Si hemos de traer algún fenómeno español que se pueda comparar, aunque sea remotamente a lo que vemos en el contexto internacional, podemos recordar un hecho curioso que en 1990 se llamó «el ave gigante de Barcelona». El 10 de junio de ese año un tal Pere Carbó dio inicio a un pequeño rumor en la prensa. En la carta que dirigió al diario *La Vanguardia* informaba de que el 28 de mayo «algunos vecinos del barrio de Les Corts nos despertamos ante los insoportables graznidos de un ave». Cuando salió al balcón, vio «una silueta negra de un ave de grandes dimensiones. Quizá debería medir entre 3 o 5 m, y no exagero». El informante añadía que al día siguiente muchas personas hablaban de ello. Cuatro días después otra persona, José García, informó en el mismo periódico de que oyó «unos horribles y fortísimos graznidos, que incluso hacían vibrar los cristales», salió a ver lo que era y vio un ave como una paloma enorme, como de 8 m entre sus alas. Especuló sobre si era una mutación de las palomas de Barcelona, añadiendo: «Otro punto por investigar es la misteriosa desaparición de algunos gatos que se observó antes de la aparición del ave gigante, como si hubieran caído de los balcones, pero sin que se hallara el cadáver en las calles». Otro testigo aumentó el tamaño de lo que vio hasta los 10 a 15 m. La cosa se

413

complicaba. Por cierto, casi todas las cartas eran de hombres. Cuando una mujer, como excepción, envió su carta al periódico fue para llamar la atención de que a cada noticia el ave se hacía más grande. «El tal animal debe haber tragado una gran dosis de vitaminas... ¡o de gatos!», era su conclusión. Otra rareza: una persona vio una especie de paloma que no batía las alas y pensó que era un ave mecánica. Según la prensa, el Cuerpo Superior de Policía reconoció haber recibido centenares de llamadas sobre pájaros gigantes. Lo comprobable es que entre junio y septiembre de 1990 aparecieron 52 notas sobre el mismo tema en *La Vanguardia*.

Parece una auténtica oleada de observaciones de un pájaro gigante, ¿verdad? Pero si echamos una ojeada a las cartas que se publicaron, de avistamientos anómalos hay poco. Una persona vio gaviotas grandes, otro una cigüeña y otro vio un pájaro que era como un avestruz. El más lince descubrió su nido en un balcón del Ensanche barcelonés, y el capricho más raro fue el de un pájaro observado en el parque Güell que vestía calcetines. Una persona anunció el caso más extraordinario: un pajarraco similar a un pteranodonte le lanzó una «andanada de excrementos» sobre el parabrisas de su coche que le hizo estrellarse contra un ciprés. Además de visiones «bizarras», otras cartas al periódico eran para dar a conocer sus ocurrencias y comentarios jocosos. Uno decía «¡bicho que vuela, a la cazuela!». Otro proponía cazar el ave por el procedimiento del estacazo, una idea que había tomado de *La venganza de don Mendo*. El más civilizado propone que se haga del animal la mascota de los próximos Juegos Olímpicos.

Entre las hipótesis para explicar las visiones, la única seria que he encontrado, que se publicó al principio, tenía la firma Álex Palacín, ornitólogo. Analizaba la anomalía de que las visiones fueran nocturnas, hábito reservado a pocas especies, y que el ave no aleteara, ya que en la ciudad no hay corrientes verticales. Otras cartas se embarcaban en lo fabuloso. Alguien sugiere que es el ave *roc* de *Las mil y una noches* que ha volado hasta Barçelona atraída por las obras olímpicas; otro propone que es un ave mutante; otro, que un pollo de corral mutado por la contaminación radiactiva, y hay quien hace sátira anunciando que es el ministro de Hacienda con la campaña de la renta o vinculando el ave con la rapiña política. Incluso hubo quien dio alguna hipótesis cercana a lo razonable. Se sugieren aves como el buitre, el flamenco, el albatros o la avutarda. Los hubo más ambiciosos, aventurando que era un ave mitológica llamada *Avis Cervus* que se encontraría de paso por la ciudad, mientras a otro le recordó más al ave Yonmurgandr de la mitología nórdica. La hipótesis más lógica la dio el famoso humorista Eugenio: «Se trata de un pterodáctilo que ha sobrevivido a periodos glaciares. Hace quince días que no veo a un amigo mío de Les Corts. Estoy seguro que este animal lo ha capturado».

Soluciones para tratar con el problema de las aves también hubo. Dos abogados se ofrecieron para asesorar jurídicamente a los afectados por las aves. Decían en su carta a *La Vanguardia* que el ave: «Es una "res nullius". Esto significa que al no tener dueño puede ser adquirida por simple ocupación, sin necesidad de agotar los plazos de la usucapión». Y con semejante jerga jurídica añadían que la adquisición debía ser efectuada «antes de que la "res nullius" alcance la altura suficiente para que sea considerada patrimonio de la humanidad».

Más en la onda del misterio, el escritor Miguel Seguí sugirió que era un animal desconocido, procedente de otra dimensión,[35] una idea muy en la línea de John Keel que hemos visto antes. Los autores del libro *Leyendas urbanas,* Antonio Ortí y Josep Sempere, pensaban que el caso era una leyenda urbana, pero Javier Resines ha opuesto que no se adapta a la definición de tal, ya que no se trataba de rumores con origen en «un amigo de un amigo», sino que en todos los casos los comunicantes tenían que ser personas identificadas, según los requisitos de *La Vanguardia* para publicar cartas. Dice Resines que el caso es una *rara avis* entre la casuística criptozoológica. Su hipótesis es que, al margen de posibles falsas interpretaciones, los testigos por lo general vieron algo inusual: «Me quedo con la teoría del animal desconocido,

---

35. Miguel Seguí. «Extrañas criaturas aladas.» *Año Cero,* abril de 1992.

un ser volador de aspecto similar a los desaparecidos pterodáctilos».[36]

El popular periodista y escritor Néstor Luján dedicó al tema una columna de opinión en *La Vanguardia,* en la que comparaba las noticias sobre el ave de Barcelona con otras «serpientes de verano», como las serpientes lacustres.[37] La propia columna de Luján, publicada en verano, alargaba la tradición de la famosa serpiente periodística estival.

A mí lo que me sugiere todo este hilo es lo fácil que era, incluso en la época preinternet, poner de moda un pseudomisterio sin más esfuerzo que enviar una carta a un periódico, incluso si asumimos que los remitentes eran realmente quienes firmaban y no un experimentador social enviando misivas bajo diferentes nombres para agitar el ambiente. Nadie en aquel momento intentó averiguar quiénes fueron los remitentes, de manera que va a ser difícil tener todas las claves de aquel breve fenómeno mediático.

Prodigios de la naturaleza: Angolina, la gata con alas

Entre las noticias más curiosas que uno puede encontrar en las hemerotecas de un «monstruo» real está la historia de la gata con alas llamada Angolina, o habría que decir gatos con alas, porque el fenómeno se reprodujo en varios casos. Estamos en Madrid en mayo de 1950, y está declinando el furor por la aparición en España del nuevo fenómeno de los «platillos volantes». Entonces, el 23 de mayo se publicó en el diario *Informaciones* que don Juan Priego, del que se daba incluso la dirección, tal como se hacía en la época para añadir verosimilitud, había comprado una gata de angora llamada Angolina (a la que él llamó Pitusa), y que le habían salido alas. Según manifestó, rechazó

36. Javier Resines. El ave gigantesca de Barcelona, 25 años después (1990-2015). <https://fdocuments.es/document/el-ave-gigantesca-de-barcelona-javier-resines.html>.

37. Néstor Luján. «Aves y serpientes de verano». *La Vanguardia,* 18 de julio de 1990.

venderla por 150.000 pesetas porque el ofertante era extranjero y él no quería que la gata saliera de España.[38] Dos días después la prensa informó de que dos naturalistas habían examinado a Angolina, y mientras uno afirmaba que los apéndices eran formaciones cartilaginosas de idéntica estructura a las de las aves, el otro negaba que fueran alas y aludía a la posibilidad de un proceso patológico de carácter tumoral.[39]

La gata Angolina, o «Angorina», a la que se denominó entonces «la Greta Garbo de los felinos gatunos de Madrid», fue exhibida por el señor Priego en un establecimiento comercial de la calle Fuencarral. Pero resultó que el propietario de la gata no era Priego, sino el portero de la finca, don Carlos Pérez de Vera, de modo que este presentó una demanda civil por la exhibición. En noviembre, el juez condenó al señor Priego a indemnizar al propietario por los beneficios obtenidos ilícitamente por la explotación de la gata.[40]

Entretanto el diario *Informaciones* había hecho una consulta a don Antonio de Zulueta y Escolano, director del Museo de Ciencias Naturales, quien aparecía el 29 de mayo en portada del periódico reconociendo que se trataba de un monstruo muy extraño, con unas «expansiones aliformes», y que nunca había visto nada igual. En la Memoria Anual del Instituto José Acosta[41] se publicó que el gato padecía astenia cutánea felina, conocida como «piel débil», frecuente en los gatos de angora, un síndrome de piel elástica que comportaba la aparición de apéndices en hombros, muslos y espalda, que con el tiempo podía cicatrizar creando extensiones rígidas parecidas a un par de alas.[42]

El 11 de junio la prensa anunciaba que había otra gata con alas en la capital, como si aquello fuese una epidemia madrileña.

38. *Informaciones,* 23 de mayo; *ABC,* 25 de mayo de 1950, p. 22.
39. *ABC,* 27 de mayo de 1950, pp. 15 y 16.
40. Cifra. *ABC,* 4 de noviembre de 1950, p. 13.
41. Este englobaba el Museo Nacional de Ciencias Naturales y el Jardín Botánico de Madrid.
42. Alfonso V. Carrascosa. «Las "gatas con alas", el papel del MNCN.» *NaturalMente,* n.º 26: <https://www.mncn.csic.es/sites/default/files/2020-06/02_gataconalas.pdf>.

Un reportero de *ABC* se presentó en una tienda de la calle Hermosilla donde le mostraron a la gata Michi. Aquel escribió que «Angolina es un modesto gorrión a su lado». Y es que las alas de Michi eran dos o tres veces mayores que las de su predecesora. Según contaban, la gata había empezado de repente a dar unos saltos que parecía que volaba. Aunque el reportero reconocía que «alas, lo que se dice alas, no son».[43] En Punta Umbría (Huelva) a un gato le salieron unas prominencias que se desprendieron, resultando ser «dos hermosas alas». En julio un gato al que se llamó Dinka nació con dos pares de alas, y se anunciaba en Sevilla que una gata había parido ocho crías, todas con prominencias en los costados. En la localidad cordobesa de Espiel se había dado un gato con aspecto de canguro, con su bolsa marsupial y todo.[44] Un columnista del diario *ABC* reflexionó sobre esta inflación de nuevos monstruos: «Me pregunto yo si la aparición de estos bichos, que, en realidad, no tienen más alas que las que la imaginación popular les adjudica interpretando un exceso de piel que se mueve algo, no constituye un síntoma medieval».[45] Después de estos casos no se volvió a saber de gatos alados en España por más de treinta años.

Lo curioso es que aquel mismo año de 1950 se dio en el Reino Unido un caso de una gata a la que le empezaron a crecer de repente unas alas. Y no fue el único de la época. El criptozoólogo Karl Shuker ha encontrado casos de gatos alados en diferentes países, y ha propuesto una hipótesis científica para explicar el fenómeno: una anomalía cutánea llamada astenia cutánea felina, que produce extensiones peludas en los costados, que pueden desprenderse y aparentan alas. Shuker explica por qué el fenómeno no era conocido: los científicos no sabían de las noticias sobre los gatos alados y los criptozoólogos no conocían esta enfermedad cutánea.[46] Lo que no sabía Shuker es que ya en 1950

43. *ABC,* 11 de junio de 1950.
44. Jesús Callejo. *Un Madrid insólito.* Editorial Complutense, Madrid, 2001.
45. José Salas y Guirior, *ABC,* 2 de agosto de 1950.
46. Karl Shuker: <http://karlshuker.blogspot.com/2018/02/cats-with-wings-extraordinary-things.html>.

un científico español había dado con esa solución, aunque pocos se enteraran: el profesor Antonio Zulueta, del Museo de Ciencias Naturales de Madrid, como he comentado más arriba.

Cómo se construye la leyenda contemporánea de la bestia fantasma

Los relatos sobre felinos fantasma, animales fuera de lugar y especies supervivientes de la extinción han sido difundidos a través de la prensa, funcionando como un mecanismo productor de rumores legendarios. El abordaje por los medios de comunicación de estas visiones ha sido la de «una curiosidad» para llenar una sección de entretenimiento. Como ha estudiado el folklorista Michel Goss, el tratamiento del tema es consistente en los periódicos hasta el extremo de resultar repetitivo. Lo relatado se da como un hecho, por tanto, no merece una investigación periodística, y ni siquiera se espera que haya un seguimiento del suceso ni una indagación de por qué se ha producido. El caso «aparece como si fuera de la nada y se desvanece igual de rápido, con la capacidad y finalidad de un fantasma».[47] Si el testigo dice que lo que vio era un puma, se da por hecho que la gente es capaz de distinguir a un puma a distancia entre otras especies.

La estrategia de comunicación sobre estas anomalías es la de dar un nombre identificativo al fenómeno en cuanto se repiten varias observaciones. Se le proporciona así una identidad local. El «puma de Surrey» es un ejemplo característico. Insertar una observación en un fenómeno nombrado le confiere una perspectiva histórica; no es un hecho aislado, sino una parte de un ciclo de acontecimientos que se alarga en el tiempo. Podemos desechar un caso que parezca dudoso, pero si forma parte de una saga adquiere credibilidad. Goss lo compara con la facilidad para doblar un junco. Doblar uno es fácil, pero si se juntan varios juncos, resisten más. «Varias pruebas presentadas en combinación resisten

---

47. Michael Goss. «Alien Big Cat Sightings in Britain: A Possible Rumour Legend?» *Folklore*, vol. 103, n.º 2, 1992.

donde una prueba suelta no consigue convencer.» Goss cree que cada brote de felinos fantasma ha duplicado el fenómeno del puma de Surrey, incluido lo esquivo de la criatura.

Se suele decir que la idea de los grandes felinos y otras bestias en nuestro medio urbanizado es un símbolo de nuestra necesidad de retorno a la naturaleza. Lo que es indudable es que estos monstruos, independientemente de que haya observaciones reales de pumas, son una leyenda contemporánea. No es la veracidad o falta de veracidad de la información lo que la define como leyenda, sino, como señala Goss, la forma «como la información es procesada y presentada por la prensa»; no si contiene algo de verdad, sino «cómo la historia es contada y la intención detrás de su relato».[48] El enorme interés que levantó el «puma de Surrey» moldeó un tipo de fenómeno y pudo promover la repetición del mismo ciclo de la información, como un auténtico prototipo. Proporcionar en la noticia el nombre del testigo, el lugar de la observación, la descripción de lo visto, la declaración de la policía de que está tomando en serio los testimonios, junto a las opiniones de expertos que apoyan el misterio actuando como figuras de autoridad, todo esto compone una información típica. A ello se añade alguna hipótesis, preferentemente la del animal liberado por su dueño, que hace el suceso creíble, aunque nunca se encuentre al dueño, y casi nunca al animal. Y, por encima de todo, el relato se basa en la confianza en la declaración literal del testigo, que no es puesta en duda, lo que constituye una conocida característica del funcionamiento de la leyenda.

Si ha habido animales de granja muertos en la zona, esto añade al caso una carga de dramatismo. Se suele descartar que sea obra de perros salvajes, que en el Reino Unido todo el mundo sabe que es la explicación más frecuente de estos sucesos una vez desaparecidos los lobos. Las batidas en busca de la bestia confirman su identidad como un misterio. Como señala Goss, «no hay prueba que eleve al felino del estatus de constructo verbal al de hecho zoológico». Por detrás de ello, lo que queda es una documentación difusa y vaga, que solo suena como prueba sólida por

48. *Ibid.*

la presentación periodística. Y Goss sospecha que con otro criterio «el tema de los felinos habría sido rechazado como demasiado endeble y nunca habría sido siquiera impreso». Los felinos son «una buena historia», lo que justifica que sea contada. Escribe este folklorista: «Mientras que algunos episodios británicos de felinos pueden haber sido genuinos, a muchos otros se los ha hecho sonar así por escritores que quieren contar buenas historias que tengan un aire de verdad —leyendas, en lenguaje llano».

Capítulo 13

EL CHUPACABRAS, SABOR LATINO

DE LAS «MUTILACIONES» DE GANADO AL VAMPIRO DE LA GLOBALIZACIÓN

> Qué hiciste chupacabras qué hisiste
> abusador, abusador, abusador, abusador.
>
> EXTERMINADOR. CORRIDO *El chupacabras*

En 1995 saltó al mundo desde Puerto Rico una nueva criatura misteriosa, el chupacabras, que, en cuestión de dos años, gracias a las televisiones por cable y al nuevo medio de internet, que por entonces comenzaba, se convirtió en un fenómeno de fama mundial. El chupacabras parece ser ya el tercer monstruo más famoso del mundo detrás del bigfoot y del monstruo del lago Ness, y eso a pesar de que hablamos —vamos a ser sinceros— de un bicho de lo más improbable. Se dice que el chupacabras es un animal bípedo con algún parecido a un reptil o a un canguro (pero otros dicen otras cosas), de 1,20 a 1,5 m de altura, cubierto de pelo corto, con cabeza alargada, ojos envolventes de color negro o rojo brillante, brazos largos con garras, patas cortas y poderosas terminadas en pies con tres dedos o garras, y cuyo detalle más distintivo es una fila de espinas a lo largo de su columna vertebral. Algunos le añaden alas de murciélago, y dicen que emite un chillido. Pero este prototipo no es más que una simplificación de un fenómeno mucho más diverso. La figura bípeda con garras y espinas fue el retrato robot que hizo en 1995 el ufólogo y dibujante portorriqueño Jorge Martín en base a la primera descripción detallada del monstruo y la que consta como la más importante en la historia del fenómeno: la de la familia Tolentino, según su observación de la criatura en agosto de 1995. Pero aquello no había hecho más que empezar.

Cuando el chupacabras fue lo bastante popular en Puerto Rico, a principios de 1996, saltó al sur hispano de Estados Unidos, a México y a América Central. En el año 2000 asentó sus posaderas en Chile, y lo culparon de las «vacas mutiladas» en Argentina en 2002. Siempre en territorios de habla hispana. El chupacabras parecía representar en materia de monstruos la identidad latina, pero en ese viajar de un país a otro estaba siendo descrito de otras formas, ya no necesariamente como un bípedo, sino como algo más parecido a un perro salvaje. Como ha señalado el divulgador Rick Emmer, «el chupacabras es, sin duda, el más extraño de todos los críptidos. Los variados relatos hacen que suene como un vampiro que cambia de forma salido directamente de una película de terror».[1]

En parte por esta capacidad de transformación, algunos han pensado que el chupacabras no es siquiera un animal. Eberhart lo ha calificado en su enciclopedia como «entidad paranormal», ya que se le atribuyen poderes que no son propios de los animales, como su capacidad camaleónica de mutar de forma, volar y otras.[2] Algunos ufólogos, como el citado Jorge Martín, han incluido al chupacabras en una categoría que llaman «entidades biológicas anómalas» (ABE, en inglés), suponiendo que es un producto de ingeniería genética del Gobierno de Estados Unidos que se oculta por medio de una vasta conspiración en la que están implicados los extraterrestres.[3]

Más importante que la entidad y la forma del chupacabras son los efectos con los que se le asocia: la muerte de animales de granja. Al contrario que otros críptidos, que son conocidos casi

---

1. Rick Emmer. *Giant Anaconda and other Cryptids: Fact or Fiction?* Chelsea House, Nueva York, 2010.

2. Véase Eberhart, 2002, p. 106.

3. Robert Toll Carroll. *The Skeptic's Dictionary.* <http://skepdic.com/>, pp. 1203-1204.

exclusivamente por testimonios visuales, al chupacabras se le ha observado pocas veces, y se le conoce más por las matanzas y «mutilaciones» de animales que se le achacan. Pero esa atribución se ha hecho casi siempre con posterioridad, sin que nadie haya visto al autor del estropicio. Este es solo el primero de los malentendidos sobre esta figura. Otro se encuentra en la caracterización del chupacabras que hacen los criptozoólogos y los ufólogos como una criatura que empezó a manifestarse con las muertes de ganado que se produjeron en Estados Unidos y en Puerto Rico en los años setenta, ¡cuando el chupacabras no existía porque nunca se había hablado de él! Estas asociaciones *a posteriori*, sacando las cosas de su contexto histórico y cultural, solo sirven para confundir fenómenos distintos. Con esta manera caprichosa de identificar el fenómeno chupacabras es imposible entender su naturaleza.

Vamos a empezar por revisar esos supuestos precedentes de la criatura.

Las «mutilaciones de ganado», la chispa inicial

La prensa norteamericana de 1967 convirtió la muerte inexplicada de un caballo llamado Snippy (que, en realidad, fue la yegua Lady, pero seguiremos la tradición del caballo) en Alamosa, estado de Colorado, en un misterio vinculado con la visión de ovnis en la zona. Se habían dado otras muertes de ganado y ninguna había llamado la atención. Lo que hizo diferente este caso fue la insistencia de la dueña del caballo en que lo había matado un platillo volante, por la sencilla razón de que se habían visto ovnis en la zona, y, sobre todo, por la intervención de los ufólogos en el caso. Llegaron a Alamosa investigadores universitarios y concluyeron que el caballo había tenido una muerte natural, pero los grupos ufológicos APRO y MUFON promovieron la causa ovni, a la que se sumaría el famoso ufólogo Jacques Vallée, que trató brevemente el caso en su libro *Pasaporte a Magonia* haciéndolo mundialmente famoso con su toque de autor. Lo interesante es que en el «caso Snippy» se encuentran ya los elementos que van a ser comunes con la leyenda del chupacabras: el corte limpio como hecho con un cuchillo, ausencia de sangre en el cuerpo y en los alrededores, aparente extracción de órganos y ausencia de huellas del autor.

Pero fue a finales de 1974 cuando empezó el auténtico fenómeno de las «mutilaciones de ganado», que generó alarma social entre los ganaderos del Medio Oeste norteamericano durante todo el año 1975. Y de nuevo encontramos en las noticias de aquellos sucesos las mismas características misteriosas, a las que se añadiría la señal que dejaría luego el chupacabras como un vampiro moderno: dos agujeros en el cuello del animal, por los que aparentemente se habría succionado la sangre de la víctima.

En 1979 el agente retirado del FBI Kenneth Rommel llevó a cabo una investigación sobre la ola de muertes de animales sucedidas en Nuevo México el año anterior, y en su informe llegó a la conclusión de que las muertes se debieron a ataques de depredadores, especialmente coyotes, y al trabajo posterior de carroñeros (moscardas, mofetas, buitres). Rechazó las afirmaciones que había hecho la prensa sobre la supuesta «precisión quirúrgica» de los cortes, explicando el efecto porque los tejidos blandos y los órganos internos habían sido comidos por animales carroñeros, cuyas incisiones «pueden parecer hechas por un instrumento cortante». Sobre la supuesta ausencia de sangre en el medio y en los cadáveres, se señalaba que las mutilaciones habían sido hechas mayoritariamente después de la muerte de la res, y al no bombear la sangre en los animales muertos, no surge sangre al cortar la carne, pues se deposita en las partes bajas del cadáver. Y sobre las supuestas quemaduras o cauterizaciones, en realidad, se trataba de carne superficial que se había secado al haber quedado al sol.[4]

Podemos entender todo este ruido de las vacas «mutiladas» como una interpretación de último recurso a la que se subieron quienes no podían admitir no tener una explicación racional para la muerte de los animales, sin plantearse si era normal que

4. Kenneth Rommel. *Operation Animal Mutilation*. Report of the District Attorney, First Judicial District, State of New Mexico. Santa Fe, junio de 1980.

muriera ganado en el campo. Una vez que se implantó la hipótesis ovni en la mentalidad popular, esta sirvió de agarradero para dar significado a todo lo desconocido. Michael Goleman[5] ha encontrado en el fenómeno del ganado mutilado en Estados Unidos una serie de causas socioeconómicas, entre ellas la crisis económica en el Medio Oeste a partir de 1973 y una desconfianza de los ganaderos en las instituciones, por interferencias del Gobierno en la industria ganadera con regulaciones ambientales y de uso del suelo. Corrieron así rumores de que los militares o alguna agencia secreta estaban llevando a cabo operaciones con el ganado como parte de una misión clandestina de experimentación de armas biológicas. Si en condiciones normales los ganaderos nunca notificarían la muerte de bovinos en el campo, en ese momento presentaban denuncias de «mutilaciones». Cuando las condiciones económicas mejoraron, la crisis de las mutilaciones de ganado desapareció.

El «Vampiro de Moca», el precedente del chupacabras

En 1975 hubo en la ciudad de Moca, Puerto Rico, un adelanto de lo que sería el fenómeno chupacabras veinte años después. El ufólogo dominicano Sebastián Robiou Lamarche estuvo en el lugar de los hechos e hizo la crónica más completa de lo allí sucedido[6] (también recogió casos el exsacerdote y ufólogo español Salvador Freixedo).

Desde 1972 se venían registrando muertes misteriosas de animales en Puerto Rico, pero a principios de 1975 se informó en la prensa local de toda una serie de hechos extraños: ovnis, milagros, visiones de aves gigantescas, explosiones sin causa y otras cosas raras, y en aquel ambiente el tabloide El Vocero informaba

5. Michael J. Goleman. «Wave of Mutilation: The Cattle Mutilation Phenomenon of the 1970s.» *Agricultural History,* vol. 85, n.º 3, julio de 2011.

6. Sebastián Robiou Lamarche. «Ovnis y muertes misteriosas de animales», *Stendek,* n.º 22 y 23, 1975; y *Manifiesto OVNI de Puerto Rico, Santo Domingo y Cuba.* Punto y Coma, San Juan, 1979, pp. 347-361.

el 25 de febrero de que en el barrio Rocha de la ciudad de Moca los vecinos estaban alarmados porque se habían hallado muertos animales de granja con heridas diversas y no se les había encontrado ni una gota de sangre en el cuerpo, como si les hubieran chupado la sangre. Algunos animales presentaban una o varias heridas punzantes en el pescuezo. Continuaron las muertes, y el 10 de marzo se ordenó la primera investigación policial, que no alcanzó conclusiones concretas. *El Vocero* del 15 de marzo editorializó: «Es natural que los buenos residentes del Barrio Cuchillas se sientan atemorizados por el misterioso "Vampiro", por lo que ya es tiempo de que las autoridades tomen mayor interés y agarren cuanto antes al temible asesino de aves y animales domésticos». Como vemos, por primera vez hay una interpretación clara del periódico hacia un «vampiro» que mata al ganado. Este lenguaje descarta por tanto explicaciones naturales.

A mediados del mes de marzo se estaba especulando con distintas teorías sobre quién podría ser el ya denominado «Vampiro de Moca»: que si una «serpiente vampira», que si «murciélagos vampiros», mientras algunas autoridades lo atribuían a desequilibrados o a sectas satánicas (recordemos que entonces estaba de moda la película *El exorcista* y las posesiones diabólicas). Al final no hubo informe oficial ni una explicación. A partir del 23 de marzo el fenómeno se extendió a otros municipios, y para el mes de mayo los ataques al ganado habían desaparecido. Nunca se supo quién o qué fue el famoso «Vampiro de Moca». Pero ya se había creado un fenómeno, y la prensa fue un actor fundamental en su creación.

El vampiro toma cuerpo en el chupacabras

En marzo de 1995 se hallaron en los pueblos puertorriqueños de Orocovis y Morovis animales de granja muertos que mostraban dos heridas punzantes en el cuello por las que se suponía que se les había absorbido la sangre. Incluso se decía que se habían extraído las vísceras de algunos animales. Durante cinco meses hubo más matanzas, pero nadie vio al causante ni tenía nombre.

Aún tendría que suceder la observación que casi inventó a la criatura: el caso Tolentino, y no fue en ningún lugar remoto, sino en el municipio de Canóvanas, a las mismas afueras de la capital de Puerto Rico, San Juan.

MADELEYNE TOLENTINO Y JORGE MARTÍN, QUE DIERON FORMA AL MONSTRUO

Un día de principios de agosto de 1995, a las cuatro de la tarde, una mujer llamada Madeleyne Tolentino vio desde la ventana de su casa a un ser de una altura de 1,20 m aproximadamente, con ojos grises prominentes y alargados hacia los lados. Caminaba a dos pies como un humano, pero con movimientos lentos, como de autómata. Tenía unos brazos largos tendidos hacia atrás como si fuera a atacar, y unas manos con tres dedos largos y delgados. En la espalda tenía como unas plumas unidas por una membrana.

El ufólogo puertorriqueño Jorge Martín entrevistó a Tolentino y a continuación hizo un retrato robot que se publicó en diciembre en la primera página del periódico *El Nuevo Día*. Lo que hasta entonces había sido un vampiro sin rostro tenía de pronto una imagen a la que asociar todo lo que sucedía, y con esa guisa saltó a la fama internacional al distribuirse a través de internet. Pero esa figura del monstruo distaba mucho de corresponderse con la observación de Madeleyne Tolentino, y de hecho con cualquier otra. Jorge Martín se había inspirado para su retrato robot tanto en la declaración de Tolentino como en otras de la misma época, asumiendo que había una única criatura, y que para encontrar su aspecto real solo había que fundir varias descripciones. De esa manera, el dibujo no representaba, en realidad, a ninguna. Pero eso era lo de menos, lo importante era que esa imagen hablaba al público y le decía cómo se esperaba que fuera lo que cada uno podía encontrar ahí fuera. Y nuestra visión se basa en gran medida en la expectativa sobre lo que vamos a ver.

La cantidad de detalles que dio Tolentino resulta muy rara si se piensa que debió resultar una visión impactante. Benjamin Radford, autor del estudio de referencia sobre este tema, *Tracking the Chupacabra*, opina que «el relato de Tolentino pone a

429

prueba la credulidad hasta de los más crédulos lectores», y añade: «Si la declaración de Tolentino es exacta y veraz, la mujer
tiene poderes de observación casi sobrehumanos».[7] Además, su
testimonio fue dubitativo. Primero dijo que el monstruo corrió,
luego que saltó y finalmente que flotó en el aire, algo que no
encaja con su descripción minuciosa. La secuencia del relato
también deja muchas incógnitas, pues solo lanzó un grito después de haber avisado a su madre para que viniera a ver lo que
había allí fuera. Y a la madre no se le ocurrió otra cosa que salir
valerosamente a intentar cazar al monstruo a manos desnudas.
La entrevista que el ufólogo Scott Corrales hizo al marido de
Tolentino, Miguel Agosto, añadía aún más extrañeza a todo el
asunto, pues este dijo haber presenciado la pelea entre un chupacabras y un perro. Pero esto no es lo mejor. El chupacabras afei-
tó la zona del perro donde iba a hacer su incisión. Sugirió además Agosto que el monstruo tenía poderes de percepción
extrasensorial y así fue capaz de controlar la mente de un policía
que quiso disparar sobre él.[8]

Versión de I. Cabria del chupacabras de Madeleyne Tolentino y Jorge Martín.

7. Radford, 2011, p. 123.
8. Scott Corrales. *Chupacabras and Other Mysteries*. Greenleaf Publications, Murfreesboro, 1997.

La fama del chupacabras hasta hoy mismo tiene que rendir tributo al talento creativo del ufólogo Jorge Martín y su trabajo de difusión del retrato-tipo de la criatura a través de la nueva herramienta de internet, que se estrenaba en el país en 1995. La huella de su trabajo se extiende en el tiempo. Si uno se pone a buscar hoy el término chupacabras en internet, lo primero que le salta al cuello al abrir cada página web es esa figura de Jorge Martín, que se ha asociado indisolublemente al fenómeno ovni por la labor persistente de los ufólogos, aunque a mí esa imagen me sugiera más el cruce entre un fauno y un sátiro que un ser del espacio. Va para tres décadas que el muñeco fue pergeñado en aquel feliz encuentro entre la testigo y el ufólogo dibujante, y por tanto ya es un icono inmortal. El *identikit* de Jorge Martín, con ese aspecto de «belcebú biotecnológico», como ha dicho Alejandro Agostinelli, estuvo «entre los primeros ejemplos de propagación viral electrónica, a la par de los comunicados del subcomandante Marcos desde la selva Lacandona, las falsas alertas de virus y el retrato de Luther Blisset, el primer agitador virtual de la red».[9]

Además de tener ya figura, como a todo recién nacido, hubo que dar un nombre al vampiro, y para inmortalizarse tenía que ser pegadizo. A partir de una denuncia a la Policía de Sabana Grande porque a una cabra se le había extraído la sangre por una herida en el cuello, se empezó a llamar al asaltante chupacabras. Se atribuye la ocurrencia al comediante puertorriqueño Silverio Pérez. ¿Por qué chupacabras? Quizá se le ocurrió por comparación con el chotacabras, un pájaro nocturno y por ello muy poco conocido, del que Aristóteles dijo que succionaba la ubre de las cabras y estas no daban más leche y quedaban ciegas, de ahí que acompañe al chotacabras esa leyenda de que mama leche. De hecho, el nombre *chotacabras* viene de «chotar», un vocablo español en desuso para mamar. Y resulta que en inglés al recién inventado chupacabras se le llama con la misma palabra que al ave chotacabras: *goatsucker*. Pues bien, mientras Google

9. Alejandro Agostinelli. *Invasores. Historias reales de extraterrestres en la Argentina*. Ed. Sudamericana-Random House, Buenos Aires, 2009, p. 108.

encuentra 131.000 referencias al chocatabras, hay nada menos que 1,49 millones de citas al chupacabras, para que veamos cómo este nuevo ser mitológico de terror vuela más alto que el humilde pájaro chupador de ubres de la leyenda.

Pero vayamos a la investigación sobre el origen de esta nueva criatura. Cuando el investigador escéptico Benjamin Radford visitó Puerto Rico en 2010 y entrevistó a Madeleyne Tolentino quince años después de su observación, le resultó chocante la mínima investigación que se había hecho por parte de los ufólogos puertorriqueños hasta entonces, de manera que con el tiempo era muy difícil distinguir entre rumores, hechos y pruebas. Tolentino rectificó en su entrevista algunos de los rasgos que habían aparecido en el dibujo de Jorge Martín e incluso en su primera declaración de los hechos. Para empezar, el chupacabras no era tan alto como había dicho, solo medía alrededor de un metro, y parecía «bastante humano». Además, no tenía tres dedos en manos y pies, sino cinco, y no tenía garras. Sorprendente, cuando esto de los tres dedos con garras fue uno de los rasgos que se hicieron prototípicos de la criatura.

Para el mes de noviembre de ese año 1995, el asunto de las matanzas de animales estaba hasta tal punto en boca de todos los puertorriqueños que el senador Enrique López promovió una Resolución por la que se ordenaba a la Comisión de Agricultura de la Cámara de Representantes una investigación profunda y exhaustiva para aclarar el fenómeno desconocido y contabilizar los daños causados por el denominado «chupacabras» a los agricultores del país. En la Exposición de Motivos de la Resolución se hace incluso una descripción del chupacabras como «una criatura de tres pies de alto [91 cm], ojos grandes y cuerpo completamente cubierto de pelo negro».[10]

Entre las especulaciones que corrieron se dijo que las muertes de animales podían ser el resultado de ritos de sectas satánicas o de santería, o bien una creación de algún genio loco, como en la novela *La isla del doctor Moreau*, de H. G. Wells.

---

10. Resolución de la Cámara de Representantes de Puerto Rico, n.º 5012, de 9 de noviembre de 1995.

Pero con el chupacabras lo que triunfó fue la asociación con el tema ovni gracias a la intervención del ufólogo Jorge Martín, el principal impulsor del misterio por su uso de internet. Un grupo ufológico llamado NOVA difundía que el chupacabras había descendido del espacio con la misión de realizar experimentos con sangre humana y liberar el virus del sida.[11] Incluso el presidente de la Asociación de Agricultores de Puerto Rico, Fernando Toledo, declaró a los medios que el chupacabras podía ser un extraterrestre.[12] Y empezaron a expandirse crecientes teorías conspirativas que involucraban a extraterrestres, militares americanos y agencias secretas, teorías que eran a menudo contradictorias entre sí. Se difundió así que en noviembre de 1995 se habían capturado dos chupacabras en lugares distintos de Puerto Rico. Uno había sido mantenido por su captor en una jaula durante seis días, hasta que unos individuos sin identificar vinieron a su casa en coches grises y se lo llevaron en el interior de un contenedor de cristal reforzado (luego veremos cómo esta imagen recuerda a la película *Species*). El chupacabras tendría que ver con experimentos de genética molecular llevados a cabo en laboratorios secretos, o bien formaría parte de una campaña de intoxicación de servicios de inteligencia para sembrar el pánico con historias ridículas, mientras otros hablaban de un demonio azteca reclamando sus sacrificios humanos.[13] Volveremos a ver este tema en su derivación chilena con el fin del milenio.

¿Una criatura metamórfica?

En los testimonios iniciales sobre muertes de animales en Puerto Rico se repiten insistentemente las características ya conocidas

11. Jordi Ardanuy. «El "chupacabras": ¿un alienígena?» *Papers d'OVNIS*, n.os 33-34, septiembre-octubre de 1996.

12. Rubén Darío Rodríguez. «Ve posible "Chupacabras" sea un extraterrestre.» *El Vocero*, 27 de diciembre de 1995.

13. Manuel Figueroa. «¿Seres extraterrestres o engendros genéticos?» *Año Cero*, n.º 71, junio de 1996.

del fenómeno de las «mutilaciones»: cortes limpios, se encuentran dos agujeros en el cuello de los animales, no hay rastro de sangre alrededor y a veces a las víctimas se les ha absorbido la sangre. Así se relatan casi siempre los hechos. Sin embargo, cuando se trata de dilucidar quién fue el causante, resulta que en la mayoría de las ocasiones no se ha visto al malhechor. Y si hay alguna descripción de una criatura, se basa en el tópico que circula a través de los medios de comunicación, o son informes ambiguos y poco coherentes entre sí. Por los testimonios que recogió Magdalena del Amo en Puerto Rico,[14] resulta difícil distinguir si vieron un animal común, una persona u otra cosa. Algunos testigos no eran capaces siquiera de describir lo que vieron, o se sumaban al tópico acuñado por Tolentino. Un policía llamado Collazo vio a su perra luchando con un animal desconocido al que disparó e hirió, pero no fue capaz de describir al atacante. Un policía vio «algo» desconocido en la carretera, y dice que su forma coincidía con la descripción que habían hecho otros, sin más explicación. Otro policía dijo que observó en el monte «una cosa rara que nos estaba mirando», coincidiendo una vez más su descripción con la de otros testigos, sin más señas. En otros casos la descripción de lo visto hace pensar en una persona, un pájaro o cualquier cosa, como en el relato de la señora Margarita Torres, quien vio con su marido en la oscuridad «una criaturita de un metro de alto, parecida a un muchachito chiquito», que salió corriendo hacia la maleza cuando se acercaron a él. En algunos relatos se entremezclan aspectos paranormales o mágicos, como el de un niño que vio «dos grandes ojos "coloraos"», quedó paralizado sin poder moverse y, cuando volvió a mirar, «la criatura ya no estaba». Unos chicos que estaban jugando al fútbol se encontraron con la criatura de frente, y uno de ellos se quedó paralizado y no podía ver al animal, solo una luz cegadora. Se habla también de personas que sufrieron trastornos tras haber visitado los lugares de aparición del chupacabras.

14. Magdalena del Amo. «Un monstruo causa terror en Puerto Rico, el "chupacabras".» *Enigmas,* n.º 88, junio de 1996.

Cuando los escritores del tema no sabían a qué atenerse con tantas variaciones hablaban de un ser «camaleónico» por sus cambios de forma, como si fuera uno de aquellos monstruos de la mitología compuestos de diferentes partes animales, como la quimera. Lo que nos dice ese supuesto «poder de cambiar de forma» del chupacabras es que se observaron cosas muy distintas que seguramente no tenían nada que ver con un monstruo, quizá porque hasta el año 1996 no se había constituido aún un prototipo sobre el vampiro. Pero veremos que, como todos los monstruos, el chupacabras también iba a tener su evolución, no genética, sino cultural, a medida que la leyenda se expandía a través de las redes de información del nuevo mundo globalizado.

Por estas singulares características mutantes algunos criptozoólogos se han resistido a considerar al chupacabras como un críptido, es decir, como un animal de carne y hueso. Matthew Bille ha defendido en los foros de internet que las apariciones y desapariciones del chupacabras, y la incongruencia de su expansión geográfica solo en países latinos le ponen en la categoría de fantasma, y, por tanto, perteneciente al reino del folklore, lo paranormal o la ufología. Pero Loren Coleman, que es una voz autorizada en ese mundillo, señala que «los criptozoólogos han llegado a acostumbrarse a las diferencias en las caracterizaciones de los críptidos que han hecho los testigos a lo largo de los años, aceptándolas en términos de falsas identificaciones, bromas, fraudes, errores o, simplemente, las diferentes maneras como la gente ve y describe las cosas».[15] Por otro lado, cree que los especialistas anglosajones deben guardarse de sesgos culturales considerando al chupacabras como «una cosa extranjera, latina», pues otras criaturas como el bigfoot empezaron como fenómenos locales y consiguieron echar raíces a escala nacional en Estados Unidos, además de que algo ha estado depredando animales desde 1973, o más allá si se va a las leyendas indígenas, según Coleman.

15. Loren Coleman. «Goatsaker go Home.» *Fortean Times*, n.º 121, abril de 1999.

La expansión de la leyenda

Para entender mejor el fenómeno del chupacabras hay que atender a los mecanismos de comunicación en los que se generó, propios de la globalización que estaba en marcha a mediados de los noventa. Recordemos que las primeras informaciones sobre las muertes de animales en Puerto Rico corrieron como los típicos rumores, a través del boca a oído, y cuando llegaron al conocimiento del periódico *El Vocero* este lanzó titulares sobre un vampiro que atacaba al ganado, en una mezcla de cotilleo, sensacionalismo y mito. De aquel periódico, casi la mitad de las noticias fueron escritas por un solo periodista, Rubén Darío Rodríguez, que colocaba historias como la de una niña llamada Oralis que fue tatuada por el chupacabras e hizo que se disparara su cociente intelectual hasta el punto de que su padre la describía como un genio (Radford ha dicho que esta historia era seguramente un fraude;[16] Benjamin, ¿por qué nos quitas la ilusión?). Noticias como la anterior no llegaban a tener más seguimiento, como es propio del género. Pero como los periódicos más serios no hicieron caso de habladurías sobre vampiros, *El Vocero* llenó el vacío de información izándose como el medio más influyente en la gestación de la leyenda.

El siguiente paso en la expansión del chupacabras se dio a finales de ese año 1995 cuando el programa de la televisión norteamericana *Inside Edition* emitió un reportaje sobre el vampiro, y otros programas de las televisiones de Florida en español, como *Ocurrió Así* o *Primer Impacto*, lo siguieron.[17] Pero el momento clave en la expansión del chupacabras fue su entrada en el popular programa *El show de Cristina,* de la cadena Univisión, en marzo de 1996. Aquel mismo mes se informó de la repetida presencia del chupacabras en las granjas de Florida. Y la cultura popular latina hizo tanto como los medios de noticias en propagar la idea del nuevo vampiro. Con el gracejo del comediante

---

16. Radford, 2011, p. 41.
17. Luis Ruiz Noguez. «El chupacabras desde otro punto de vista.» *Contacto OVNI*, n.º 21, octubre de 1996.

cubano-americano Guillermo Álvarez Guedes, el misterio se convirtió en una canción con ritmo de merengue y una letra con tonos picantes titulada, por supuesto, «El Chupacabras». Siguió un videojuego y un variado *merchandising*, mientras en internet volaban las especulaciones.

Enseguida la criatura empezó a aparecer en televisiones de otros países del área del Caribe fluidamente comunicados con el centro difusor de Miami, y el fenómeno se propagó como una mancha de aceite. En Guatemala los ataques al ganado habían empezado ya en octubre de 1995, y allí al autor se le llamó chupasangre. Varios testigos de la criatura la describieron alada como un murciélago grande y con ojos rojos, pero otra persona que la vio esconderse en una cueva la describió con aspecto humano.[18]

El entonces periodista de lo paranormal Javier Sierra viajó en abril de 1996 a Costa Rica y tomó contacto en el terreno con las muertes de ganado que habían empezado ese mes en el país. Aunque el fenómeno era nuevo, todo el mundo había oído ya hablar del chupacabras. El Ministerio de Agricultura se alejó de esa idea y achacó las muertes de ganado a la intervención de perros callejeros, explicación que no era creída por los afectados. Sierra solo obtuvo un testimonio de observación directa de algo que se interpretó como el chupacabras. Al asomarse por la noche a la ventana de su casa, el testigo vio «una sombra de poco más de un metro, totalmente negra».[19] El corresponsal Carlos Vílchez tomó otros testimonios de observación del chupacabras en Costa Rica, pero igualmente ambiguos. Uno vio correr entre los matorrales algo encorvado con ojos rojos brillantes, otro sorprendió a una criatura saltando por el patio de su casa, una mujer vio una criatura con orejas largas devorando a sus gallinas, y otra mujer sintió que algo como un murciélago grande se la quería llevar

18. Óscar Rafael Padilla. «La huella radiactiva.» *Año Cero*, n.º 71, junio de 1996.

19. Javier Sierra. «El regreso del chupacabras.» *Más Allá*, n.º 88, junio de 1996.

por la ventana.[20] Todo así de indeterminado, sin que se pueda discernir ninguna figura concreta.

En El Salvador el chupacabras apareció un poco más tarde, pero desde finales de 1995 se venían publicando artículos sobre lo que sucedía en Puerto Rico, y su llegada al país era esperada. *El Diario de Hoy* de San Salvador publicó el 5 de junio de 1996 una noticia bajo el encabezamiento «Tres animales atacados, ¿llegó el "Chupacabras"?». Algunos vecinos afirmaron haber visto un ejemplar de un metro de altura y alado, otros lo describieron como un animal con figura humanoide y con alas.

En México el chupacabras fue un auténtico éxito. La información transmitida por el periodista Jacobo Zabludovski en su programa *24 Horas* a partir de lo que llegaba de Florida fue el detonante del fenómeno local, que se multiplicó en distintos canales. El 6 de febrero de 1996 se encontraron en Amacueca, estado de Jalisco, dieciséis borregos con una extraña mordedura en el cuello y completamente desangrados. El comandante de puesto encontró huellas que atribuyó a un gran perro, pero que un veterinario supuso obra de una onza, un felino montés. Aquello parecía un hecho aislado, pero en los días siguientes los casos se fueron reproduciendo, y un paso más fueron las noticias de que el chupacabras también atacaba a las personas. El 27 de abril una joven campesina de Sinaloa llamada Teodora Ayala sufrió una especie de asalto por una criatura extraña, aunque el caso dejaba muchas dudas. Otro ciudadano llamado Benjamín Zamarripa sufrió un ataque de algo que aleteó en su cara y luego se alejó volando, y otras personas sufrieron ataques semejantes.

Según manifiesta el investigador mexicano Luis Ruiz Noguez en su blog *Marcianitos Verdes,* «la historia del chupacabras en México está salpicada de tintes amarillistas. Hay varios casos que huelen a fraude desde lejos»,[21] como el de un tal Sergio Hermilio González, que quiso colar el feto de un bobino con malfor-

---

20. Carlos Vílchez Navamuel. «¿Tenemos muestras de su sangre?» *Año Cero,* n.º 71, junio de 1996.
21. Luis Ruiz Noguez. «El chupacabras» (2), 4 de julio de 2006. <http://marcianitosverdes.haaan.com/2006/07/el-chupacabras-2/>.

maciones por un chupacabras. Se quiso achacar al chupacabras la muerte de dos campesinos en Guasave a los que se les encontraron las mismas incisiones que al ganado, y se contó que la policía de Nayarit había capturado un chupacabras con forma de murciélago grande.[22] Pero no todo era tan sensacional. La Secretaría de Agricultura y Ganadería dictaminó que 15 cabras que habían sido muertas en un rancho en Sonora habían sido atacadas por perros.[23]

Ruiz Noguez[24] contabilizó, hasta el mes de mayo de 1996, 1.138 animales muertos en 19 de los 32 Estados de la República de México. Y como al principio nadie sabía lo que era un chupacabras, las descripciones del causante de las matanzas eran variadas y contradictorias, desde un bípedo a un cuadrúpedo y a un ave. Sí había una diferencia: se hablaba de una criatura de menor estatura que la reportada en los países centroamericanos, peluda y con pequeñas aletas bajo los brazos. Las descripciones solo coincidían en los ojos rojos. Ruiz Noguez predecía en octubre de ese año 1996 que una vez que se habían publicado los primeros retratos robot del chupacabras las descripciones tenderían a asemejarse más entre sí. Y estaba en lo cierto; con el tiempo el chupacabras mexicano y de Estados Unidos sería asociado a algo parecido a un perro salvaje, muy diferente de aquel que había nacido en Puerto Rico.

México vivió tal «chupacabramanía», como dijo alguien, que el vampiro fue tema de corridos, camisetas y sátira política, pues se calificó como chupacabras a los políticos, en concreto al presidente Carlos Salinas de Gortari. Ruiz Noguez dijo en aquel momento de la criatura: «Su enorme éxito en México obedece a una reacción de la gente ante la aguda crisis económica, política y social que aqueja al país».[25] La fiebre del chupacabras fue pa-

22. Juan Chía. «Los seres humanos, nuevas víctimas.» *Año Cero,* n.º 71, junio de 1996.

23. Joaquim Ibarz. «Psicosis por el misterioso "chupacabras".» *La Vanguardia,* 4 de mayo de 1996.

24. Ruiz Noguez, 1996, *op. cit.*

25. Luis Ruiz Noguez. «El chupacabras», 5 de julio de 2006. <http://marcia nitosverdes.haaan.com/2006/07/el-chupacabras-fin-del-capitulo-mexicano/>.

sando, y con el tiempo se llegó a considerar más un invento para desviar la atención de los graves problemas del país que un monstruo real.

No es necesario seguir describiendo el fenómeno en cada país, que repite sus credenciales. Baste decir que en aquellos primeros dos años se produjeron noticias sobre el chupacabras en una docena de países de habla hispana y en Brasil, y en la mayoría de los casos no se trataba de avistamientos de una criatura, sino de muertes misteriosas de animales que se asociaban a la acción del chupacabras. Se ve en todo esto que culpar a este monstruo era como decir «una muerte que no se ha podido explicar». El chupacabras servía de justificación para todo. La tendencia empezó a ser hacia un cuadrúpedo parecido al perro, más que un bípedo con espinas como había sido en Puerto Rico. Había, por tanto, una evolución en el desarrollo de la leyenda.

El fenómeno fue decayendo, pero al llegar el año 2000 el chupacabras saltaba en el Cono Sur de América.

Los sucesos de Calama (Chile)

En abril del año 2000 el chupacabras llegó a Chile. La primera noticia de una matanza de animales en la ciudad de Calama apareció en el periódico *Las Últimas Noticias* del 10 de abril de 2000 y, aunque se mencionó al chupacabras, a quien había que culpar era a una jauría de treinta perros salvajes, según el Servicio Agrícola y Ganadero. En los días siguientes la Secretaría de Salud se comprometió a sacrificar a 150 perros sueltos para tranquilizar a los ganaderos, y se descartó como una falsedad la presencia del chupacabras y otras historias de extraterrestres. Pero el día 23 de abril la prensa informaba, de una manera más ambigua, que se habían recogido unas muestras de pelos y huellas que iban a ser analizadas en el Laboratorio de Criminalística a fin de descubrir al atacante del ganado en Calama. Un perito creía que las muestras pertenecían a un bípedo, mientras se especulaba con monos escapados y los parceleros creían ya que el culpable era el chupacabras. ¿Qué había pasado en diez días para que se disparara de tal manera la especulación? El tópico decía que nadie había visto atacar al chupacabras, pero el enviado especial a Calama del periódico *El Mercurio*, Rodrigo Barría, reveló que varios agricultores habían visto a perros atacando a su ganado. De hecho, uno de ellos denunció que unos perros habían saltado un muro de 3 m para atacar a sus animales, y que él disparó a los perros y terminó con ellos. La Policía de Investigaciones y los Carabineros hicieron vigilancias nocturnas, y se llegó a la conclusión de que perros asilvestrados se habían desplazado hacia las granjas desde el vertedero municipal. El Gobierno provincial de Antofagasta convocó a un equipo multidisciplinario de investigación y este confirmó la conclusión de la Policía de que, al haberse empezado a enterrar la basura del vertedero municipal, los perros habían tenido que buscar otras fuentes de alimentación, y por ello vagaron en busca de ganado.

Diego Zúñiga denunció entonces «la peligrosidad de la prensa, que constantemente toma estos asuntos desde una perspectiva irracional, y termina agrandando esta bola de nieve de mentiras, fraudes, engaños e idioteces».[26] Algún periódico viró de la versión de los perros salvajes al chupacabras, en el que encontraron una «veta virgen». Las televisiones invitaron a ufólogos, que introdujeron la versión extraterrestre, y todo esto influyó en el público. «Por supuesto, la mayoría se decantaba por creer que un misterioso e indescriptible ser, el chupacabras, había puesto sus patas en nuestra tierra y comenzaba a hacer de las suyas», añade Zúñiga.

Cuando la psicosis del chupacabras iba remitiendo en Calama, el fenómeno se reprodujo en otras zonas del país azuzado por la prensa. El cuerpo de Carabineros atribuyó el fenómeno a la psicosis generada por las noticias que daban los medios de comunicación. Pero en el sur hubo una causa diferente a los perros. Un veterinario llamado Luis Briones declaró que el presunto chupacabras no era más que una güiña, un felino del sur de

---

26. Diego Zúñiga. «Lo que nos faltaba, señores: con ustedes, ¡el chupacabras!» *La Nave de los Locos*, n.º 2, mayo de 2000.

441

Chile, y se extrañó de la ignorancia de los campesinos de la zona sobre la fauna autóctona.[27]

Los ufólogos no iban a dejar de participar en el festín del chupacabras, como dice irónicamente Zúñiga. El ecuatoriano Jaime Rodríguez viajó a Chile y llegó enseguida a la conclusión de que el chupacabras era un extraterrestre. El correo electrónico e internet tuvieron un papel muy importante en la difusión de teorías conspirativas que implicaban al Gobierno norteamericano con abducciones, aparición de helicópteros negros y otros temas típicos de la ufología del «lado oscuro». Según el diario *Crónica*, el 12 de mayo del 2000 fueron capturadas tres extrañas criaturas al norte de Chile, y el aeropuerto de Calama fue cerrado para que aterrizara un helicóptero con científicos y militares norteamericanos que se hicieron cargo de los seres. Los ufólogos del grupo Ovnivisión acusaron a la NASA de haber desarrollado al chupacabras en una instalación secreta en Atacama como un experimento genético de una criatura que pudiera sobrevivir en Marte. El matiz del ejército chileno es diferente: la operación tuvo que ver con ensayos de la NASA de un robot destinado a Marte.[28]

El corte argentino

En Argentina la vaca no es sagrada como en la India; es un monumento nacional. Allí se dio la última gran oleada de matanzas misteriosas de vacas, algo que en este país tenía por fuerza que generar un clamor. Además, era en 2002, en plena época de «vacas flacas» de la economía nacional y en plena crisis del *corralito* financiero («corralito», vaya, metáfora ganadera). El periodista crítico argentino Alejandro Agostinelli secuenció así los aconte-

27. Diego Zúñiga. «El chupacabras y el impacto de una creencia mediatizada.» En Ricardo Campo (ed.). *Vida en el universo. Del mito a la ciencia.* Fundación Anomalía, Santander, 2008, p. 129.
28. Iván Castillo. «El terror de Chile.» *Más Allá*, n.º 137, julio de 2000.

cimientos en su libro *Invasores* y en otros trabajos:[29] en abril un ganadero llamado Marcelo de Perloy contactó con el Servicio de Sanidad y Calidad Agroalimentaria (SENASA) para comunicar la muerte misteriosa de varias de sus vacas. Cuando el caso se difundió en la televisión, el SENASA tuvo que atender otras muchas llamadas que informaban de otras muertes en los hatos. El veterinario del SENASA Daniel Belot, estupefacto ante los «cortes quirúrgicos» en el ganado y los tejidos «cauterizados», declaró al diario *La Arena* que parecían causados por una intensa fuente de calor.

Una intervención clave en la deriva de las especulaciones sobre el fenómeno fue la de la vaca sagrada de la ufología argentina, Fabio Zerpa. Con su autoridad mediática, Zerpa dictó que los cortes precisos en el ganado no podían ser obra del chupacabras. «Las heridas están hechas con un bisturí de tecnología avanzada, con una precisión impropia para un animal»,[30] Zerpa *dixit*. Su hipótesis era que las vacas habían sido absorbidas por un haz de luz hacia una nave, donde se las mutiló en un laboratorio tecnológicamente avanzado. Como no se veían huellas en la zona, eso era prueba de que ellos vinieron por el aire. Aunque el ufólogo Francisco Fazio saltó a los medios anunciando que el chupacabras había llegado a la Argentina, la autoridad mediática de Zerpa seguramente contribuyó a descartar la intervención del vampiro que triunfaba del otro lado de los Andes. Los medios hablaron más de «enanitos verdes» y de una intervención extraterrestre sobre las pampas. Será por eso que el chupacabras no ha penetrado en el imaginario argentino igual que en otros países de Latinoamérica.

La «ola de mutilaciones de ganado» que empezó en las provincias de Buenos Aires y La Pampa se acabó extendiendo a diez provincias en tres meses. Entre abril y junio de 2002 se registraron 200 casos. No vamos a repetir de nuevo las características de

---

29. Agostinelli, 2009, *op. cit.*, y «Vacas mutiladas y chupacabras en la ruta del ratón hocicudo». *Dios!*, 2002: <https://www.dios.com.ar/notas1/enigmas/fenomenos/vacas/mickey_1.htm>.

30. Agostinelli, 2009, *op. cit.*, p. 113.

las carnicerías porque a estas alturas resulta ya estomagante: igual en todas partes, como si un cirujano transfronterizo y hablante de español anduviera suelto por toda Hispanoamérica. Los periodistas estrella de la televisión ordeñaron el tema en repetidos programas invitando a ufólogos y a otros personajes del misterio a dar pábulo a la fantasía. Explicaciones, lo que se dice explicaciones, pocas.

A la hora de intentar dar una respuesta al fenómeno, ya hemos visto en otros países el desconcierto y los patinazos de veterinarios y científicos ante «un fenómeno nunca visto antes». Se ha dicho en su descargo que los veterinarios están acostumbrados a tratar con animales vivos en la clínica, y no descuartizados o en descomposición en el campo. Hemos visto antes cómo, en un análisis superficial de los cadáveres, algunos expertos se dejaron influir por los vientos del momento y creyeron a pies juntillas en la precisión de misteriosos cirujanos locos que campaban por diez provincias o en mitos de sectas satánicas. Un patólogo del Instituto Nacional de Tecnología Agropecuaria (INTA) buscó conspiraciones en «alguien que tiene bien claro lo que busca»; un veterinario advirtió de la presencia de cierto «cuatrerismo tecno», y el mismo Bernardo Cané, director del SENASA (que no es la NASA, dice Agostinelli), se declaró a favor de la hipótesis de cirujanos furtivos o prácticas esotéricas, solo unos días antes de que apareciera ante los medios con el informe oficial en el que se desdecía de todo lo dicho.[31] El 1 de julio de 2002 el SENASA emitió el comunicado de prensa por el que daba a conocer las conclusiones de la investigación realizada por científicos de la Universidad Nacional del Centro,[32] y Bernardo Cané se burlaba ahora de las creencias folklóricas y leía unas conclusiones prosaicas que recordaban a otros estudios racionalistas llevados a cabo desde aquel lejano informe Rommel de 1980. El comunicado decía que las muertes del ganado se habían producido por causas naturales, debidas a enfermedades metabólicas o infecciosas, y las lesiones fueron obra de animales predado-

31. Agostinelli, 2002, *op. cit.*
32. SENASA. «Informe oficial sobre lesiones y mutilaciones de cadáveres bovinos», 1 de julio de 2002.

res, principalmente el ratón hocicudo rojizo, del género *Oxymycterus*, cuya población había crecido en los últimos tiempos, lo que le había obligado a cambiar sus hábitos alimentarios, de insectos y lombrices a carne animal.

Después del informe del SENASA los reportes de muertes misteriosas de animales remitieron y el fenómeno dejó de ser noticia —o quizá haya que invertir los términos de esta ecuación—. La pregunta es: ¿la explicación del SENASA fue suficiente para explicar el fenómeno? Agostinelli piensa que no. Cuando quiso conocer el informe completo de la investigación, el SENASA le remitió al comunicado de prensa: dos cuartillas. ¿Dónde estaban los datos completos de la investigación?

Las folkloristas Martha Blache y Silvia Balzano[33] han visto en las mutilaciones de ganado en Argentina «procesos que reflotan las situaciones conflictivas comunitarias», que ellas interpretan en clave política: «Es común la idea de que Estados Unidos usufructúa de nuestra materia prima y recursos naturales, "sustrayéndolos"», idea que en Argentina se instalaba «como consecuencia de las demandas del Fondo Monetario Internacional respecto de la deuda externa». Para las folkloristas, las mutilaciones de ganado «parecieran condensar una gran metáfora que refleja la situación de un país en crisis que intenta identificar al responsable». Estas autoras sintetizaron la situación en la leyenda del chupacabras, que «se asienta, cobra vida y se difunde por su capacidad representativa de sintetizar escueta, pero cruelmente, los avatares de un pueblo consternado ante la profunda crisis socioeconómica por la que atraviesa».

A Alejandro Agostinelli la ola de mutilaciones de ganado le hizo recordar la epidemia de parabrisas picados que se desató en Seattle en 1954. En pocas palabras: un oyente de un programa de radio llamó para decir que había detectado unas «mordeduras» en el parabrisas de su coche, y en poco tiempo miles de

---

33. Martha Blache y Silvia Balzano. «La cadena de transmisión mediacional en una leyenda contemporánea: el caso de las vacas mutiladas como metáfora de la crisis argentina actual.» *Estudios de Literatura Oral*, n.º 9. Universidade do Algarve, 2003.

personas estaban observando picadas en el vidrio delantero de su vehículo. La Universidad de Washington investigó el fenómeno social y llegó a la conclusión de que la gente había puesto su atención en algo que estaba allí, pero nunca se habían fijado antes. Dice Agostinelli: «Miraron el vidrio en vez de ver "a través de él"».[34] Es decir, no hubo una oleada de parabrisas picados, sino de parabrisas examinados. Igual habría pasado con las vacas mutiladas en Argentina, en su opinión. «La explicación psicosocial —un caso de percepción selectiva moldeada por un estereotipo provisto por los medios— fue más poderosa que la técnica.» Las muertes de ganado, los ovnis y el chupacabras fueron, en palabras de Agostinelli, una «visión mutilada de la realidad».[35]

En la pampa argentina pudo suceder algún fenómeno ecológico que preocupó a los ganaderos y dejó confundidos a los biólogos y veterinarios, que no se habían tenido que enfrentar antes a muertes de ganado de una manera apremiante. Pero lo que aquí me interesa destacar es que aquella crisis en la pampa se convirtió en un fenómeno social con un significado nuevo, con «representaciones interculturales» e «imaginarios supranacionales», como anotaron las folkloristas Blache y Balzano, es decir, con significados foráneos importados de Estados Unidos sobre «mutilaciones», fueran causadas por los ovnis o por el chupacabras. ¿No será que la publicidad en los medios, la intervención de los ufólogos, los rumores del chupacabras y las elucubraciones sobre locos mutiladores y sectarios, todo mezclado, creó un problema social donde no existía siquiera un problema biológico?

La ciencia frente al chupacabras

Los cuestionamientos sobre la realidad del chupacabras empiezan con razones ecológicas desde su misma aparición en Puerto

---

34. Agostinelli, 2009, *op. cit.*, p. 123.
35. Alejandro Agostinelli. «"Visiones mutiladas" de la realidad.» *Marcianitos Verdes*, 8 de julio de 2006: <http://marcianitosverdes.haaan.com/2006/07/el-chupacabras-en-argentina/>.

Rico. ¿Cómo es posible que, en ese país, que tiene una superficie solo un poco mayor que la provincia de Almería, y con una densidad de población cuatro veces mayor que la de España, habite un monstruo tan elusivo al que nunca se encuentra? Algunos suponen que se puede esconder en el Bosque Nacional de El Yunque, pero este tiene solo 113 km^2 es decir, que en un cuadrado de unos 11 km de lado debería vivir toda una colonia de estas bestias, si se supone que es un animal que se reproduce, y eso sin que nadie de entre el millón de turistas que visita esta área protegida cada año haya visto nada. Pero esto para mí es lo menos importante. Me interesa el proceso de creación de la leyenda, desde los testimonios sobre la criatura a los argumentos de los defensores del misterio.

Algunas intervenciones de la bestia se cree que han sido, en realidad, de animales ferales, es decir, asilvestrados, tales como perros salvajes o alimañas, o bien animales voladores como murciélagos, lechuzas, etcétera. Incluso ha podido intervenir alguna confusión con un ladrón de pollos o un mendigo. Las distintas posibilidades de confusión explican la diversidad de las descripciones que se han hecho del chupacabras como una bestia que se transforma, que puede ser vista como un bípedo, un cuadrúpedo o un animal volador. El miedo en la oscuridad, los rumores y las expectativas han podido jugar una mala pasada a algunas personas asustadizas que han declarado haber sido atacadas por el chupacabras, suponiendo que sus testimonios fueran sinceros. Cuando se analizan las evidencias del chupacabras, ahí es donde el rumor pierde mucho fuelle. En todas las ocasiones en que veterinarios o autoridades han intervenido para analizar las muertes del ganado se han dado explicaciones prosaicas, casi siempre como ataques de perros o coyotes. Pero hay más. El criptozoólogo británico Jonathan Downes explicó las muertes de ganado de 1995 en Puerto Rico por la proliferación de mangostas hambrientas que había en la isla a principios de los años noventa, que a falta de ratas suficientes con que alimentarse, atacaron a los animales de granjas.[36]

36. Jonathan Downes. *The Island Of Paradise. Chupacabra, UFO Crash*

El tema del vampirismo del chupacabras —se supone que absorbe toda la sangre de sus víctimas— es central en su leyenda. No solo los ganaderos y policías, sino también muchos veterinarios, han testificado que al animal muerto se le había extraído toda la sangre. Pero cuando se han hecho autopsias esto ha sido siempre desmentido. El vampirismo es una suposición que han hecho los ganaderos al no haber encontrado sangre alrededor de los cadáveres, y algunos veterinarios lo han refrendado sin un análisis detallado. Sin embargo, los forenses han explicado satisfactoriamente la apariencia de ausencia de sangre en el cadáver por la coagulación y el *rigor mortis*. Benjamin Radford, en su libro *Tracking the Chupacabra,* ha dado la explicación más detallada de cómo un animal muerto puede dar la falsa impresión de que se le ha succionado la sangre, pero no viene al caso detenernos ahora en ella.

La prueba definitiva de cualquier críptido sería contar con un cuerpo, ¿verdad? Es el sueño de cualquier buscador del bigfoot o del yeti. Pues bien, el caso del chupacabras es diferente al resto de los animales hipotéticos, puesto que de él se han informado más de una docena de hallazgos de cadáveres, y algunos han sido analizados y se han tomado fotografías de ellos. Los primeros en analizar esos restos de supuesto chupacabras —veterinarios, zoólogos, biólogos, médicos—, dieron, a menudo, explicaciones ambiguas y contradictorias que solo consiguieron excitar más los ánimos de los buscadores del misterio. Solo cuando se han emprendido exámenes detallados por instituciones competentes se ha obtenido una respuesta científica válida. La criatura en descomposición que se encontró en el año 2000 en una finca de Malpaisillo, Nicaragua, que supuestamente había atacado a ovejas, fue explicada por la Universidad Nacional de León como un perro común.[37] En todos los casos, tras el examen de las fotos de los cadáveres, y, sobre todo, de los análisis de ADN de los restos, se han llegado a identificar los cadáveres como de perros salva-

---

Retrievals, and Accelerated Evolution on the Island of Puerto Rico. CFZ Press, 2008.
37. Redacción. «¿El chupacabras cazado?» *Karma-7,* n.° 320, 2000.

jes, coyotes o mapaches, excepto en un caso en que era el feto de una vaca.

Según la profesora Allison Diesel, de la Universidad de Texas, la confusión venía de que aquellos animales sufrían de sarna sarcóptica, que deja la piel rojiza o negra, y provoca pérdida de pelo. Esta enfermedad «puede hacer parecer a cualquier animal un monstruo», ha añadido.[38] El entomólogo de la Universidad de Michigan Barry O'Connor ha estudiado el parásito de la sarna *(Sarcoptes scabiei)*, que es muy corriente en predadores como los coyotes, y cree que el estado de deshidratación y debilidad que produce impide a los animales sarnosos cazar sus presas habituales y por eso atacan a presas fáciles en las granjas.[39] Los depredadores atacan al ganado en el cuello y este muere de hemorragia interna por las heridas producidas por los colmillos, sin que haya exhibición de sangre en el exterior. Además, se insiste en que los depredadores no se alimentan de sangre, por su bajo contenido calórico. Ningún animal del tamaño del supuesto chupacabras podría vivir de succionar sangre. Esto desmiente la idea preconcebida del vampiro.

Las causas de los ataques de depredadores, según los veterinarios y centros de investigación, estarían en los cambios en el hábitat que han hecho que las alimañas no hayan podido conseguir su alimento habitual y se hayan visto obligadas a dirigirse a las poblaciones, donde hay ganado disponible. Las alteraciones en el ecosistema se habrían producido por sequía, porque se ha impedido el acceso a las fuentes ordinarias de alimentación de los predadores o por una pérdida del equilibrio entre especies, por ejemplo, por una migración. A la pregunta de por qué antes estos ataques no pasaban, el vicepresidente de la Federación Nacional de Veterinarios Zootecnistas de México, Ramiro Ramírez Necochea, respondió que sí pasaban, pero la gente no le daba importancia por-

38. Josh Gabbatiss. «La verdad científica detrás de la leyenda del chupacabras.» *BBC Mundo,* 13 de diciembre de 2016: <https://www.bbc.com/mundo/vert-earth-38176851>.

39. «Chupacabras: la evolución creó una leyenda.» *National Geographic,* 20 de julio de 2012: <https://www.nationalgeographic.es/historia/chupacabras-la-evolucion-creo-una-leyenda>.

que se consideraba un proceso natural y no se pensaba en el chupacabras. En 1973 el Servicio de Pesca y Vida Salvaje de Estados Unidos dio una cantidad promedio de 2.500 cabezas de ganado que se perdían cada mes en México. En 1996 esa cantidad había descendido a la mitad, a pesar del chupacabras, lo que evidenciaba que lo que había era un problema de percepción de una anomalía.[40]

En suma, el chupacabras entró a alterar el ecosistema mental de una población susceptible a asimilar terrores importados que se mimetizaban con los seres de la mitología local de cada país. El chupacabras se mueve, pues, entre terrenos tan resbaladizos como la criptozoología, la ufología, la leyenda urbana, la mitología, la ecología y la teoría de la conspiración. Si alguien es capaz de darle un sentido cabal a esta fórmula alquímica, conseguirá el Premio Nobel de misteriología.

La inspiración en la cultura popular

A la hora de encontrar una fuente de inspiración para los monstruos, en distintas ocasiones ha habido que mirar a la cultura popular, especialmente la ficción visual. En este caso Benjamin Radford ha encontrado en el monstruo Sil, de la película *Species,* la fuente original de la figura del chupacabras. *Species* se estrenó el 7 de julio de 1995, un mes antes de la observación de Madeleyne Tolentino, y esta declaró a los investigadores que había visto la película. ¿De qué manera se inspiró en Sil? Veamos. La acción de *Species* empieza precisamente en Puerto Rico, en concreto en el radiotelescopio de Arecibo. Según el argumento, el mensaje que la Tierra envió a las estrellas en 1974 ha sido contestado, y su contenido es una secuencia de ADN. A partir de ella se realiza un experimento genético reproduciendo ese ADN en un embrión humano. A la criatura que nace le crecen espinas en la espalda, ojo al dato. El monstruo es una mujer estupenda que tiene tanta

40. Luis Ruiz Noguez. «El chupacabras» (3), 5 de julio de 2006: <http://marcianitosverdes.haaan.com/2006/07/el-chupacabras-y-3/>.

fuerza y agilidad que se escapa rompiendo la vitrina de cristal donde la tienen encerrada, y la película trata sobre su captura antes de que consiga reproducirse con humanos.

La figura de Sil fue diseñada por el dibujante Giger, y tiene un asombroso parecido con el modelo del chupacabras según el dibujo de Jorge Martín que se ha hecho clásico. En la película, la locomoción del monstruo, sus capacidades telepáticas, hasta la baba que deja y su lengua protráctil, se iban a mencionar en los testimonios del chupacabras. En una entrevista Madaleyne Tolentino dijo: «Vi la película y me pregunté, "¡Dios mío! ¿Cómo pueden hacer una película como esta, cuando estas cosas están pasando en Puerto Rico?"». Está claro que ella misma asociaba el chupacabras con el monstruo Sil de la película. Radford piensa que este es un caso típico de confusión entre la realidad y lo que se ha visto en una película, fenómeno que los psicólogos llaman confabulación.[41]

El brasileño Kentaro Mori[42] ha encontrado también un gran parecido entre el dibujo de Jorge Martín y un personaje de videojuegos de la época: Sonic el puercoespín. Este nació en 1991 como mascota de la compañía Sega para la serie de juegos Sonic, y se distinguía por su fila de púas en la espalda (¿no os suena de algo?). Sea como fuere, el modelo de chupacabras bípedo, como hemos visto, daría paso en otros lugares de Latinoamérica a otras «especies». La descripción canónica del chupacabras con sus espinas dorsales solo se produjo en la meseta central de Puerto Rico.

Desde que el chupacabras saltó el mar Caribe para implantarse en Estados Unidos, México y otros países latinoamericanos, el cine y la televisión se aprovecharon del tirón comercial del misterioso vampiro y tuvieron un papel esencial en la implantación de la leyenda. Ya en 1996 se hizo una película titulada *El chupacabras,* de ínfima calidad cinematográfica; en 1997 se hizo otra peor aún, *Guns of El Chupacabra,* y la serie de animación *South Park* emitió un episodio titulado «Jewpacabra». La serie *X Files*

---

41. Radford, 2011, p. 137.
42. <http://marcianitosverdes.haaan.com/2007/08/sonic-o-chupacabras/>.

451

(Expediente X) no podía dejar pasar el filón. En enero de 1997, en la cuarta temporada, se emitió el episodio «El mundo gira» (titulado en español), en el que Mulder y Scully investigan la muerte de una inmigrante ilegal que se sospecha ha sido debida al chupacabras, aunque al final se demuestra causada por un hongo.

En el nuevo siglo la producción de películas con la excusa del vampiro latino no ha parado. Se cuentan por docenas las que llevan el término *chupacabras* o están directamente inspiradas en él. Radford ha hecho notar un dato curioso: solamente en Latinoamérica se ha hecho comedia del chupacabras, mientras que en Estados Unidos entra en el género de terror, representado como una amenaza. Solo el espíritu latino ha sabido infundir al monstruo un lado irónico y festivo. Y por supuesto el chupacabras ha dado también para llenar la literatura infantil y juvenil, géneros en los que el monstruo adquiere un tono más bien mitológico.

La leyenda del chupacabras se sigue nutriendo hasta hoy con productos culturales. En la edición 2020 del Festival de Cine de San Sebastián se estrenó una película rusa titulada *Chupacabra*, la ópera prima del director Grigory Kolomytsev. El tema es la fantasía de un niño que cree ver al chupacabras en un perro callejero. Y como no podía ser menos con un monstruo popular convertido en mascota, se ha llevado también al cine infantil: en 2016, *La leyenda del chupacabras* fue una de las películas de animación más taquilleras de México, precisamente por la popularidad del personaje.

«Mutilaciones» y chupacabras en España

Aunque en España las leyendas de monstruos no echan raíces, sí que se han dado episodios que imitan lo sucedido en el otro lado del Atlántico. Después de las mutilaciones de ganado en Estados Unidos y en Puerto Rico se produjo una racha de informaciones semejantes en nuestro país. El 12 de mayo de 1979 el periódico tinerfeño *El Día* informó de que en el barrio de Taco de Santa

Cruz de Tenerife se habían encontrado dos perros y tres ovejas sin corazón ni sangre en las venas, pero los dueños no dieron importancia a las muertes pensando que se debió a una pelea entre canes. El día 16 de mayo la prensa informa de que se han visto perros muy grandes y «un bicho» sin determinar, mientras se empieza a especular con sociedades secretas y con visiones de ovnis en la zona, como era normal en aquella época de obsesión ufológica. El día 17 se informa de animales «degollados» en el pueblo de Garachico, lo que llevó a la Policía Nacional de Tenerife a investigar. En rueda de prensa del 19 de mayo se dio como posible explicación la acción de algunas personas y la intervención posterior de ratas y hurones. En octubre hubo nuevas muertes de cabras y conejos, y el Laboratorio Regional Agrario dio a conocer que se habría necesitado instrumental técnico para realizar aquella agresión. Ya nos va sonando todo esto. La prensa se decantó por la autoría humana o canina.

¿Qué tenían aquellos casos tan poco espectaculares para motivar un fenómeno mediático y la intervención de fuerzas del orden y autoridades? El escéptico investigador canario Ricardo Campo entrevistó en 2002 a Jorge Bethencourt, el reportero que dio las noticias de aquellos sucesos desde el *Diario de Avisos* de Tenerife, y este admitió que en su momento el periódico había seguido la historia «con no poca carga de dramatismo gratuito que, efectivamente, amplificó los efectos de las acciones de los imbéciles que se dedicaban a despellejar animales».[43] El periodista refrendaba la importancia fundamental de la prensa en la generación del fenómeno social de aquellas supuestas «mutilaciones». Pero la Policía Nacional de Tenerife dio a Campo otra explicación: las muertes habían sido obra de perros asilvestrados, y las especulaciones de que los cadáveres no tenían sangre eran falsas. Al parecer, alguien había visto una manada de perros que pudieron ser los autores de la matanza.

El «bicho» de Taco se desvaneció, sin duda, porque no circulaba por el año 1979 un referente claro al que atribuir aquellos

---

43. Ricardo Campo. «El chupacabras tinerfeño.» *El Escéptico*, n.º 19, mayo-agosto de 2005.

sucesos aislados de muertes de animales. Casi dos décadas después las cosas habían cambiado. En 1996, en la estela de las noticias que habían propagado las revistas paracientíficas como *Más Allá, Año Cero* o *Enigmas,* las muertes de animales volvieron a ser tema de misterio con motivo de cinco denuncias a la policía autonómica del País Vasco por muertes de animales entre junio y julio en la comarca de Las Encartaciones (Bizcaya). Basándose en el testimonio de un ganadero, *El Mundo* publicó que se habían encontrado cien ovejas muertas con un pinchazo en el cuello. Los afectados atribuían las muertes a un psicópata. Los periodistas del misterio Bruno Cardeñosa y Javier Sierra viajaron a la zona para entrevistar a los ganaderos afectados, y mientras que Sierra interpretó los hechos como debidos a actividades humanas ilegales,[44] Cardeñosa atribuyó la muerte de las cien ovejas a la presencia en España del chupacabras. Pero según el informe que elaboró la Ertzaintza, se había denunciado la muerte de dieciséis ovejas —no de cien— y una yegua, así como la desaparición de veintidós ovejas. Las muertes se debieron, en todos los casos menos uno, a mordeduras de cánidos asilvestrados.

La investigadora de misterios Magdalena del Amo recogió en un artículo en la revista *Enigmas* testimonios de ganaderos que manifestaban que en la zona no había lobos antes, pero acababan reconociendo que su ganado había sido matado por lobos. Echaban la culpa a «algo que nos han echado aquí y que antes no había», refiriéndose seguramente a repoblaciones con lobos. Pero la autora del artículo le añade el toque misterioso: «Lo curioso es que estos lobos matan a sus víctimas, les chupan la sangre y dejan la carne intacta», detalles que no se extraen de las declaraciones de los afectados. Tacha de descabelladas y falaces las explicaciones de la policía autonómica sobre cánidos asilvestrados, pero no obstante aclara: «Concluir que las extrañas muertes son obra de un chupacabras ibérico o de humanos que realizan experimentos secretos es una ligereza», aunque al final

---

44. Javier Sierra. «El regreso del "chupacabras".» *Más Allá,* n.º 88, junio de 1996.

deje el asunto en que «nos hallamos ante nuevas manifestaciones de un viejo misterio».[45]

Según el corresponsal de *El Correo* José Domínguez, los afectados atribuían las muertes de ganado a rencillas con ganaderos de Burgos por falta de límites provinciales claros. El periodista escéptico Luis Alfonso Gámez citaba esta declaración, pero ponía la atención en un problema creciente por entonces, que era el de los ataques de lobos a los rebaños, lo que llevó en octubre de 1996 al lanzamiento de un plan especial para terminar con los ataques de lobos a las ganaderías. Gámez sacó como conclusión sobre el fenómeno internacional del chupacabras que se debía a tres factores: la superstición popular, el oportunismo de los políticos que habían aprovechado el tema para desviar la atención de problemas más acuciantes y los intereses económicos de los escritores de lo oculto.[46]

Ha habido algunos otros episodios de muertes de ganado en España, en los que se ha pensado de nuevo en el chupacabras, pero con estos datos nos basta para hacernos una composición de lugar. El asunto es que cuando el legendario monstruo no está presente en las muertes de ganado no se encuentran en ellas las características extraordinarias de las clásicas «mutilaciones». Un estudio llevado a cabo por técnicos de la Estación Biológica de Doñana en 2010 sobre cadáveres de animales encontrados en las provincias de Burgos y Álava no estuvo rodeado en esta ocasión por titulares de la prensa del misterio y por la polémica. O bien el chupacabras despertaba incredulidad o era un tema ya agotado en nuestro país. Lo interesante fue descubrir que, aunque se suele atribuir el 95 % de las muertes de animales a lobos, los análisis de los excrementos encontrados junto a los cadáveres dieron a entender que los autores de las carnicerías habían sido perros salvajes. Se atribuyó el exceso de denuncias de ataques de

---

45. Magdalena del Amo. «¡Ya está bien de Chupacabras!», *Enigmas*, n.º 15, febrero de 1997.

46. Luis Alfonso Gámez. «El viaje trasatlántico del "chupacabras".» *El Escéptico*, n.º 5, verano de 1999; y <https://magonia.com/2007/05/05/el-viaje -trasatlantico-del-chupacabras/>.

lobos al deseo de los ganaderos de cobrar las subvenciones establecidas solo para ese tipo de muertes.[47]

Entendamos a la criatura

Hemos visto a lo largo de este capítulo una secuencia de acontecimientos que han conducido a la creación de lo que me atrevería a llamar una nueva criatura mítica: el chupacabras. Tras las oleadas de muertes de animales ha habido frecuentemente causas biológicas y ecológicas transitorias, como la pérdida de hábitats y medios de alimentación de animales asilvestrados y depredadores. Pero en cada uno de los episodios que hemos repasado se ha producido un fenómeno social de inquietud, amplificado y distorsionado por los medios de comunicación, que han dado palestra a especulaciones en boga como las sectas satánicas, los científicos experimentadores, los extraterrestres y, sobre todo, el chupacabras. Algunos casos de este tipo han sido etiquetados de «histeria de masas», pero no debemos exagerar. Excepto los ganaderos que podían sentir peligrar sus rebaños, la mayoría de los puertorriqueños, y luego la población de otros países, se tomaron a broma el asunto del chupacabras. Cuando en Puerto Rico el alcalde de San Juan organizó una milicia para cazar a la criatura, parece que fue más una pose electoralista que una verdadera preocupación por la seguridad ciudadana. Hablar de chupacabras funcionó como el clásico «argumento por la ignorancia». ¿No sabemos quién provocó la matanza de ganado? Entonces es que fue el chupacabras. El término funcionó como liberador de la incertidumbre. Parece que reconforta más asignar las muertes a una criatura fantástica que admitir que no se sabe cuál ha sido la verdadera causa.

A diferencia del fenómeno de las «mutilaciones» de ganado de Estados Unidos, que se vinculó a los ovnis, en Puerto Rico pudieron influir otras tradiciones culturales para llegar al chupa-

---

47. Manuel Ansede. «Lobos inocentes y condenados a muerte.» <https://www.publico.es/ciencias/lobos-inocentes-y-condenados-muerte.html>.

cabras. El vampiro que chupa la sangre de sus víctimas es un tema sobre el cual hay toda una tradición en Latinoamérica. En las culturas quechua y aymara se cree en el likichiri, un vampiro que, por la noche, mientras duermes, te extrae la sangre o la grasa mediante una incisión. Algo parecido podríamos decir del pishtaco, un degollador que extrae la grasa de sus víctimas. En varios países latinoamericanos son persistentes en las últimas décadas los rumores sobre robo de órganos, que se atribuyen a extranjeros. En la asimilación del chupacabras en la cultura de México y Centroamérica se pueden encontrar como fundamento otras inspiraciones procedentes del folklore local de tipo semejante al vampiro. El cadejo, por ejemplo, es un animal fantasmagórico procedente del nahual de la mitología maya que tiene dos versiones: el cadejo blanco es benéfico, mientras que el cadejo negro, de gran tamaño y con unos ojos como brasas ardientes, se aparece por la noche para causar el terror de los borrachos, actuando como un ente moralizador de la comunidad. Ruiz Noguez presenta otros animales mitológicos nocturnos como posibles inspiradores del chupacabras mexicano, como el kakasbal, ente volador que se alimentaba de animales por la noche, y el uay cen, que era el nagual de un brujo que en forma de felino pequeño extraía la sangre de los que dormían.[48]

En un sentido metafórico, Radford hace notar que en Puerto Rico mucha gente piensa que el país está siendo vampirizado, que las riquezas del país están siendo explotadas por extranjeros, más concretamente por el Gobierno de Estados Unidos. Se ha querido ver también en el chupacabras símbolos de contenido moral, asociándolo a una figura satánica, o se lo ha convertido en un símbolo de resistencia cultural contra el imperialismo norteamericano. Mary Louise Pratt piensa que «las historias de lo monstruoso alegorizan de manera muy exacta las fuerzas desagregadoras del neoliberalismo voraz y predatorio», y lo atribuye en concreto al tratado de libre comercio de Norteamérica (NAFTA, por sus siglas en inglés): «La historia del chupacabras sintetizaba el asalto

48. Luis Ruiz Noguez. «El chupacabras» (1), 3 de julio de 1996 <http://marcianitosverdes.haaan.com/2006/07/el-chupacabras-primera-parte/>.

a la vida rural y la agricultura, patrocinado por el acuerdo NAF-TA de 1994».[49]

Una característica coincidente en todos los países afectados por el chupacabras fue que los primeros en recoger los casos de mutilaciones fueron ufólogos, debido a que la criptozoología no estaba desarrollada en los países de Latinoamérica. De ello se deriva, sin duda, la conexión extraterrestre que desde el principio ha acompañado al fenómeno chupacabras, a diferencia de otros críptidos. Me atrevo a decir, por tanto, que la fantasía científica fue otra fuente de inspiración esencial del fenómeno de las «mutilaciones» de ganado y del consiguiente chupacabras. Al hablar de animales «mutilados» —no despedazados— se está añadiendo la connotación de una intervención quirúrgica con una intencionalidad. Muchos testimonios dicen que los «cortes» en la carne eran limpios como si se hubieran hecho «con un bisturí» —no dientes ni cuchillos—. El bisturí denota una capacidad científica, y solo seres avanzados pueden ser los autores. Esto sitúa al chupacabras en una órbita diferente a otros animales ocultos, como una criatura paranormal o el instrumento de un poder exterior, extraterrestre. Las mutilaciones se producen, además, en un contexto de violencia, de agresión, por tanto, con unos tintes más oscuros que las apariciones de otros críptidos. Todos estos significados del fenómeno lo llevan a un terreno que escapa al comportamiento de una bestia salvaje, le añade objetivo, inteligencia y carga moral. Tratamos con intervenciones clandestinas, lo que vincula el fenómeno con el pensamiento conspirativo que se ha hecho tan común. Podemos decir que el chupacabras es un ser legendario que intersecta dos mitos de nuestro tiempo: los extraterrestres y los monstruos.

Mientras que el «vampiro de Moca» se quedó en 1975 como un fenómeno de alcance local de Puerto Rico, en 1995 el chupacabras saltó a todo el mundo hispano. La distancia entre Moca y el chupacabras en esos veinte años es clara: en primer lugar, la

---

49. Mary Louise Pratt. «Globalización, desmodernización y el retorno de los monstruos.» *Revista de História,* Universidade de São Paulo, n.º 156, junio de 2007.

expansión internacional de la televisión por cable, pues fueron los programas de televisión latinos los que difundieron su existencia; y en segundo lugar la globalización gracias a internet. El año 1995, en que apareció el chupacabras, fue cuando se produjo el despegue de internet tanto en España como en otros países del mundo, y fue a través de la red global que se distribuyeron las noticias y las investigaciones de los ufólogos puertorriqueños y luego de otros países.

Los medios de comunicación, como hemos visto a lo largo de este libro, han sido la fuente por la que han surgido las leyendas de los críptidos. Para el periodista chileno Diego Zúñiga: «La creencia en el chupacabras se sustenta sobre la base de la reiteración en prensa de distintas características supuestamente sobrenaturales de un ser cuya presencia jamás ha podido ser probada».[50] Pero mientras los potentes medios de difusión en inglés, emitiendo desde los centros del colonialismo cultural de nuestra época, han universalizado fenómenos inicialmente locales como el bigfoot o el monstruo del lago Ness, el chupacabras no ha traspasado la barrera lingüística hispana. Y, sin embargo, representa sobre los monstruos anteriores una nueva evolución, que es la de haber nacido y prosperado como una leyenda virtual en la red. Si el monstruo milenial sobrevive a las refutaciones científicas de su realidad aún está por ver. El mito es joven.

50. Zúñiga, 2008, *op. cit.*, p. 129.

Capítulo 14

LA CRIPTOZOOLOGÍA

ENTRE LA MITOLOGÍA Y LA CIENCIA

> Entre los peces de la región están los Upland Trouts que
> anidan en los árboles, vuelan muy bien y tienen miedo al agua.
>
> JORGE LUIS BORGES Y MARGARITA GUERRERO.
> *Manual de zoología fantástica*[1]

Tras los episodios que vimos en capítulos precedentes de descrédito de las pruebas sobre el yeti y el bigfoot, cuya consecuencia
fue el alejamiento de los científicos que se habían involucrado en
el problema, un intento decisivo por convocar un diálogo entre
el mundo académico y los investigadores aficionados del bigfoot
fue la organización en 1976 por la científica social Marjorie Halpin de un primer congreso científico sobre el sasquatch. El evento se enfocaba desde el punto de vista del estudio de los monstruos, pero más desde las humanidades que desde la biología o la
zoología. Y entre los antropólogos solo el 13 % creía en la realidad del bigfoot, así que, quizá de una manera inevitable, lo que
prometía ser un foro de encuentro entre creyentes y escépticos se
convirtió en un punto de ruptura entre el sector científico-uni-
versitario y el activista-aficionado. El debate, por tanto, no fue
sobre si existe o no el sasquatch, sino sobre por qué la gente cree
que existe el sasquatch. El objeto de estudio no fueron los mons-

---

1. Jorge Luis Borges y Margarita Guerrero. *Manual de zoología fantástica*.
Fondo de Cultura Económica, México, [1957] 1983, p. 74.

truos, sino los cazadores de monstruos; los científicos se apropiaron del fenómeno sasquatch. Y por desgracia la respuesta de los promotores del monstruo fue: ¿a quién le interesa la ciencia?[2]

Al final en las actas, tituladas *Manlike Monsters on Trial*,[3] se dejó fuera una parte de las intervenciones de los proponentes de la realidad física del sasquatch, lo que provocó el rechazo de este sector. Según Halpin, los personalismos y la política lastraron los resultados del acto, mientras que el sector creyente sacó como conclusión de aquella experiencia que era el momento para ir por su lado y crear una organización dedicada al estudio de las criaturas ocultas. Fue así como en 1982 se constituyó la International Society of Cryptozoology (ISC), con el pionero Bernard Heuvelmans como su primer presidente. Los puentes que habían existido entre los científicos y los promotores de la investigación de los monstruos habían volado para siempre. Nacía alrededor de la ISC una disciplina con pretensiones de constituirse en ciencia: la criptozoología.

La criptozoología, entre la biología y el folklore

La *criptozoología* —de las raíces griegas, *kryptos, zoon* y *logos*— es el estudio de los animales ocultos. El término apareció por primera vez en 1959 en una referencia que el investigador francés Lucien Blancou hizo de Bernard Heuvelmans como «maestro de la criptozoología». El maestro haría suyo el término y la nueva disciplina quedaba extraoficialmente fundada.[4] La criptozoología sería una rama o un estadio de la zoología.[5] Heuvelmans quiso imponer su impronta de doctor en Zoología dejando claro que debían ocuparse de animales de carne y hueso. El enfoque debía ser describir científicamente a un animal

2. Buhs, 2009, p. 215.
3. Halpin y Ames, 1980.
4. Coleman y Clark, (eds.), 1999, p. 15.
5. Bernard Heuvelmans. «What is cryptozoology?» *Cryptozoology*, n.º 1, 1982.

antes de que fuera clasificado por la ciencia. La disciplina se iba a definir, pues, por su objeto de estudio, que según Heuvelmans, serían los «animales ocultos». Prefería esta denominación a la de «desconocidos» porque en la primera entrarían no solo las especies no catalogadas por la ciencia, sino también otras conocidas, pero que se han considerado extinguidas, así como aquellas que se creía que solo existían en las mitologías. Se han dado otras definiciones de la criptozoología, como la de Lorenzo Rossi: «El estudio de las especies animales cuya existencia no está respaldada por evidencia empírica»,[6] o la de Graham Hoyland: «Una pseudociencia que intenta probar la existencia de criaturas míticas».[7] Chad Arment,[8] en el análisis más exhaustivo sobre la criptozoología, piensa que es ante todo: «Una metodología de búsqueda dirigida al descubrimiento zoológico».

Pero la cuestión sobre qué estudian los criptozoólogos ha sido materia de debate, porque en la mente popular la criptozoología se asocia a los monstruos, y, además, a monstruos muy grandes. O sea, que los *monster hunters* se dedican solo a la caza mayor. Heuvelmans hizo en 1986 un listado de 138 animales aparentemente desconocidos que serían objeto de estudio de la ISC, con el prejuicio de que casi todos ellos eran de gran tamaño,[9] e insistió en que un tamaño mínimo era necesario, sin definir cuál sería este. Como todos sabemos, la mayoría de los libros de criptozoología casi solo se ocupan de bestias espectaculares como el monstruo del lago Ness, el bigfoot o el moquele mbembe, y no de insectos ni de peces desconocidos, que de eso seguro que hay, y mucho. Definir de una manera coherente el objeto de estudio ha sido un escollo importante para consolidar el estatuto científico

6. Rossi, Lorenzo. «A Review of Cryptozoology: Towards a Scientific Approach to the Study of "Hidden Animals".» En Francesco Maria Angelici (ed.). *Problematic Wildlife*, Springer International, 2015.

7. Hoyland, 2018, p. 90.

8. Arment, 2004.

9. Bernard Heuvelmans. «Annotated Checklist of Apparently Unknown Animals with which Cryptozoology is Concerned.» *Cryptozoology*, n.º 5, 1986.

de la disciplina. Así pues, la ISC se definió por su dedicación al estudio de los animales de forma o tamaño inusual, pero también a los encuentros «inesperados» con ellos en el tiempo o en el espacio. Inesperados en el tiempo serían especímenes supervivientes de especies prehistóricas extinguidas en un pasado lejano, como el diplodocus, o en época reciente, como el tigre de Tasmania. Inesperados en el espacio son aquellos animales vistos «fuera de lugar» *(«out-of-place»)*, por ejemplo, un puma en Europa. Pero esto no evitaba que la criptozoología naciera con un enfoque anclado en las leyendas y los mitos sobre los monstruos, y que su selección de las anomalías a estudiar resultara arbitraria, más guiada por afinidades locales o sentimentales que por un problema científico.

Para solventar este pecado original, Heuvelmans añadió otras características para que un animal pudiera ser objeto de la criptozoología: ser «verdaderamente singular, inesperado, paradójico, sorprendente, emocionalmente impactante, y por tanto susceptible de mistificación».[10] El más llamativo de estos términos es «emocionalmente impactante», que no solo es un aspecto muy subjetivo; significa además que se continúa apegado al asombro de las leyendas y al romanticismo de la búsqueda del misterio en vez de a la catalogación científica desapasionada.

Esos grandes monstruos que nos han acompañado en nuestra vida se han convertido en figuras míticas, son inasibles a una mirada desprejuiciada. Así comprobamos que de los artículos que aparecieron en la revista *Cryptozoology,* el órgano de difusión oficial del ISC hasta que dejó de publicarse en 1996, el mayor número de ellos (39) trató sobre «homínidos supervivientes» (yeti, bigfoot, etcétera), seguido de los monstruos de los lagos (32), como Nessi, Champ y otros. Es decir, el tratamiento de los temas en la publicación se acercaba mucho al contenido de casi todos los libros comerciales sobre monstruos. En opinión de Lorenzo Rossi: «Es absolutamente imposible considerar a la criptozoología como una ciencia mientras continúe ocupándose de

---

10. Heuvelmans, Bernard. «How Many Animal Species Remain to be Discovered?» *Cryptozoology*, n.º 2, 1983.

animales imposibles».[11] Opina este autor que la disciplina debe liberarse de lo que considera «animales simbólicos».

Se ha dado en llamar críptidos a esos animales ocultos. El término ha entrado en el *Diccionario Oxford* en inglés, que lo define como «un animal cuya existencia o supervivencia está en disputa o sin demostrar, como el yeti».[12] Para Arment, además de ser «un animal desconocido que puede representar una nueva especie o una especie previamente considerada extinta», el críptido es «un animal etnoconocido sobre el que aún no existe evidencia concreta».[13] Este concepto de especie «etnoconocida» quiere decir que es un animal del que tiene conocimiento un determinado grupo étnico, pero no está clasificado por la ciencia. Es decir, si un biólogo descubre un nuevo tipo de escarabajo, no es un críptido. Pero si el escarabajo está en el folklore de algún pueblo antes de su descubrimiento, entonces sí lo es. La criptozoología se apoya en el supuesto de que en los mitos, en el conocimiento indígena y en los relatos de testigos sobre criaturas misteriosas se encuentran pruebas suficientes de la existencia de especies animales no conocidas. Aquí entramos en el problema de la interpretación de los mitos y del folklore.

La insistencia de los criptozoólogos en que la ciencia se ocupe de analizar las pruebas sobre los animales ocultos es legítima. No tienen un ejemplar del bigfoot, pero pueden mostrar huellas en el terreno, filmaciones, restos físicos, etcétera. Nadie ha visto un agujero negro ni una partícula subatómica, pero se observan sus efectos o sus rastros. ¿Por qué no puede ser así con los críptidos? No están solos en sus pretensiones. En nuestros días, la famosísima primatóloga Jane Goodall cree en la posible existencia del bigfoot, y el no menos famoso David Attenborough ha confesado creer en la realidad del yeti. Creer en los animales ocultos no es irracional, se basa en argumentos, aunque es cierto

11. Rossi, *op. cit.*
12. <https://www.lexico.com/definition/cryptid>.
13. Arment, *op. cit.*, pp. 9 y 20.

que estos deben superar la crítica y demostrar que no se apoyan solo en la esperanza, sino en pruebas incontrovertibles.

Los monstruos del folklore y la mitología

Para Heuvelmans, los dos enfoques, el del folklore y el de la ciencia, son necesarios. De hecho, se da una doble dirección entre ambos en la identificación de las criaturas. Cuando un animal es insuficientemente conocido se le añaden características tomadas del folklore, y en sentido contrario, cuando un animal es estudiado científicamente, se le depura de sus componentes fantásticos y folklóricos. Es una vía en sentidos opuestos. «La mitificación y la racionalización se suceden, se solapan y se completan una a la otra. Hechos y folklore están tan íntimamente entretejidos que es a menudo difícil separarlos de manera nítida.»[14]

Pero para que este conocimiento basado en narraciones del folklore o la mitología se constituya en prueba, los textos necesitan tomarse literalmente, porque su interpretación simbólica nos alejaría de la materialidad del animal, que es lo que los criptozoólogos necesitan. Ateniéndose, pues, a una interpretación plana y literal de los relatos, aceptando como creíbles todos los testimonios orales, seleccionando los *mitemas* que mejor corresponden a un estereotipo del críptido, se construye un relato coherente que inevitablemente coincide con el monstruo que se esperaba encontrar. Lo que hacen con los relatos míticos es una criba selectiva de características que se amoldan al esquema del críptido moderno. Interpretan literalmente los escritos antiguos, pero quedándose solo con aquellos rasgos que parecen la descripción de un animal físico, zoológico, ignorando aquellos otros de contenido mágico o sobrenatural. Esta criba es un método definitorio de la criptozoología que podríamos llamar «literalismo reduccionista». ¿Es esto ciencia o es reproducir mitología? El folklorista

14. Bernard Heuvelmans. «The Metamorphosis of Unknown Animals into Fabulous Beasts and of Fabulous Beasts into Known Animals.» *Cryptozoology*, n.° 9, 1990.

Peter Dendle critica que la criptozoología no enfrenta las preguntas que se suscitan sobre las necesidades psicológicas y sociales que alimentan estos relatos y sobre los patrones de creencia que se documentan.[15]

Pero no hay que descartar la posibilidad de que alguno de los animales ocultos que tomamos por criaturas del folklore sea realmente un animal real aún por catalogar por la ciencia. La evidencia circunstancial, como los testimonios de observadores casuales, o los relatos tradicionales, pueden ser métodos válidos para que la ciencia localice especies desconocidas, y así se ha llegado a la catalogación de algunas especies que hoy están científicamente reconocidas. Por ejemplo, el zoólogo Marcus van Roosmalen y su equipo han descubierto cinco especies de monos americanos a partir de informaciones de las poblaciones locales. Desde este punto de vista, el primatólogo John MacKinnon ha encontrado indicios que podrían confirmar la existencia del orang pendek, del que existen testimonios desde el siglo XIX. El descubrimiento de un póngido nuevo no cuestionaría el orden de los primates, no significaría más que otra especie a añadir a las que cada año se introducen en la taxonomía zoológica. Claro que esto no tiene nada que ver con lo que sería el descubrimiento de que un antropoide de 2,5 m ande suelto por los bosques de Estados Unidos, rompiendo todos los esquemas de la evolución de los homínidos. Algunas de las grandes criaturas que se buscan —el monstruo del lago Ness, el bigfoot, etcétera—, que Darren Naish llama «superestrellas» de la criptozoología, se encuentran en zonas donde la presencia humana es alta, lo que se opone a cualquier experiencia de descubrimiento de nuevas especies en la historia de la zoología. Si de verdad existen esas criaturas gigantes, ¿por qué no se han encontrado aún igual que se han descubierto otras?

Uno no puede dejar de pensar que el verdadero sentido de perseguir monstruos es que nos llena de un sentido de maravilla, de ahí que la criptozoología tenga para muchos una vinculación con lo paranormal.

15. Peter Dendle. «Cryptozoology in the Medieval and Modern Worlds.» *Folklore*, vol. 117, agosto de 2006.

La criptozoología entre las paraciencias

Contra los esfuerzos naturalistas de Heuvelmans, un sector del ISC entendía a las criaturas ocultas en un sentido ocultista, como «una zoología esotérica», mientras otros solo querían salir a la montaña a buscar animales desconocidos. Con el tiempo, estos últimos sectores acabarían por imponerse, vinculando los monstruos con teorías parapsicológicas y con ovnis como interpretación mayoritaria. El ISC, como el dinosaurio que era, se extinguió en 1998 y para entonces una gran parte de los criptozoólogos creía que el bigfoot era un ser interdimensional o del espacio exterior. Creen que la criatura entra en su mente y conversa con ellos en un sentido religioso, como si fueran «contactados del bigfoot». En su pensamiento circular, la explicación de que no se haya podido detectar a estas criaturas está en que «son inteligentes. Pueden detectar los rayos infrarrojos y aprender a evitarlos. Pueden también sentir la intención humana». ¿Cómo lo saben? «Porque nunca consigues una imagen en la cámara.»[16]

Un aspecto de la fenomenología de este homínido ha creado problemas a los más ortodoxos, y es la asociación que se da en algunos avistamientos con el fenómeno ovni. Janet y Colin Bord limitaron a un 5 % los casos en los que era posible una vinculación del bigfoot con los ovnis, y a un insignificante 0,6 % los casos en los que habría una vinculación clara con un objeto volante.[17] Muy poco, pero esto era en 1984, mientras para la opinión pública actual —al menos, la norteamericana— el bigfoot es un capítulo más de las creencias paranormales y de alguna manera asociado a los ovnis. El divulgador Conrad Bauer piensa que la criptozoología «existe al margen de la ciencia, donde lo paranormal choca de cabeza contra la realidad».[18] Bartholomew y Hassal comprueban que los monstruos han crecido en poderes; el bigfoot se desvanece o desmaterializa, se comunica telepática-

---

16. En Sykes, 2016, p. 165.
17. Bord y Bord. *The Evidence for Bigfoot*. Aquarian Press, 1984, p. 117.
18. Conrad Bauer. *Paranormal Creatures. Investigating Cryptozoology.* Amazon e-book, 2015.

mente, cambia de forma, es inmune a las balas. «Las capacidades del bigfoot ahora rivalizan con los extraterrestres y las hadas en términos de su poder y función»,[19] señalan.

El adalid de la propuesta paranormal fue el ultraconocido ufólogo John Keel, quien se convirtió con su libro *Strange Creatures From Time and Space*[20] en el autor de referencia de esta deriva paranormal y conspirativa de las apariciones monstruosas. Keel diferenció entre dos clases de criaturas «increíbles»: las del Grupo 1 eran los animales desconocidos para la ciencia; y las del Grupo 2 eran fantasmas, cosas siniestras y hostiles.[21] Estas últimas serían las que hemos visto con los nombres de Mothman, el «Perro Negro», el thunderbird y otros, que navegan entre el mito, lo sobrenatural y lo paranormal. En este rincón es donde hoy día reina Loren Coleman.

LOREN COLEMAN, EL ALMA PARANORMAL DE LA CRIPTOZOOLOGÍA

Nacido en 1947, Loren Coleman se formó en Antropología y Zoología, y desde muy joven recorrió Norteamérica investigando al bigfoot. Es un experimentado comunicador y escritor sobre las paraciencias y la criptozoología, y el más grande coleccionista de documentación y objetos relacionados. En 2003 convirtió su colección en un Museo en Portland, estado de Maine, que actualmente se llama International Cryptozoology Museum, del cual es director.

Coleman ha propuesto un abordaje del estudio de los animales ocultos desde una base amplia: del folklore, la mitología y lo paranormal, incluyendo todo lo extraño y lo desconocido, desde las criaturas míticas como las sirenas hasta los fenómenos llamados *forteanos*. Su pregunta a los críticos es: «¿Por qué va a estar incluido en los estudios criptozoológicos el folklore del meh-teh de los sherpas del Himalaya y excluido el folklore del mothman de la gente de los Apalaches?». Darren Naish, que es un crítico simpatizante de la criptozoología, ha denomina-

---

19. Robert Bartholomew y Peter Hassall. *A Colorful History of Popular Delusions*. Prometheus, Amherst, 2015, p. 102.
20. Véase versión española: Keel, 1981.
21. Keel, 1981, p. 266.

do a su enfoque «el paradigma de Coleman», considerándolo amorfo e indefinible.[22]

Loren Coleman se muestra heredero de John Keel, manifestando: «A veces parece como si estas criaturas "habitaran" ciertas áreas ("ventanas") durante un corto periodo antes de desaparecer»,[23] ha escrito, en el lenguaje de Keel.

Coleman es un convencido de la realidad del bigfoot. Ha escrito: «En el siglo XXI esperemos que el bigfoot sea capturado, estudiado, dado sus derechos y liberado».[24] Contra la vieja idea de Krantz de que se necesitaba cazar un ejemplar para demostrar su existencia científicamente, Coleman cree que esa es una concepción de hace cien años, y que hoy hay medios científicos para su estudio desde el respeto a la naturaleza.

El escéptico David Natthew Zuefle frecuentó a finales de los noventa la nueva red social de los foros de internet en forma de listas de correo electrónico, en este caso de criptozoología, y vio que para un sector el bigfoot era un chamán indígena, un ser capaz de transformarse y desaparecer, un instrumento de los extraterrestres, todo bañado con unas dosis de teoría conspirativa sobre ocultación de la información, helicópteros negros y operaciones ocultas. Este sector paranormal compartía foro con los más interesados por la caza (sí, con rifle) del bigfoot. Para una gran parte de este movimiento el sasquatch representa a un ser aún no echado a perder por la civilización, un símbolo de lo salvaje, y una conexión con el conocimiento primitivo, como un «"guardián del conocimiento" que podría "enseñarnos [a los humanos] mucho" si pudiéramos escuchar; imbuyendo así al sasquatch de las cualidades de un salvador primigenio».[25]

Esta fusión entre lo zoológico y lo paranormal tiene que ver con el ámbito social en el que surgió la criptozoología en los

22. En Coleman, 2002, p. 53.

23. *Ibid.*

24. Loren Coleman. *Bigfoot! The True Story of Apes in America*. Paraview Press, Nueva York, 2003, p. 67.

25. David Natthew Zuefle. «Thinking Bigfoot on the Internet». *Skeptical Inquirer*, vol. 23, n.º 3, mayo-junio de 1999.

años setenta, en común con la ufología y la parapsicología. Como señala Chad Arment, por entonces un cierto número de investigadores de lo paranormal empezaron a recopilar información sobre extrañas criaturas. «Su experiencia previa en los fenómenos paranormales les creó una visión de túnel —si una característica no se podía explicar dentro de los límites de su propio conocimiento científico, entonces era probablemente paranormal—.»[26] El caso del chupacabras en los últimos 25 años es característico de la creación de un estrecho vínculo entre la ufología y la criptozoología con la misma base de pensamiento, aunque en el fondo este fenómeno concreto tenga más que ver con las leyendas contemporáneas que con la zoología.

La visión de las cosas desde la óptica de lo paranormal implica que existen poderes y capacidades no visibles y que el mundo está poblado por entes misteriosos. Si compartimos este esquema de ideas, es fácil adherirse a la creencia en monstruos que se ocultan en los bosques o en los lagos, aunque no existan pruebas de ellos. El típico testigo de monstruos participa de esta mentalidad, suele apoyarse en un esquema de creencias previo que le permite interpretar cualquier estímulo o sugerencia como prueba del monstruo, y la observación le confirma aún más en su visión del mundo. Para el creyente, la ciencia es un cinturón estrecho que no permite desarrollar todo el potencial de descubrimiento que llevamos dentro, y desde ese parapeto defensivo se ve a los científicos como una élite censora de una verdad alternativa, a la cual quieren reprimir.

La criptozoología y su respuesta a la ciencia

Al repasar la biografía de los personajes pioneros y centrales de la criptozoología, en particular Heuvelmans y Sanderson, vimos que su posicionamiento con respecto a la ciencia fue durante toda su vida de desafío, y en alguna ocasión de desprecio hacia la comunidad académica, a la que veían como un bando opositor

26. Arment, 2004, p. 10.

al desarrollo de su disciplina. No es una actitud única. Hay casi una mística de las paraciencias consistente en hacer oposición a «la ciencia oficial», considerando que hay otra ciencia más aperturista representada por sus críticos. Es una manifestación más de una corriente de resistencia contra el conocimiento establecido que viene desde los tiempos, en el siglo XIX, en que la ciencia se profesionalizó dejando fuera de su ámbito a los aficionados. Las disciplinas paracientíficas, al haber sido dejadas de lado por el ámbito académico, siguieron un pensamiento heterodoxo y de rechazo al método científico, aunque a veces se invoque su vocabulario para asumir el prestigio que tiene la ciencia en nuestros días. Los pioneros de las disciplinas paracientíficas, como Heuvelmans y Sanderson, podían mostrarse como expertos en un campo no surcado por las disciplinas universitarias. Asumiendo el rol de nuevos «Galileos» en lucha contra una ciencia institucional a la que han comparado con la Iglesia del siglo XVI, tanto ufólogos como parapsicólogos y criptozoólogos han asumido un papel de héroes contestatarios contra el pensamiento único. En general, aficionados a lo paranormal que no contaban con una cualificación universitaria ni profesional para descollar en materias científicas, se veían empoderados por la atención preferente que les dispensaban los medios de comunicación, convirtiéndolos en personajes con influencia social. La criptozoología podía adquirir el prestigio de una contracultura. Como ha escrito Dendle: «La criptozoología cumple así un papel importante: representa una búsqueda de magia y maravilla en un mundo que muchos perciben como que ha perdido su mística».[27]

Desde el punto de vista psicológico, no cabe duda de que ser poseedor de un conocimiento exclusivo, descubrir una señal oculta, dar con una deducción brillante, es más importante que la puesta en marcha de un análisis crítico y escéptico de las evidencias. Dar un fenómeno por explicado en términos de la ciencia normal, como una confusión o un fraude, resulta para el investigador de estas materias un fracaso en sus objetivos de construir al críptido anómalo. Las paraciencias, así, invierten el

27. Dendle, *op. cit.*, p. 201.

razonamiento científico al uso. No se trata de resolver los fenómenos, sino de elevarlos al estatus de misterios que no se pueden resolver. Ahí encuentran los aficionados el éxito de esta práctica. En la criptozología, como en las otras paraciencias, no se plantea la pregunta de ¿qué es lo que se observó?, sino ¿lo que se observó era el bigfoot? Es decir, no se buscan respuestas naturales a los fenómenos que relatan los testigos, sino refrendar una hipótesis previa, un prejuicio. No es cuestión aquí de repetir los argumentos de los metodólogos contra las pseudociencias, pues hay buenos ejemplos a aplicar en la bibliografía, y en materia de monstruos los libros de Loxton y Prothero y de Naish son ejemplares en este aspecto. En el caso de los dos primeros autores, Daniel Loxton es un crítico simpatizante de la criptozología, que ve en ella una posibilidad de desarrollo de una mentalidad inquisitiva, mientras que Donald Prothero es más severo con la disciplina, y piensa que la promoción de los críptidos puede alimentar una cultura de la ignorancia. Considera a la criptozología una pseudociencia porque no se somete al método científico de verificación y *falsación* de hipótesis, sino que salva la descalificación de las pruebas mediante hipótesis *ad hoc*. Es decir, que siempre que haya una prueba en contra, aparecerá una justificación específica para el caso.[28] Naish, por su parte, es un crítico simpatizante con la criptozología, que no considera necesariamente una pseudociencia. Estos críticos piensan que la criptozología defiende animales anómalos cuya zoología y etología chocan con el conocimiento científico aceptado. El investigador elabora supuestos encadenados en forma de una «teoría», que casi siempre supone la supervivencia de especies extinguidas desde un pasado remoto, dando un salto en el tiempo a veces de millones de años de inexistencia, y un salto mortal en la lógica científica. El problema de este tipo de teoría es que el críptido así propuesto carece de una línea filogenética consistente, no hay una línea evolutiva demostrable. El animal queda trasplantado por arte de magia al presente después de 65 millones de años desaparecido, o de 30.000 años cuando se habla del hombre de Neandertal.

28. Loxton y Prothero, 2013.

La criptozoología coincide con otras paraciencias en el empeño de crear una disciplina que estudia las anomalías, en lugar de estudiar el fenómeno desde las ciencias reconocidas como la zoología, la biología, la psicología de la percepción y la antropología cultural, entre otras. Crear una disciplina aparte constituida por aficionados que publican en sus propios medios escritos y en su propio lenguaje es característico de las paraciencias, permite dominar el terreno que se estudia como propio, aislado de la crítica. Evita tener que someter las investigaciones y artículos a la revisión por pares según el procedimiento de las publicaciones académicas. La criptozoología, como otras paraciencias, construye por tanto una subcultura propia y aislada de la práctica de la ciencia, pero con una gran fuerza mediática hacia el exterior.

Los argumentos se construyen como mecanismos de defensa de la legitimidad de la disciplina y su objeto de estudio. Decía John Green que, si uno solo de entre los miles de testimonios que recogió sobre el sasquatch fuera cierto, la criatura sería real. Este es un argumento clásico en la ufología y las paraciencias en general, y un mecanismo de defensa contra el fracaso de la demostración de la realidad del fenómeno de que se trate. Quien emite el argumento se refugia en la esperanza de que, aunque todos los casos hayan sido explicados o refutados, siempre cabrá la posibilidad de que aparezca un nuevo caso que se afirme como la prueba definitiva. Lo que se hace es reconocer que ninguna prueba existente es sólida, y por tanto se cobija la esperanza en un descubrimiento futuro.

Los antropólogos Martin T. Walsh y Helle V. Goldman han criticado el uso selectivo de la metodología y de la literatura científica que hacen los criptozoólogos señalando que están preocupados por afirmaciones ontológicas simples sobre el animal oculto: ¿existe o no?, y la disciplina carece de sofisticación epistemológica.[29] En los capítulos que he concedido al análisis de las

29. Martin T. Walsh y Helle V. Goldman. «Cryptids and credulity. The Zanzibar leopard and other imaginary beings.» En Samantha Hurn (ed.). *Anthropology and Cryptozoology: Exploring Encounters with Mysterious Creatures*. Routledge, Nueva York, 2017.

tradiciones de hombres salvajes habrá quedado patente esa falta de un análisis cultural adecuado del tema.

El ámbito social de la criptozoología y su evolución

A partir de los pasados años noventa, con el fallecimiento de los que habían sido las figuras pioneras de la criptozoología, la ISC, la institución rectora a nivel mundial, se encaminaba a su disolución, que se materializó en 1998. Se había producido, además, un cambio generacional y de mentalidad. A los aventureros exploradores de los años cincuenta los sucedió una generación de buscadores del bigfoot, de ambientalistas y de creyentes en la espiritualidad *New Age*.

Para los *bigfoot hunters,* los buscadores del bigfoot, su afán constituye más una escapada de la cotidianeidad y un ejercicio de camaradería masculina que un intento por aumentar el conocimiento zoológico; es más una ocasión para desarrollar destrezas en la naturaleza y en el uso de la tecnología que afán científico. Pero ellos mantienen viva la leyenda, mientras el grueso de los interesados por la criptozoología se limita a las lecturas y a coleccionar recortes de prensa. Estos grupos aficionados surgieron en las zonas de más observaciones de Estados Unidos (especialmente California y el estado de Washington), formados por gente rural de clase media trabajadora, de raza blanca y sin educación superior, y muchos de ellos con ideas creacionistas, una forma de fundamentalismo cristiano que defiende que Dios hizo el mundo en siete días. La novedad de este colectivo sobre la generación anterior es que para la búsqueda del bigfoot cuentan con equipos técnicos sofisticados, como cámaras infrarrojas y detectores de movimiento. La Organización de Investigadores de Campo del Bigfoot (BFRO) ha compilado una base de datos de observaciones y huellas reportadas por testigos, y cuenta con una red de gente activa en el terreno. Saber sobre el bigfoot los hace parecer poderosos y entender la realidad mejor que los científicos. «Proclamar la existencia del bigfoot era insistir en la propia dignidad contra el mundo»,[30] ha dicho Buhs. El contacto un poco más cercano al bigfoot en su propio medio natural da a los buscadores un sentido de poder. Frente al científico encerrado en su laboratorio o en su despacho, el buscador conoce el hábitat, se desenvuelve en él en comunión con la bestia. Si algún día se había pensado en cazar al monstruo, actualmente se le ama, da sentido a una forma de vivir, pasando a formar parte consustancial con ser investigador de campo. La idea es que el mundo no está totalmente explorado. Aún hay un lugar más allá de la cultura del ocio y del consumo para lo salvaje. Escribe Buhs: «El bigfoot hacía lo que la clase media blanca deseaba poder hacer: vivir en el bosque, lejos de una cultura afeminada».[31] Parte de esta nueva generación busca una unión con la naturaleza y preconiza un enfoque espiritual sobre el bigfoot como encarnación del viejo orden, un símbolo de los valores perdidos, en resistencia contra los cambios sociales. Pero, a pesar de los medios técnicos y la dedicación, según el dictamen de Regal, los buscadores del monstruo no han contribuido en casi nada al avance de la zoología.[32]

Presente y futuro de la criptozoología

No todos los analistas tienen la misma visión sobre la situación actual de la criptozoología. Algunos piensan que los criptozoólogos son una «especie en vías de extinción» en estos tiempos en que, gracias a la tecnología, conocemos palmo a palmo la geografía planetaria sin que aparezca la prueba de la existencia de esos monstruos anhelados. Loxton y Prothero ven el campo de la criptozoología en decadencia después de la muerte de sus promotores clásicos, de la disolución de la ISC y del abandono de muchos de sus asociados, y según Naish, el número de zoólogos cualificados dispuestos a apoyar la investigación de los críptidos

30. Buhs, 2009, p. 20.
31. *Ibid.*, p. 160.
32. Regal, 2011, pp. 173-182.

disminuye década tras década.[33] Sin embargo, Daegling afirma que «el bigfoot no está sufriendo la muerte de una leyenda desacreditada; en cambio, su realidad está siendo defendida cada vez por más gente».[34] Internet proporciona un hogar para la nueva comunidad de buscadores, donde se intercambian ideas libremente, mientras hay un caudal de testimonios que no disminuye, como el combustible que mantiene la llama encendida.

Todo esto se refiere a la criptozoología norteamericana, que ha llegado a alcanzar un desarrollo —si podemos llamarlo así— espectacular, no solo como actividad grupal, sino también en su comunicación en red y su difusión gracias a internet y los programas de televisión por cable. Nada parecido a esto existe en Europa, donde la criptozoología es una actividad más privada que colectiva, y con una mentalidad más reflexiva y crítica que la de sus congéneres del otro lado del charco. La excepción a este individualismo son unos pocos grupos, especialmente en el Reino Unido, donde destaca el Centre for Fortean Zoology (CFZ), que dirige Jonathan Downes. En conjunto, la criptozoología es eminentemente una actividad anglosajona.

Los investigadores europeos actuales son muy críticos con la criptozoología en general y la norteamericana en particular. En mis contactos con algunos de ellos les he preguntado recientemente por sus impresiones sobre las críticas de los científicos que he mencionado más arriba, y sus opiniones no son menos crueles. El alemán Ulrich Magin me respondía: «Los criptozoólogos no pretenden engañar, se engañan a sí mismos», pues opina que las grandes criaturas de la criptozoología son un fenómeno psicosocial. El danés Lars Thomas me contestaba así a la misma pregunta: «Creo que la criptozoología está muy ocupada matándose a sí misma. Hace unos años parecía que la criptozoología había crecido: se publicaban artículos científicos adecuados en revistas científicas, y de repente eso se detuvo, y comenzaron a surgir todo tipo de teorías locas, especialmente de Estados Unidos, teorías que absolutamente nadie tomó en serio». De hecho,

33. Naish, 2016.
34. Daegling, 2004, p. 281.

Thomas es tan pesimista como Loxton y Prothero con respecto al futuro de la criptozoología, pues dice: «Dentro de unos años volverá a ser un tema marginal de interés exclusivo para unos pocos locos».

El ambiente social de la criptozoología que han descrito estudiosos como Buhs o Regal recuerda en algo al de la ufología, que en España tenemos mucho más presente. Igual que se ha identificado al ufólogo típico, durante el día, como el investigador de campo de chaleco con bolsillos, grabadora y libreta de notas, y de noche, con el buscador de luces en el cielo, con suerte provisto de un telescopio y algún instrumental de detección, así se considera la criptozoología. En ambos casos la práctica tiene mucho que ver con la actividad y el movimiento, en contraposición al denostado investigador de gabinete (el «ufólogo de sillón», se decía en la ufología). Hay en ambos campos la atracción por los espacios abiertos, por la noche, la exploración y la aventura. Y, en tercer lugar, y muy importante, está —o estaba— la relación con los otros, la camaradería del grupo, de nuevo en oposición al investigador teórico solitario. Y este ambiente es en la criptozoología puramente masculino (bueno, también en la ufología). Ya lo indicaba la encuesta manejada por Christopher Bader y cols.,[35] en cuyo libro cuentan que en una convención criptozoológica a la que asistieron, el 67 % del público eran hombres, pero entre los *monster hunters* la proporción masculina se elevaba al 88. La criptozoología se muestra, pues, como una subcultura con su propio lenguaje, lecturas, creencias y modos de relación puramente masculinos.

Para terminar, me gustaría hacer mención al entorno español. De entrada, hay que decir que en España la criptozoología no existe, si exceptuamos la labor de difusión en radio e internet de algún francotirador como Javier Resines.[36] Tampoco ha medrado en Latinoamérica, como sí lo ha hecho la ufología. Para el argentino Mariano Moldes, «Tal vez esto se deba al escaso desarrollo de la comunidad académica, que a diferencia de otras ins-

---

35. Bader, Mencken y Baker, 2010.
36. Blog *Criptozoología en España*: <https://criptozoologos.blogspot.com/>.

tancias pseudocientíficas es fuente importante de practicantes de la criptozoología».[37]

Si observamos nuestro mercado de libros sobre monstruos, es mucho más reducido que el de otros temas paranormales. En España se hicieron unas pocas traducciones en la década dorada de las paraciencias, los años setenta, como la del libro de Mackal sobre el monstruo del lago Ness y el de Alan Landsburg *En busca de mitos y monstruos* (Plaza y Janés, 1977). De autores españoles, nuestro pionero de la ufología Antonio Ribera hizo una incursión en el tema de los monstruos en una obrita hoy olvidada titulada *¿Existen los monstruos marinos?* (Posada, México, 1974), que hubiera merecido mejor suerte en vida del autor. En las dos últimas décadas han aparecido dos títulos de marcado tono escéptico. Carlos Chordá es autor de *El yeti y otros bichos ¡vaya timo!* (Laetoli, 2007), dirigido a la educación crítica sobre lo que considera la pseudociencia de la criptozoología; y Eduardo Angulo ha publicado el libro *Monstruos* (451 Editores, 2007) sobre los casos clásicos del tema en una mirada crítica. Desde el punto de vista tradicional de la disciplina está *El gran libro de la criptozoología* (Edaf, 2011), de David Heylen, José Gregorio González y Gustavo Sánchez Romero. Este último es autor de *Monstruos acuáticos. Desde el lago Ness al Okanagan* (Benchomo, 2009). Desde el punto de vista del descubrimiento biológico se ha publicado *La esfinge de Darwin y otras historias asombrosas de la criptozoología* (Almuzara, 2012), de Daniel Rojas.

Si ampliamos el foco a lo publicado en español en internet, hay que citar a Fernando Soto Roland, historiador argentino que cuenta con una serie de artículos de historia crítica de la criptozoología y sus monstruos, que en el momento de escribir esto tiene pendiente de edición en formato libro. También es obligado citar a Luis Ruiz Noguez, investigador mexicano escéptico de las paraciencias que ha publicado en su blog *Marcianitos Verdes* una colección de historias recomendables sobre los monstruos de la criptozoología. Y el periodista escéptico español Luis Alfonso

---

37. Mariano Moldes. «Carta abierta de un plesiosaurio.» <https://factorel-blog.com/2016/07/26/carta-abierta-de-un-plesiosaurio/>.

Gámez ha publicado en su blog *Magonia* visiones críticas sobre los monstruos.

* * *

La criptozoología cumple para sus practicantes una importante función: la de repoblar el espacio liminal con criaturas potencialmente por descubrir. Su fijación por imaginar especies del pasado remoto que se salvaron de la extinción abre «un puente con un pasado lejano, repoblando el paisaje con tesoros zoológicos vivientes y reviviendo simbólicamente eones primordiales»,[38] ha escrito Dendle. La criptozoología quiere recuperar la aventura del descubrimiento en los espacios abiertos, personalizando a los naturalistas y exploradores del pasado. Lo que trasluce es una «sensación de nostalgia por eras pasadas de descubrimiento científico». Como dice Eberhart: «La criptozoología revive un tiempo de hace dos siglos cuando toda la zoología estaba en una era de descubrimiento. Este campo preserva el espíritu de aquellos días».[39]

---

38. Dendle, *op. cit.*, p. 198.
39. Eberhart, 2002, p. xxxi.

EPÍLOGO

SOBRE LA CONSTRUCCIÓN CULTURAL DEL MONSTRUO

> Las causas de los monstruos son varias. La primera es la
> gloria de Dios. La segunda, su cólera. Tercera,
> la cantidad excesiva de semen. Cuarta, su cantidad
> insuficiente. Quinta, la imaginación...
>
> AMBROISE PARÉ. *Monstruos y prodigios*[1]

Como he querido mostrar a lo largo de este libro, la forma como se aborda el estudio de los monstruos modernos no puede ser solo en la observación del presente, es decir, en la recogida de casos de sus manifestaciones sacadas de su contexto geográfico, cultural e histórico. La disección anatómica del monstruo, por decirlo metafóricamente, no nos puede aclarar el porqué de su aparición y su existencia. Los monstruos que hemos tratado solo pueden ser entendidos a través del análisis de las situaciones sociales y culturales concretas en las que aparecieron y del proceso por el cual se adaptaron al medio y evolucionaron adquiriendo nuevos significados en el trayecto. Todo esto se ha producido en una interacción entre toda una serie de actores, desde el observador casual que afirma haber visto al monstruo, el periodista, el cronista de hechos insólitos, el estudioso que lo inserta en una tradición, la comunidad criptozoológica que lo recicla dentro de nuevos significados, hasta el público en general que cree o rechaza su existencia.

Para concluir la obra, de una manera interdisciplinar, voy a analizar algunos de los aspectos históricos, sociológicos y cultu-

---

1. Ambroise Paré. *Monstruos y prodigios*. Siruela, Madrid, [1573] 1987.

rales que han marcado nuestra definición del monstruo moderno, de modo que nos ayuden a entenderlo.

Las fronteras donde habitan los monstruos

Los monstruos «reales» u «observacionales» que hemos conocido representan lo liminal, lo que se encuentra en los límites entre categorías. Son fantasmas de las fronteras con las que delimitamos y definimos nuestra cultura, ya sean fronteras geográficas, temporales, zoológicas u ontológicas. Los monstruos transgreden las barreras del espacio, del tiempo, de la biología y de la cultura.

Como un ser de más allá de las fronteras geográficas del ecúmene (la Tierra conocida), el monstruo ocupó siempre un espacio periférico a nuestra sociedad, se hallaba en territorios inexplorados, no culturales, sino salvajes (el océano profundo, el bosque tenebroso). Antes y ahora, el horizonte conocido es el umbral más allá del cual lo extraño, las criaturas especulativas, son lo esperado. De alguna manera sigue perviviendo en nuestros días un juicio de valor heredado de la Antigüedad clásica según el cual cada territorio ocupaba una posición en la jerarquía universal. En la Edad Media las zonas ecuatoriales se consideraron inhabitables por los rigores del clima, que no solo moldeaba los cuerpos, sino que provocaba la perversión de las costumbres y la grosería del lenguaje. Según el viajero Pierre d'Ailly, en las regiones extremas habitaban hombres salvajes y antropófagos de aspecto deforme y horrible, y Boemus habló de la naturaleza inhumana de las gentes de lugares ásperos y fragosos. El aislamiento geográfico, y, por tanto, la incapacidad para comunicarse con el mundo, fue considerado signo de salvajismo. Estas ideas han pervivido en la concepción de que en los lugares más remotos debe haber yetis y monstruos marinos.

Los monstruos han constituido en todas las épocas un «conjunto mental» esperable en las áreas remotas del mundo, allá donde lo inusual y lo fantástico habrían de ser la norma.[2] En sus

2. Joan Bertard y Jesús Contreras. *Bárbaros, paganos, salvajes y primitivos*. Barcanova, Barcelona, 1987, p. 72.

exploraciones del mundo los viajeros no se encontraban con lo desconocido. Esperaban toparse con espacios soñados, como el Paraíso terrenal, y con figuras del imaginario de la época —como gigantes, salvajes, caníbales, amazonas o pigmeos—, o al menos testimonios de ellas, algo parecido a lo esperado por las expediciones en busca del yeti y del bigfoot a mediados del siglo XX, que partían de un legendario dominado por figuras igualmente fabulosas. Parecía repetirse aquella concepción medieval de que en el viaje más allá de las fronteras de lo conocido lo esperable es el encuentro con los monstruos. «¡Quien no ha visto monstruos no ha viajado!», dirá Kappler,[3] aunque bastara con tener testimonios creíbles a través de otros testigos. En la moderna criptozoología, la esencia de la expedición al lago Telé, en el Congo, es encontrar la reliquia del dinosaurio, o al menos los testimonios sobre él. El monstruo, allí, es lo esperado, no la anomalía, ya que tratamos con tierras salvajes, más allá del mundo conocido (para nosotros). Hay actitudes que se repiten en todas las épocas. Cuando el franciscano Guillermo de Rubruck es enviado en 1253 por el rey Luis IX de Francia como embajador ante los mongoles, viaja por territorios cubiertos de nieve que le parecen los adecuados para indagar sobre los monstruos, y pregunta a los habitantes del lugar sobre la existencia de hombres monstruosos como los que habían mencionado Plinio y san Isidoro. Pero le responden que no saben de qué les habla, que nunca han oído hablar de tales cosas. Y Rubruck queda «dudoso de si sería así o no».[4] Parece creer más a la tradición que al testimonio humano. Hemos visto que esa misma fue la reacción de Roy Mackal a la respuesta de los congoleños que le contestaban que no habían oído hablar del mokele mbembe, por el que les preguntaba. Las leyendas de que en el Parque Nacional de Likuala habitaba aquella bestia no podían equivocarse. Parece que estamos oyendo a Plinio o a Rubruck.

Ese monstruo de la criptozoología es, a veces, un ser de otro tiempo trasplantado al nuestro (por ejemplo, un superviviente de

3. Kappler, 1986.
4. P. Bergeron. *Relation des voyages en Tartarie...* (1634), en Bertard y Contreras, *op. cit.*

los dinosaurios o un gigantopitecus). Ese monstruo primordial es una reminiscencia del pasado evolutivo, nos devuelve estadios anteriores de otras especies y de la nuestra. El mítico hombre salvaje, que se encarna en el yeti o el bigfoot, es un monstruo porque es un reflejo de nuestros ancestros prehistóricos, nos perturba porque representa los instintos no contenidos del hombre salvaje, nuestro más oscuro interior, la traza de nuestra cadena evolutiva que hemos rechazado como miembros de la civilización. Para el antropólogo Edwart Simon, el sasquatch es «Un escalofriante y distorsionado reflejo de nuestra naturaleza más primitiva».[5] El monstruo es la transgresión de las normas, el desafío contra la razón, el caos contra el orden, porque el orden social se construye por la erradicación de lo salvaje y lo monstruoso.

El monstruo está también en las fronteras de la biología, donde lo humano y lo animal se confunden y la criatura resultante nos amenaza como un inconsciente animal primario que llevamos dentro. Burla las categorías taxonómicas, es híbrido. Marjorie Halpin[6] ha visto al sasquatch como un símbolo liminal, es decir, en el límite entre dos categorías: lo animal y lo humano. El monstruo trastorna nuestros conceptos ontológicos de lo correcto en la naturaleza, y de ahí surge la teratología, la ciencia de lo monstruoso entendido como malformación y representando nuestra repulsa a la diferencia como un miedo colectivo. La monstruosidad irrita a nuestra necesidad de orden simbólico.

Y, al final de todo, el monstruo es frontera del conocimiento, tras la que Occidente discrimina como monstruos las entidades tradicionales y las creencias diferentes a nuestra cultura como supersticiones. El monstruo se define por los límites con que lo definimos, es la otredad radical. Estudiándolo descubrimos cómo se construye la propia identidad y la desviación. El monstruo es

---

5. Eduard Simon. «Why Sasquatch and Other Crypto-Beasts Haunt Our Imaginations.» *Anthropology of Conciousness,* vol. 28, n.º 2, otoño de 2017.

6. Marjorie Halpin. «Investigating the Goblin Universe» En Halpin y Ames (eds.), 1980.

la encarnación de la diferencia y el objeto de los miedos atávicos a lo desconocido. La moraleja que nos transmiten los cuentos sobre monstruos es la de evitar los animales peligrosos y permanecer cerca de la comunidad. Stephen Asma define al monstruo como un prototipo de entes que —como los parásitos, los espectros o los gigantes— reflejan los miedos específicos de una cultura y las ansiedades más universales. Las historias sobre monstruos nos proveen de «una manera virtual de representar las fuerzas de la naturaleza, las amenazas de otros animales y los peligros de la interacción humana».[7] Y añade: «El rostro específico del monstruo cambiará de cultura a cultura, pero la dimensión universal parece innegable».[8] Si la criatura física no es real, el arquetipo del monstruo sí lo es.

El valor simbólico del monstruo

Desde una mente racionalista, los monstruos no existen. La gran serpiente marina, por ejemplo, era llamada monstruo cuando apareció en las costas del noroeste de Estados Unidos a principios del siglo XIX, pero el naturalista Richard Owen señaló que no era un monstruo. Privada de sus rasgos míticos, era simplemente un animal marino, conocido o pendiente de clasificar por la ciencia. Por tanto, el monstruo es la sombra de nuestra ignorancia sobre la naturaleza.

Además de su carácter mitológico, los monstruos han tenido desde antiguo una cualidad de prodigios y maravillas, capaces de anunciar presagios. Y mientras que habían sido aceptados por la ortodoxia de la temprana Iglesia medieval (san Agustín) como obra de Dios y tenían un sitio en la Creación, en el siglo XVI se retomó una visión maligna y demoníaca del monstruo. La paradoja era que «en el siglo del humanismo volvieran los miedos paganos a los monstruos como premoniciones del mal»[9], como

---

7. Asma, 2009, p. 336.
8. *Ibid.,* p. 339.
9. Rudolf Wittkower. «Marvels of the East. A Study in the History of

destacó Wittkower. Y en un nuevo giro de guion, en el siglo XX los monstruos han vuelto a integrarse en el orden natural de las cosas, como quería Aristóteles, o formando parte del plan divino, como creía san Agustín, contribuyendo a la belleza de la creación. Eso es lo que piensan los nuevos criptozoólogos. Desde un punto de vista simbólico, los monstruos forman parte de una visión encantada del mundo, en el que habitan poderes extraordinarios. Observarlos es una epifanía, un encuentro con lo numinoso, es decir, una manifestación con contenido sagrado.

Desde teorías psicodinámicas se quiere explicar al monstruo como una representación de los aspectos oscuros de nuestro mundo subconsciente, una metáfora de la regresión a un tiempo pasado, a un estadio anterior de nuestra evolución, a un yo retrógrado que rechazamos. Según el antropólogo David Gilmore, el monstruo tiene la función terapéutica de externalizar instintos y miedos. Paradójicamente, imágenes aterradoras podrían ser cognitivamente útiles, no solo para liberar emociones ayudándonos a confrontar miedos profundos, sino también abriéndonos a nuevas ideas y contribuyendo al desarrollo de la imaginación. «Como tales son indispensables para tratar con los desafíos de la vida.»[10] Como ha escrito Chet van Duzer, en los mapas medievales y del Renacimiento, una época de creciente interés por las maravillas, las representaciones exóticas de monstruos enriquecían la experiencia intelectual del observador y le otorgaban una forma de empoderamiento: una visión privilegiada y sobrenatural del mundo. Los monstruos representaban la revelación de un conocimiento oculto.[11] Claude Kappler, siguiendo a Jung, cree que los monstruos son arquetipos procedentes del inconsciente colectivo humano, y que la permanencia de sus formas revela «la fuerza de los instintos más fundamentales, y pone de relieve una necesidad vital: la de manifestarlas con apariencia de eternidad».[12]

Monsters.» *Journal of the Warburg and Courtauld Institutes,* vol. 5, 1942, p. 185.

10. Gilmore, 2003, p. 190.

11. Chet van Duzer. *Sea Monsters on Medieval and Renaissance Maps.* The British Library, Londres, 2014, p. 12.

12. Kappler, 1986, p. 208.

Se ha pensado que la idea del monstruo puede estar en nuestra herencia biológica, que pudo nacer como un mecanismo de supervivencia de nuestros antepasados cuando tenían que defenderse de las fieras, puesto que siempre sería un mecanismo más adaptativo creer ver a un monstruo que pensar que era una falsa percepción de un árbol. En un medio frecuentado por depredadores, nuestra vida podía depender de ello. Desde este punto de vista los monstruos están hechos de nuestros sentimientos de inseguridad y nuestra respuesta a esa ansiedad. Manfred de Vries[13] vincula la visión y creencia en monstruos con el sueño. «La emergencia de estas criaturas indica una operación de condensación y distorsión como parte del proceso del sueño.» El monstruo sería un mito que emerge en una interacción entre trazas de fantasía y realidad para dar sentido de un mundo exterior amenazante. Una investigación en psiquiatría realizada en Fraser Valley (Canadá), uno de los focos del sasquatch, ha demostrado que para la gente que vive en áreas remotas y aisladas rodeadas de bosques es más difícil distinguir entre rumores, fantasía, imaginación y realidad sobre el sasquatch que para aquellos que caminan por las calles iluminadas de una ciudad. «Cuando estoy solo en las montañas o en el bosque [el sasquatch] puede ser real», es el testimonio de un granjero.[14] De manera parecida, para Gilmore el monstruo se generaría partiendo de la realidad empírica en una forma de *bricolaje de pesadilla* imbuida de un poderoso contenido emocional. «Los componentes orgánicos del monstruo son manifestaciones simbólicas de emociones desplazadas, o proyectadas en forma visual.»[15] La imaginación es una fuerza poderosa detrás de nuestra percepción del mundo.

13. Manfred F. R. Kets de Vries. «Abominable Snowman or Bigfoot: A Psychoanalytic Search for the Origin of Yeti and Sasquatch Tales.» *Fabula*, vol. 23, 1982, p. 253.

14. Louise M. Jilek-Aall. «What Is a Sasquatch - Or, The Problematics of Reality Testing.» *The Canadian Journal of Psychiatry*, vol. 17, n.º 3, 1972.

15. Gilmore, 2003, p. 190.

La construcción cultural del monstruo

Igual que los monstruos de la fantasía, los críptidos se recrean con sus sucesivas apariciones, pero estos lo hacen de una manera más «democrática» que los de la ficción, porque no tienen un autor, son creaciones colectivas, forman parte del imaginario social de su tiempo. La creación del monstruo es históricamente fruto de la capacidad organizadora de la lengua, pero también de sus limitaciones, sobre todo, cuando hay un componente emocional en el encuentro con el monstruo. Cuando un testigo narra su observación de una criatura anómala, el lenguaje de que dispone para describirla es limitado, pero esa limitación le permite cierta creatividad expresiva, dejando espacio para que el oyente reconstruya con la imaginación la escena que se le describe. La pobreza de nuestro vocabulario para narrar la visión de lo extraordinario funciona entonces como elemento «fabulador». Claude Kappler ha diferenciado la «labor fabuladora» de los tratadistas sobre monstruos de la «labor mistificadora», señalando que en la primera no hay una voluntad de engañar, sino una complacencia en repetir formas ya conocidas del monstruo, que tienen en su mayoría un contenido mítico. Podemos comprobar en los escritos de los criptozoólogos que el autor, de alguna forma, «enriquece» la experiencia de observación anómala destacando los aspectos más sensacionales del testimonio original, recreándolo con significados. La cosa vista fue con certeza menos extraordinaria que su descripción. Y a su vez los recuerdos del observador traducen a términos mundanos experiencias del terreno del mito, como afirma el folklorista Bacil Kirtley, es decir, que se presenta una visión en el lenguaje de las historias tradicionales. O por decirlo de otra manera, los testigos embellecen sus experiencias, a veces difusas, con los tonos de las narraciones del folklore. De esta manera, las experiencias de encuentros con todas estas criaturas proceden en último término de un mundo mental, una realidad definida de manera normativa por los mitos, «una esfera ideacional en la que domina la ilusión y no el enga-

488

ño».[16] O como ha dicho Suttles, quienes ven estas criaturas están «simplemente permitiendo que sus recuerdos traduzcan experiencias desconcertantes o perturbadoras a un lenguaje proporcionado por su herencia cultural».[17]

Estudiar los «textos» en los que se transmite la experiencia de observación de una de estas criaturas puede arrojar alguna luz sobre el complejo proceso por el que se constituye la idea del monstruo. Cuando al proceso comunicativo del texto escrito se añade una ilustración de lo observado, el artista no está trasladando fielmente la descripción del testigo, porque las palabras son limitadas para reflejarse en una imagen. Lo que hace el artista es «recrear» una bestia imaginaria, en la que se incorporarán patrones socialmente compartidos, resumiendo en una imagen descripciones varias, como vimos en el dibujo que el ufólogo portorriqueño Jorge Martín hizo del chupacabras como un compuesto de toda una serie de casos anteriores. La imagen es un medio creador de expresión y de una nueva realidad, de ahí que me haya parecido importante reproducir gráficamente en unas cuantas ilustraciones los estereotipos que se han manejado sobre determinadas criaturas, intentando ser fiel en cada caso a su tradición. Veamos la importancia de la imagen en un ejemplo histórico.

Avanzado ya el siglo XVI, el cosmógrafo André Thévet fue testigo directo de un monstruo parecido a un tigre con cara de hombre, que describió e ilustró en su *Cosmographie universel*. Wittkower[18] recoge este hecho advirtiendo que la descripción y la ilustración de Thévet fueron guiadas por su imaginación, pues usó como patrón la imagen de la manticora, un monstruo prototípico que tenía la forma de un león con cabeza humana. Es decir, siguió en su diseño una tradición pictórica. Si un científico como André Thévet se dejó atar a la tradición para reflejar su propia experiencia visual, ¿qué no pensar de marinos, campesinos o via-

16. Bacil F. Kirtley. «Unknown Hominids and New World Legends.» *Western Folklore,* vol. 23, n.º 2, abril de 1964.

17. Wayne Suttles. «Sasquatch: The Testimony of Tradition.» En Halpin y Ames (eds.), 1980.

18. Rudolf Wittkower. «Marvels of the East. A Study in the History of Monsters.» *Journal of the Warburg and Courtauld Institutes,* vol. 5, 1942.

jeros que se vieron forzados a describir observaciones anómalas sin más herramientas explicativas que los prejuicios sobre los monstruos marinos o terrestres existentes en la cultura del momento? La difusión de los monstruos era tal que se hacía muy difícil escapar a las representaciones conocidas. Se tendía a describir repetidamente, de una obra a otra, las mismas criaturas y a reproducir las mismas imágenes. Vimos que los dibujos de Olao Magno impusieron durante más de un siglo prototipos de monstruos marinos. El lenguaje y la imagen se refuerzan mutuamente para producir una criatura extraordinaria, que lleva asociada su propia interpretación simbólica.

Observación de André Thévet de una criatura como una manticora
(dibujo de I. Cabria).

Las ilustraciones que se han hecho de serpientes marinas y pulpos gigantes a lo largo de la historia son muestra de cómo las imágenes reproducidas en los libros entraron a formar parte de los «hechos científicos», modificándolos gracias a la imaginación de los ilustradores. Por eso, según Lagrange, hace falta «analizar esas imágenes no tanto como reflejos de la realidad, sino como operaciones de cara a producir esa realidad».[19]

La atención prestada en las páginas anteriores al proceso co-

19. Pierre Lagrange. «La preuve par l'image. La mise en scène iconographi-

municativo nos habrá ayudado a entender la creación del monstruo. Como hemos visto en los episodios sobre el yeti, el bigfoot o el monstruo del lago Ness, su historia suele comenzar por un testimonio de avistamiento de una criatura extraordinaria. Cuando el caso concita el interés del público —ya sea por su coincidencia con los intereses de la época o por la temática de novelas o películas de gran popularidad—, el testimonio atrae la atención de los medios de comunicación. Si la noticia consigue dar en la tecla de las expectativas de los lectores, otras personas aparecerán en público para informar de que ellos han visto lo mismo, ya sea por afán de protagonismo o por el sentido de responsabilidad social de contribuir al conocimiento de un misterio. Una vez lanzado el rumor, este se reproduce con otros testimonios coincidentes, y algunas personas informarán de manera retrospectiva de observaciones que tuvieron en el pasado, con lo que se va estableciendo una línea cronológica del fenómeno anómalo que se remonta cada vez más atrás en el tiempo.

Sea por los detalles comunes o por la preselección que los medios hacen de las características del monstruo, las visiones se van conformando poco a poco a un patrón generado colectivamente. En el proceso de transmisión de la leyenda del monstruo se van depurando rasgos accesorios mientras se refuerzan aquellos contenidos que son más compartidos y que tienden a fortalecer la idea de una anomalía, de una diferencia con la naturaleza conocida. Relatos independientes se apoyan entre sí hasta resultar en una ideación sobre un animal extraordinario que desafía toda explicación racional. Por ello, cuando se argumenta que una observación del bigfoot debe ser real porque se ajusta a un patrón encontrado en cientos de casos, lo que sucede es que la información de cada caso se ha ajustado al concepto compartido por una subcultura de creyentes en la bestia. A veces se incorporan el fraude, una interpretación sesgada o una idea fantástica al proceso de fabulación, y el producto resultante de esa amalgama pasa a engrosar la tradición del monstruo, que se va

---

que de la controverse sur le calamar géant.» *Kraken. Archives de Cryptozoologie*, n.º 2, septiembre de 2009.

haciendo así más compleja y difícil de rebatir. Y los investigadores interpretan después la observación añadiendo inevitablemente una carga de creencias tradicionales. Así, cuando alguien ha visto una figura de forma humana cubierta de pelo, esta es automáticamente asociada al bigfoot. Por tanto, es necesario tener muy presente la función que el transmisor cumple en la perpetuación de la leyenda.

Para conceder al críptido carta de naturaleza, nada mejor que fundamentar su existencia a lo largo de la historia. Para dar entidad al misterio, se recurre a la búsqueda de registros del monstruo en fuentes del pasado, aunque sea seleccionando y despiezando leyendas de muy variado origen que —depuradas de sus componentes mágico-maravillosos y sobrenaturales— serán presentadas como precedentes del fenómeno actual, y, por tanto, como confirmación y legitimación de la realidad del monstruo. Al componer un perfil puramente zoológico de la criatura se olvida que el verdadero sentido de las narraciones tradicionales era de carácter simbólico, y de esta manera los criptozoólogos dicen que en las tradiciones nativas americanas existía ya el bigfoot, o que las leyendas escocesas de caballos de agua se referían al monstruo del lago Ness. El resultado es una resignificación de los relatos de la tradición oral para configurar una imagen totalmente nueva e inventada. Así es como se construye un estereotipo del monstruo actual que se adapta a los prejuicios de los escritores. Pero esta estrategia no consigue acallar que, a diferencia de las creencias indias sobre gigantes caníbales y temibles hombres salvajes, el bigfoot moderno es una figura muy diferente, a la que se describe como inofensiva e indiferente a la mirada del hombre. En este proceso se está construyendo una nueva imagen mítica conforme al imaginario científico moderno. Es en este sentido que hablo de «creación» del monstruo. Es decir, que no hay un inventor, sino que el monstruo se construye, junto con sus significados, en un proceso de interacción colectiva en el tiempo.

Los años cincuenta y sesenta del siglo xx fueron los de la explosión de las leyendas modernas de los monstruos, el «folklore de la era industrial, expandido sobre las corrientes de los medios de comunicación», como ha dicho Buhs.[20] La eclosión de las paraciencias creó el clima adecuado para la difusión de noticias sobre animales misteriosos, al tiempo que se facilitaba un marco de interpretación para cualquier visión no identificada en la naturaleza como un monstruo. La abundancia de reportajes sobre misterios pudo animar a su vez a que más personas informaran de la observación de cosas que no habían podido identificar, sumándose a misterios ya previamente manufacturados y estandarizados por los medios de comunicación. Esas noticias sirven a su vez para elevar las expectativas de otras personas de ver el mismo fenómeno, o para explicar que lo que ellos han visto es el críptido, en una especie de bucle de realimentación. La propia información mediática ayuda al posible testigo a expresar su experiencia, proporcionándole el lenguaje adecuado para definirla.

De todas las experiencias aquí narradas se puede sacar la conclusión de que una confluencia de sucesos, en una situación cultural propicia, pudo actuar como disparador de un fenómeno social sobre una criatura fabulosa. En el caso del monstruo del lago Ness ese resorte fue el estreno de una película de gran impacto, *King Kong*, en un momento de excitación por los animales prehistóricos gigantes. En el caso del yeti fue la manipulación de una leyenda local asociada a un término afortunado («abominable hombre de las nieves») lo que hizo fortuna mediática y generó un nuevo motivo cultural. Y así podríamos analizar detalladamente en cada caso la forma en que la comunicación social sobre un misterio ha conseguido alcanzar los medios internacionales y convertirse en un fenómeno popular.

Como ha hecho notar Loren Coleman, las observaciones de monstruos han tendido a concentrarse en oleadas de corta duración que en inglés han llamado *flaps*. A finales del siglo XIX hubo en Norteamérica varias oleadas de visiones de la gran serpiente marina concentradas en cortos periodos, que se repitieron entre 1929 y los años treinta. También como un *flap* empezó la obsesión del bigfoot en Bluff Creek, en el norte de California, en octubre de 1958, y las observaciones de grandes

20. Buhs, 2009, p. 29.

aves en marzo de 1976 en el valle de Río Grande, Texas, siguieron el mismo patrón vinculado con la difusión de las noticias en los medios de comunicación, lo que ahora llamamos una leyenda contemporánea.

El monstruo como símbolo natural

Hay distintas explicaciones de por qué los antiguos necesitaron poblar el mundo con animales exóticos. Peter Dendle sugiere la «ansiedad por lo vasto y atemorizante que era el mundo».[21] Pero ¿por qué los necesitamos hoy? Richard Ellis los ve como especies en peligro y cree que «sirven para recordarnos nuestra propia fragilidad —y también nuestra responsabilidad de preservar el planeta— que puede ser, de hecho, su función más importante».[22] El monstruo de leyenda como custodio simbólico del planeta es una imagen cautivadora para un tiempo ecológico, en el que pasamos de temer al monstruo a temer por su supervivencia. ¿Van a morir los monstruos con el conocimiento del mundo y la cartografía de su territorio? No lo parece, forman parte del imaginario de nuestro tiempo igual que en otras épocas del pasado. El monstruo es una construcción simbólica dotada de contenidos éticos, estéticos y cognitivos adaptados a cada momento histórico.

La creencia actual en los monstruos funciona, por una parte, como símbolo de rebeldía contra el predominio de la ciencia, pero también contra el moderno estilo de vida urbano. Para algunos el bigfoot es un símbolo medioambiental ligado a los misterios de la naturaleza y al impulso ecológico de proteger a las especies en peligro de extinción. La creencia en los monstruos satisface, por tanto, determinadas necesidades vinculadas con el retorno a la vida elemental en entornos naturales. En Estados Unidos el bigfoot se ha convertido en una encarnación de la América de frontera. Se lo compara con las montañas y las raíces

21. Peter Dendle. «Cryptozoology in the Medieval and Modern Worlds.» *Folklore*, n.º 117, agosto de 2006.
22. Ellis, 1995, p. 374.

de los indígenas americanos (los mapas del norte de California proclaman la zona como «Bigfoot Country»). Varios investigadores del entorno de la criptozoología han destacado cómo los *bigfoot hunters* ya no pretenden cazar un espécimen, sino sentir el asombro del encuentro, una especie de comunión mística con un vestigio de otros tiempos. Los naturales del noroeste americano han hecho del bigfoot una parte de su linaje evolutivo, como un buen salvaje redivivo. Como ha escrito el naturalista Robert Michael Pyle, el bigfoot representa «el sueño de la autenticidad total, que, a pesar de su irónica sofisticación, tanto desea la gente inmersa en la basura artificial». Y se pregunta: «¿Podría ser el bigfoot un embajador de una verdadera espiritualidad verde?».[23] Taylor también se dio cuenta de que la gente que conoció en Asia creía en el yeti como una encarnación de la conexión humana con la naturaleza salvaje.[24]

El yeti, el monstruo del lago Ness o la gran serpiente marina son monstruos que han llenado nuestros paisajes imaginarios y han formado parte de nuestra vida, y no se van a desvanecer por falta de pruebas. Su misterio no va a ser resuelto con expediciones científicas o la observación nocturna con cámaras de infrarrojos, sino que la búsqueda debe estar en la mente humana. Fijándonos en los procesos psicosociales sobre los críptidos y en los contenidos simbólicos de las creencias estaremos más cerca de entender su significado y el papel que los monstruos tienen en la cultura actual. La mejor perspectiva no es limitarse a estudiar los avistamientos y las pruebas científicas, sino la de sumergirnos en las narraciones para entenderlas. Se trata de estudiar cómo se ha llegado a imponer un relato criptozoológico sobre la criatura anómala, cómo se generan las evidencias sobre el monstruo y cómo se forma la leyenda. Al final, lo que queda es una construcción cultural. El monstruo es un concepto más que un ser vivo.

Los monstruos han encarnado nuestras ansiedades sobre la naturaleza y sobre nuestra propia identidad, pero también nos han servido para externalizar nuestra capacidad de asombro,

23. Pyle, 2017, pp. 26 y 191-192.
24. Taylor, 2017, pp. 321-322.

para aprender sobre el mundo. Y, aunque con los años han sufrido el descrédito ante la ciencia, siguen vivos en el nuevo milenio gracias a la maquinaria propagandística de los canales de televisión y de internet, se los ha convertido en objetos de mercadeo de la sociedad de consumo, una parte insustituible de nuestro mundo actual. Y de esa manera hemos banalizado a los seres monstruosos, antes temibles. Como el niño del cuento *Donde viven los monstruos,* de Maurice Sendak, que se convierte en el rey de los monstruos porque ya no le dan miedo y cuando se aburre de ellos se vuelve a su casa, así hemos domesticado nosotros a los monstruos de nuestra infancia haciéndolos nuestros. A las figuras terroríficas del pasado las hemos convertido en mascotas... o en leyendas urbanas.

Para terminar, las huellas del yeti en la nieve me parecen una metáfora muy adecuada para representar su significado simbólico. Igual que aquellas huellas de Edmund Hillary que se derretían y desaparecían cada mañana con la salida del sol, así de evanescente es la idea del yeti, como representación de todos sus congéneres. Durante cien años los expedicionarios y buscadores de monstruos han perseguido una idea, el encuentro con la naturaleza salvaje que queremos que sobreviva más allá de los límites del mundo moderno en esta era del Antropoceno. Puede que el monstruo como lo entendemos habitualmente no exista, pero la idea y el sueño de lo salvaje sobrevive. A lo mejor la propia búsqueda era el sendero para encontrarlo.

Leyendo ciertos relatos de la criptozoología me pongo a imaginar a un investigador examinando un cuerpo en los espejos deformados de las ferias. Quizá sea la mirada la que está distorsionada y no el monstruo, igual que lo estaba la mirada del curioso de las exhibiciones de monstruos humanos del siglo XIX o la de los viajeros antiguos que veían en las poblaciones lejanas a un cinocéfalo, un perro-hombre. La deformidad, también, estaba en el ojo del que contemplaba.

Las leyendas de los monstruos nos han dicho más sobre nuestra propia especie que sobre animales ocultos. Aunque un día se llegue a encontrar en el lago Ness o en el Himalaya una especie no catalogada por la ciencia, no nos va a decir nada que no sepamos ya sobre cómo se crea simbólicamente al críptido. El análisis de un cuerpo no nos revelará lo que es un monstruo, porque habrá dejado de serlo para integrarse en la zoología. El monstruo seguirá estando allá en las fronteras, es decir, dentro de nosotros mismos, como aquel animal de Borges, que siempre lo tienes detrás y por eso nadie lo ha visto.

BIBLIOGRAFÍA SELECCIONADA

Entresaco aquí, de entre todas las citas que he hecho en las páginas anteriores, tres tipos de libros: las obras más clásicas sobre los monstruos y la criptozoología, los libros generalistas más importantes para tener un panorama amplio sobre los monstruos modernos y algunas obras sobre fenómenos concretos que creo fundamentales por su enfoque. Priorizo las publicaciones recientes que pueden ser accesibles hoy día. Doy cabida a distintas perspectivas y enfoques, que no necesariamente comparto.

ARMENT, Chad. *Cryptozoology. Science and Speculation.* Coachwhip, Landisville, 2004.

ASMA, Stephen T. *On Monsters. An Unnatural History of Our Worst Fears.* Oxford University Press, Nueva York, 2009.

BADER, Christopher; MENCKEN, F. Carson y BAKER, Joseph D. *Paranormal America. Ghost Encounters, UFO Sightings, Bigfoot Hunts, and Other Curiosities in Religion and Culture.* New York University Press, Nueva York, 2010.

BARTHOLOMEW, Robert y RADFORD, Benjamin. *Hoaxes, Myths, and Manias. Why We Need Critical Thinking.* Prometheus, Amherst, 2003.

BINNS, Ronald. *The Loch Ness Mystery Solved.* Star Book, Londres, 1984.

BORD, Janet y BORD, Colin. *Alien Animals.* Granada Publishing, Londres, 1980.

BUHS, Joshua Blu. *Bigfoot. The Life and Times of a Legend.* The University of Chicago Press, Chicago y Londres, 2009.

CAILLOIS, Roger. *Mitología del pulpo*. Monte Ávila Editores, Caracas, 1973. Original: *La pieuvre. Essai sur la logique de l'imaginaire*. La Table Ronde, París, 1973.

CLARK, Jerome. *Unexplained*. Visible Ink Press, Farmington Hills, MI, 1999.

COLEMAN, Loren. *Mothman and Other Curious Encounters*. Paraview Press, Nueva York, 2002.

COLEMAN, Loren y CLARK, Jerome. *Criptozoology A to Z. The Encyclopedia of Loch Monsters, Sasquatch, Chupacabras and Other Authentic Mysteries of Nature*. Fireside Books, Nueva York, 1999.

COSTELLO, Peter. *In Search of Lake Monsters*. Coward, McCann & Geoghegan, Nueva York, 1974.

DAEGLING, David. *Bigfoot Exposed: An Anthropologist Examines America's Enduring Legend*. AltaMira Press, Walnut Creek, 2004.

EBERHART, George. *Mysterious Creatures. A Guide to Cryptozoology*. ABC-Clio, Santa Bárbara, 2002.

ELLIS, Richard. *Monsters of the Sea*. Alfred A. Knopf, Nueva York, 1995.

FRENZ, Lothar. *El libro de los animales misteriosos*. Siruela, Madrid, [2000] 2014.

GILMORE, David. *Monsters. Evil Beings, Mythical Beasts, and All Manner of Imaginary Terrors*. University of Pennsylvania Press, Philadelphia, 2003.

HALPIN, Marjorie y AMES, Michel (eds.). *Manlike Monsters on Trial*. University of British Columbia Press, Canadá, 1980.

HEUVELMANS, Bernard. *On the Track of Unknown Animals*. Hill and Wang, Londres, 1965 (original de 1955).

—, *In the Wake of the Sea-Serpents*. Hill and Wang, Nueva York, 1968.

HOYLAND, Graham. *Yeti. An Abominable History*. William Collins, Londres, 2018.

KAPPLER, Claude. *Monstruos, demonios y maravillas a fines de la Edad Media*. Akal, Madrid, 1986 (original francés de 1980).

KEEL, John. *Strange Creatures from Time and Space*. New Saucerian Books, Point Pleasant, 2014 (original de 1970). Edición española: *El enigma de las extrañas criaturas*. ATE, Barcelona, 1981.

KRANTZ, Grover. *Big Footprints: A Scientific Inquiry Into the Reality of Sasquatch*. Johnson Books, Boulder, 1992.

LEE, Henry. *The Octopus; or The 'Devil Fish' of Fiction and of Fact*. Chapman and Hall, Londres, 1875. En línea: <https://archive.org/details/octopusordevilfi00leeh>.

—, *Sea Monsters Unmasked*. William Clowes and Sons, Londres, 1883. En línea: <https://www.gutenberg.org/files/36677/36677-h/36677-h.htm>.

—, *Sea Fables Explained*. William Clowes and Sons, Londres, 1883. En línea: <https://archive.org/details/seafablesexplain00leeh>.

LEY, Willy. *El pez pulmonado, el dodó y el unicornio. Una excursión por la zoología fantástica*. Espasa-Calpe, Madrid, 1963 (original de 1941 revisado en 1948).

LOXTON, Daniel y PROTHERO, Donald R. *Abominable Science!: Origins of the Yeti, Nessie, and Other Famous Cryptids*. Columbia University Press, Nueva York, 2013.

LYONS, Sherrie Lynne. *Species, Serpents, Spirits, and Skulls. Science at the Margins in the Victorian Age*. State University of New York Press, Albany, 2009.

MACKAL, Roy P. *El monstruo del lago Ness*. Bruguera, Barcelona, 1979. Original: *The Monsters of Loch Ness*, 1976.

McLEOD, Michael. *Anatomy of a Beast: Obsession and Myth on the Trail of Bigfoot*. University of California Press. Berkeley, Los Ángeles, Londres, 2009.

MELDRUM, Jeff. *Sasquatch: Legend Meets Science*. Tom Doherty, Nueva York, 2006.

MESSNER, Reinhold. *My Quest for the Yeti. Confronting the Himalaya's Deepest Mystery*. St. Martin's Press, Nueva York, 2000 (edición original en alemán, 1998).

MEURGER, Michel. *Le monstre du loch Ness. Scientifictions*, n.º 1, vol. 2, 1997.

MEURGER, Michel y GAGNON, Chaude. *Lake Monster Traditions: A Cross-Cultural Analysis*. Fortean Tomes, Londres, 1988.

NAISH, Darren. *Hunting Monsters: Cryptozoology and the Reality behind the Myths*. Arcturus, 2016.

NEWTON, Michael. *Hidden Animals. A Field Guide to Batsquatch, Chupacabra, and Other Elusive Creatures*. Greenwood Press, Santa Bárbara, 2009.

O'NEILL, J. P. *The Great New England Sea Serpent: An Account of Unknown Creatures Sighted by Many Respectable Persons*. Paraview, Nueva York, 1999.

OUDEMANS, Antoon Cornelis. *The Great Sea Serpent*. Publicado por el autor, Leyden y Londres, 1892.

PYLE, Robert Michael. *Where Bigfoot Walks: Crossing the Dark Divide*. Counterpoint, Berkeley, 2017 (original de 1995).

RADFORD, Benjamin. *Tracking the Chupacabra. The Vampire Beast in Fact, Fiction, and Folklore*. University of New Mexico Press, Albuquerque, 2011.

RADFORD, Benjamin y NICKELL, Joe. *Lake Monster Mysteries*. The University Press of Kentucky, Lexington, 2006.

REGAL, Brian. *Searching for Sasquatch. Crackpots, Eggheads, and Cryptozoology*. Palgrave Macmillan, Nueva York, 2011.

REGAL, Brian y ESPOSITO, Frank J. *The Secret History of the Jersey Devil. How Qakers, Huckters, and Benjamin Franklin Created a Monster*. John Hopkins University Press, Baltimore, 2018.

SANDERSON, Ivan. *Abominable Snowmen: Legend Come to Life*. Chilton, Filadelfia, 1961.

SHACKLEY, Myra. *Wildmen. Yeti, Sasquatch and the Neanderthal Enigma*. Thames and Hudson, Nueva York, 1983.

SYKES, Bryan. *Bigfoot, Yeti and the Last Neanderthal. A Geneticist's Search for Modern Apemen*. Disinformation Books, Newbury, 2016.

TAYLOR, Daniel. *Yeti. The Ecology of a Mystery*. Oxford University Press, Nueva Delhi, 2017.

VAN DUZER, Chet. *Sea Monsters on Medieval and Renaissance Maps*. The British Library, Londres, 2013.

VARNER, Gary R. *Creatures in the Mist. Little People, Wild Men and Spirit Beings around the World. A Study in Comparative Mythology*. Algora Publishing, Nueva York, 2007.